中南大学社区民生保障研究书系

谷中原　主编

社区
生态保障

COMMUNITY
ECOLOGY SECURITY

谷中原　著

社会科学文献出版社
SOCIAL SCIENCES ACADEMIC PRESS (CHINA)

中南大学社区民生保障研究书系
编　委　会

编委会主任

许源源

编委会副主任

谷中原

主编

谷中原

编委会成员

许源源　谷中原　刘春湘　丁瑞莲　刘　媛　严惠麒
何　雷　伍如昕

总　序

　　生活保障，随人而来，与时俱进，是人类永恒的追求。自 2000 年以来，党和国家愈发关心百姓生活。随之，民生保障成为我国学界特别关注的话题。深入全面地研究民生保障问题，是回应新时代民生要求的学术选择。

　　在解决国民生活保障责任主体问题上，学界一直存在两种学术研究思维。一种是政府与家庭的二分思维，即一些学者主张百姓生活应由政府承担保障责任，而另一些学者则认为百姓生活应由家庭来尽保障责任。这种国民生活保障责任思维，由于责任边界比较模糊，容易造成家庭与政府在实际操作过程中相互推诿，可能最终导致国民生活保障责任的落空。另一种是政府与市场的二分思维，即一些学者主张通过政府干预解决百姓面临的生活问题，而另一些学者主张利用市场机制解决百姓面临的生活问题。这种国民生活保障责任思维，在解决国民生活保障问题过程中，政府和市场都存在失灵现象。正如吉登斯所说，政府与市场同样也是问题产生的根源。为了克服这两种国民生活保障责任主体二分思维之缺陷，社会学家在政府与家庭之外寻找能弥补政府与家庭之不足的第三种力量；社会政策学家在政府与市场之外寻找能弥补政府与市场之不足的第三种力量。

　　20 世纪 90 年代以来，主张社区承担更多的社会责任和分担政府的一些社会压力，成为西方社会学和社会保障学的学术研究思潮。1990 年，美国社会学家埃米泰·埃兹奥尼发起社区主义运动，强调真正的社区应具有回应其居民需求的能力，而且呼吁社区提高这种回应能力，尽可能满足其居民和社会的需要。1996年，德国社会政策学家伊瓦斯发表《福利多元主义：从社会福利到国家福利》，提出社会福利应来源于市场、国家、社区和民间社会，福利开支不应完全由政府来买单。埃兹奥尼和伊瓦斯的主张引领了社区承担国民生活保障责任的学术潮流，为社区开展生活保障事业指明了发展方向。

事实上，政府的国民生活保障供给能力的有限性和国民生活保障需求的无限性之间的矛盾，越来越证明社区承担其居民生活保障的一些责任是十分必要的。我国人口多、国家财力有限的现实情况，以及西方的福利国家制度转变为福利多元制度，都说明一个国家发展生活保障事业，的确需要社会力量参与。社区作为特定地域的生活共同体、国家的最基层单元和草根社会、老百姓的生活家园，也说明发展国民生活保障事业是社区分内之事，不宜置身事外。

综合国内外社区发展生活保障事业的实践来看，作为一种社会化的国民生活保障机制，社区保障与家庭保障、单位保障、民间互助保障等非正式制度保障形式共同发挥着弥补政府基本社会保障制度之不足的作用。不仅增加政府保障没有涉及的但对于社区居民而言又是十分需要的生活保障项目，而且在政府保障水平基础上根据自身能力不断提高其居民生活保障水平。社区利用自身资源开展生活保障事业，反映社区具有特殊的生活保障品质，说明社区自觉承担了保障居民生活的社会责任，有力地回应了居民的生活需求，帮助居民应对生活的不幸、获得更多生活机会和发展机会。社区开展生活保障事业主要体现在力所能及地利用拥有的自然资源和社会资源，帮助居民提高谋生能力、为居民提供更多优质生态产品、开展社区服务业和社区教育、保障居民的生活安全、营造良好的精神生活环境等。

为了促进社区生活保障事业的健康发展，使城乡社区在我国民生保障事业中更好地发挥作用，中南大学公共管理学科以广义社区居民基本生活需要结构为依据，以满足社区居民基本生活需要为出发点，对社区开展生活保障事业的实践进行理论总结和理论反思，与社会科学文献出版社合作出版由《社区生计保障》《社区生态保障》《社区服务保障》《社区教育保障》《社区生活安全保障》《社区精神生活保障》等书目构成的社区民生保障研究书系。分析每类社区生活保障的必要性、探索其理论渊源、阐释其结构与功能、总结其发展范型、提出发展策略，以期对社区民生保障事业的进一步发展产生启发作用和应用价值。

右中原

2019 年 7 月 30 日

前　言

　　党的十八大报告提出要"增强生态产品生产能力"；党的十九大报告提出要"提供更多优质生态产品以满足人民日益增长的优美生态环境需要"。为什么要"增强生态产品生产能力""提供更多优质生态产品"呢？因为优质生态产品是具有生态功能与生态价值、生活功能与生活价值的新鲜空气、洁净饮水、野生食物等天然生活资料。人是自然界的一部分，一个人"生下来，活下去"，须臾离不开这些优质生态产品。为人民提供新鲜空气、洁净饮水、野生食物等优质生态产品的过程就是生态保障。

　　从微观层面而论，生态保障是社区为其居民提供优质生态产品的过程；从中观层面而论，生态保障是区域社会为辖区居民提供优质生态产品的过程；从宏观层面而论，生态保障是国家为其国民提供优质生态产品的过程。其中，微观层面的生态保障是关键、是基础、是根本。这是因为，第一，区域社会和整个国家的生态环境是由所有社区生态环境组成的；第二，社区是特定地域的生活共同体，所有国民都居住在不同社区里，都以社区为单元进行日常生活；第三，消费新鲜空气、洁净饮水、野生食物等天然生活资料是国民最基本的生活消费，只有满足国民对天然生活资料的消费需求，国民才能提供社区、地区、国家社会运行所需要的人力资源；第四，若干社区生态保障构成一个地区生态保障，所有社区生态保障和地区生态保障构成国家生态保障。因此，社区生态保障是国家生态保障的落脚点。这是研究社区生态保障问题的理论逻辑。

以习近平生态文明思想和邓勒普新生态范式为理论依据，利用历时比较研究方法和案例分析方法，对农村社区和城市社区的生态保障实践经验进行理论总结和反思，是社区生态保障问题研究的基本构思。其目的在于描述社区生态保障的实践图式、揭示社区供给生态产品的基本范型、建构一个贴近中国实际的社区生态保障体系，便于将社区建设成为有生态保障的生活共同体，利于为老百姓创造满足优质生态产品消费需求的优美生态环境。社区生态保障研究以保护和建设自然生态环境为物质基础，以自然生态环境的根基价值和生活价值为逻辑起点，剖析社区生态保障的特质；厘清社区生态保障的发展过程，描绘社区生态保障的顺应图式、利用图式和建设图式；细分社区生态保障的基本类型，呈现社区的自生类生态产品供给范型、赖生类生态产品供给范型、繁衍类生态产品供给范型和标识类生态产品供给范型，因此而构造社区生态保障的研究框架。

从理论角度看，社区生态保障研究，不仅丰富了生活保障和社区建设研究内容，而且探索性地建构了社区生态保障的理论框架和知识体系。从实践角度看，社区生态保障研究，利于政府将国家的生态文明建设和民生保障政策落实到社区；利于政府推动生态惠民、生态利民、生态为民工作；利于社区可持续发展。

我国目前有 60 多万个农村社区、10 多万个城市社区，都需要建设社区生态保障体系。因此，社区生态保障研究成果具有广阔的应用前景。

谷中原

2021 年 12 月 30 日于中南大学通泰·梅岭苑

目　录

第一章　绪论

　　社区生态保障是社区满足辖区居民对新鲜空气、洁净饮水、野生食物、宜居空间、自然景观等天然生活资料消费需求的生活保障模式。这种生活保障模式，源远流长，与人类生活共始终。但我们研究社区生态保障有其特殊的时代背景和不同的思维视角与学术逻辑。

一　研究背景

　　为何要研究生态保障问题呢？这是因为时至今日为人类提供天然生活资料的部分自然生态环境已经遭到严重破坏。当前，一些地方的自然生态环境接近崩溃的边缘、生态危机加剧，提供的天然生活资料或生态产品的品质在下降，数量在减少。这与人民日益增长的美好生活需求渐行渐远。如果不重视生态安全的保障问题和生态产品的供给问题，在生态环境保护与建设上采取切实可行的措施，人民对美好生活的需求和企望将化为泡影。故生态保障问题的解决时不我待、刻不容缓，应该对其深入研究。

　　自然生态环境是自然界中由生物群落及非生物自然因素组成的多种生态系统所形成的整体。自然生态环境的破坏，最终会导致人类生活环境的恶化。时至今日，部分地区的自然生态环境已经遭到严重破坏，自然资源和生态资源正日益减少。当今生态系统面临来自经济发展和社会进步方面的威胁。许多地理区域的植被破坏、气候变暖、栖息地缩小与动植物数量减少、水土流失、土地沙漠化与石漠化、化学污染等生态问题频频爆发。这是新时代中国高度重视生态环境建设和生态安全问题的现实缘由，也是我们讨论生态保障话题的主要理由。

当然，自然生态环境的恶化和自然资源、生态资源的枯竭，并非一朝一夕。纵观历史，人类对自然生态环境的破坏以及由此导致的资源枯竭和生态危机，有一个漫长的过程，也有其历史背景的具体肇因。探究自然生态环境遭受破坏，必须进行历史考察。正如爱弥儿·涂尔干所言："要想深刻地理解一种规矩或一种制度，一种法律准则或一种道德准则，就必须尽可能地揭示出它的最初起源，因为在其现实和过去之间，存在着密不可分的关联。"①

在园艺社会，人类使用的劳动工具对自然界、生态系统、生态环境不具破坏性。其生产活动是对自然生态要素和生态环境的适宜性利用。那时的人类祖先火烧小块土地上的杂草，清理出小块耕地，种植和收割作物。当土壤的肥力耗尽或者土地上的杂草太多时，人类祖先就会弃置这块耕地并另择他处进行刀耕火种，最初的耕地又变成了森林，生态系统和生态环境得到恢复。故园艺社会不会发生过度利用和破坏生态系统、生态环境的生产行为。

但自距今1万年前开始，人类开始大规模农耕，将采集渔猎生活方式转化为农耕生活方式，由此人类进入农业社会。② 此时，人类开始不合理地利用或者过度利用自然生态环境。农业社会的生产活动及人类使用的劳动工具对自然生态环境的作用具有一定的伤害性，如过度养殖家畜就会毁坏草场，过度开垦土地和围垦湖区也会破坏自然生态环境。就肇始于汉朝汉文帝时代的屯田制来说，历经2000年，形成民屯、军屯、商屯等模式，因其实质就是毁林造田或毁草造田，直接破坏了北方地区的自然生态环境。就肇始于三国时代东吴的围湖造田来说，虽然解决了军粮不足和民粮

① 爱弥儿·涂尔干：《乱伦禁忌及其起源》，汲喆等译，上海人民出版社，2006，第3页。
② 农业社会是继园艺社会之后的社会发展阶段，是以农业生产为主导经济的社会形态，又称传统社会。时间上，大约是金属工具出现之后、蒸汽机出现之前，历时1万年。

矛盾，但是废湖为田，容易突破湖区的生态平衡阈限，损害湖区生态环境。现在看来，历史上的与林争地的毁林造田的军事措施、与水争地的围湖造田的军事措施，都严重破坏了自然生态环境。就毁林造田而言，造成陆地植被面积减少，氧量释放减少；动植物栖息地缩小，数量减少；地表疏松，土壤裸露，甚至土地沙漠化；水土流失，泥沙沉积，水流堵塞。就围湖造田而言，加剧了湖泊沼泽化；造成湖泊面积缩小，湖泊大量消失萎缩；减弱了湖泊的气温调节作用，致使地表径流调蓄出现困难，造成涝无蓄泄之所、旱无荫灌之水，旱涝灾害频发；也造成水生动植物资源的衰退，湿地植被的劣变；鱼类游动通道受阻，破坏了鱼类繁殖、肥育的生态条件，导致鱼类减少，水产资源受损；破坏了水生态循环系统。从道理上讲，农业生产的劳动对象本是生物体，只有顺应自然生态规律，才能保证五谷丰登。但是，农业社会的人类受人口增殖、军事需要、财富扩展等因素的影响，对自然生态环境采取了不顺应的态度，不像园艺社会的人类那样给予土地休耕待遇，反而变本加厉地利用自然生态环境，结果造成了对自然生态环境的局部破坏。

人类进入工业社会后[①]，人与自然、生产和生态的关系，由顺应演变成掠夺，人类发明的工业生产工具、开展的工业生产活动以及支撑工业生产活动运转的经济运行模式，造成整个疆域的生态破坏，全面危及所有天然生活资料的质与量。具体而言，在工业社会，人类已经开始使用犁地、耘地、浇灌、收割等机械工具以及水利设施、化学肥料、化学农药等生产工具和生产资料从事农业生产；使用牧草播种、青料收割、饲料加工、家畜饲养、家禽饲养、淡水养殖等机械从事规模养殖生产。工业社会的农业生产，超量使用生理酸性肥料，造成土壤酸化、贫瘠化、板结硬化，还加

---

①　工业社会是继农业社会之后的社会发展阶段，又称现代社会。是以大机器的使用和无生命能源的消耗为核心的专业化社会大生产占据社会经济的主导地位的社会形态。以轻工业为主的社会时期是工业社会前期；以重工业为主的社会时期是工业社会后期。时间上，大约是蒸汽机出现之后到 20 世纪七八十年代电子信息技术广泛应用之前。工业社会历时约 300 年。

剧土地流失；过度施用磷肥引起土壤重金属污染①，危害生态环境和人类生活；使用化肥和化学农药导致腐殖土和上层土的下降，杀死土壤中的微生物、有益菌、蚯蚓，破坏土壤中的生态平衡；处置不当的畜禽粪便、恶臭气体以及不科学的水产养殖直接导致水体污染，尤其是养殖粪便进入水体或渗入浅层地下水后，大量消耗氧气，使水中的其他微生物无法存活，从而产生严重的"有机污染"。工业生产，使用成套设备和流水线模式制造工业品；使用采掘、挖掘、装卸运输、选矿、磨矿、筛分等类型的机械设备开采制造业必需的原料以及交通运输需要的化石燃料；使用挖掘、铲土运输、压实、起重、桩工、路面、混凝土、钢筋及预应力、装修、高空作业等类型的机械设备从事建筑施工。受唯利是图的生产动机之影响，按市场经济模式运行的工业生产对自然生态环境造成了严重的破坏。一是造纸、织染、电镀、皮革、建材、化工、塑料等工业生产严重污染生态环境。造纸、织染、皮革废水中含有大量有机污染物；电镀废水中含有大量 Cr、Ni、Cu、Zn 等重金属污染物；建材工厂，如水泥厂产生的粉尘、陶瓷厂和砖瓦厂产生的废气等，都严重地侵害着生态环境。二是工业生产需要消耗大量的煤、石油、天然气等化石能源，增加 SO_2 和 NOx 以及工业烟尘的排放量，造成严重的大气污染。三是矿山开采，不仅容易造成水体污染②、大气污染③、固体废弃物污染④，还破坏地表植被和生物多样性，造成地表疏松、水土流失；开采煤矿造成大量硫元素融入水体，进而造成土壤酸化；造成塌方、地陷、泥石流等地质灾害；破坏地表自然景

---

① 磷肥的生产原料是磷矿石，多数磷矿石含镉 5~100mg/kg，施用磷肥为镉进入土壤提供了渠道。镉在土壤中运动性较小，淋失很少，也不会被微生物分解，可在土壤中不断积累而危害生态环境和人类。

② 水体污染指当进入水体的污染物质超过了水体的环境容量或水体的自净能力，使水质变坏，从而破坏了水体的原有价值和作用的现象。

③ 大气污染指大气中一些物质的含量达到有害的程度以至破坏生态系统和人类正常生存和发展的条件，对人或物造成危害的现象。

④ 固体废弃物污染指固体废弃物侵占地表、破坏土壤结构和理化性质、污染地表水和地下水、影响水生生物的生存和水资源的利用、向大气释放有害气体和粉尘，并最终对各种生物包括人类自身造成危害的现象。

观。尤其是矿山固体排弃物导致沟壑、河道淤塞，泄洪不畅，水患不断。工业社会的生态环境污染出现了前所未有的特征：点源污染与面源污染共存，生活污染与工业污染叠加，各种新旧污染交织，生态环境恶化，渐渐逼近环境阈值。从产生的后果来看，工业社会的生态环境污染已经危及人类饮水安全、食品安全、身体健康，制约了国家经济社会的可持续发展。

纵观人类历史，可以发现人类对自然生态环境的破坏，是随着人类生产能力的提高逐步加剧的。由于缺乏科学的发展观、经济观、生产观的指导，生产活动范围越宽、生产活动领域越多、生产工具越先进，人类对自然生态环境的破坏力度就越强、破坏速度就越快。其实，这只是自然生态环境被破坏的表面现象，社会控制者的逐利欲望才是自然生态环境遭受破坏的本质致因。农业社会的控制集团为了巩固自己的统治地位和既得利益，实行垦田制度，在边境地区毁林造田、毁草造田、围湖造田，解决军粮短缺问题。工业社会的资本家和商人以经济利润的获取为唯一目标，掠夺式获得自然资源、生态资源。在资本家的经营逻辑里，用资本控制劳动，将"人—劳动—自然"的生产链条转化为"人—资本—自然"的经营图式，把自然生态环境变成资本的附属物或有用物，将生产和自然生态纳入资本增殖的范畴。正是在资本的驱使下，企业和资本家热衷于追求资本的无限增殖，对自然生态资源的过度利用，使自然生态系统成为单纯的赚钱工具，将自然生态资源无止境地转化为金钱和财富，从而导致自然生态资源转化为天然生活资料的比重日益降低，造成天然生活资料增殖空间不断萎缩。正是工业社会的企业和资本家对资本增殖的无止境追求，才最终导致自然生态环境被无止境破坏、无限度污染和天然生活资料的品质越来越差、供给不足。

可以说，历史上的社会控制集团，不论是社会的统治者，还是经济的操控者，为了满足自身的利益、实现自己的计划、达成自己的愿望，都不会考虑施策行为对自然生态环境造成怎样的后果。因为自然生态环境属于全人类的公有产品，任何一块地理空间的自然资源和生态资源只要未被私有，任何人都可以利用。人们利用自然生态资源实现自身的愿望和计划，其成本就很低，甚至可能达到一本万利的效果。相对于人类利用自然资源和生态资源的动机来说，人类的生产活动只是掠夺自然资源和生态资源的实施途径；生产工具只是掠夺自然资源和生态资源的实施手段。因而，探究自然及生态被破坏的症结，不必从人类生产活动和生产工具发展的维度找根源，而应从人类心态变化的维度找原始动机。由于不同社会形态、不同社会时代的社会主体，尤其是社会的操控者的心理活动是相机发生的，因此，某个时代发生的自然及生态的破坏行为也是具体的、随时的。故学者没有必要为生态环境的破坏、自然资源的枯竭去寻找千古不变的生发规律，人类也不必支持人口生产与生活资料生产的矛盾是人类过度利用和破坏自然及生态之根源的说辞。我们认为正是工业社会某些人对财富的贪欲与贪婪，才导致他们不顾他人的生态利益和生活需求去掠夺自然资源和生态资源，加剧了生态环境恶化和自然资源枯竭的速度，使自然生态环境的社会发展和人类生活支撑价值在逐渐减弱。人要生存下去，国家要运转、要发展，必须把扭转生态环境恶化和自然生态资源枯竭的态势作为国家建设最紧迫的任务。因而，当今社会越来越多的国家高度重视建设生态环境。从生态环境恶化和自然生态资源枯竭之流变角度看，全力建设生态环境是当代为历史赎罪；从生态环境恶化和自然生态资源枯竭之肇事角度看，全力建设生态环境是国家为生态环境破坏者和自然生态资源掠夺者买单。这样做实属无奈，甚或可以说，别无选择。

为了扭转农业社会的利益逻辑和工业社会的资本逻辑对自然生态系统尤其是对自然生态资源的控制，不让国民喝"毒水"、吸"毒气"、吃"毒品"，新时代必须建构自然生态资源利用的生活逻辑，处理好利益逻辑、资本逻辑、生活逻辑之间的关系，保护和建设好自然生态环境，为人民提供丰富的优质天然生活资料。这是我们研究如何利用自然生态环境和自然生态资源科学地、高质量地保障人类天然生活资料供给问题的思想缘由、社会背景和历史视角。

二　文献探索

　　自古以来，中国就有智者致力于建构生态资源利用的生活逻辑，因为毕竟生物、水体、土壤、空间等生态资源是新鲜空气、洁净饮水、野生食物、活动空间等天然生活资料的供源。就利用山林资源而言，成书于战国初期的《周逸书·文转解》曰，"禹之禁，春三月，山林非时不登斧，以成草木之长；夏三月，川泽非时不入网罟，以成鱼鳖之长"①。同时代的《论语·学而》提倡"食无求饱，居无求安"②，过节俭生活，要求君子"惠而不费"③。继而，《吕氏春秋》的《十二纪》要求人们在孟春之月，祭祀山林川泽之神、禁止伐树、不毁鸟巢、不杀怀孕的动物和幼小动物、不取禽卵；在仲春之月，禁止破坏水源、焚烧山林；在季春之月，禁止用弓箭、网罗、毒药等各种形式猎杀禽兽。在孟夏之月，不围猎；在仲夏之月，不许烧炭；在季夏之月，禁伐山林。④　就利用土地资源而言，成书于西汉前期的《礼记·郊特牲》主张"尊天亲地"，"教民美报"，意思是人类要尊重天地，诸侯国要教导老百姓用美物祭祀土地作为报答；要求"国主社"，以"示本"，意思是诸侯国应祭土地神，表示不忘土地之恩。告诫村民"唯为社事，单出里"，意思是村里祭祀土地神，村民都要出力帮忙。⑤　就利用水资源而言，在西周之前，中国人就懂得凿井而饮。西周时期，我国先民开凿井田时，都会在每块公田中，凿一口水井，用于灌溉和饮用。⑥　成书于战国至汉初时期的《山海经·中山经》亦论及饮水问题。该书记载，"又东南五十里，曰高前之山。其上有水焉，甚寒而清，

---

① 马小红：《中国法律思想史研究》，中国人民大学出版社，2007，第438页。
② 程树德：《论语集释》，中华书局，2013，第61页。
③ 陆费达：《四部备要·论语注疏》，中华书局，1936，第131页。
④ 王子今：《中国古代的生态保护意识》，《求是》2010年第2期。
⑤ 奂平清、姬元贞：《中国古代土地资源保护法律研究：理论、规范与机构建制》，《史林》2016年第6期。
⑥ 王仰之：《中国古代的水井》，《西北大学学报》1982年第3期。

帝台之浆也，饮之者不心痛。"明朝的徐献忠在《水品全秩》中认为"井泉以寒为上"，并指出"水以乳泉为上，乳液必甘；称之独重于他水，必乳泉也"，提倡饮用来自地下深层的矿泉水。李时珍的《本草纲目·水部》记有雨水、露水、腊雪、夏水、江河溪涧流水、碧海水、酸泉、玉井水、温泉、阿井水、山岩泉水等40余种水品，也认为饮用以清洁的地面流动水和井泉水为佳，泉水以"源远清冷、或有玉石、美草木者，为良"；"其山有黑土、毒石、恶草者，不可用"；"凡井以黑铅为底，能清水散结，人饮无疾"。

进入工业社会后，人类大肆地利用自然生态资源赚取物质财富，生计问题得到解决，虽然生计得到保障，但是造成了生态环境的破坏，出现天然生活资料供给不足和品质下降现象。人类由"求温饱"向"求环保"，由"求生存"向"求生态"转变。人类在发展生计保障的同时，期待天蓝、地绿、水净、味美；拥有优质的天然生活资料；享受高品位的生态福利。相应地，学者对生态资源利用的生活逻辑和天然生活资料供给问题的研究也发生了较大转变。

一是要求从满足人类基本生活消费需求角度保护自然生态环境。2003年3月9日，胡锦涛总书记在中央举行的人口、资源、环境座谈会上指出："环境保护，要立足于让人民喝上干净的水，呼吸清洁的空气，吃上放心的食物。"① 胡锦涛同志的讲话还原了生态环境保护的生活本质，强调了生态环境的生活保障功能。张乐勤认为胡锦涛同志的讲话说明生态保障建设是我们强国、富民、安天下的大事，是全面建设小康社会的重要内容之一。在全面建设小康社会的今天，生态环境已成为人们生活质量甚至是生命质量的第一要素。② 尹伟伦认为生态恶化加剧，特别是经济增长的需求，使生态环境的压力不断增大，使刚刚结束了物质短缺时代的中国又有可能将面临生态短缺时代的到来。提出生态产品（天然生活资料）是

---

① 胡锦涛：《胡锦涛在中央人口资源环境工作座谈会上的讲话》，人民出版社，2004，第1~14页。

② 张乐勤：《小康社会的生态保障建设》，《池州师专学报》2003年第5期。

支撑现代人类生存与发展的产品，是我国最短缺、最急需大力发展的产品。鉴于生态产品严重短缺，生态安全已成为我国十分严重的问题，直接影响人的生活，呼吁提高我国生态产品的供给能力，建议国家将提高生态产品供给能力作为一项基本国策。① 当今越来越多的学者关注生态环境的生活保障功能。如窦竹君研究白洋淀生态保障长效机制，要实现绿色生态宜居的美好愿望，必须建立白洋淀生态保障长效机制，建议用湿地公园模式保护白洋淀湿地的水体、野生动物、植物植被、地形地貌等生态资源，采取自然生态的综合防治措施，减少对水体、土壤和空气的污染。② 周孚明研究了水土保持的生态保障功能，界定其内涵，剖析其特性，建构其评价指标体系；③ 林立新对我国林区建立生态保障体系展开了研究，根据全域、全要素、全过程的生态建设和环境治理工程需求，主张对林区"坚持统筹山、水、林、田、湖、草的系统治理、全面治理、综合治理"，并结合山水林田湖草生命共同体的本质需求，梳理了林区生态系统面临的难题与修复需求，从山水林田湖草全域综合整治、优化建立林区生态补偿机制、深化林地产权及其流转路径等，提出林区生态系统建设的优化路径。④

二是强调社区承担利用生态环境及生态资源供给天然生活资料的责任，着力研究社区治理生态环境污染问题。如国外学者 Axelrod1984 年出版了《合作的进化》（*The Evolution of Cooperation*），研究政府与社区合作共同治理生态环境和生态资源的形式。⑤ Alcorn 和 Toledo1998 年出版了《墨西哥森林生态系统中的弹性资源管理：产权的贡献》（*Resilient*

① 尹伟伦：《提高生态产品供给能力》，《瞭望》2007 年第 11 期。
② 窦竹君：《构建白洋淀生态保障长效机制——以〈白洋淀国家湿地公园条例〉为核心》，第八届法治河北论坛文集，2017，第 167~175 页。
③ 周孚明：《水土保持生态保障功能评价指标体系初探》，《中国水土保持》2021 年第 8 期。
④ 林立新：《生态文明建设理念下林区多维度生态保障体系探讨》，《智慧农业导刊》2021 年第 20 期。
⑤ Axelrod R.，*The Evolution of Cooperation*，New York：Basic Books，1984。

Resource Management in Mexico Forest Ecosystems: the Contribution of Property Right），研究墨西哥农村社区居民如何成功组织起来，利用当地知识与本土规则，保护当地森林的情况。① Berkes 1999 年出版了《神圣生态：传统生态知识与资源管理》（*Sacred Ecology-Trational Ecological Knowledge and Resourse Management*），研究社区宗教、禁忌、道德观的生态环境保护作用以及社区环境治理机制建构问题。② 国内学者陶传进发表《环境治理：以社区为基础》一文，提出以社区为基础治理生态环境问题，探究了社区在生态环境治理上的各种优势，并指出慈善式的和强制性的生态环境保护方式都不是出路，社区才是最好的选择。谢晶莹提出必须对农村社区生态环境进行保护。③ 刘海林、王志琴对农村社区土地资源进行专门研究，其结论是土地资源量在递减，沙漠化、沙化面积和水土流失严重，农业用地遭到污染。④ 宋言奇提出建立中国农村生态环境保护的社区机制，通过建构农村社区的社会资本来保护农村社区的生态环境。⑤ 仙珠遵循生态资源利用的生活逻辑，将生态资源的利用置于农村社区居民的生计分析框架内，批评割裂生态与生计的环保模式，提出只有将社区居民生活利益和生态保护结合起来，才能长久保护青山绿水。由此，现行的自然保护区必须与周边社区共享生态利益，发展可持续产业，提高社区居民的生活水平，与周边社区组成共管共利体系，才能使周边社区由自然保护区的可能破坏者变成共同保护者，进而推动绿色乡村和生态社区的建立。⑥ 彭法启深入

① Alcorn J. B. , Toledo V. M. , *Resilient Resource Management in Mexico Forest Ecosystems: the Contribution of Property Right*, Cambridge University Press, 1998。

② Berkes, *Sacred Ecology-Trational Ecological Knowledge and Resourse Management*, New York: Taylor&Francis, 1999。

③ 谢晶莹：《对农村社区生态环境问题的重新审视》，《湖南人文科技学院学报》2006 年第 1 期。

④ 刘海林、王志琴：《需要引起人们重视的农村土壤污染问题》，《环境教育》2007 年第 7 期。

⑤ 宋言奇：《社会资本与农村社区生态环境保护》，《重庆工商大学学报》2008 年第 1 期。

⑥ 仙珠：《乡村社区生态环境保护研究——以三江源乡村社区为例》，《安徽农业科学》2010 年第 34 期。

研究现今农村社区生态环境问题，总结了我国部分农村社区存在的四大生态环境问题：①片面追求经济效益忽视生态环境的恶习还在蔓延，导致自然资源短缺、生态环境退化，农村社区生态环境面临生活生存与生态环境双重压力；②对森林重采轻育或只采不育，致使森林生态系统遭到严重破坏，水土流失现象日益加重，生态服务功能持续下降；③因生态环境不断恶化，野生动植物的生存环境受到严重破坏，野生动植物数量锐减，部分种群濒临灭绝；④生活垃圾点源污染的扩大和农业面源污染程度的加深，极大地威胁农村社区居民的身心健康。① 李志强、张娜呼吁以社区为主体治理生态环境。② 孙小凤、李建华提出"社区水生态"概念，并构建了农业社区水生态健康评价指标体系。③ 赵清认为社区生态治理是社区治理在生态文明发展大背景下的必然内容之一，提出社区生态治理应包括社区垃圾分类回收、社区环境保护、社区水资源节约、社区能源节约、社区绿色出行等。④

三是研究生态系统的服务价值。西方学者发现生态一直支撑着人类生活和生产，便于 20 世纪末期开始研究生态系统的服务价值。1970 年，联合国大学"关键环境问题研究小组"出版《人类对全球环境的影响》，首次提出生态系统服务于人类的思想，并提到"环境服务"概念，列举出洪水控制、水土保持、土壤形成、气候调节、传粉等多项生态环境服务。⑤ 1981 年，Ehrlich P. R. 和 Ehrlich A. H 首次提出"生态系统服务"概念。⑥ 此后，一些学者对生态系统服务概念进行了界定。1997 年，

---

① 彭法启：《农村社区生态环境保护探析》，《法制与经济》2011 年第 1 期。

② 李志强、张娜：《社区生态治理：新政治叙事与公共议题转换》，《探索》2016 年第 5 期。

③ 孙小凤、李建华：《苏南新型农业社区水生态环境健康综合评价与分析——以常熟市生态农业社区为例》，《中国农村水利水电》2017 年第 5 期。

④ 赵清：《社区生态治理研究探析》，《城市建设理论研究（电子版）》2019 年第 5 期。

⑤ Clapham A. R., "Man's Impact on the Global Environment", *Journal of Applied Ecology* (1), 1972：324。

⑥ Ehrlich P. R., Ehrlich A. H., "Extinction: the Causes and Consequences of the Disappearance of Species", *Bulletin of the Atomic Scientists* (1), 1981：82。

Dailty 在其著作中将生态系统服务界定为自然生态系统及其物种为维持和满足人类生活需要所能提供的条件和过程。1997 年，Costanza 等首次对全球生物圈生态系统服务价值进行分类和评估，逐项估计 17 种生态系统类型的各项服务功能价值，[①] 开启人类评估生态系统服务价值的先河。2001年，世界卫生组织、联合国环境规划署、世界银行等机构，为了推动生态系统的保护和可持续利用、促进生态系统更好地满足人类需求，组织1500 名科学家、专家和非政府组织的代表首次对全球生态系统、植物和动物面临的威胁进行评估。评估历时 4 年，耗资 2100 万美元。2005 年，联合国正式发布千年生态系统评估报告（*The Millennium Ecosystem Assessment*），报告表明，60%的全球生态系统处于退化状态，全球 2/3 的自然生态资源已耗尽，10%~30% 的哺乳动物、鸟类和两栖类动物物种濒临灭绝。并强调不要认为自然资源取之不尽、用之不竭，呼吁一切经济决策都应将自然生态成本包含在内，通过调整政策和机制、采取法律措施，减缓生态系统退化。2015 年，王兵开展森林生态系统服务全指标体系连续观测与定期清查研究，以生态地理区划为单位，依托 CFERN 生态站，采用长期定位观测技术和分布式测算方法，定期对森林生态效益进行全指标体系观测与清查，提出一套森林生态系统服务评估技术体系——森林生态连清体系，将森林生态系统服务功能评估工作推进了一大步，为我国森林经营管理、森林水土保持功能评估、生态恢复等提供科学的数据支撑。[②]

四是研究天然生活资料供给机制。人类进入工业社会后，生态资源的利用受资本逻辑的支配，人类社会出现了掠夺式利用和过度开发生态资源的趋势，忽视了对生态系统的内在结构、自我调节、自我平衡、再生机能等的维护，从生产和生活两个途径危害生态系统和生态环境，突破了生态

---

① Costanza R., Farber S., De Groot R., et al., "The Value of the World's Ecosystem Services and Natural Capital", *Nature* 387 (6630), 1997: 253.

② 王兵：《生态连清理论在森林生态系统服务功能评估中的实践》，《中国水土保持科学》2016 年第 1 期。

系统的压力阈值和生态环境的接纳容量，解构了生态、生产、生活的互构共荣和能量内流关系。由此造成生态环境的恶化和生态系统的破坏，最终导致生态系统和生态环境无法为人类提供充足的优质天然生活资料。当人类意识到这种生态行为是自断生路、毁灭人类的做法后，才开始纠正对生态资源的掠夺行为和过度利用模式，投入大量的人力、财力、物力、技术保护和建设生态环境，恢复生态系统和生态环境的天然生活资料供给能力。通过投入人力、财力、物力、技术使生态系统或生态环境为人类提供天然生活资料的过程，可称为生态产品生产，在这种条件下获得的天然生活资料就叫生态产品。

自 20 世纪 80 年代以来，我国对生态产品及其生产过程展开了深入研究。1985 年，洪子燕、杨再首次提出"生态产品"概念，并认为生态产品是生态系统中的初级产品，它通过光合作用实现能量升级，提高生态转化效率，以增大高原畜产品的经济效益。[1] 1992 年，任耀武、袁国宝将生态产品界定为通过可循环利用的生产技术生产的、资源友好的、安全可靠的高档产品。[2] 1994 年，徐阳、郭辉从减少环境污染和保护人类健康的角度将生态产品界定为绿色产品或环保产品。[3] 2005 年，杨筠将人类劳动与生态产品结合起来，认为生态产品不仅凝聚了人类劳动，还具有生态、实物双重功能，将生态产品定义为"生态公共产品"。[4] 2010 年，国务院发布《全国主体功能区规划》，首次对生态产品作出官方界定，生态产品是指维系生态安全、保障生态调节功能、提供良好人居环境的自然要素，包括清新的空气、清洁的水源和宜人的气候等。陈辞将生态产品分为有形的生态产品（如有机食品、生态工农业产品等）和无形的生态产品（如优美环境、宜人气候、生态安全等）两类。[5] 2019 年，谷中原、李亚伟将生

---

①　洪子燕、杨再：《从黄土高原的历史变迁讨论种草种树和生态产品转化问题》，《豫西农专学报》1985 年第 1 期。

②　任耀武、袁国宝：《初论"生态产品"》，《生态学杂志》1992 年第 6 期。

③　徐阳、郭辉：《生态产品方兴未艾》，《科学与文化》1994 年第 2 期。

④　杨筠：《生态公共产品价格构成及其实现机制》，《经济体制改革》2005 年第 3 期。

⑤　陈辞：《生态产品的供给机制与制度创新研究》，《生态经济》2014 年第 8 期。

态产品界定为具有生态功能或生态价值的新鲜空气、洁净水源、野生食物、有机土壤、宜人气候、自然景观等自然产品以及由生态旅游服务、瓶装富氧空气、瓶装洁净饮水、有机农产品等源自生态资源的人工产品。[①] 2020 年，刘江宜、牟德刚认为生态产品是生态系统在生态与人类劳动的参与下生产的自然要素或产品。[②]

　　一些学者探究了生态产品供给问题，并提出相应的解决对策。如陈辞认为当前生态产品供给存在生态产品总量供给严重不足、部分生态产品市场化存在一定的技术难度、生态产品的供给存在制度上的缺陷等问题。增加生态产品的供给，关键是要形成一个可行的供给机制。这个机制主要由三大部分组成，一是生态产品的价格形成机制；二是生态产品的市场交易机制；三是生态产品的财政补偿机制。[③] 李繁荣、戎爱萍针对我国生态产品供给效率低下问题，建议实施生态产品供给的 PPP 模式，通过政府和私人企业之间的合作，采用生态产品供给项目外包、生态产品供给特许经营和政府购买生态产品的方式，发挥政府主导作用，调动市场主体供给生态产品的积极性，增加生态产品的生产能力。[④] 于浩、郑晶以萨缪尔森规则为切入点，从微观经济的视角探讨了生态产品的有效最优供给问题，认为应该通过征税承担生态产品供给的成本以保证生态产品的有效供给；课征环境税，坚持以防治污染为核心，实施最严格的环境保护制度，促进生态产品的有效优质供给。[⑤] 柴志春、董为红基于经济学角度分析生态产品供求失衡状况，认为归根结底是资源过度开发利用及保护不力，从而引发生态产品潜在供给总量不足和结构性失衡。基于此，应从保护和扩大自然界提供的生态产品能力入手，设计构架系统完善的生态产品供给制度体

---

① 谷中原、李亚伟：《政府与民间合力供给生态产品的实践策略》，《甘肃社会科学》2019年第 6 期。
② 刘江宜、牟德刚：《生态产品价值及实现机制研究进展》，《生态经济》2020 年第 10 期。
③ 陈辞：《生态产品的供给机制与制度创新研究》，《生态经济》2014 年第 8 期。
④ 李繁荣、戎爱萍：《生态产品供给的 PPP 模式研究》，《经济问题》2016 年第 12 期。
⑤ 于浩、郑晶：《微观经济视角下生态产品最优供给研究》，《安徽农学通报》2017 年第 15 期。

系，促进适度开发利用自然资源，充分挖掘生态产品的市场价值，满足人民日益增长的美好生活需要。^① 金铂皓等认为当代中国生态产品供给存在内生动力不足问题，并应用资源价值构成理论和外部性理论，采用成本效益分析方法和情景模拟方法，揭示供给主体缺乏合理的完整价值回报和代际价值回报是生态产品供给内生动力不足的原因，提出拓宽生态价值实现渠道，明晰政府在价值实现中的职责；制定代际生态补偿标准，根据价值替代难度建立健全生态产品价值实现机制等策略，提升生态产品供给内生动力。^② 陈军等认为当今中国生态产品供给存在市场低效甚至市场失灵现象，并从自然资源利用方式、自然资源多维属性和协调平衡的权力架构等维度阐释了生态产品供给的政治经济学逻辑，从生态价值区域转移、绿色发展权力的区域协调和生态产品生产制度的跨区整合方面，建构市场运行、空间组织、合作互助、援助扶持、复合治理的生态产品区域合作供给机制。^③ 侯冰指出目前我国生态产品供给面临供需矛盾、市场结构缺陷、生产与流通环节不通畅、价值实现机制与投融资机制不完善及其他社会环境制约等多重风险，建议从工作组织机制、规划编制、配套政策、技术规范等方面入手创造条件，建立高效的生态产品供给市场。^④

一些学者认为必须明确生态产品供给主体，开展了生态产品供给主体研究。如高建中、唐根侠认为，政府提供生态产品是解决外部性的最佳途径，政府财政资金是生态产品供给支付的主要资金来源。^⑤ 戴芳、冯晓明、宋雪霏认为，政府和农户是森林生态产品供给主体，而且两类主体在供给森林生态产品上存在博弈关系。经济发展水平越低，政府和农户都不

---

① 柴志春、董为红：《关于生态产品供给的经济学分析》，《经济研究导刊》2020 年第 18 期。
② 金铂皓等：《生态产品供给的内生动力机制释析——基于完整价值回报与代际价值回报的双重视角》，《中国土地科学》2021 年第 7 期。
③ 陈军等：《生态产品区域合作供给：逻辑、本质与机制》，《湖北经济学院学报》2020 年第 5 期。
④ 侯冰：《国土空间生态修复视角下生态产品供给探析》，《当代经济》2022 年第 6 期。
⑤ 高建中、唐根侠：《论森林生态产品的外在性》，《生态经济》2007 年第 2 期。

供给森林生态产品的可能性就越大，单独由农户供给森林生态产品的可能性几乎不可能实现；当经济发展至较高水平时，农户对林业提供经济收入的依赖程度有所降低，对森林生态产品的需求不断增加。① 李繁荣、戎爱萍认为作为公共产品的生态产品，是人类生产生活的必需品，各级政府理应成为主要供给者。② 林黎认为我国当前的生态产品供给主体集中于中央政府、地方政府和少数企业，只有在政府检查监督的前提下，其他主体才具有供给生态产品的动力，提出构建多中心的治理机制，实现供给主体多元化，加强政府、市场和社会之间配合，才是解决生态产品供给问题的合理选择。③ 谷中原、李亚伟将生态产品供给界定为社会主体通过利用生态资源、发明生态技术、实施生态工程、修复生态系统、保护生态环境、增强生态功能等途径，为国民提供生活所需的充足的优质生态产品或天然生活资料的过程，认为政府、社区、企业、民众都是生态产品供给主体，但是，从在生态产品供给中的地位看，政府属于生态产品供给的官方主体，社区、企业、民众属于生态产品供给的民间主体；从生态产品供给的性质看，政府属于生态产品供给的管理主体，社区、企业、民众属于生态产品供给的生产主体。政府与非政府主体供给生态产品的目的、责任、决策、措施、能力、缺陷不同，决定了国家需要建构生态产品合力供给模式，形成生态产品供给的官方—民间的合作关系、管理—生产的合作关系。④ 沈田华、龚晓丽认为生态产品是公共产品，根据西方经济学公共产品理论，生态产品的供给只能由政府负责。⑤

  一些学者研究了生态产品供给模式。如许英明、党和苹认为生态产品

---

① 戴芳、冯晓明、宋雪霏：《森林生态产品供给的博弈分析》，《世界林业研究》2013 年第4 期。

② 李繁荣、戎爱萍：《生态产品供给的 PPP 模式研究》，《经济问题》2016 年第 12 期。

③ 林黎：《我国生态产品供给主体的博弈研究——基于多中心治理结构》，《生态经济》2016 年第 7 期。

④ 谷中原、李亚伟：《政府与民间合力供给生态产品的实践策略》，《甘肃社会科学》2019 年第 6 期。

⑤ 沈田华、龚晓丽：《贵州省公共生态产品供给机制的创新方向》，《中国商论》2021 年第 18 期。

具有商品性，可通过商品化的方式实现有效供给。[1] 高丹桂认为，生态产品的提供必须坚持共建原则，让全民参与建设生态功能区，同时要坚持公益原则，让全民共享生态公共产品和服务。[2] 曾贤刚等主张生态产品的市场化供给模式，认为目前我国生态产品的市场化供给有直接市场的经济交易、生态资产产业化交易和生态购买等三种模式。[3] 李繁荣、戎爱萍提出利用 PPP 模式供给生态产品。该模式通过政府和私人企业之间的合作，采用生态产品供给项目外包、生态产品供给特许经营和政府购买生态产品的方式，能够在发挥政府主导作用的同时，充分调动市场主体供给生态产品的积极性，以增加生态产品的生产能力。发展生态产品供给的 PPP 模式需要进一步转变政府职能，需要制定和完善生态产品供给 PPP 模式下的法律法规，需要创新 PPP 模式下生态产品的实现方式。[4] 秦颖等认为生态产品的短缺已经成为制约我国经济社会发展的最大瓶颈，需要改变传统完全依赖政府的供给模式，建立生态产品 PPP 供给模式，才能为经济建设和人民生活提供高质高效的生态产品。[5] 李付杰、李岱青根据 2021 年 4 月中共中央办公厅、国务院办公厅印发的《关于建立健全生态产品价值实现机制的意见》提出的建立推进生态产业化和产业生态化的生态产品价值实现路径要求，主张通过发展第四产业，增加优质生态产品供给。第四产业，就是生态系统生产以及维护和提高生态系统生产的相关产业。生态系统生产就是生态系统通过吸收转化外部物质能量生产实物产品或服务的过程。其认为生态系统自古以来就一直在生产各种生态产品并提供各种生态服务，将生态系统生产提高到产业的高度，更有利于促进生态环境质

---

① 许英明、党和苹:《西部生态公共产品供给机制探讨》,《西南金融》2006 年第 9 期。

② 高丹桂:《公共生态产品探究——从内在规定性和经济特性的视角》,《重庆第二师范学院学报》2014 年第 2 期。

③ 曾贤刚、虞慧怡、谢芳:《生态产品的概念、分类及其市场化供给机制》,《中国人口·资源与环境》2014 年第 7 期。

④ 李繁荣、戎爱萍:《生态产品供给的 PPP 模式研究》,《经济问题》2016 年第 12 期。

⑤ 秦颖等:《基于 PPP 模式推动生态产品供给侧改革》,《干旱区资源与环境》2018 年第 4 期。

量的提高，有利于促进经济社会可持续发展。① 谷中原、谭洪从满足人民天然生活资料消费需求考虑，建议政府、社区、企业、个人等社会主体应充分利用自身优势，立足具体境域提供丰富的清新空气、洁净饮水、野生食物等优质生态产品，形成协同互补的优质生态产品供给格局。② 王夏晖等根据我国自然资源空间分布差异、各地生态产品禀赋差异，以及不同区域生态产品的分布特征，提出通过完善生态环境空间管控体系来增强我国生态产品的供给能力。③ 谷中原提出应根据基层政府、社区机构、驻区企业、社区居民四方主体在生态产品生产上存在的一致性和差异性以及参与生态产品生产存在的缺陷，建立乡域生态产品协同生产机制，以便提高乡域生态产品生产能力，供给更多优质生态产品。④

自古及今，专家和学者对生态资源利用的生活逻辑或从满足人类天然生活资料消费需求角度保护和建设自然生态环境的研究，对我们深入研究社区生态保障的图式、结构、范型等核心理论知识，提供了指导和启迪。

三 研究方法

社区生态保障就是社区通过保护与建设所辖区域的自然生态环境为社区居民及域外居民提供新鲜空气、洁净饮水、野生食物、活动空间等天然生活资料或生态产品的生活保障行为。为了探索社区开展生态保障的基本规律，揭示社区开展生态保障的本真法则，建构社区生态保障的实践框架，我们采取如下方法展开理论研究。

---

① 李付杰、李岱青：《发展第四产业，增加优质生态产品供给》，《中国生态文明》2021 年第 5 期。

② 谷中原、谭洪：《生态文明视域下的优质生态产品协同供给》，《人民论坛·学术前沿》2021 年第 23 期。

③ 王夏晖等：《完善生态环境空间管控体系，增强生态产品供给能力》，《环境保护》2021 年第 19 期。

④ 谷中原：《乡域生态产品四方协同生产机制建构与运作》，《湖湘论坛》2022 年第 2 期。

（一）用纵向比较研究法研究社区生态保障谱系

人类的自然属性决定人类需要持续、重复消费新鲜空气、洁净饮水、野生食物等天然生活资料。因而，自古以来，人类就立足生活区域的自然生态环境获取天然生活资料，这使社区生态保障具有历史性，是与人类共始终的生活保障行为。为了描绘社区生态保障的演变过程，需要采用纵向比较研究方法研究人类生活保障行为。

社区生态保障的纵向比较研究法是掌握和运用社区生态保障的历史资料，遵循社区生态保障的历史发展线索，将社区生态保障分为不同历史时期，对不同历史时期的人类社区生态保障行为进行比较分析的方法。纵向比较研究是一种很有价值的研究方法，我们可以通过此研究方法获得大量史实材料，能为社区生态保障现实决策提供信息，有助于理解现实问题和把握社区生态保障发展趋势。

对社区生态保障进行纵向比较研究的目的在于系统地把握社区生态保障以往的发展及变迁的原因。纵向比较研究法主要是研究社区生态保障的发展历史，从各种事件的关系中找到因果线索，演绎出造成社区生态保障现状的原因，预测社区生态保障未来的变化。纵向比较研究就是以过去的人类生活保障行为为轴心的研究，通过对已存在的人类生活保障行为资料的深入研究，寻找社区生态保障的客观事实，然后利用社区生态保障的历史信息去描述、分析和解释社区生态保障演变的过程，同时揭示当前社区生态保障的现实问题，或对社区生态保障的进一步发展进行预测。社区生态保障的纵向比较研究关注人类生活保障行为真实情况中的自然行为，着重于解释在具体背景中的人类生活保障行为有何意义。为了反映人类生活保障行为的历史真相和描绘社区生态保障的历史图景，必须尽可能地搜索和掌握世界上不同民族消费天然生活资料形式存在的数据或事实。

用纵向比较研究法研究社区生态保障演变过程的范型有如下几种。

（1）明确社区生态保障的研究问题。对社区生态保障进行纵向比较研究，目的就是要了解人类历史上的社区利用辖区自然生态环境及资源供给天然生活资料的途径和方法，以及开展社区生态保障的行动结构。

（2）收集社区生态保障的文献资料。为了深入研究社区生态保障的研究问题，必须搜集不同历史时期的社区生态保障资料。主要收集关于不同社会形态里的人类开展生态保障行为的书籍、报纸、期刊、文稿、采访记录等文献资料。

（3）确立社区生态保障的生态环境态度演变路径。通过对社区生态保障文献资料的整理、解读、分析，将各种信息串联起来，编写不同历史时期社区生态保障变化线索案例，描述人类社区生态保障的发展草图，捋出其发展线索，总结出人类社区开展生态保障的生态环境态度演变路径。

（4）划分社区生态保障的历史变迁阶段。按照美国未来学家托夫勒在《第三次浪潮》中将人类历史分成远古的园艺社会、古代的农业社会、近现代的工业社会、当代的信息社会四个阶段，再将社区生态保障的发展历程分成园艺社会的部族社区生态保障、农业社会功能农业时期的宗族社区生态保障、农业社会化学农业时期的族民社区生态保障、工业社会的业缘社区生态保障、信息社会的智慧社区生态保障等五个发展形态。然后，用对待自然生态环境的态度将社区生态保障分为顺应图式阶段、利用图式阶段、建设图式阶段。

（5）确定影响社区生态保障图式发展阶段的关键要素。生态保障的顺应图式是人类采取崇拜自然和遵循自然生态规律的态度获取天然生活资料的社区生态保障类型；生态保障的利用图式是人类采取控制自然、改造自然、利用自然生态规律的态度获取天然生活资料的社区生态保障类型；生态保障的建设图式是人类采取依赖自然的态度大力建设社区自然生态环境使其恢复提供优质生态产品机能的生态保障类型。通过对不同历史阶段的社区生态保障案例进行比较分析，发现决定人类社区生态保障图式类型的关键要素主要是获取天然生活资料的生存环境、获取主体、获取理念、获取方式、获取工具、获取材料、获取技能、获取策略等。

（6）描述每个社区生态保障图式历史阶段的关键要素结构样态。人类的社区生态保障图式是由获取天然生活资料的生存环境、获取主体、获取理念、获取方式、获取工具、获取材料、获取技能、获取策略等要素构成的行动结构。因此，只要将每个历史阶段的人类社区获取天然生活资料的生存环境、获取主体、获取理念、获取方式、获取工具、获取材料、获取技能、获取策略描述出来，并勾勒这些关键要素的内在关联，就能呈现不同历史阶段社区生活保障的行动样态。

（7）总结出社区生态保障发展进路规律。通过对不同历史阶段的社区生态保障案例进行分析，比较处于不同时期的社区生态保障行动结构，找出社区生态保障的进化联系和发展规律，建构社区生态保障发展进路的解释框架。

通过纵向比较研究法形成的社区生态保障的解释框架就是：人类的生态环境态度是决定人类社区生态保障进化的精神力量；人类历史阶段的社区生态保障图式是由获取天然生活资料的生存环境、获取主体、获取理念、获取方式、获取工具、获取材料、获取技能、获取策略等关键要素构成的生活保障行动样态；不同历史阶段的人类形成了社区生态保障文化和生态保障理论反思。本书按照这个解释框架设计了社区生态保障的发展图式。

（二）用结构主义方法论分析社区生态保障行动结构

结构主义认为，注重整体是研究事物本质的唯一途径，而事物的部分或因子仅是通向研究事物本质的要素。单独的部分之所以有其自身的意义、功能，有其自身的确定性，是因为它的所有的一切，都归属于整体，脱离了整体，任何部分就无意义可言。整体总是依据某种结构或系统而构成的。这些包含组织之性质的结构既是产生整体的生命之源，又服从于整体的自身法则。强调现实的本质总是表现于此物与它物间的关系之中。整体之所以存在是因为其具有维护和关闭两个自调功能。整体不仅要求各部分的有机集合，而且需要各部分在集合过程中去维护整体。在维护过程中，整体会控制各个部分，并按照自己的法则统辖各个部分的变化、转换，维护自身的生存。维护的定向发展必然导致关闭，因为维护既然受其整体的控制，而整体自身的性质又总是受一定时空的影响表现出它的具体性、特殊性，如此的维护就必然表现出它的排他性、关闭性。结构主义强调部分与部分、部分与整体间是变化的，是动态的。事物的法则不是静止性的存在，而是处于被结构和正在结构的转换过程之中，结构是依法则而不断变化的。①

结构主义认为任何事物都是由若干要素按照一定的规律组合成的整体，主张从事物的整体上，从构成事物整体的诸要素的关联上去考察事物、把握事物。结构主义方法论的基本内容是：①分析事物结构，即分析事物内部要素之间的关系及事物的结构层次，剖析事物的表层结构和深层结构；②明确事物的结构及所要分析其构成要素在结构中的位置，了解事物的构成要素之间的关系，分析事物整体与其构成要素的关系，对事物的构成要素进行共时分析，理解和把握事物构成要素传递的意义；② ③深究事物性质受时空影响的机理，把握事物的具体性、特殊性，探索维护事物的整体存在的合理性；④勾勒事物的要素与要素、要素与整体性事物之间的结构变化过程，把握事物结构的动态性；⑤由于事物的法则总是处于被结构和正在结构的转换过程中，事物的结构依法则而变化，因而，研究事物结构必须探索支配事物结构变化的法则。

用结构主义方法论指导社区生态保障行动结构研究的流程如下。

（1）揭示社区生态保障行动构成要素及结构。在当今工业社会，社区生态保障的本质就是社区通过建设、保护、利用辖区自然生态环境及生态资源，为社区居民及域外居民供给新鲜空气、洁净饮水、野生食物等生态产品。由于生态产品分为自生类生态产品、赖生类生态产品、繁衍类生态产品、标识类生态产品，因而，社区生态保障必然由供给自生类生态产品行动、供给赖生类生态产品行动、供给繁衍类生态产品行动、供给标识类生态产品行动四类要素构成，这是社区生态保障的表层结构。社区供给

---

① 沃野：《结构主义及其方法论》，《学术研究》1996 年第 12 期。
② 沃野：《结构主义及其方法论》，《学术研究》1996 年第 12 期。

每类生态产品的行动结构是社区生态保障的深层结构，具体来说，社区通过建设、保护、利用自然生态环境和生态资源，供给新鲜空气、洁净饮水两类生态产品的劳动过程，采集和栽培野生蔬菜、野生香料、野生药材的劳动过程，从事林下绿色种养和水域绿色种养的劳动过程，生产生态农产品、生态加工产品和提供生态服务的劳动过程，是社区生态保障的深层结构。

（2）剖析社区生态产品的供给结构。在供给生态产品的过程中，深层结构中的任何一种生态产品的生产都不是孤立的行为，都处于大类生态产品生产结构之中，存在横向关联和纵向链条的复杂关系。分析每种生态产品的生产要素在大类生态产品供给结构中的位置，了解每种生态产品的生产要素之间的关系、分析每种生态产品的生产要素与生态保障行为的关系，对每种生态产品生产要素进行共时分析。

（3）探索社区生态产品供给规律。分析社区通过建设、保护、利用辖区自然生态环境及生态资源供给自生类、赖生类、繁衍类、标识类生态产品的特质，深究不同类型生态产品供给性质受特定生产空间、生态环境、自然地理条件影响的机理，把握不同生态产品供给类型的具体性、特殊性，认识、掌握、利用特殊自然生态环境、生产空间、地理条件供给丰富的优质生态产品的基本规律。

（4）关注社区生态产品供给结构的变化动态。关注社区生态保障及其不同类型的生态产品供给体系中的要素与要素之间关系变化过程、不同生态产品供给要素与整个社区生态保障行动之间的关系变化过程；认识不同生态产品生产结构、不同类型生态产品供给结构以及整个社区生态保障行动结构的动态性，洞察、发现、总结、利用不同生态产品生产结构、不同类型生态产品供给结构以及整个社区生态保障行动结构的变化规律。

（5）认识并总结支配社区生态产品供给结构变化的法则。一是要认识和掌握不同生态产品的特性、社区生态环境特性、生态产品的生产法则；二是要根据不同生态产品的特性和生态规律进行优质生态产品供给；

三是要确定不同生态产品的生产境域，明确不同生态产品的生产主体，提出不同生态产品的供给策略，构建社区不同生态产品的供给范型。

（三）用案例分析方法阐述社区生态保障的发展图式和生态产品供给类型

为了保证社区生态保障发展图式和不同类型生态产品供给的科学性、合理性，需要有科学理论和事实依据支撑关于社区生态保障发展图式和不同类型生态产品供给的观点、论断。为此，本书收集了必要的社区生态保障及其生态产品供给的案例，并展开了案例分析。

本书使用文献收集法收集了一些关于社区生态保障发展图式和不同类型生态产品供给的文献资料。文献是各种信息、事实、知识、思想的保存、记录、交流、传播中的所有文字、音像材料的总称。主要包括日志、会议记录、简报、工作总结、公告、文件、年鉴、族谱、纪录片、期刊、报纸、研究报告、调查报告、档案、学术论文、学位论文、书籍等。文献收集法指研究者利用图书馆、信息机构、信息网络，收集、分析、研究各种有价值的文献资料的方法。为了勾勒不同社会形态的社区生态保障图式和展现社区供给生态产品的基本类型，根据社区生态保障的学科特性，社区生态保障顺应图式、利用图式、建设图式所属年代，以及当代生态产品供给要求，利用计算机信息检索系统、各种学术信息搜索引擎、数字图书馆收集了大量的相关文献资料。然后，从不同维度对收集的各种文献资料进行整理、归纳、比较，编写了必要的社区生态保障发展图式和生态产品供给类型的生动案例。

本书利用案例分析方法展开研究问题的理论分析。案例分析方法是通过深度分析收集的原始资料或二手资料，探讨某一事物在现实环境下的状况的质性研究方法。本书事先界定了社区生态保障的发展过程和发展范型，明确了文献资料搜集的方向与文献资料分析的焦点，着重检视社区生态保障发展图式和生态产品供给类型，全面描述社区生态保障发展过程和发展范型，发现社区生态保障的基本特征。为此，本书根据研究目标和研究内容编写出关于社区生态保障顺应图式、利用图式、建设图式的案例和自生类、赖生类、繁衍类、标识类生态产品供给类型的案例。并在三种社区生态保障发展图式和四类社区生态产品供给形态的案例分析的基础上对每个研究问题的每组案例进行统一的抽象和归纳，形成比较精辟的描述和有力的解释。

四　建构自然生态资源利用的生活逻辑

生态环境问题和生态危机是当今社会必须消除的社会毒瘤，任何国家都应以满足国民对天然生活资料的消费需求为根本目的，想方设法地治理日益恶化的生态环境问题，建构自然生态资源利用体系，让国民吸上富氧空气、喝上洁净饮水、吃上安全食品、住上宜居空间。

（一）自然生态环境治理策略

就当今生态环境现状而言，我国许多地方的自然生态环境遭到破坏，出现一些比较严重的生态环境问题和生态危机，不利于社区利用自然生态环境及生态资源为辖区居民供给充足的优质天然生活资料或生态产品。要实现为国民提供充足的优质天然生活资料或生态产品的目标，首先要治理生态环境问题。关于如何治理生态环境问题和消解生态危机，多数学者主张实施重建生态道德、减少废料倾倒、采用科技手段和生态资源资本化方式等四种策略。不过有学者认为这四种策略难以收到为国民供给优质天然生活资料或生态产品的实际效果。①用重建生态道德的手段消解生态危机，实际上，把解决生态危机的全部希望寄托于道德改革、建立某种生态伦理上，这种诉诸人对自然生态环境的德行改善，无视造成生态危机的是现行社会中畅通无阻的资本逻辑这一客观存在的事实，是不可能产生消解生态危机效果的。②用减少废料倾倒措施消解生态危机，实际上，这只是一个环境保护措施，难以改变利润至上的生产模式，很难持续减少边际增长对生态环境的损害，很难将唯利是图的行为变为低碳环保行为。只要利润至上的生产模式继续存在，就不可能降低经济的能源耗费速度和废料增加幅度。③技术革新固然会提高自然资源利用率，但是自然资源利用率的提高又会增加自然资源的需求量和消耗量。何况，在市场经济模式影响下，经济人遵循资本逻辑远胜于遵循生活逻辑，一般不会将满足生活需求作为经济活动的目标，只会把赚更多的钱、创造更多的财富当作经济活动的目标和人生的价值追求。经济人会采用新技术、新工具开采利用自然资源，必然会造成自然资源的日益减少和枯竭。因而，用科技手段解除生态危机是不可实现的。④生态资源资本化不可能不遵循资本的效用原则和增殖原则，也就不可能防止企业经营者将生态资源变成牟利的手段；不可能阻止企业经营者为了获得更高利润过度利用生态资源，也就难以真正有效地保护生态环境。所以，生态资源资本化策略也不可能消除生态危机。①由此可见，实施重建生态道德、减少废料倾倒、采用科技手段治理、生态资源资本化方式等策略，无法将被污染的自然生态环境治理成为能为国民提供天然生活资料或生态产品的可靠供源。必须另辟蹊径地探索其他有效的生态环境治理策略，改善生态环境，为国民提供更多优质天然生活资料或生态产品。

（二）明确生态资源利用生活逻辑的责任主体

既然大多数天然生活资料或生态产品都属于公共产品，公共产品的性质决定了生态产品生产与供给需要依赖各种社会主体参与；又由于在多主体参与行动中，自利的理性主体会最低限度地降低对公共产品生产的贡献，因而，在生态产品生产和供给行动中，必须在建构生态产品多方参与供给模式的基础上，明确参与方的生态环境治理责任和生态产品供给责任，以便克服生态产品合作供给行动中的帕累托无效率状态。

为了从明确生态环境治理主体及其治理责任的视角来治理生态环境问题，践行生态资源利用的生活逻辑，需要落实两大方略。

---

① 陈学明：《资本逻辑与生态危机》，《中国社会科学》2012 年第 11 期。

首先，要实施生态环境问题的多方治理模式。多方治理模式是党的十九大报告提出的生态环境治理策略。2017 年 10 月，中国共产党第十九次全国代表大会在北京召开，习近平在大会上做报告，提出对突出的生态环境问题，实施全民共治的方针，构建以政府为主导、企业为主体、社会组织和公众共同参与的环境治理体系。① 全民共治和多方参与治理模式契合"公共产品、全体负责"和"生态建设，人人有责"的实践逻辑。按照多方治理模式的要求，政府、企业、公民等主要生态利益相关者或生态利益主体都承担生态环境问题治理责任。如果仅依靠政府一方治理生态环境问题，多年的实践经验说明，难以治理好生态环境问题。曾贤刚就认为仅靠政府建设生态环境和供给生态产品，会产生生态建设和生态产品生产上的"政府失灵"现象；② 林黎也认为单一的由政府建设生态环境和供给生态产品的体制，无法制止伤害生态环境的不良行为和只享受生态福利而不尽生态义务的"搭便车"现象的发生，更是难以遏制生态产品供给短缺和生态产品品质劣化的态势。③ 最佳策略是政府、企业、公民都应参与生态环境治理和生态产品供给行动。就政府而言，第一，政府是公共利益的代表，政府提供公共产品，乃天经地义。生态产品是一种公共产品，满足国民对生态产品的需求，是政府的职责所在。第二，政府是公共财政的掌握者，只有政府才有雄厚的财力建设好生态环境、保障生态产品存量安全和品质安全。第三，政府是宏观调控的执行者，只有政府才具备促使生态产品供需均衡的能力。第四，政府是社会持续发展的谋划者，只有政府才能保证生态产品供给的代际公平。第五，政府具有生态环保执法权力，只有政府才能有效制止破坏生态环境和生态产品生产行为。总之，政府是公共利益的代表、拥有最广泛的公共权力、掌握了公共财政，没有理由游离在

---

① 《习近平在中国共产党第十九次全国代表大会上的报告》，https：//www.guancha.cn/politics/2017－10－27-432557. shtml。

② 曾贤刚：《生态产品的概念、分类及其市场化供给机制》，《中国人口·资源与环境》2014 年第 24 期。

③ 林黎：《我国生态产品供给主体的博弈研究——基于多中心治理结构》，《生态经济》2016 年第 7 期。

生态产品生产责任之外。就企业而言，第一，企业是生态产品的最大消费者。就工业企业耗水而言，一个大中型工业企业一天要消耗 2 万吨以上的用水，包括冷却用水、工艺用水、锅炉用水、原料用水、冲洗用水、空调用水、消防用水等，这是其他主体所不及的。从享受生态福利与应尽生态义务对称的角度来要求，企业应承担生产生态产品的责任。第二，某些企业是生态系统和生态环境的伤害者。一是没有安装废气处理设备的工业企业，在燃料燃烧和生产中会产生大量的二氧化碳、二硫化碳、硫化氢、氟化物、氮氧化物、氯、氯化氢、一氧化碳、铅汞、铍化物、烟尘及生产性粉尘。这些有害物质未经处理直接排放，是危害人体健康和植物生长、恶化空气质量的污染源。二是没有采取处理措施的电子、塑胶、电镀、五金、印刷、食品、印染等工业企业产生的废水、污水和废液是危害较大的水污染源。这些工业废水直流地表和地下水域，会污染水体，导致水生动植物的死亡；污染土壤，导致农作物歉收，影响植物和土壤中微生物的生长；污染饮用水，会危害人体健康。三是没有采取回收利用措施的工业企业排放的有毒、易燃、腐蚀性、传染性、有化学反应性的以及其他有害的固体废渣，也是危害较大的土壤污染源，这些固体废弃物长期堆存，不仅占用大量土地，使堆场附近土质酸化、碱化、硬化，遭受重金属污染，而且经过雨雪淋溶，其可溶成分随水渗入地下，污染地下水。从支付"三废"治理成本来说，企业也应承担生产生态产品的责任。第三，企业是市场主体，具有克服政府失灵的作用。企业进入生态产品市场，按照市场模式生产和提供生态产品，利用"看不见的手"这种市场机制，能在生态产品市场上发挥政府无法起到的作用，如提高生态产品的投资效益和生态产品供给效率、防止生态产品消费的"搭便车"行为、保证生态产品供给的优化和高效、杜绝生态建设的寻租现象、缓解生态产品投资的财政压力等。因此，企业应利用自身优势，积极参与生态产品的生产，优化生态产品生产市场环境。何况，企业是经济组织和生产单位，即便没有污染生态环境，也应参与生态产品的生产，创造优良生态环境，为其员工提供优质天然生活资料。在工业社会，工业企业是最大的工业污染源，是工业污染的制造者；化学农业企业是最大的农业化学污染源，是农业化学污染的制造者，没有理由逃避生态产品的生产责任，不能置身于生态产品生产责任之外。就公民而言，第一，生态产品是公民的天然生活资料。在日常生活中，公民每次要呼吸 400~600 毫升的空气，每天要吸入 750 克氧、喝 3000ml 左右的水、消费不少于 2700 卡热量的食物。公民保护社区生态环境、生产生态产品，就是为自己提供天然生活资料。况且，这是增加他人生活福利而不减少个人生活福利的公益活动。第二，公民通过私人交通方式制造了较严重的空气污染。目前我国驾驶人达 3 亿多，私人汽车保有量近 2 亿辆，每年排放出的固体悬浮微粒、一氧化碳、碳氢化合物、氮氧化合物、铅及硫氧化合物等尾气大约在 1.2 亿吨左右。全国汽车尾气排放量占大气污染源的 85% 左右，其中私家车的尾气排放量占很大比重。从这个角度看，公民应承担消除尾气污染的责任。第三，公民的居家生活产生的生活污水是水体污染之源。居民用洗涤剂洗菜、洗衣、洗漱、拖地产生的家庭生活污水，如果随意排放，流入河流、溪水，或其他水域，会造成较严重的水体污染。据媒体报道，城市居民（成年人）1 天产生的生活污水量达 0.2 吨、农村居民（成年人）1 天产生的生活污水量在 0.12~0.18 吨。11.4 亿左右的城乡成年居民，1 天产生的生活污水达 2 亿吨，因此，公民应承担治理污水的责任。第四，公民的居家生活产生的生活垃圾是土壤污染之源。我国有约 14 亿人，每天产生活垃圾约 160 万吨，存放在露天场地，产生有害液体，渗入土壤，造成土壤污染。公民承担土壤保护责任，也在情理之中。总之，公民是生态产品的最大消费群体，也是生活污染的最大制造者，其造成的生活污染对生态环境的伤害，一点也不亚于工业生产造成的点源污染和农业生产造成的面源污染。每个公民都不应该对生态产品生产和生态环境保护，采取"事不关己、高高挂起"的态度，而应该从我做起、从细微入手、从生活开始，参与生态产品的生产和生态环境的保护。

其次，要落实三方主体在生态环境共治和生态产品供给中的责任。就政府而言，第一，将生态环境建设纳入治国理政范围，对生态文明建设进行顶层设计和组织领导，将生态保护与建设确立为基本国策，编制并执行国家生态建设规划，推行绿色发展方式，为国民创造优良的生活环境。第二，为天然生活资料生产提供有效的政策与制度服务。提供的制度服务应包括天然林保护制度、退耕还林还草制度、休樵还植制度、耕地草原森林河流湖泊休养生息制度、生态补偿制度等；提供的生态政策应包括主体功能区配套政策、生态保护红线政策、永久基本农田政策、城镇开发边界政策、生态产品市场化经营政策、国土空间开发政策等。第三，加强天然生活资料生产监管力度。制定污染排放标准、环保信用评价体系、生态产品与生态环境信息披露办法、生态环境破坏惩处措施、城乡污染排放监管制度，完善生态产品生产监管体系，并严格执法。为生态产品生产创造良好的社会环境。第四，通过激励机制引导市场积极发展节能环保、清洁生产、清洁能源、有机农业、生态农业、生态旅游等生态产业；引导企业积极参与生态建设。第五，筹措天然生活资料生产和整个生态环境建设资金，为大气污染治理、水污染治理、土壤污染治理、荒漠与石漠化治理、农业面源污染治理、固体废弃物和垃圾处置、生态系统保护与修复、生态廊道建立、生物多样性保护、国土绿化、生态功能区建设提供必要的财政支持。就企业而言，第一，建立处理生产过程中产生的废气、废水、废渣的"三废"治理系统，严格按照国家规定的排放标准排放废气、废水、废渣。第二，建构"节能、降耗、减排、零污"的低碳生产体系，对其生产进行碳源治理；全域绿化场区，提高场区绿化率，对生产环境进行碳汇治理。第三，设立企业生态环境保护基金、成立企业生态环境保护志愿组织，积极参与生态环保公益活动，为国家生态产品供给提供力所能及的资金支持和人力支持。第四，努力成为生态产品市场化生产主体，积极投资生态产业，发展生态经济，生产生态产品，保障生态产品的供给，为提高天然生活资料品质做贡献。就公民而言，第一，积极保护生态环境。公民是最广泛的生态产品消费主体，不能只强调享有生态产品的消费权利，而不尽保护生态环境的义务。公民应积极参与生态保护活动，如积极响应社区废旧物回收利用活动、积极参加保护母亲河的志愿活动、自觉参与全民义务植树活动等,应成为社区生态环境的保护者。第二,自觉践行绿色交通方式。公民应选择公共交通工具出行,使用新能源汽车,为发展绿色交通体系尽微薄之力。第三,处理家庭生活污水。公民应安置家庭生活污水处理装置或修建家庭生活污水处理设施,对家庭生活污水进行过滤和净化处理,达到规定标准之后才能排出室外。第四,改变不良生态行为。公民应提高生态道德素养,改变不良的生态行为习惯,进行垃圾分类投放,杜绝随意丢弃生活垃圾的不良行为。

(三)确立自然生态环境利用生活逻辑的社区理念

虽然党的十九大报告提出的构建多主体生态环境治理体系并没有将社区纳入生态环境治理主体,更没有明确社区的生态环境问题治理责任,但是治理生态环境和利用自然生态环境供给生态产品,是不可能撇开社区的。第一,从生态产品具有的区域性角度看,异地供给生态产品存在空间障碍,每个社区从其他区域输送或引进生态产品很不经济,甚至得不偿失,所以,因地制宜地由本地社区供给生态产品是比较恰当的选择。第二,大多数生态产品属于公共产品,而社区是区域性公共主体,应该参与生态环境治理和生态产品供给行动。第三,如果对国土和地理空间进行细分,山水林田湖草等生命系统就分布在具体的自然社区里,况且社区是占据一定地域空间的生活共同体,社区居民需要社区的自然生态系统供给天然生活资料或生态产品,追求美好生活和优质天然生活资料、建设美丽生活家园是社区居民的根本需求。同时,社区的山水林田湖草生命系统需要社区居民保护和建设。第四,企业、公民,乃至基层政府都坐落在具体的社区内,具体的破坏生态环境行为和事件都发生在具体社区空间里,社区是保护生态环境、生态资源、生态资本的最佳主体和适宜空间。因而,社区应该成为生态环境治理和生态产品供给的主体。第五,在工业社会,农村社区是污染农村生态环境的单元和社会主体。自化学农业兴起以来,农村社区的农户和农场都使用化肥和化学农药经营种植业,造成农村水土污染;兴办大型养牛场和养猪场,造成农村空气污染;毁林造地、围湖造田，使农村的生态平衡遭到破坏。农村社区有义务承担消除农村生态环境污染的责任。

社区成为生态环境治理和生态产品供给主体，不仅具有合理性，而且还具有政府、企业、公民等三方主体所不具有的优势。第一，社区拥有政府和企业无法比拟的开展生态建设的情感机制和人脉关系，具有低成本的生态建设动员能力，是开展生态建设和防治不良生态行为的适宜主体。第二，保护生态环境是农村社区的优良传统。不管处于何种社会形态，农村社区一直担负起立足社区地理空间和利用生态资源从事农业生产、提供天然生活资料的神圣职责。在19世纪40年代化肥发明前、20世纪30年代DDT发明前，各国农民都采用亲自然法则和自然农业、有机农业、生态农业的生产方式从事农业生产。在农业活动中，农民生产了富氧空气、保持了水土、提供了有机食物、保护了生物多样性。当代农村社区应发扬传统，牢记使命，不忘责任，利用农耕生态文化观念，持续开展生态建设。第三，农村社区拥有生态建设的文化优势，因为农户具有爱护生态环境的传统，家庭劳动者具有从事生态保护、发展生态产业、提供天然生活资料的丰富经验。

故而，应该明确社区承担供给生态产品的理念和保护、建设辖区自然生态环境的责任。社区应该成为生态环境问题治理的重要主体，成为国家生态多主体共治模式中的重要角色。社区在承担生态环境治理和生态产品供给责任上的作为主要包括以下几方面。①建设生态社区。任何社区主体要将自己所处的社区建设成为住区与生态和谐的社区、生态环境得到有效保护的社区、拥有繁茂绿化体系的社区、生态功能突出的社区、生态要素协同发展的社区、提供优质生态产品的社区。②建设低碳社区。即对社区进行碳源治理和碳汇治理，在社区生产、生活、生态三大领域，通过建设对气候友好的节能建筑、生产体系、低碳交通、再生能源开发利用体系、垃圾资源化体系、低碳生活方式、固碳和释氧生态系统等措施，将生产、生活、生态领域产生的碳排放降到最低、能源投入使用降到最少、能源节约和释氧量提升至最大，以便使本土社区成为碳氧平衡的社区。③实施生态保护措施。包括拒绝挖山开矿，破坏社区植被；发展有机种植，增强农作物的释氧功能和水土保护功能；大力植树造林，把社区变成绿色林海，增强林地释氧功能和涵养水源功能，将社区变成天然氧吧和水源供给地，为居民提供富氧空气和优质水源。④发展功能农业。推行有机农业经营方式，使用有机肥料、生物农药或物理灭虫方法，生产优质安全农产品；实施生态农业经营方式，利用生物循环原理，发展循环农业，消除化学农业造成的面源污染，改善社区地表水质。⑤保护生态空间。预防农村人口增长和乡村旅游对良好的社区生态环境造成破坏；处理好土地开发与社区生态空间的关系，预防生计建设危及生态环境、产业发展挤压社区生态空间。⑥保护生态文化。重点是加固社区传统的天人合一生态观，维系社区的自然崇拜习俗，增强社区生态文化氛围；培育村民的生态道德修养，消除村民不良生活习性同生态脆弱性之间的矛盾。

（四）社区生态保障制度的建立

社区利用辖区的自然生态环境及生态资源为其居民供给天然生活资料或生态产品，从本质上讲，这就是社区生态保障行为。社区生态保障概念，从构词形式看，是生态保障概念与社区概念的结合；从内涵分析，是生态保障的社区化。

1. 社区

"社区"概念远比"生态保障"概念要早。1887年，德国社会学家滕尼斯在《共同体与社会》中，首次提出"社区"概念，并将其界定为具有共同的价值取向和强烈的归属感、彼此亲密无间的社会生活共同体。20世纪20年代，美国社会学家C. P. 罗密斯将德文Gemeinschaft（社区）英译为Community。美国社会学家R. E. 帕克在《人文生态学》一文中赋予Community（社区）的地域性内涵。1932年底，美国社会学家帕克应燕京大学之邀，来该校讲学，随之将community一词引入中国，并将Community一词译为社区。"社区"的概念，从德文的Gemeinschaft到英文的Community，再到中文的"社区"的发展中，其核心内涵从生活共同体变为区域社会。1958 年，美国社会学家 I. T. 桑德斯在《社区》一书中将社区视为区域居民互动的场所。1960 年，美国社会学家 I. 鲁宾提出社区居民互动既可使一个人与当地的疆域性社区联结起来，也可使他与更大的非疆域性社会联结起来。当今社会学家将社区界定为聚居在一定地域范围内的人们所组成的社会生活共同体，社区拥有一定的地理区域、一定数量的人口，居民之间有共同的意识和利益以及密切的社会交往。

依据社会结构，可将社区分为农村社区和城市社区。农村社区是处于乡村地域空间的、以农业为根本产业的、由农村居民构成并以血缘、地缘、亲缘关系为纽带而形成的社会生活共同体。农村社区具有如下特征。第一，农村社区的生活主体是农民。农民的职业是务农；住所建在生产区域内。分散农户的居住空间形态为住房建在生产区域中间，房前屋后为耕地；集中农户的居住空间形态为一栋住房挨着一栋住房，沿着河流、交通线路、山坡紧凑地排列，或集中在一块水源充足的平坦地带，每家离生产场地较远，其住所空间较开阔。第二，农村社区依赖自然地理空间及其因素，受自然生态环境制约明显，不同的地势、地形、地貌、自然资源、气候、生物等直接影响农村社区居民的生产和生活。第三，农村社区的公共服务设施须方便农耕生活，除修建一些满足居民生活需要的公共服务设施如百货商店、邮局、车站、休闲场所外，还需修建粮食加工场、农资销售商店、农产品收购点、农具修理厂等。第四，农村社区是无生人的社会及熟人社会，其社会结构是一根根由私人联系构成的网络。城市社区是处于城市地域空间的、以工商业和服务业为主要产业的、由业缘关系和利益关系为纽带而形成的社会生活共同体。城市社区具有如下特征。第一，在社会性方面，城市社区人口集中、人口密度大；社会结构复杂、职业种类多；社会生活内容丰富；家庭规模及其职能日趋缩小；社会节奏较快、人口素质较高；公共设施较完备。第二，在文化方面，城市人口在种族、民族、文化、职业、生活方式上表现出较大差异；看重活动的效率和效能；市民以实效的观点和理智的态度来对待世俗社会；市民具有较开放的和包容的心态，其心理结构比较复杂。第三，在空间结构方面，城市社区的空间密度较大，且分布不均衡，土地利用密度从市中心向外围递减；城市社区的构成要素，按照经济活动对区位发展的要求以及经济活动特点，形成多层次、多方位的组合关系；城市空间布局和密度相互影响、相互作用，城市社区的房屋建筑、街道、水道、交通实施、地块、绿化相互结合，显示不同的景观。

2. 生态保障

"生态保障"首先由美国政府提出①，有广义和狭义的理解。广义的"生态保障"概念指人类生产和生活的保障、人类适应与发展的保障、环境资源的保障。狭义的"生态保障"概念指生态系统的完整性和安全性，包括生物和生态系统的结构与功能是否遭受损害。② 学界对生态保障的理论研究可以追溯到 1962 年美国海洋生物学家蕾切尔·卡森出版的《寂静的春天》一书。该书首次向人类昭示环境污染对生态系统和人类社会产生的巨大破坏，唤醒人类保护生态环境。③ 20 世纪 80 年代，西方生态保障研究侧重于森林管理、木材采伐、土地利用、生境适宜性、河流水质、景观生态规划的优化配置等问题。国内生态保障研究始于 20 世纪 90 年代，大致分为 20 世纪末的理论探索和 21 世纪开始的理论形成两个阶段。在理论探索阶段，国内学者主要研究地区生态风险评估、国家生态保障。在理论形成阶段，国内学者主要研究生态系统健康诊断、区域生态风险分析、景观安全格局、生态保障的监测、预警管理问题。从本节的文献综述中可以看到，国内学者张乐勤、窦竹君、周孚明、林立新等都在自己的论文中使用"生态保障"概念。随着全球经济与环境间矛盾的加深，生态保障成为国际学术研究与实践的热点。

鉴于自然生态环境必须为人类提供天然生活资料和特殊的生活价值与生活服务功能，以及自始至终地支撑整个社会运行，本书采用广义的

---

① 周俭：《城市住宅区规划原理》，同济大学出版社，1999。

② 武春友、常涛：《生态社区综合评价指标体系的初步探讨》，《中国人口·资源与环境》2003 年第 3 期。

③ 蕾切尔·卡森：《寂静的春天》，吕瑞兰、李长生译，上海译文出版社，2007。

"生态保障"概念，并将"生态保障"界定为人类通过保护与建设生态环境促使其持续地为自己提供新鲜空气、洁净饮水、野生食物等天然生活资料的社会活动。

由于在工业社会，空气、水体、野生食物、自然景观等自然生态环境的重要构成要素都不同程度地被污染，当今人类要消费这些天然生活资料就必须投入大量的人力、物力、财力和技术，才有可能治理好这些被污染的自然生态环境的构成要素。因而，学界才把需要治理的天然生活资料称为生态产品。我们认为生态产品不仅是指具有生态功能的，由自然生态系统产生的新鲜空气、洁净饮水、野生食物、有机土壤、宜人气候、自然景观等自然物品，还应包括由人类利用生态资源生产出来的生态旅游服务、瓶装富氧空气、瓶装洁净饮水、有机农产品、植物盆景、人造生态景观、植物装饰等人工产品。生态保障，实际上是人类获取、生产、供给生态产品的过程。

生态保障就是人类利用生态资源、发明生态技术、实施生态工程、修复生态系统、保护生态环境、增强生态功能，为国民提供生活所需的足量优质的天然生活资料的过程。2012 年 11 月，中国共产党第十八次全国代表大会举行，胡锦涛总书记在十八大报告中首次提出，要求促进生活空间宜居适度、生态空间山清水秀，给子孙留下天蓝、地绿、水净的美好家园；要求增强生态产品生产能力。[①] 2017 年 10 月，中国共产党第十九次全国代表大会举行，习近平总书记在十九大报告中要求提供更多优质生态产品以满足人民日益增长的优美生态环境需要。[②] 发展生态保障事业是践行习近平生态文明思想的重要举措；是将"绿水青山"变成"金山银山"的具体形式；是解决人民群众日益增长的优美生态环境需要与更多优质生态产品供给能力不足之间矛盾的有效途径。

---

① 胡锦涛：《坚定不移沿着中国特色社会主义道路前进，为全面建成小康社会而奋斗——在中国共产党第十八次全国代表大会上的报告》，《人民日报》2012 年 11 月 18 日。

② 习近平：《决胜全面建成小康社会 夺取新时代中国特色社会主义伟大胜利——在中国共产党第十九次全国代表大会上的报告》，《人民日报》2017 年 10 月 28 日。

3.社区生态保障

目前，国内外尚未出现"社区生态保障"概念。但是，在自然生态环境利用的生活逻辑引导下，社区保护、建设、利用辖区自然生态环境及生态资源，为其居民供给新鲜空气、洁净饮水、野生食物等生态产品的理念已深入人心。本节文献综述中提及的 Axelrod、Alcorn、Toledo、Berkes、谢晶莹、刘海林、王志琴、宋言奇、彭法启、李志强、张娜、赵清等学者都发表学术论文主张以社区为单元开展生态环境治理工作、生态资源保护与利用工作。我们主张建立以社区为单元开展生态环境保护、建设、利用的工作机制，以社区为单元供给生态产品，发展社区生态保障事业。我们认为可以将"社区生态保障"概念界定为：社区通过保护、建设、利用辖区自然生态环境及生态资源的方式，为其居民及域外居民供给充足的优质生态产品的公共事业和社会制度。

实际上，社区具有供给生态产品和开展生态保障事业的比较优势和资源禀赋。一是社区拥有经营生态保障项目的自然地理空间及生态资源，尤其是农村社区更是如此。一个国家的空间整体是由所辖社区构成的，其拥有的山山水水、地形地貌都分割在所辖社区空间里。只要把所辖社区的生态系统治理好、生态要素建设好，一个国家的自然生态环境就会优质化，就能为国民提供丰富的优质生态产品。况且，建设生态项目都会落实到具体社区，开展生态保障，社区拥有地缘优势。二是满足居民的生活需要是社区的天赋使命，供给富氧空气、洁净饮水、野生食物、自然景观、生活空间等天然生活资料是社区赖以生存和发展的内在机制。若社区不利用地理空间和生态资源开展生态建设与消解生态危机，为居民提供必要的天然生活资料，就有可能因失去社会价值和生态功能而走向衰亡。三是农村社区拥有多种生态系统类型，生物多样独特，森林覆盖率较高，生态环境质量优良，而且农村社区是国家生态安全的屏障，其生态功能地位比较重要。四是农村社区利用植被、动物、水体、地形、地貌、气候、光照、气温等生态资源，发展农业生产，建立了农业生计体系，与社区生态要素形成互利共生的天人合一关系，在保护生态环境中从事农业生产、在农业生产中保护生态环境。将农业生产和生态产品生产都由农村社区负责，可取得事半功倍的效果。当今农村社区只要转变化学农业经营方式，发展生态农业、有机农业、自然农业，就能提供优质天然生活资料。五是国家已有制度和法规将村集体的山林、耕地、水域的承包权和经营权交给了农户，这等于国家已经给予农村社区承担生态保障责任的制度条件。

不仅如此，社区供给生态产品和开展生态保障事业，还可以弥补政府和企业供给生态产品方面的不足。政府供给生态产品的确存在诸多不利因素。一是政府难以有效管控国民的不良生态行为。不仅难以干预公民随意丢垃圾、偷伐公益林、直排生活污水、焚烧秸秆、偷猎野生动物等不法行为，也无法及时阻止企业偷排废气、废水、废渣的排污行为，还难以有效管控企业的不良生态行为，如有的企业为了盈利，在生态保护上与政府玩"躲猫猫"游戏，行"上有政策、下有对策"之伎俩，而地方政府只能听之任之。二是政府不具有便捷及时的市场反馈能力。首先表现在政府无法预知生态产品市场的反应，只有生态产品十分稀缺，已经危及百姓正常生活和身体健康，老百姓提出改善生态环境要求之后，政府才知晓生态产品供给不足，市场供给出现了问题；其次表现在政府难以知晓生态产品生产的全部成本和收益，也不十分清楚自己制定的生态产品生产政策产生的实际效果，无法及时、客观评价生态产品生产政策，容易出现生态产品生产政策调整滞后现象；又次表现在政府掌握的生态产品信息不准确，致使制定出的生态产品市场干预决策难以产生改善生态产品供需状况的良好效果；复次，政府对生态产品生产市场的干预不力。某些决策者不能及时出台生态产品市场干预决策，致使政府容易错过生态产品生产市场的最佳干预良机，甚至出现下级政府对上级政府的生态产品市场干预决策执行不及时、不到位、不尽力现象，容易导致市场干预的失效。最后表现在政府的办事效率较低。由于公务员没有实施"高效率，高报酬"制度，且工作出现失误后，会被追责，故该公务员通常会选择按部就班的工作方式，常导致破坏生态环境的违法行为无法得到及时处置；而且因缺乏节约执行成本的激励导向，容易出现生态投资和生态建设的浪费现象。尤其是政府容易滋生生态产品生产的寻租现象。该情景主要是政府实施的一些干预生态产品市场和生态企业的方式，如颁发经营许可证、配额、执照、授权书、特许经营证等，将会人为制造出生态产品的稀缺和产生潜在的租金，容易导致生态企业使用寻租手段，谋取超常利润，造成生态资源的浪费。我们把政府在生态保障上的不力现象称为政府生态保障失灵现象。

同样，企业供给生态产品也存在一些不利因素。一是企业缺乏生产生态产品的动机。受逐利秉性制约和生态公共产品难以获得超额利润的影响，企业不愿意投资回报率低下的生态产业，不会主动生产具有公益性的、会产生效益外溢现象的生态产品。二是在操作上，每家企业都难以找到将生态产品生产的社会责任与经济责任融合的运行模式。在生态产品生产尚未进入市场模式的情形下，许多企业的确一时难以找到适合自身的将生态产品生产转化为有利益回报的生意门道，难以实现企业生态产品生产的公益行为与经济行为的融合，难以建构生态产品的公益价值与经济价值相互协调又互为补充的商业运行机制，容易限制企业对生态产业和生态产品生产的投资。三是难以确定满足民生需求的经营导向。在企业家眼里，赚钱是企业的经营导向，盈利空间是其选择投资领域和发展业务的决策依据。而生态产业及生态产品生产是满足国民对天然生活资料需要的公益产业，民生需要是其生产导向。发展生态产业及生态产品生产，需要实现"生态产业、经济效益、民生需要"三者平衡。但是企业受盈利导向的扭曲，难以实现这种平衡，难以持续地发展生态产品的生产。四是存有过度使用生态资源的冲动和不主动降低生态成本的动机。因为生态资源，如江湖河流、草场草地、空间空气等，不仅难以在技术上划分归属，而且在使用中不易明晰成本归集；另外，即使企业清楚长远利益的保障需要合理使用生态资源，但市场机制未能提供约束规范，因此企业担心其他竞争对手过度使用生态资源，使自己吃亏。这种负面机制易造成生态资源使用上的盲目竞争，易导致企业对生态资源的掠夺使用，出现"公地悲剧"现象。我们把企业在生态保障上的缺陷称为企业生态保障失灵现象。

总之，政府是政治共同体，企业是经济共同体，社区才是生活共同体。从政府、企业、社区的主体性质来判断，在开展生态保障事业方面，政府和企业存在失灵现象；而社区具有经营生态保障的比较优势和资源禀赋，是相对合适的生态保障主体。当然，社区开展生态保障事业离不开政府资金和政策的支持以及企业和公民的积极配合。

五　讨论

生活消费是与人类、与人生共始终的，因而，自古以来，任何特定地域的生活共同体都会想方设法保护好、建设好和利用好社区自然生态环境及生态资源，稳定地、持续地获取天然生活资料，建构社区天然生活资料保障体系。就自然生态环境利用的生活逻辑而言，社区是最佳主体，因为社区才是真正的生活共同体，而政府是政治共同体，企业是经济共同体，其主体使命不在供给天然生活资料上。尽管政府和企业在保护、建设和治理自然生态环境方面可以发挥比社区更大的作用，但是政府和企业都不具有保障天然生活资料供给的内在特质。

人类生活与生存，需要消费新鲜空气、洁净饮水、野生食物等天然生活资料。作为生活共同体，社区必须建立自己的天然生活资料保障体系。社区天然生活资料保障就是社区居民利用社区的自然生态环境及生态资源获取天然生活资料并满足生活消费之需的活动过程。自然生态环境维系人类进化和社会发展的奥秘在于自然生态环境蕴藏着人类赖以存活和繁衍的新鲜空气、洁净饮水、野生食物等多种天然生活资料。这些天然生活资料哺育着人类的生命，让人类一代一代地以生命形态，生下来、活下去，持续地为人类生活和生产输送着物质能量，使人类不断进化和社会持续发展。

由于生态资源既有生活功能，又有生产功能，人类可以利用生态资源进行生活，也可以利用生态资源进行生产。生活与生产的不可分性决定生态资源的不可分性，以便丰富生态资源的存量和维系生态资源的能量循环。但是工业社会的人类为了满足求财欲望，实现财富梦想，将循环一体的生产生活勾连结构进行肢解，将原本一体的生态资源拆分使用。将生产与生活分开，将生态资源分为服务于生产的生态资源和服务于生活的生态资源。在自然生态环境利用的资本逻辑支配下，求财欲望越膨胀，财富计划就越宏大，用于生产的生态资源比重就越大，在生态资源总量不变的情况下，用于生活的生态资源比重就会变小，由此，产生生态资源的生活价值和生命价值日益减少、生态资源的生产价值和经济价值日益上升的生态资源流变效应；生态资源的生活福利和生活利益日益下降、生态资源的经济效率和经济利益日益提高的生态资源流变效应。

工业社会的生态资源流变效应结构不会永远屈服于资本逻辑，追求生态资源的生活价值和生命价值、生活福利和生活利益的社会主体必然与追求生态资源的生产价值和经济价值、生产利润和经济利益的社会主体围绕生态资源的消耗结构进行分配博弈。生态资源分配博弈的终结就是生态利益冲突的开始。当生态利益冲突明朗化、公开化，生态利益冲突就成为显现的社会冲突的主要类型。

为了保证国家的生态安全、国民的基本生活需要，任何国家必然会采取不同的生态环境问题治理模式，建构自然生态环境利用的生活逻辑，以便回应明朗化和公开化的生态利益冲突现象。在中国，被国家采用过的生态环境问题治理模式主要有政府治理模式和多方共治模式。这两种生态环境治理模式的施用，较大程度地遏制了日益严重的生态危机，保留了边远山区的大面积原始次森林和绿色植被，保护了部分地区的自然生态环境，维持着国民天然生活资料的消费秩序和格局，满足了国民对天然生活资料的基本消费需求。但是这两种生态环境问题治理模式也存在失灵现象，尤其是政府与企业和城乡居民处于分离状态，难以及时发现不法企业和无德公民的不良生态行为，同时政府不可能直接从事生态产品生产。相对而言，社区尤其是农村社区具有低成本的生态建设特质和供给天然生活资料的动员能量，以及保护自然生态环境和提供天然生活资料的丰富经验；具有供给天然生活资料的比较优势和资源禀赋；而且还是由特定地域居民组成的生活共同体。所以，社区尤其是农村社区是更合适的自然生态环境保护、建设、治理主体和天然生活资料的供给主体。

在工业社会，每个社区只有保护、建设、治理遭受破坏的自然生态环境，才能使辖区自然生态环境为其居民源源不断地提供天然生活资料，保障社区居民能持续地消费天然生活资料。在只有投入大量人力、财力、物力才能保证自然社区自然生态环境为社区居民提供天然生活资料的情况下，社区居民获得的天然生活资料就是生态产品。生态产品是由自然生态环境直接提供的天然生活资料和由人类利用自然生态资源间接提供的人工生活产品。社区生产或提供生态产品的过程就是社区生态保障行为。具体来说，就是社区通过保护和建设辖区自然生态环境供给新鲜空气、洁净饮水、野生食物、自然景观、生态空间、和煦光照等自然产品生产；依赖辖区自然生态环境采集和栽培野生蔬菜、野生菌、野生水果、香料植物、药材植物以及饲养野生动物；利用辖区自然森林环境生产林下种植品、林下养殖品以及利用辖区自然水体环境生产水域养殖品、水域种植品；利用辖区自然生态资源生产有机农业食品、园林产品、园艺产品、植物装饰产品、瓶装空气、瓶装饮用水等生态商品以及经营生态旅游、生态养生等生态服务项目。[①]

当今社会已经进入生态文明建设时代、进入社区生态保障时代。从本质上分析，社区生态保障的本质就是社区居民利用社区自然环境里的植物、动物、水体、土壤、空间等生态资源获取新鲜空气、洁净饮水、野生食物、宜居空间等生态产品，满足自身对生态产品消费之需的生活过程。它要求采用社区生态保障建设图式，建构以乡域为单元的，由基层政府、社区治理机构、驻区企业、社区居民等四方主体参与的生态产品协同生产机制，并在生态产品协同生产中，发挥基层政府的主导功能、社区治理机构的主体功能、企业的辅助功能、社区居民的配合功能，以便为社区居民供给更多优质生态产品。实施社区生态保障模式，虽然不可能回到让消费群体从自然生态环境直接获取野生食物和直接饮用山泉水的状态，但是建设自然生态环境并利用自然生态环境生产国民生活所需的优质生态产品，是完全可以期待的。

---

① 谷中原：《乡域生态产品四方协同生产机制建构与运作》，《湖湘论坛》2022 年第 2 期。

第二章　社区生态保障的特质

在第一章，我们讨论了研究社区生态保障的背景，主张建构自然生态资源利用的生活逻辑和实施社区生态保障模式。社区生态保障（Community Ecological Security）也称为绿色社区保障模式（Green Community Security），或称为可持续社区保障模式（Sustainable Community Security），强调整合社区和自然生态环境的关系。① 社区生态保障是由基层政府、社区机构、驻区企业、社区居民等四方主体共同参与的，建设社区自然生态环境并利用社区自然生态环境提供生态产品的生活保障类型。党的十九大报告提出"提供更多优质生态产品以满足人们日益增长的优美生态环境需要"。对社区而言，"提供更多优质生态产品"，实际上，是要求社区积极保护和建设好辖区的自然生态环境，为居民提供新鲜空气、洁净饮水、野生食物等天然生态产品以及有机农产品、瓶装新鲜空气、瓶装洁净饮水等人工生态产品，以便满足居民对新鲜空气、洁净饮水、野生食物的消费需求。这就是社区生态保障的核心内涵。于此，需要特别申明一下：本著作在不同语境里使用的"提供生态产品""生产生态产品""供给生态产品"等术语，其含义在本质上没有差别，都是对社区生态保障行动的表达。

社区生态保障与社区生计保障互衬，都是为满足社区居民基本生活需

---

① 黄安心：《生态社区与新型社区治理生态化——兼论推进广州市新型社区治理模式生态化变革的策略》，《城市观察》2014 年第 4 期。

要而建构起来的生活保障体系。只不过，社区生计保障是解决社区居民衣、食、住、行、用等人工生活资料供给问题的生活保障范型，而社区生态保障是解决社区居民对新鲜空气、洁净饮水、野生食物等天然生活资料供给问题的生活保障范型。从本性上分析，社区生态保障是社区生产天然生态产品和人工生态产品以便满足当地居民对天然生活资料消费需求的生活保障活动，是社区提供生态产品的生活保障实践。具体而论，社区为居民提供天然生态产品，实际上是社区通过投入必要的人力、物力、财力、技术，治理辖区被污染的空气、水体、土壤、景观、住区环境，为居民提供新鲜空气、洁净饮水、野生食物的活动过程；社区为居民提供人工生态产品，实际上是社区利用辖区自然生态环境及生态资源为其居民提供生态旅游、生态养生、植物装饰服务以及提供优质瓶装空气、优质瓶装饮水、有机农产品的生产过程。社区为居民供给天然生态产品和人工生态产品，在自然生态环境遭受破坏、天然生活资料质量不断下降的今天，恰逢其时。从避免走弯路考虑，实施社区生态保障范型，需要先认识和把握社区生态保障的基本特性。

一 社区生态保障的结构特质

社区居民对天然生活资料的消费需求是多种多样的，由此导致社区生态保障项目具有多样性。依据不同维度，社区生态保障项目可以分成不同种类，使社区生态保障具有多要素构成特点。

（一）社区生态保障的供源结构

依据生态保障供源，可将社区生态保障分为自生类生态产品供给、赖生类生态产品供给、繁衍类生态产品供给、标识类生态产品供给等。

社区供给自生类生态产品，就是为辖区居民提供新鲜空气、洁净饮水、生态空间、生态景观、和煦光照等生态产品。其中，新鲜空气、洁净饮水是社区居民最看重的生态产品。这类生态产品直接由自然生态环境自为地供给，无须社区直接生产。社区只要间接地采取必要的保护措施，维护辖区的自然生态环境，以及通过植树造林等途径，增强辖区的自然生态系统的稳定性和自我调节能力，防止社区主体破坏地形地貌、山水植被、空间格局，就能让辖区居民分享到新鲜空气、洁净饮水等生态产品。由于这些生态产品是社区自然生态环境自为提供的，故我们称其为自生类生态产品。自生类生态产品是纯公共产品，社区供给自生类生态产品属纯粹的公益活动。自生类生态产品往往以整体形式无偿地供给社区居民。

社区供给赖生类生态产品，就是为辖区居民提供野生食物、野生药材、野生香料等生态产品。其中，野生食物是社区居民最需要的赖生类生态产品。这类生态产品既可以直接地由社区自然生态环境自为地提供，也可以由社区利用自然生态环境人为地提供。具体来说，在社区自然生态环境不能提供足量的野生食物、野生香料、野生药材的情况下，社区劳动者将立足社区生物群落就地种植野生蔬菜、野生菌、野生水果、香料植物、药用植物，或养殖特种野生动物，为自己及家庭成员提供野生食物、野生香料、野生药材。由于种植野生蔬菜、野生菌、野生水果、香料植物、药用植物，或养殖特种野生动物，必须依赖社区的自然生态环境和利用生态资源，才能获得预期收获，所以，我们称其为赖生类生态产品。在社区自然生态环境里野生的蔬菜植物、菌类植物、水果植物、香料植物、药材植物具有一定的稀缺性，属准公共产品，供给这类生态产品属公益活动，一般由社区居民自采获取。社区居民收集野生蔬菜植物种子、香料植物种子、药材植物种子，立足社区自然生态环境，进行野地栽培，获得的野培食物、野培药材、野培香料，以及通过野外放养获得的野生肉类动物，都属于私人劳动产品。这类产品因凝结了社区居民的劳动，具有劳动价值和交换价值。

社区供给繁衍类生态产品，就是为辖区居民提供林下种植品、林下养殖品、水域种植品、水域养殖品等生态产品。这类生态产品由社区劳动者利用社区森林环境和水域环境进行生产才能获得。这类生态产品的生产依赖于自然生态环境，虽然凝结了人类的劳动和劳动者的智慧，打上了人类文化和技术的烙印，但这类生态产品仍然具有显著的自然属性。林下种养产品是社区劳动者利用社区原生森林空间和人工森林空间并通过人工种植和养殖方式才能获得的；水域种养产品是社区劳动者利用社区原生水域和人造水域并通过人工种植和养殖方式才能获得的。它们都是社区森林环境和水体环境繁衍出来的人工生态产品，所以，我们称其为繁衍类生态产品。这类生态产品，因凝结了人类劳动以及劳动者的智慧、技术，故具有较大的劳动价值和交换价值。这类生态产品是纯私人产品，其生态产品供给属纯粹的商品生产。

社区供给标识类生态产品，就是为辖区居民提供有机农品、园林产品、园艺产品、植物装饰产品、瓶装空气、瓶装饮用水等生态商品和生态旅游、生态养生等生态服务。社区标识类生态产品完全由社区劳动者利用社区生态资源进行生产才能获得。是典型的生态商品，必须要有生产厂家、要有自己的商标或品牌。故我们称其为标识类生态产品。为社区居民提供标识类生态产品，需要社区组建相应企业并采取市场经营模式进行商品化生产和营销。每家生产企业都需要建立工厂或公司、招聘员工、购买生产设备、引进先进技术；需要有明确的发展战略、市场定位、经营理念、竞争目标、营销方案；需要有自己的产品研发团队、生产管理团队、销售网络、销售渠道、经营风险控制策略；需要打造企业品牌、注册产品商标、树立企业形象等。社区标识类生态产品生产企业应采取公益经济模式提供标识类生态产品，实现生态产品生产的公益行为与经济行为的融合，建构标识类生态产品的公益价值与经济价值相互协调又互为补充的商业运行机制。要确定满足民生需求的经营导向，实现"生态产业、经济效益、民生需要"三者平衡。这类生态产品不仅具有自然属性还具有文化属性，具有显著的劳动价值和交换价值。这类生态产品也是纯私人产品，其生态产品供给也属于纯粹的商品生产。

综上所述，从生态产品的供给来源来看，社区生态保障是由自生类生态产品、赖生类生态产品、繁衍类生态产品、标识类生态产品构成的生态产品供给结构。

（二）社区生态保障的权益结构

依据生态产品的权益，可将社区生态保障分为社区私人生态产品供给、社区公共生态产品供给、社区混合生态产品供给等。

社区供给私人生态产品，指由社区企业生产的，消费者需要支付费用才能获得其所有权，在效用上具有可分割性、在受益上具有排他性、在消费上具有竞争性的生态产品。如由社区生产的有机农业食品、园艺产品、园林产品、瓶装空气、瓶装饮用水、生态旅游、生态养生等直接参与市场交易的生态商品和生态服务都属于社区私人生态产品。供给私人性生态产品属社区企业的商品生产活动，其产品一般通过市场进行分配，社区消费者和区外消费者只有在市场上购买此类生态产品才能享用。私人生态产品具有显著的劳动价值和交换价值，其销售价格随供求关系变化而变化，其生产资金和经营利润来源于产品的市场销售收入。社区企业生产或提供这类生态产品，一般会考虑其生产成本和经营收益，社区企业会追求其经济效益。

社区供给公共生态产品，指由社区公共主体生产的，为社区所有成员共同消费且无须支付费用的，在效用上具有非分割性、在消费上具有非竞争性、在受益上具有非排他性的可以实行消费共享的生态产品。如社区自然生态环境自为提供的新鲜空气、洁净饮水、生态景观等生态产品都属社区公共生态产品。供给公共生态产品的边际成本为零，即增加一个消费者不会增加生产的边际成本，如增加一个观众并不会导致生态景观生产成本的增加。而且其边际拥挤成本也为零，即每个消费者的消费都不影响其他消费者消费的数量和质量，如新鲜空气的品质和存量不会因增加或减少呼吸它的人数而变化，也就是说，增加消费者不会减少任何一个消费者享用新鲜空气的数量；增加消费者也不会增加新鲜空气的成本。公共性生态产品没有交换价值，其生产费用源于政府拨款或社区公益资金。社区生产和提供公共生态产品，一般不会考虑其生产成本和经营收益，只会追求社会效益。

社区供给混合生态产品，指由社区混合主体生产的，兼具公共产品和私人产品属性的，或通过有偿方式或无偿方式进行消费的生态产品。混合生态产品有俱乐部生态产品和准公共生态产品之分。俱乐部生态产品是由社区企业提供的在受益上具有排他性、在消费上具有非竞争性的生态产品；准公共生态产品是由社区公共主体提供的在消费上具有竞争性、在受益上具有非排他性的生态产品。混合生态产品不会同时具有消费上的非竞争性和受益上的非排他性，否则其就成为纯公共产品；同样也不会同时具有消费上的竞争性和受益上的排他性，否则其就成为私人产品。社区俱乐部生态产品，如洁净饮水、生态旅游、生态养生等，一般由社区企业供给，但容易产生外部效益。消费这类生态产品需要到市场购买，其生产资金和经营利润完全来源于产品销售收入。准公共生态产品，如野生菌、野生蔬菜、野生水果等，一般由社区提供，社区居民都可以消费，但是存在消费拥挤现象；社区居民可以通过购买方式消费这类生态产品，也可通过预算分配方式消费这类生态产品。其生产资金或生产投入既可来自销售收入也可来自社区公共资金。

（三）社区生态保障的功能结构

依据生态保障功能，可将社区生态保障分为社区生态物质产品供给、社区生态康养产品供给、社区生态调节服务产品供给等。[①]

社区供给生态物质产品，指由社区生产的能满足社区居民对新鲜空气、洁净饮水、野生食物等天然生活资料消费需求的生态功能服务项目。社区居民需要的天然生活资料实际上就是物质类生态产品。这类生态产品主要通过植树造林、涵养水源、净化水质；发展有机农业、生态农业、自然农业、碳汇农业、循环产业等碳汇治理措施，以及保护社区生态环境、禁止焚烧秸秆、处理"三废"、践行低碳生活等碳源治理措施来生产和供给。在生态环境遭受破坏的社区都或多或少地、直接或间接地投入一定人力、物力、财力建设社区生态环境，才能为辖区居民提供丰富的优质生态

[①] 廖茂林、潘家华、孙博文：《生态产品的内涵辨析及价值实现路径》，《经济体制改革》2021年第1期。

物质产品。各种生态物质产品的生产与供给方式不一样。新鲜空气属于公共产品，由社区公共部门通过公益经济模式生产和供给；有机农产品属于私人产品，由社区农户、农场、农业企业通过商品经济模式生产和供给；洁净饮水属于准公共产品，既可由社区公共部门进行生产和供给，也可由社区水业公司生产和供给。

社区供给生态康养产品，指以辖区自然生态环境为基础，以促进社区居民身体健康为目的，利用森林资源、景观资源、食药资源和文化资源并与医学、养生学有机融合，开展以修身养性、调适身体机能、延缓衰老为目的的生态游憩、度假、疗养、保健、养老的生态功能服务项目。生态康养是"治未病"的绝佳方式。社区供给生态康养产品：①需要社区建设保健型生态康养基地，营造生态康养景观，让社区居民或外来游客置身于茂密森林和生态景观中，漫步于康养步道，呼吸新鲜空气，游山、玩水、赏景，体验独特的养生旅游服务，以达到愉悦心情、修身养性、康养身心的目的。②需要社区建设理疗型生态康养基地，修建森林瀑布、森林栈道，种植能释放精气的植物，营造释放具有药理效果的负氧离子和植物精气的理疗养生环境，以达到调理亚健康状态、防病、治病和疗养的目的。③需要社区建设运动型生态康养基地，利用社区自然生态空间修建适合有氧运动的散步、慢跑、登山走廊，适合练习太极、瑜伽、八段锦、养生操的露台亭榭等运动场所，以达到增强体质、减少疾病、促进健康的养生目的。④需要社区建设文化型生态康养基地，挖掘、开发、利用社区生态文化元素和修建生态文化设施，举行转山、植树、禅修、冥想、生态知识竞赛及生态音乐节、生态艺术节等生态文化体验活动，以达养身、养心①、养性、养智、养德的养生目的。⑤需要社区建设膳食型生态康养基地，种

---

① 由于人类本属自然生态环境，人类心理的各种烦恼与障碍，皆因人类身心脱离或背叛自然生态环境，因此，治疗人类的心理问题，须从人类回归自然生态环境入手。基于人类回归自然生态环境的生态逻辑的心理治疗方法就叫生态心理疗法。此法适应所有处于心理不安、心理障碍、烦恼、绝望、痛苦中的人，能使人类的精神和生命在自然生态中复活，并成为自然生态的一部分。

植药用食材①、有机农业食品，利用优质有机食材资源，合理配制各种营养健康膳食，提供生态健康膳食产品，以达增强膳食营养、延年益寿的养生目的。

社区供给生态调节服务产品，指社区为提升自然生态系统的调节能力，以生态系统②为单元，遵循其负反馈机理，开展保持水土、净化污染物、固定 CO_2、控制有害生物、预防灾害、调节气候等生态服务项目。社区立足自然生态环境实施这些生态调节项目，可以提高社区生态环境质量，为居民提供更多优质生态产品奠定物质基础。大多数农村社区既有陆地生态系统，也有水域生态系统和人工生态系统。在生态环境及其内部的生态系统受到破坏的情况下，农村社区必须修建生态调节池、生态调节坝、生态调节沟、人工湿地、林地缓冲带、草地过滤带等生态调节设施，必须开展植树造林、维护生物多样性活动，必须推行自然农业、生态农业、有机农业、碳汇农业等农业经营模式，通过这些生态措施增强社区生态调节服务功能。

二　社区生态保障的属性特质

与社区生计保障、服务保障、精神生活保障、教育保障、生活安全保障等生活保障类型比较，社区生态保障具有与众不同的属性。

---

① 如姜、大蒜、洋葱就是能产生抗炎效果的药用食材；胡萝卜、甜椒、西兰花、黑芝麻、核桃、松子等就是具有丰富营养素的药用食材；黄豆、黑豆、花生、红薯、木耳、蘑菇等就是能增强机体免疫力的药用食材。

② 生态系统是由生物群落和它自身所处的无机环境相互作用而形成的统一的整体。生态调节是生态系统在受到外来干扰之后，通过自身的调节维持其相对稳定的现象。生态系统的调节能力受其种群营养结构、种群功能、种群间能量流动、物质交换途径等因素影响。生态系统的营养结构越复杂，成分功能越强大，其抵抗力稳定性越高；生态系统的抵抗力稳定性越高，其调节能力越强。生态调节是通过生态系统构成要素彼此协调及其反馈机制实现的。不过，生态系统的调节能力强度有限，当外界干扰强度超过一定限度时，生态系统的自我调节能力会丧失。

（一）社区生态保障具有自然性

社区生态保障是为当地居民提供天然生活资料或生态产品的生活保障类型，与社区其他生活保障类型有一定差别。首先，社区居民作为生命体和人类也是自然生态环境的构成要素，需要与自然生态环境里的空气、水、食物、光照等自然要素保持作用关系，获得生命能量和物质营养，才能发育、壮大、活下去。这是人类的自然属性。显然，社区为辖区居民提供新鲜空气、洁净饮水、野生食物等生态产品的活动具有自然性。其次，社区必须立足并利用社区的自然生态环境以及自然资源、生态资源，才能扩大生物群落，提高社区生态系统的抵抗力，减弱外界对生态系统的干预强度，为辖区居民提供充足的新鲜空气；才能改良土壤、保护水体、涵养水源、净化水质，为辖区居民提供洁净饮水；才能保护野生食物生存环境和种质资源以及栖息地，增强野生食物繁育能力，为辖区居民提供更多的优质野生食品。这使社区生态保障具有自然性。最后，社区必须遵循自然规律尤其是生态规律，才能发展自然农业、有机农业、生态农业等功能农业，[①] 为本地居民乃至区外居民提供优质的有机农产品；才能发展生态旅游、生态养生、园林园艺、生态加工等生态服务业，为辖区居民乃至区外百姓提供生态旅游、生态养生、植物装饰产品以及优质瓶装空气、瓶装饮用水、园林产品、园艺产品。实际上，天蓝、地绿、水净、富氧空气、自然景观、野生食物等生态产品，都是由树木、草丛、草原、草甸、沼泽、水生植被、微生物、动物、土壤、水体等生态要素或生态资源相互作用而形成的物质结晶。而这些生态要素或生态资源都是在自然生态环境里按照自然规律繁育生长的自然元素，具有自然属性，这就决定着生态产品也具有自然属性。从生态保障的运作来看，社区生态保障实际上就是社区获取、利用生态资源生产、加工、供给生态产品的过程。社区生态保障的自然性说明社区实施生态保障项目必须遵循自然规律和生态规律。

---

① 谷中原：《多功能农业理论分析与实证研究》，中南大学出版社，2008，第77页。

（二）社区生态保障具有地域性

社区生态保障具有地域性，主要由如下 5 个因素决定。①社区是特定地域的生活共同体，不同地理空间的社区，其地理要素有较大差别，致使社区的自然生态环境不同，尤其是不同纬度、不同海拔以及不同地形地貌的社区，其自然生态环境差异较大。因此，不同社区的自生类生态产品、赖生类生态产品、繁衍类生态产品、标识类生态产品必然有所不同。正所谓"橘生淮南则为橘，生于淮北则为枳"，就是这个道理。②社区生态保障是社区利用本地自然资源、生态资源进行生态产品生产的，自然资源和生态资源是存在地理差异、空间差异、生境差异的，因此，社区为其居民提供的各类生态产品必然呈现地域特色。③从人工生态产品生产维度考察，一些生态产业，如自然农业、有机农业、生态农业、生态旅游、生态养生、生态景观、园林园艺，以及林下种植品、林下养殖品、水域养殖品、水域种植品等繁衍类生态产品，都只能立足社区自然生态环境才能生产出来，才能为广大消费者生产出更多优质繁衍类生态产品和标识类生态产品，尤其是具有国家地理标志的生态产品，更具地域性特点。这说明社区生态保障具有地域性。④从野生食物生产维度看，野生蔬菜、野生动物、野生菌、野生水果、野生药材、茶饮植物等，都是在具体而微的社区自然生态环境里生长的，社区的地形地貌、土壤结构、水文环境、气候条件、湿度条件、生物群落对野生食物的生长及其品质起决定作用。其实，现今人类食用的水稻、小麦、玉米、高粱、莜麦、荞麦、红薯、土豆、青稞等粮食作物，回溯到园艺社会，它们都是野生食物，都是人类祖先在具体的生活区域驯化、繁育而成的，而且只要是原生态种质，这些粮食作物的生长及其品质仍然要受当地具体而微的自然生态环境制约。这也说明社区生态保障具有地域性。⑤从生态产品消费维度看，不宜加工、包装、运输的生态产品都只能在本地社区地理空间供给和消费，很难运输到异地社区消费，如和煦光照、生态景观、生态旅游、生态养生等。这说明生态产品消费具有地域优先性，也显示社区生态保障具有地域性。社区生态保障的地域性说明，每个社区只能立足本地的自然生态环境利用社区的自然资源、生态资源实施生态保障项目，不能一味地模仿或照搬其他社区的做法。

（三）社区生态保障具有脆弱性

社区生态保障的脆弱性表现在如下方面。①在当今工业社会，社区的自然生态系统容易受到外来干扰和损害，当外来干扰和损害力度超过生态系统自我调节的"阈值"，就会破坏生态系统构成要素彼此之间的协调机制和反馈机制，造成生态系统自我调节能力的丧失和自我恢复能力的丧失。在这种情况下，社区实施生态保障难以产生令人满意的生态效益。②社区生产出来的优质生态产品缺乏抵御外来干扰和损害的潜质，极易被污染、变质、退化、恶化。如社区生产的富氧空气、洁净水源、生态景观、野生食物、宜人气候等生态产品，都易被污染、被破坏。新鲜空气容易被工业废气、汽车尾气恶化；洁净水体容易被化学农业、排污企业、生活污水污染而变得浑浊；野生食物容易被化肥和化学农药变成问题食品；生态景观容易被乱砍滥伐、矿山开采等不良生产行为所破坏。正是人类不良生态意识和生态行为导致社区生态保障前功尽弃。③一些社区的自然生态条件较差，如有的社区位于高海拔地区、气候干旱地带、地质灾害带；有的社区处于植被覆盖率低尤其是森林覆盖率低的地理环境以及生态系统稳定性差的地区等，直接导致其生态环境系统脆弱。① 如黄土高原的农村社区都处于从平原向山地高原过渡、从沿海向内陆过渡、从湿润向干旱过渡、从森林向草原过渡、从农业向牧业过渡的地区，其自然生态环境不够稳定，常出现地质灾害、水旱灾害、气象灾害，以及水土流失、土壤侵蚀等自然灾害。其抵御自然灾害的能力较低，生态环境遭到破坏后恢复困难。这类地区被生态学家称为生态脆弱带。② 目前，我国中度以上生态脆

---

① 张学玲等：《区域生态环境脆弱性评价方法研究综述》，《生态学报》2018年第16期。

② 据《区域生态环境脆弱性评价方法研究综述》一文介绍，1988年在布达佩斯召开的第七届环境科学委员会（SCOPE）大会上，首次确认了"生态脆弱带"的概念。

弱区域占全国陆地国土空间的55%，其中极度脆弱区域占9.7%，重度脆弱区域占19.8%，中度脆弱区域占25.5%。[①] 显然，生态脆弱地带的社区实施生态保障项目难度较大。社区生态保障的脆弱性说明，社区居民、社区家庭、社区企业、社区各种组织都应该珍惜社区生态建设取得的成果，保护社区的生态要素、生态系统、生态环境、生态资源，不做任何有损社区生态要素、生态系统、生态环境、生态资源的事情，杜绝任何不良生态行为的发生，要做到勿以恶小而为之、勿以善小而不为，人人争做社区生态环境的保护者和建设者。

（四）社区生态保障具有公共性

社区生态保障的公共性表现在以下几个方面。①纯公共生态产品和准公共生态产品都由社区公共主体生产和供给。虽然社区的天蓝、地绿、水净、富氧空气、生态景观、生态公共空间等纯公共生态产品在消费上具有非竞争性，具有边际生产成本和边际拥挤成本都为零的特点，社区的野生菌、野生蔬菜、野生水果等准公共生态产品，在消费上具有竞争性的特点，但是，这两类社区公共生态产品在受益上都具有非排他性，可以被社区多位消费者同时拥有，可以供所有社区成员共同享用，享用的机会是均等的，且无须支付费用。这使社区生态保障具有公共属性。②社区公共主体通过持续地建设生态环境而形成的宜人气候、新鲜空气、洁净水源、和煦光照、生态景观、生态空间、安静环境等纯公共生态产品，不仅在效用上具有非分割性的特点，而且具有难以计量的特点，其消费都是自由公开的，不可能像物质商品那样计量或分配式地消费，例如大规模的群体消费就不能精确地定位到个人消费量。[②] 因而，社区的纯生态产品往往作为一个整体提供给社区居民。这也决定着社区生态保障具有公共属性。③社区生态保障的目标是建设优良的社区生态环境、促使社区生态系统稳定，是

---

① 国务院：《关于印发全国主体功能区规划的通知》（国发〔2010〕46号），2010。

② 杨庆育：《论生态产品》，《探索》2014年第3期。

典型的公共目标。社区作为生态保障的载体，能在围绕社区生态环境问题产生的私人利益与公共利益、局部利益与整体利益、眼前利益与长远利益的矛盾与冲突中，始终代表与确保社区的公共利益、整体利益与长远利益。[①] 社区生态保障的公共性说明，一是社区必须制定具有约束力的消费制度，防止出现浪费式、过度式、破坏式的消费行为，防止出现"公地悲剧"现象；二是社区必须制定人人参与社区生态建设和保护社区生态环境的公约，杜绝社区生态建设出现"搭便车"行为和损害社区生态环境的不良行为。

三　社区生态保障的价值特质

社区生态保障是具有多维价值的公共设置，具有特殊的根基价值、生活价值、经济价值和服务价值。

（一）社区生态保障具有支撑社会运行的根基价值

人是自然界的社会性动物，是生物进化的结果，具有动物所具备的一切自然本性。在自然环境里，人不仅以动物的行为维系生命存在、发育和延续，而且以有别于其他动物的劳动方式形塑了社会。从产生根源而论，人类及其创造的社会都始终离不开自然界。自然界是由许多要素构成的复杂世界，但是只有自然界的生态系统为人类及人类社会的更替和发展提供基本的物质条件。可以说，自然生态环境是人类及人类社会得以形成和发展的重要基柱。社区为了供给天然生活资料或生态产品，必须保护、建设、治理好辖区的自然生态环境，将产生支撑社会运行的根基价值。

1. 提供人类生命之源

人类来自哪里？人类来自自然界的生态系统。这是因为，其一，人类

---

① 刘芳：《社区作为"理性生态人"：内涵、结构和功能分析》，《社会工作》2008年第7期。

是自然界长期发展的产物。自然史揭示了人类从自然界发展而来的过程。无机自然界在特定的条件下产生了生命物质。生物界又经历了漫长的由简单到复杂、由低级到高级的演变和发展，出现高级的植物和动物。动物从低级的无脊椎形态向高级的脊椎形态发展，直至出现更高级的灵长目哺乳动物。人类就是从猿这种灵长目哺乳动物中发展出来的。猿变成人，同时也就出现了人类社会。其二，自然生态环境是人类存在和发展的必要前提。人类只要生存、发育和延续，就必然处在自然生态环境之中，脱离自然生态环境的人类是不可想象的。自然生态环境为人类的存在与发展提供了新鲜空气、洁净饮水、野生食物、和煦光照、生态空间等天然生活资料。其三，自然生态环境影响人类进化的步伐。自然生态环境的优劣，对人类社会的劳动生产率、生产发展速度有重要影响。天然财富的富饶程度和自然资源的存量，直接影响民族、居民、劳动者的生产能力、科技水平，从而影响人类进化水平。没有自然生态环境这一物质基础，人类是不可能延续发展的。

关于人类的自然渊源，中国先秦诸子，尤其是儒家和道家，都有所论及。《周易·序卦传》曾云，"有天地，然后有万物；有万物，然后有男女；有男女，然后有夫妇；有夫妇，然后有父子；有父子，然后有君臣；有君臣，然后有上下；有上下，然后礼仪有所错"。孔子也认为，天是包括人在内的万物的根源，"天何言哉，四时行焉，百物生焉，天何言哉！"[1] 有天地就有万物；有万物，才有人类。

马克思也坚信人是自然界的产物。他认为自然界是人类产生的根源，是人类生命的源泉。马克思断言："人作为自然存在物，而且作为有生命的自然存在物，一方面具有自然力、生命力，是能动的自然存在物"，"人本身是自然界的产物"，而且"是在自己所处的环境中并且和这个环境一起发展起来的"，[2] 并且强调"人靠自然界生活"，人为了不至死亡，

<hr />

[1] 《论语·阳货篇》。

[2] 梁枫：《新时代中国农村生态文明建设研究》，河北大学博士学位论文，2019。

与自然界处于持续不断的交互过程。①

　　人类进化史证明了马克思的人类是自然界的产物的观点。人类从自然界沿着细胞生物—鞭毛真核生物—两侧对称动物—脊椎动物—灵长类哺乳动物—猿人类—原始人类—智人类—现代人类的演化谱系逐步成型。据考古发现，35 亿年前后，地球出现细胞生物；约 7 亿年前，出现鞭毛真核生物；约 5 亿年前，出现两侧对称动物；约 2 亿年前，出现哺乳动物；约 6000 万年前，出现灵长类哺乳动物；约 700 万年前，出现猿人类；② 约 200 万年前，出现原始人类；约 25 万年前，出现智人类；10 万~20 万年前，出现现代人类。③ 生物进化的时间节点构成了人类进化谱系。这个谱系的起点是自然界、通节是生物进化、终点是现代人类。恩格斯在《自然辩证法》中，根据 19 世纪中叶，赫胥黎、海克尔、达尔文的进化论，详细阐发了自然界的产生、生物的进化和人类生成、存在及发展的过程。证明了人类进化的物质基础就是自然生态环境。诚如其言，自然生态环境具有先在性，先于人类而存在。马克思也曾讲过，"作为人的生命活动的材料变成了人的无机的身体"，④ 这句话指出了人类源自自然生态环境的事实本真。

　　2. 为人类提供天然生活资料

　　天然生活资料就是大自然为人类提供的新鲜空气、洁净饮水、天然食物、和煦光照、生态空间等生活资料的总称。⑤ 马克思曾讲过自然界是人类的直接的生活资料。⑥ 从自然界演化开始，自然生态环境就是人类永久的生存家园。人类是自然生态系统中的一种高等动物。无论是过去、现在

---

① 马克思、恩格斯：《马克思恩格斯文集》（第 1 卷），人民出版社，2009，第 63 页。

② 周伟：《人类起源的大致过程是什么？》，https://www.zhihu.com/question/23533476/answer/31053488。

③ 汪永基：《我们到底从哪里来》，《科技日报》2017 年 2 月 19 日。

④ 马克思、恩格斯：《马克思恩格斯全集》（第 9 卷），人民出版社，1973，第 422 页。

⑤ 谷中原：《论社区实现基本生活保障目标的双轨流程》，《甘肃社会科学》2015 年第 3 期。

⑥ 马克思、恩格斯：《马克思恩格斯全集》（第 9 卷），人民出版社，1973，第 422 页。

还是将来，人类要想生存，首先就要与自然生态环境进行物质能量变换。人与自然生态环境的物质能量的交换是维持人类生命的永恒需求。消费天然生活资料是人类与自然生态环境进行物质能量交换的重要方式。

人类之所以要与自然生态环境交换物质能量，一是由人的自然属性决定的。人类本身就是自然界的构成要素。归根结底，人类是自然界的一部分。自然生态环境是人类的无机的身体，人类的肉体与自然生态环境存在着能量交换的机理。自然生态环境是人类为了不致死亡而必须与之处于持续交往的对象。二是自然界先于人类而存在。自然物质如空气、水流、天然食物、光照、生态空间等都不是人造的，在人类出现之前，它们作为客观物质早已存在。自然生态环境早已为人类生存与繁衍准备了天然生活资料。人类生存与发展所需要的一切物质资料都由自然生态环境供给。自然生态环境不仅是人类的容身之处，更是人类生存所需的天然生活资料之供源。离开自然生态环境，人类生存和繁衍将失去物质基础。就生存依赖而言，人类对自然生态环境的生存依赖是单向的，不具有双向对称性。

据有关文献介绍，地球上的自然生态环境承载着约 5000 万亿吨的空气；[①] 蕴藏着约 13.9 亿 km^3 的水，其中淡水量约 0.35 亿 km^3；[②] 每年能生产约 165 万亿千克的有机物质，折合成能量达 66 亿亿千卡。[③] 这些物质都是人类赖以生存和繁衍的天然生活资料。大自然的生活资料宝库源源不断地为人类提供着生存所需的新鲜空气、洁净饮水、天然食物。而且，大自然通过大气圈的作用，将人类生命活动所需要的太阳能，送达陆地表面，再经过生物圈的光合作用以及食物链的传递以维持人类的生存；通过大气、水、地表形态等因素的共同作用，为人类生存与繁衍创造适宜的气候条件；通过岩石圈、大气圈、水圈和生物圈为人类提供生存所需的各种自然资源、生态资源、营养物质。假若没有自然生态环境，或者自然生态环境的天然营养供给功能被损害，人类将会逐渐消亡。

---

① 《怎样计算地球有多少空气》，baijiahao. baidu. com/s？id＝161812。
② 张兆明：《自然界的水》，《中学化学》2021 年第 7 期。
③ 《地球能养活多少人》，https：//zhidao. baidu. com/question/1828732351790013804. html。

3. 为人类社会构筑人文根基

在中国，"人文"一词最早出现在《易经·卦二十二·贲》中："分刚上而文柔，故以'小利有攸往'，天文也。文明而止，人文也。观于天文，以察时变；观于人文，以化成天下。"[①] 这里的"人文"指礼乐教化，此后，"人文"概念的内涵不断变化。《后汉书·公孙瓒传论》提出"舍诸天运，徵乎人文，则古之休烈，何远之有！"这里的"人文"概念指人事。孙中山《民权初步自序》讲到"会此世运进化之时，人文发达之际，犹未能先我东邻而改造一富强之国家者，其故何也？"这里的"人文"泛指文化现象。而郭沫若在《我的童年》第一篇中提及"人文"一词，"大约就是因为山水比较清秀的原故罢，一般的人文风尚比起邻近的村镇也觉稍有不同"。这里的"人文"概念指人情习俗。人文是人类创造出来的一种文化现象。其内涵随着时代的更替不断变化，反映人类对自我的肯定、关照和重视。从其属性分析，人文是一种思想、一种观念、一种范制、一种精神。

从 20 世纪末期开始，联合国开始关注人文发展。1990 年，联合国开发计划署建构了由"预期寿命、教育水准和生活质量"三项基础变量构成的人文发展指数（HDI），并每年向世界公布各国的人文发展指数，展示各国人类发展水平。1991 年，联合国开发计划署在此基础上增加"环境破坏""居民自由程度"两项指标；2000 年，增加"技术领先"指标；2001 年，在《人文发展报告》中，又将世界各国国民的预期寿命、成人识字率、初等与中等以及高等教育、综合入学率等与国民素质关系密切的指标，合成为人文发展指数。现在，联合国开发计划署制定的人文发展综合指数已成为评价世界各国人文发展水平的标尺。这说明人文因素已成为人类社会发展的重要内容和显性指标。

从联合国开发计划署的人文发展综合指数来看，自然生态环境是人类人文发展的重要指标。而且，从本源上分析，自然生态环境还是人类人文

---

① 王应麟：《易经》，时代文艺出版社，2003，第 74 页。

发展的物质根基，人文顺应天道而来。在人文发展中，人的发展终归要依靠自然生态环境。世界上任何国家的人文结构，与其所处地域的自然生态因素密切相关，在人文发展的初期阶段，自然生态环境发挥着重要作用，不仅为人类肉体延续提供了必要的物质条件，还对人文的产生与进步奠定了牢固的物质根基。

中国有一句俗话，一方水土养一方人，比较形象地揭示了人文与自然的关系。中国许多典籍也论证这种观点，如先秦典籍《禹贡》在介绍九州不同地域的自然景观时，论述了田土、物产及交通等人文的差别。西方学者同样关注人文与自然的关系。17~18世纪之交的法国唯物主义思想家孟德斯鸠在《论法的精神》一书中就分析了气候影响民族性格、制度、文化和决定宗教性质的机理。18~19世纪之交的德国哲学家黑格尔在《历史哲学》一书中将地理环境分为三类，一是干燥的高地及广阔的草原和平原，包括蒙古、阿拉伯至北非沙漠地区，这里是游牧民族的故乡，他们热情好客，但掠夺成性，善于侵略；二是巨川大河流经的平原流域，包括四大文明古国，这里的人们以农业为根，季节规律性造成其性情守旧，墨守成规；三是与海岸相连的沿海地区，交通便利，对外交流频繁，因此当地居民勇于冒险，富有智慧。① 在黑格尔看来，自然生态环境对生活于其中的人类的人性、惯习、智慧的形成起着决定性作用。19世纪上半期的英国历史学家巴克尔在《英国文明史》一书中提出人类不过是自然的一部分的观点，指出人类历史同样受自然规律的支配，并阐述了作物影响人类文明、地理环境决定人类心灵的发展、气候影响文化的机理。20世纪的美国文化生态学家斯图尔德在《文化变迁的理论》一书中提出"文化生态"概念，建立探讨自然环境与人类文化之间关系的文化生态学理论，指出文化生态学致力于研究文化存在和发展的资源、环境、状态及规律；提出人类总是特定环境总生命网的一部分，并与物种群的生成构成一个生物层的亚社会层。人类在生物层上建立起了文化层；还深入剖析了文

---

① 黑格尔：《历史哲学》，王造时译，生活·读书·新知三联书店，1956，第132~134页。

化层与生物层的交互影响、交互作用关系以及它们之间存在的共生关系。他发现，在文化生态系统中，与自然环境最近、最直接的是科学技术，它与自然环境呈高度相关；其次是生产、经济活动体制和社会组织，与自然环境成中度相关；最远的是价值观念，与自然环境成低度相关。这个理论揭示了自然生态环境与人文价值观的作用强度。中国学者王旭依据自然生态环境的差异性，将中国的生态影响人文的差别分为三大区域，即北方和西北草原游牧兼事渔猎文化区；黄河流域以栗、黍为代表的旱地农业文化区；长江流域及以南的水田稻作农业文化区，并强调自然生态环境始终是人文发展的根基。[①] 这些理论观点都有一个共同的指向：自然生态环境是人类社会的人文根基。

4.为社会运行提供生态条件

社会运行指社会基于自身内部的矛盾作用，而按照一定的轨道和程序不断运动的过程。社会运行包括纵向运行和横向运行两个维度。社会的纵向运行是社会的变迁与发展；社会的横向运行是社会各领域、各地区、各要素之间的横向联系。自然生态系统是社会运行的生态条件。

自然生态环境是生物群落与生存环境之间，以及生物群落内生物之间密切联系、相互作用，通过物质交换、能量转化和信息传递，成为占据一定空间，具有一定结构，执行一定功能的动态平衡体。自然生态环境通过自身使用价值直接影响人类社会运行状态。生态使用价值是作为一个生态系统整体所表现出来的对人类社会的效用价值。自然生态系统以复合的功能形式满足人类社会运行需要，首先表现为不同类型的生态资源对人类社会运行发挥不同作用；其次表现为每种生态资源对人类社会都有多种用途，如森林生态系统具有改良土壤、涵养水分、调节气候、净化空气、美化环境等功能，为人类提供天然生活资料，以便人类繁衍；最后表现为自然生态系统持续地支撑人类社会运行和发展，永续地、源源不断地为人类社会运行和发展提供生态资源。

---

① 王旭：《汾河流域古村镇民俗文化生态研究》，山西大学硕士学位论文，2013。

自然生态系统是人类生产、生活以至发展的物质前提，人类生产与生活都离不开自然生态系统的支撑。生态、生产、生活存在相互勾连的机理。深究起来，就可发现，自然生态系统是通过为人类生活提供生活资料、为人类生产提供劳动对象或原材料的方式保证社会运行和发展的。人类生活需要自然生态系统提供天然生活资料。同样，人类生产需要自然生态系统提供物质原料，物质原料是人类生产最重要的要素。就劳动对象而言，无论是天然的劳动对象还是原料，其均源于自然生态环境，原料相对于天然的劳动对象而言，是经过人的劳动改变过的自然物，即"形式变化而适合人的需要的自然物质。可见自然（生态）是社会运行的物质保证"。①

（二）社区生态保障具有满足人类消费需求的生活价值

自然生态环境为人类源源不断地供给新鲜空气、洁净饮水、野生食物等天然生活资料。这些天然生活资料能满足人类生活需要，具有天然的生活价值。所谓生活价值，指某种物体具有促使人体生长发育和生命延续的生活功能。新鲜空气的生活价值就是新鲜空气具有促进人体生长发育和生命延续的生活功能；洁净饮水的生活价值就是洁净饮水具有促进人体生长发育和生命延续的生活功能；野生食物的生活价值就是野生食物具有促进人体生长发育和生命延续的生活功能。正因如此，自然生态环境蕴藏着人类所需要的生活价值的命题才能成立。

1. 新鲜空气的生活价值

空气是地球大气层中的透明且无色无味的混合气体，主要由氮气、氧气、稀有气体、二氧化碳以及其他物质组合而成。新鲜空气的生活价值，主要体现在负氧离子空气是人类存活的必要条件。负氧离子空气是生命气体，人类无时无刻不在吸收负氧离子，负氧离子至于人需要按秒算。据专家观察研究，负氧离子对人体神经系统、心血管系统、血液系统、呼吸系

---

① 张秀芬：《马克思〈资本论〉生态思想研究》，内蒙古大学博士学位论文，2016。

统、免疫系统提供诸多正能量。就神经系统而言，负氧离子可降低血中5-羟色胺音量，增强神经抑制过程，使大脑皮层功能及脑力活动加强，使脑组织的氧化过程力度加强，使脑组织获得更多的氧离子；对心血管系统而言，负氧离子能扩张血管，除动脉血管痉挛，降低血压，增强心肌功能，改善心脏功能和心肌营养状况；对血液系统而言，负氧离子能延长凝血时间，使血中含氧量增加，利于血氧输送、吸收和利用；对呼吸系统而言，负氧离子能提高人的肺活量，改善和增强肺功能，对呼吸道、支气管疾病也具有显著的辅助治疗作用；[①] 对免疫系统而言，吸入一定量的负氧离子可提高机体的免疫机能，使 T 淋巴细胞转化率增高，NK 细胞的杀伤功能增强，增加机体的抗病能力。[②] 据媒体报道，人体需要不断地进行气体交换，吸入氧气，呼出二氧化碳。成年人每次吸氧气约半升，按每分钟呼吸 18 次计算，一昼夜通过肺的空气约 13000 升之多，重约 14 分斤，成人每天需氧 0.75 公斤，排出二氧化碳约 0.9 公斤[③]。人体吸收负氧离子，将呼吸的氧转化为人体内的血氧，血液携带血氧向全身输入能源。血氧的含量越高，心脏泵血能力越强，心脏动脉的输血能力越强，血氧输送到心脑及全身的浓度就越高，人体重要器官的运行状态就越好。所以，人体吸收负氧离子后，精神振奋，工作效率提高，能使睡眠质量得到改善。

2. 洁净饮水的生活价值

水是由氢、氧两种元素组成的一种无色无味的透明液体，属无机物，是生命之源。水对人类的生活价值主要体现在：成人体重的 60%～70% 是水分，儿童体重的 80% 是水分，人类每天需要的水分约为体重的 3%。人体内的水液统称为体液，它集中分布在细胞内、组织间和各种管道中，是构成细胞、组织液、血浆等的重要物质。人体内的任何一个细胞都要靠它

---

① 林金明、宋冠群、赵利霞：《环境、健康与负氧离子》，化学工业出版社，2006，第106~117 页。

② 郭藏珍、刘国华、郑冉然、金世香：《负氧离子对小鼠脾淋巴细胞转化和 NK 细胞杀伤效应的影响》，《河北医学院学报》1994 年第 3 期。

③ 谢体仁：《人体对部分物质的日需要量》，《生物学通报》1983 年第 5 期。

才能正常发挥作用。水是人体新陈代谢和生理活动的介质，没有水，人体就无法形成包括唾液、胃液、胆汁、胰液、肠液在内的消化液，没有消化液，营养素就无法被消化，也不能被吸收，水通过溶解体内的无机盐、有机化合物、酶和激素等各种营养物质，将脂肪和蛋白质等变成为悬浮于水中的胶体，为人体吸收；水使氧气运到所需部位，使养料和激素到达它的作用部位，排除废物，不断促使新陈代谢。水能调节体温，天热时，人出汗，通过蒸发水分，带走一部分热量，降低体温，使人免于中暑；天冷时，水储备热量，使人体温度保持正常状态。水不仅是人体的滋润剂，能滋润皮肤，还是人体的润滑剂，体内一些关节囊液、浆膜液在各器官之间起润滑作用，使器官之间免于摩擦受损，保持运动的协调。水也是人类的日常生活必需品。水是我们每天必须要喝的一种物质。人对水的需要仅次于氧气。人如果不摄入某一种维生素或矿物质，也许能继续活几周或带病活上若干年，但人如果没有水，却只能活几天。若一个人长期处于缺水状态，那么他的健康肯定要受到严重威胁，而且由于缺水，很容易导致脱水，一旦脱水，人类就有生命危险。一个正常人每天应该喝 3000ml 左右的水。

3. 野生食物的生活价值

野生食物指在自然状态下生长的、未经人工栽培的、可供人类食用的各种食品。野生食物与人工种植的农产品不同，多生于深山冲沟、岸边、树丛、林边、山野、农田周围等地方，具有生、鲜、嫩、绿、野的特点，而且适应性强，品种多，分布广，生长快，病虫害少，数量多，营养丰富。[①] 野生食物分为野生蔬菜食品、野生禽鸟食品、野生兽类食品、野生水生产食品、野生瓜果食品、野生菌类食品、野生香料、野生药材等。野生食物对于人类的生活价值体现在以下几方面。第一，丰富人类饮食结构，增加多种营养元素，野生食物的营养成分大多高于栽培蔬菜，一般富含糖、蛋白质、纤维素、多种维生素、矿物质等，尤其是富含维生素和无

---

① 汤庆伍：《野生食物——天赐有机食品》，《农产品加工》2005 年第 3 期。

机盐，能够增强人类体质。第二，具有特殊的药用价值，很多野生食物是良好的滋补佳品，[1] 能调节人类生理机能，增强人类抵抗疾病的能力，尤其是野生蔬菜膳食纤维含量较高，对糖尿病、肥胖症、高胆固醇症、心脏病等有较好的防治作用。第三，野生食物能弥补人类食品短缺，丰富人类生活资料，使人类渡过灾荒，延续人类生命。第四，野生食物能保障人体生命安全，野生蔬菜和水果生长在林间、荒野，一般无污染，是无毒无害的纯天然食品，具有较高卫生安全性，是有机保健食品；野生肉类食品无激素，无食品添加剂，使人类免受"问题食品"的侵害，有效防止"病从口入"现象的发生。在农业化学化生产和基因种植日益扩大的当代社会，质疑农产品品质安全日益成为普遍的国民消费心理，野生食物便成为国民追逐的生活时尚和餐桌上的佳肴。

正因为自然生态环境里的新鲜空气、洁净饮水、野生食物等天然生活资料，对于人类来说，具有特殊的生活价值，自然生态环境才成为人类生活的物质基础，并对人类发挥着养育功能。

（三）社区生态保障具有创造劳动收入的经济价值

1. 社区生产的生态产品具有交换价值属性

生态产品的价值是人类赋予的，而且是有缘由的。自然生态环境及其要素原本有生态功能，只是进入工业社会后，遭受到人为侵害，其生态功能就下降了。为了恢复自然生态环境及其要素的生态功能，社区不得不投入大量的劳动、资本和技术使空气变清新、水体变洁净、土壤变有机、食物变安全、景观变优美、生物变多样，通过植树造林增加碳汇。社区涵养的水源、净化的水质、清洁的空气等，都是经过劳动加工后才成为满足社区居民生活需要的人工自然要素。这些活动与马克思所指出的商品本质——耗费人类劳动是完全一样的。[2] 在这种情况下，自然生态环境及其

---

[1] 汤庆伍：《野生食物——天赐有机食品》，《农产品加工》2005 年第 3 期。

[2] 杨庆育：《论生态产品》，《探索》2014 年第 3 期。

要素变成了劳动产品，就有了价值属性。至于自然农业、有机农业、生态农业、生态旅游、生态养生、瓶装富氧空气、瓶装优质饮水等生态产业，更是需要社区家庭、农场、企业、专业合作社投入必要的资金、技术和劳动，才能生产出优质生态产品。这些生态产品凝聚着社区生产者的一般劳动价值。但是，在货币经济时代，生态产品必须与货币进行交换，才能表现其劳动价值。当生态产品用货币衡量和表现出来时，就是生态产品的交换价值或价格。当然，社区自生类生态产品是不可能有交换价值的，因为这类生态产品没有凝结劳动时间，即没有劳动价值，自然就没有交换价值。虽然政府可能给予生态环境保护者和建设者一定的生态价值补偿，但是这种价值补偿不是补偿新鲜空气、洁净饮水、生态空间、生态景观、和煦光照等自生类生态产品的劳动价值，而是补偿因保护和建设生态环境而失去的创造财富的机会或造成的经济损失。只有社区劳动者花费劳动时间生产出来的赖生类、繁衍类、标识类生态产品才有交换价值。但是，这些类型的生态产品的交换价值，即这些类型的生态产品能换来的货币量，不完全取决于其劳动价值量，还会受消费者的最大支付意愿和生态产品的供求关系的影响。生态产品的最大支付意愿（WTP）就是消费者为获得某种生态产品而愿意付出的最大货币量。影响支付意愿的因素主要有消费者收入、生态产品的替代品价格、消费者年龄、消费者受教程度、消费者独特偏好以及对该生态产品的了解程度等。在市场经济条件下，生态产品的供求关系是社区生产并能提供出来的生态产品总量和消费群体对生态产品的消费需求总量的对比关系。生态产品的供求总量关系决定着生态产品的交换价值，即决定着生态产品的市场价格。当生态产品供过于求，则生态产品的交易价格下跌；当生态产品供不应求，则生态产品的交易价格上涨。所以，生态产品的价值实现水平会受消费者支付意愿和生态产品交易价格影响。①

---

① 生态产品的总供给量，即生态产品的总价格与消费群体的最大消费能力的差额，称为生态产品的消费者剩余（CS）。生态产品的价值量、生态产品消费支付意愿、生态产品交易价格的关系为：价值＝支付意愿＝价格×消费量＋消费者剩余。

2. 社区生产的生态产品具有使用价值属性

生态产品的使用价值指生态产品具有的能满足人类生活需要和生命延续、身体健康需要的功能。譬如，负氧离子能确保人体重要器官处于良好的运行状态；净水能促进人体新陈代谢和进行生理活动，调节人类体温、滋润皮肤和润滑器官；野生食物能增强人类体质和抵抗疾病的能力，调节人类生理机能；生态空间能为人类提供必要的生活场所和谋生场所。使用价值，是一切商品都具有的共同属性之一。任何物品要想成为商品都必须具有可供人类使用的价值；反之，毫无使用价值的物品是不会成为商品的。使用价值是物品的自然属性。社区生产的生态产品与其他物质商品一样，为消费者所使用，能满足消费者对天然生活资料的消费需求，具有使用价值。当然，生态产品的使用价值大小取决于某种生态产品的品质特性、介体的品质特性、使用主体的品质特性。一般而言，当生态产品与介体的品质特性不变，使用主体的品质特性发生变化时，生态产品的使用价值会发生变化；当生态产品与使用主体的品质特性不变，介体的品质特性发生变化时，生态产品的使用价值会发生变化；当使用主体与介体的品质特性不变，生态产品的品质特性发生变化时，生态产品的使用价值会发生变化。

（四）社区生态保障具有满足人类特殊需求的服务价值

社区生产的生态产品具有特殊的服务价值属性。生态产品的服务价值指人们虽然不使用某一生态产品，但该生态产品仍具有特殊的满足人类某种需求的功能价值。生态产品的服务价值主要体现在生态产品的资源价值、根基价值、精神价值、文化价值。生态产品的资源价值体现在，有机质土壤、洁净水体、新鲜空气、适宜气候等生态产品是人类从事优质农产品生产必不可少的物质资源，在农业生产上起重要作用；生态产品的根基价值体现在，良好的生态环境、生态资源是支撑社会运行的物质基础，对人类生存与繁衍和社会运行与发展起支撑作用；生态产品的精神价值体现在，蓝天、碧水、鸟语、花香、风光、景物等生态要素具有的观赏价值、审美价值，对人类精神世界的塑造起重要作用；生态产品的文化价值体现在，优良生态环境、自然农业、有机农产品、生态农业、生态旅游、生态养生、生态建筑等既是生态物质文化形式，又是生态价值观、生态思想、生态伦理、生态文明制度等生态精神文化的物质基础和物质渊源，没有生态环境和生态产业就没有生态文化。生态产品的非使用价值也可称为存在价值或被动使用价值。根据马克思的论断"一切商品对它们的所有者是非使用价值，对它们的非所有者是使用价值"① 推定，可以说生态产品被不同的人拥有时所体现的使用价值是不同的，生态产品的非使用价值会因其使用者发生变化而变化。生态产品对于社区生产者来说是非使用价值，对消费者来说是使用价值。而且，还可以说，评价角度不同，生态产品的使用价值也会变化，从满足需求角度看，生态产品对生产者来说是非使用价值；生态产品对国家、对社会、对社区来说有使用价值，因为没有良好的生态环境或生态产品，国家、社会、社区都难以持续运行和持续发展，甚至会消失。社区的自生类生态产品虽然有资源价值、根基价值、精神价值、文化价值，但它们没有凝结人类的一般劳动时间，就不能当作商品看待，就不可能具有价值和使用价值，也就无法直接用市场交易价格来体现。因此，自生类生态产品的非使用价值属于非经济价值范畴。而社区生产的繁衍类、赖生类、标识类生态产品才是商品，因为它们是花费了大量劳动时间的产品，具有一定的经济价值。社区生态保障的价值多维性说明，政府和社区应该采取多种经营模式对待不同类型的生态产品。具体来说，社区应采用公益生产模式保护好社区自然生态环境并供给自生类生态产品；采用商品生产模式供给繁衍类、赖生类、标识类生态产品。

政府比较看重社区生态保障及建设自然生态环境的根基价值；企业比较看重社区生态保障及生态产品的经济价值；社区及居民比较看重社区生态保障及生态产品的生活价值和服务价值。

---

① 马克思：《资本论》（第一卷），中央马列著作编译局译，人民出版社，2004，第104页。

四　社区生态保障的功能特质

由于社区生态保障是各种社区主体立足本地自然生态环境、生态资源，为当地居民生产生态产品，因此，社区生态保障与其他社区生活保障类型相比，发挥着特殊的生活保障功能。

（一）社区生态保障具有生活功能

从人类生活需求的角度看，清洁空气、清洁水源、清澈蓝天、舒适环境、宜人气候，都是人类正常生活必不可少的，从这个意义上讲，这些产品，既是需求，又是消费。而且从当前全球以及我国这些产品的供应来看，其比物质类的商品供应更为紧缺。当前我们面临大量的物质商品过剩，而相对于生态产品而言，环境恶化、气候变暖、灾害频繁、水源缺乏、生态退化的现象日益严重，这些都导致了生态产品的严重供不应求。[①] 正因如此，人类社会和国家需要社区开展生态保障事业。社区通过建设和保护自然生态环境、发展生态产业、实施生态保障项目，提供新鲜空气、洁净饮水、野生食物、和煦光照、自然景观、宜居空间、生态休闲、生态养生等生态服务，满足当地居民对天然生活资料的消费需求。这说明社区生态保障具有生活性，社区生态保障属于生活保障范畴。

社区建设和保护自然生态环境，目的是保护生态资源、增强社区生物多样性、提高社区植被覆盖率、涵养水源、保持水土、消除雾霾、净化空气、促使空气碳氧平衡，目标是为本地居民提供富氧空气、优质饮水、舒适环境。社区发展自然农业、有机农业、生态农业，目的是将化学农业生产方式转变为功能农业生产方式，目标是为消费者提供有机农产品。社区营造生态景观，布局生物群落和植物空间，修建生态走廊、观景台榭、森林旅店、林间瀑布以及各种生态养生设施等生态工程，目的是优化、美化

---

① 杨庆育：《论生态产品》，《探索》2014年第3期。

社区自然生态环境，目标是为消费者提供生态服务。社区生态保障的目的和目标都具有生活性，生活功能是社区生态保障的首要功能。

（二）社区生态保障具有生态功能

社区生态保障的生态功能表现在以下几方面。①社区通过生态建设，增加社区生态环境的生态要素的相互依赖程度，为其他生态要素存在创造条件；保持生态系统的稳定与平衡；维系生态系统的自我修复、自我平衡能力；保护生物基因资源、产生与维持生物多样性。②社区通过实施低碳治理措施，增强生态系统的气体调节、气候调节能力。一是实施 CO_2 减排措施，降低废气、有害气体对空气的污染程度；二是实施碳汇治理措施，① 包括植树造林、营造水域植被、立体绿化、种草固碳、堆肥固碳等生态措施，增加负氧离子、净化空气、调节温室气体浓度、促使碳氧平衡、减少温室气体、抵御气候恶化。③社区通过发展生态产业产生生态效益。一是发展有机农业，保持土壤的活力和肥力。二是发展生态农业，恢复或完善生态系统原有的生产者、消费者和分解者之间的连接，造就生态系统的良性循环结构，调整生物种群结构，使生物种群多样化；三是发展生态旅游产业，保护自然生态景观，营造优美宁静的生态环境。

（三）社区生态保障具有经济功能

社区生态保障的经济功能表现在以下几方面。①社区可以利用社区生态资源发展生态利用型产业，增殖生态资源，维持生态平衡，增强生态的生产能力，将绿水青山转化为产品优势，用好山、水、林、景、气等生态资源，加快发展生态旅游与休闲养生、瓶装饮用水、瓶装富氧空气等新产业、新业态、新模式，直接将社区生态资源转化为社区经济收

---

① 碳汇治理就是社区选择适宜的碳汇措施，利用植物光合作用吸收大气中的二氧化碳，并将其固定在植被和土壤中，从而减少温室气体在大气中浓度的低碳建设过程。

入。②利用社区生态空间、生物群落、生物栖息地保护、繁育、种植野生食物、野生药材，发展野生食品产业、林下种植业、林下养殖业、健康医药产业，通过生产生态依赖型产品获得经济收入。③利用社区空地荒地植树造林、减少毁林、保护和恢复森林植被，发展碳汇林业，吸收和固定大气中的二氧化碳，扩大社区森林释放氧气的能力，并通过碳汇交易途径，实现森林生态效益价值补偿，获得生态经济收益。④利用社区富氧空气、优质水域、有机土壤等生态条件和生态环境发展自然种植业、有机种植业、有机养殖业，提高有机农业的经济效益；发展生态农业，充分循环利用生产副产品，提高生产效率；发展能源农业，以取之不尽、用之不竭的生物质能①为原料，特别是利用林木的主副产品、木材加工余料、农作物秸秆和饲养动物废料做原料，生产可直接用于发电、生活及工厂生产供热、供气用燃料，生产高质量的气态、液态和固态燃料，提高经济效益。

（四）社区生态保障具有根基功能

生态在社区结构中属根基要素。生态要素在社区系统中的特殊位置，决定社区生态保障具有根基性。

社区根基要素是最早出现并永远存在的，对社区运行与发展起决定性支撑作用，在社区结构中处于基础地位的关键要素。众所周知，社区是由特定地域里的人口构成的生活共同体。因此，一个社区必定要有一定规模的人口。而人口的生存必须有两个基本要件。一是生活体系，这是保证社区人口存活的前提。二是供人类生活的地理空间。因为人类需要在地理空间里获取新鲜空气、洁净饮水、野生食物等天然生活资料；需要在地理空间里获取衣、食、住、行、用等人工生活资料。没有天然生活资料、人工生活资料，人类就无法生活下去。由于天然生活资料源自地理空间的生态系统，人工生活资料源自地理空间的生计系统，可以说，生态系统、生计

---

① 生物质能就是由植物的光合作用固定于植物中的能量。

系统是社区不可缺少的根基要素。因为没有满足社区住民生活需要的生态系统，就没有新鲜空气、洁净饮水、野生食物、生态景观、宜居空间，社区住民就没有延续生命的可能；没有满足社区住民需要的生计系统，就不可能生产出衣服、食物、住房、出行工具、用具等生活必需品，同样，社区住民也就没有生活下去的可能。可见，人口、生态、生计、生活等四大要素就是社区或特定住区的根基要素。

从农村社区形成历史角度看，任何一个农村社区，都先有一个地理空间，然后才出现在地理空间中生活的人群。地理空间是处于地球某个具体位置上的，由气候、地形、河流和水域、耕地、山林、草地、空地、地下矿藏等自然要素构成的现实物理空间。任何农村社区的地理空间都是由这些自然要素组成的有机整体和形成的统一的不可分割的生态系统。生活在农村地理空间的人群就是农村人口。农村人口是农村社区的人口数量、人口质量、人口构成、人口繁衍、人口负担率、人口分布、人口流动等元素的总称。为了更好地生活，在农村地理空间里生活的人群渐渐学会劳动，直至学会农业生产，形成农村生计体系。农业生产是农村社区住民利用地理空间里的各种有用资源、手段、方法，使各种生物体按照自身需要发生量变、质变、结构变化和经营场位变化，创造劳动价值和各种食物产品，获得劳动收入的生计系统。由此可见，生态、人口、生计、生活是农村区域的原初要素。没有生态要素、人口要素、生计要素、生活要素，就没有农村社区。自然也就没有后来的城市社区，因为城市社区是从农村社区演化而来的。可以说，社区就是由生态、人口、生计、生活等四大根基要素支撑的生活共同体。四大根基要素相互影响、相互作用，繁衍促生满足居民生活需要的派生要素，并协同支撑社区的运行和发展。四大根基要素就是社区大厦的基柱；四大根基要素构成的层面就是社区大厦的基层。生态与人口、生计、生活内动协同机理如图 2-1 所示。

生态系统的根基性源自它在社区中的特殊功能。①从人类生活逻辑角度分析，社区生态系统是社区居民谋取新鲜空气、洁净饮水、野生食物、

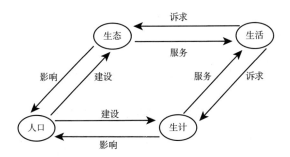

图 2-1　生态、人口、生计、生活协同关系

生态景观、宜居空间等天然生活资料的前提条件，从而保证社区人口繁衍生息。生态为民生之本，一个社区没有生态保障体系，就不会有社区居民繁衍生息的可能。②从图 2-1 可知，生态系统在社区根基结构中是联结社区人口要素和生活体系的中介，是为社区居民供给天然生活资料的途径，是促进社区人口要素和生活体系生存与发展的内动力量之一。社区居民要生活下去、要过上幸福生活，就绕不开生态系统的作用和功能。在人口、生态、生活三大根基要素之间，形成人口—生态—生活的内动协同关系，生态系统成为支撑社区人口要素、生活体系运行与发展的关键变量。③不仅如此，社区的生态系统与人口要素、生计体系、生活体系互动，共同衍生出社区的派生要素，如社区的文化、设施、群体、制度、教育、服务、治安、管理等要素。生态是社区之根，没有生态体系，就没有社区根基要素之间的互动，就不可能衍生更多的社区派生要素。概而言之，社区生态系统的根基性是由其提供满足社区居民生活需要的前提条件、成为促进社区人口要素和生活体系运行与发展的关键变量、是社区衍生要素增多的重要催生因素等共同决定的。④社区乃至整个社会的运行依赖社区生态要素。富氧空气、洁净水源、野生食物、森林植被、生态景观、聚落空间、有机土壤、生物群落、种质资源等生态要素都属自然生态环境的原初元素，是衍生人类的物质渊源、人类的天然生活条件、农业作物的生长环境、农业生产的物质基础，甚至还是食品加工原料供源。另外，这些生态要素是自然界和社会界能量转化的中介层，没有这些生态要素，社区乃至整个社会将失去存在与发展的物质能量。可以说，生态要素的生态功能是支撑社区乃至社会存在与发展的物质根基。

（五）社区生态保障具有补充生活保障功能

社区生态保障的补充生活保障功能指社区生态保障是在政府基本生活保障制度安排之外的，以社区为生活保障待遇供给主体的，以服务社区居民为保障对象的，为弥补政府基本生活保障在本社区的不足，根据自身拥有的自然生态条件和自然生态资源，量力而行地实施的社区化生活保障措施。

社区之所以要发展生态保障体系，其原因如下。①政府尚未明确将生态保障即为国民提供新鲜空气、洁净饮水、野生食物、宜居空间、和煦光照、宁静优美环境等天然生活资料纳入生活保障范畴，更未建立国民生活保障制度。但是，这些天然生活资料，尤其是新鲜空气、洁净饮水、野生食物、宜居空间等天然生活资料，是国民不可缺少的。这需要社区来承担保障天然生活资料供给的责任。因为社区是特定地域的生活共同体，满足居民天然生活资料消费需求是其天赋使命。虽然国家明确提出加强生态文明建设、提高生态产品生产能力、提供更多优质生态产品，但是没有明确由哪类主体具体负责实施这些工作。现在看来，由社区尤其是由农村社区承担生态建设和供给生态产品的责任，正像由农村社区承担农业生产和供给农产品责任一样，是恰如其分的自然选择、是天经地义的事情。②即便政府承担生态建设和供给生态产品的责任，也只能通过制定生态政策、颁布生态法规、提供生态建设资金、管理生态行为等方式推动生态建设和生态产品生产，不可能直接从事生态工程项目施工、生态产品生产。这是由政府的管理主体以及政治共同体之本性所决定的。况且，自生类生态产品、赖生类生态产品都属公共产品，生产和供给这两类生态产品，不仅需要有较大的经济实力，还要有舍得付出的公益精神以及直接从事生产和供给的便利条件、地缘优势。所以，不仅政府不适合从事生态产品的生产与供给，企业受其经济人角色和逐利本性的影响，也缺乏承担这两类生态产品生产和供给责任的动机；公民个人受其财力、精力不足的影响，缺乏承担这两类生态产品生产和供给责任的能力。这两类主体也不适合承担生态产品生产与供给责任。相比之下，由社区承担生态产品的生产和供给责任是比较合适的。这是因为，第一，社区是具体地理空间的生活共同体，有承担生态产品生产和供给责任的义务；第二，社区占据一定地理空间，拥有地域性的自然生态环境和生态系统，具有从事生态建设和生态产品生产的地缘优势、区位优势、空间优势；第三，社区拥有开展生态建设和生产生态产品的人力、物力、财力；第四，社区属于社会的公共主体，有开展生态建设和供给生态产品的公益属性。

社区承担生态建设和生态产品生产责任实际上是弥补了政府生活保障的不足。从保障国民生活角度看，政府为城镇工薪劳动者提供了养老生活保障、失业生活保障、工伤生活保障等基本生活保险项目；为生活困难群体提供了最低生活救助项目；为残疾人、孤儿、孤寡老人提供了生活福利项目；为住房困难户提供廉租房、经济适用房、棚户区改造房等住房保障项目。政府提供的这些生活保障项目都属于衣食住行用等人工生活资料消费保障范畴。可见，目前政府实施的生活保障制度没有将天然生活资料消费保障纳入国民生活保障体系。因而，可以说，社区生产与供给生态产品属于补充性国民生活保障措施，弥补了政府在天然生活资料消费保障领域的不足，发挥了补充生活保障功能。

在补充政府生活保障不足方面，社区生态保障至少需要实施如下基本的天然生活资料消费保障项目。①通过长期持续地植树造林、实施碳汇林业项目、治理雾霾、打击空气污染行为等措施，促使碳氧平衡，改善空气质量，为本地居民提供新鲜空气。②通过保持水土、涵养水源、污水处理、转变化学农业经营方式、治理农业面源污染和生活污水行为、修建饮水工程等措施，改善水质，提高饮用水品质，为社区居民提供洁净饮水。③通过保护野生食物生长栖息地，发展自然农业、有机农业、生态农业等功能农业类型，为社区居民生产和提供丰富的、优质的、安全的、富有营养的有机食物。④通过合理布局植被空间、契合风水环境、美化住区等措施，塑造优美的适合居住的生活场景，为社区居民提供生态宜居空间。

五　社区生态保障的运行特质

社区各种主体用有别于其他生活保障类型的方式进行生态建设、生产生态产品，表现出不同的运行特点。

（一）社区生态保障具有正外部性

所有生态产品的生产过程都能为非生产者带来改进天然生活资料质量的生态效益，而获得这种生态效益的非生产者无须花费代价，由此决定生态产品生产具有正外部性。社区生态保障的正外部性指社区在生态建设和生态产品生产的活动中对社区之外的人产生了一种有利影响，但是本社区难以获得这种有利影响带来的利益，而获得这种利益的外人无须为其生态建设和生态产品生产支付成本的现象。例如，社区植树造林、发展碳汇林业，会增扩社区森林的释氧量，产生净化空气和使空气更新鲜的生态效益，新鲜空气容易被本社区之外的居民所吸收，但本社区无法向外人收取植树造林成本；会产生保持水土、涵养水源、净化水质的生态效益，会使发源于社区山林的溪水变得洁净，但本社区无法向溪水下游村庄收取费用。又如，社区发展自然农业、有机农业、生态农业等生态产业，不再使用化肥和化学农药种植农作物，产生的减少水体氮磷营养物质输入、降低水域富营养化程度、改善水生鱼类繁殖生长环境等生态效益，给打渔者、钓鱼者带来更多渔获，但获鱼者不会向社区交纳生产成本费用；产生的恢复生物多样性、消除作物花卉化学农药毒性、为蜜蜂提供优良生活生产环境，提高蜂蜜产量，但养蜂人也不会向社区交纳生产成本费用。这说明社区生产生态产品具有较强的正外部性。其正外部性来源于生态产品的公共性，生态产品在气候、环境、产品等方面产生的正外部效应使其社会效益远超过社区生产所得效益，因此，社区生产和提供的生态产品所产生的价值容易被低估。[①]

（二）社区生态保障具有价值补偿性

社区生态保障的正外部性机理，说明其生态利益的价值难以通过市场实现，导致自生类生态产品的生产收益少于社会收益，无法实现社会资源有效配置，抑制着社区自生类生态产品生产和生态建设的持续高效开展。所以，社会理应对社区生产者和建设者进行价值补偿，使社区生态建设和自生类生态产品生产收益与社会收益趋于一致。问题是社会（外部效益获得者）不可能对社区生产者和建设者进行价值补偿，那么，只好由政府负起这个责任。政府通过对社区生产者和建设者进行生态价值补偿来推进社区生态建设和自生类生态产品生产的外部正效应产出。《中共中央关于制定国民经济和社会发展第十四个五年规划和二〇三五年远景目标的建议》强调要"建立生态产品价值实现机制，完善市场化、多元化生态补偿"。这为社区获得政府生态补偿提供了政策依据。实际上，目前政府的生态补偿是社区实现生态建设和自生类生态产品价值的最可靠的途径。政府为社区自生类生态产品提供生态价值补偿，实际上是政府运用转移支付、环境保护税、公共投资、环保督察等手段调节生态产品供给中利益相关者生态利益及经济利益分配关系的一种制度安排。由于自生类生态产品通常表现出跨区域特征，有必要在自生类生态产品价值核算的基础之上，不断加强区域内各个社区间生态保护与环境治理合作，完善跨区域生态补偿机制，筑牢生态安全屏障。[②] 财政转移支付是政府间通过纵向转移、横向转移或混合转移来调节区际权益关系的重要政策手段。社区自生类生态产品具有显著的跨区域性，这类生态产品的价值实现应在生态建设和生产

---

① 李宏伟、薄凡、崔莉：《生态产品价值实现机制的理论创新与实践探索》，《治理研究》2020 年第 4 期。

② 廖茂林、潘家华、孙博文：《生态产品的内涵辨析及价值实现路径》，《经济体制改革》2021 年第 1 期。

社区与受益社区之间建立横向转移支付制度。环境保护税是政府对自生类生态产品实际使用者强制性、无偿性征税的经济制度安排，在据实征收、政策一致性、信息透明度、创新激励等方面具有显著的比较优势。中国自2018年1月1日起开征环境保护税以替代长期实施的排污费政策，对直接向环境排放大气污染物、水污染物、固体废物和噪声的企事业单位与其他生产经营者进行征税，税款主要用于社区的生态建设、生态保护和环境治理。① 生态产品的公共投资是指为了满足国民对新鲜空气、洁净饮水、野生食物、生态宜居等天然生活资料消费需求，政府直接在社区投资建设植被恢复、生物多样性保护、碳汇林业、水源保护、饮水工程、农业面源治理、野生食物种质资源保护、功能农业等生态项目的经济制度安排。这是政府补偿自生类生态产品价值的新机制和较好措施，关键要落实到开展生态建设和自生类生态产品生产的社区上来。

（三）社区生态保障具有价值市场交易性

社区的赖生类、繁衍类、标识类生态产品需要生产者利用社区自然生态环境和生态资源并投入必要的劳力、财力、物力、技术才能生产出来，大多具有私人生态产品性质，需要运用市场手段调节生态产品供给中利益相关者经济利益分配关系，才能真正实现生态产品价值。因为私人生态产品的产权界定较为清晰，可以通过市场交易的方式实现其价值。如瓶装饮用水、瓶装富氧空气、植物盆景、有机农产品等标识类生态产品，其价值实现依赖于前期较大的人力资本、物质资本投入，需要厂房建设、市场开发、市场营销等。又如林下食用菌、林下药材、林下香料、林下养殖牲畜等繁衍类生态产品，是社区企业或农户利用社区自然资源、生态资源以及生态环境生产出来的生态商品，需要通过市场化手段实现其价值。随着现代信息技术革命的兴起以及"互联网+"时代的到来，繁衍类、标识类生

---

① 丘水林、靳乐山：《生态产品价值实现：理论基础、基本逻辑与主要模式》，《农业经济》2021年第4期。

态产品交易开始更多依赖于现代互联网技术和电商平台，其交易环节大大压缩、交易主体日趋多元化、交易成本不断降低、交易效率不断改善，使这两类生态产品的"生态溢价"空间大大提升。对于标识类生态产品而言，要充分发挥市场作用，使其产品的"生态属性"以及"生态溢价"能够在市场中体现出来，所以，其市场价值实现在很大程度上依赖于生态设计产品标准的规范化、制度化。当前我国针对生态设计产品已经出台相应的国家标准（GB/T32162-2015），要求生态（设计）标识产品在原材料选用、生产、销售、使用、回款以及处理的全生命周期中最大限度降低能源消耗，减少有毒有害原材料使用，减少污染物排放，不对环境造成破坏影响。① 这是社区生态产品生产者、经营者将自己生产的生态产品推向市场需要全面了解和准确把握的。

（四）社区生态保障具有持续发展性

社区生态保障必须持续下去，这是由社区居民对天然生活资料的消费特性决定的。作为生命体，任何一个人都要时刻呼吸新鲜空气、都要天天喝水和饮食，并年复一年地按既定的生活模式持续下去。这种持续还会代际演替，不仅本代人这样消费天然生活资料，而且代代相传。即便某个社区因自然生态环境被破坏失去水源和种不出粮食，社区居民还会搬迁到别的地方继续这样生活。

其实，在没有人为破坏或发生特大地质灾害的情况下，人类祖先选定的定居空间会不断地供给新鲜空气、洁净饮水、野生食物，因为社区原初的自然生态环境本身是一个稳定的和平衡的动态系统，会不断地利用自我调节功能更新自然生态环境，为满足社区居民对天然生活资料消费需求创造生态条件。这就是"天人合一"的本真现象。因为大自然的富氧离子是由植物和水体供应的；大自然的洁净水源是由森林和其他植被涵养的；

---

① 廖茂林、潘家华、孙博文：《生态产品的内涵辨析及价值实现路径》，《经济体制改革》2021 年第 1 期。

野生食物和安全农品是由有机土壤生长的；宜居环境是由树木、花卉、草被、土壤、水体、动物、地形、地貌、地理空间等自然要素塑造的。这些生产天然生活资料的自然元素都是再生资源，会在自然动力或人工劳作的作用下，年复一年、日复一日地繁育再生。只要不突破可以接受的阈值，社区的自然生态环境及生物群落和生态系统都将持续繁衍，表现出顽强的持续性特征。

为了不打破社区自然生态环境、生态系统的自我调节功能和持续繁衍惯性，也是为了稳定地、重复地、持续地获得新鲜空气、洁净饮水、野生食物，社区应该采取有效措施持续地保护好、建设好社区自然生态环境，营造出续性运行模式。总的要求是，任何社区应按亲自然法则从事生产、生活、生态建设，推动社区从高能耗向低能耗、从高排放向低排放、从高污染向无污染、从人与自然相互对立向人与自然和谐相处转化。① 低能耗、无污染、低排放的生产，意味着社区生产发展应最大限度地减少或停止对碳基燃料的依赖，实现能源利用转型和经济转型；低能耗、低污染、低排放的生活行为，意味着社区居民利用再生能源生活，践行低碳生活方式，将生活转变成为人与自然和谐相处的状态；建设生态环境意味着社区生态系统不仅得到有效保护而且还获得自我发展的人文环境。续性发展社区不仅是低能耗、低排放、低污染、人与自然和谐相处的社区，还是不断增强生产、生活、生态等根基要素发展机能的社区。低碳化的生产和生活系统、拥有能量输入机制的生态系统，才有可能具备持续发展潜能。

（五）社区生态保障具有公益经济性

社区生态保障的公益经济性体现在社区用公益心态和商业手段建设生态环境和生产生态产品，产生有利于社区居民、区外居民乃至更广地域居民的公益结果的经济价值。同时将生态建设和生态产品生产的经济行为与公益行为融为一体，所有社区居民在生态建设和生态产品生产中既是参与

---

① 李志英、陈江美：《低碳社区建设路径与策略》，《安徽农业科学》2010 年第 21 期。

者也是受益者，有公益心态也有商业规则来支撑社区生态保障事业的发展，并且获得物质经济价值和公益精神价值回报。

公益是公共利益的简称，是个人或组织自愿通过做好事、行善举而提供给社会公众的公共产品。社区供给的自生类生态产品、赖生类生态产品都是公共产品。社区建设生态环境、供给生态产品，是每个社区居民都要参与的公益活动。而且是造血式公益，具有广泛的社会公益核心价值，也能够将这种公益现象持续、稳定地融合到整个国家生态文明建设过程当中来。

社区建设生态环境使生产出来的生态公共产品的所有权和使用权之间的关系是模糊的。社区之外的老百姓虽然并不拥有社区生态产品的所有权，但是他们可以拥有它的使用权。当所有权变得越来越模糊的时候，经济和公益不再是泾渭分明的两端，而越来越成为一体。社区生态保障是经济和公益融合的生活保障形态。一个善良的社区应该在创造生态经济价值的同时创造良好的生态公益价值。国家期待越来越多的社区将它们的生态建设善念变成生态建设善举，再将生态建设善举变成生态服务善果。新时代的社区应该强调将生态产品生产的社会责任与社区的经济责任结合起来。

社区生态保障公益经济模式给社会的生态公共福利带来巨大的提高。因为它使过去我们由于所有权的障碍无法享用的生态资源和生态服务，现在能够被更多的人享用。让更多老百姓享受到生态建设的福利是社区生态保障事业最朴素的诠释。社区生态公益经济是顺应新时代生态文明建设的发展而选择的商业模式，不仅体现在生态经济反哺生态公益的现实价值，更是生态公益促进生态经济发展的内在本质。社区生态公益经济商业模式将为国家社会经济的和谐和可持续发展提供源源不断的内生驱动力。

六 讨论

社区生态保障是社区生产天然生态产品和人工生态产品以便满足当地居民对天然生活资料消费需求的生活保障行为，是社区提供生态产品的生活保障实践。提供生态产品是一个复杂的、持久的任务，并非依靠某一类、某一个主体就能完成，需要多种主体协同合作完成，并且一代一代地传递下去。社区开展生态保障事业，并不是社区机构的职责，而是深处社区范围内的所有主体的责任。因为生态产品是所有社区主体需要享用的生活资料。需要用人人有责、人人尽责、人人享有的参与机制，实施社区生态保障事业。将社区的所有主体归纳起来，主要分为基层政府、社区机构、驻区企业、社区居民、社区社会组织、社区家庭、社区派驻组织等。但根据久居身份和资源禀赋双重标准判断，只有基层政府、社区机构、驻区企业、社区居民等四类主体是重要的社区生态保障建设力量。所以，我们认为这四类主体应以自身优势，承担社区生态保障职责，发挥特殊作用，形成一个相互合作、协同建设社区生态保障的生产共同体，持久生产生态产品，为社区居民以及周边居民提供天然生活资料。

社区发展生态保障事业、供给生态产品，要把社区自然生态环境建设置于一切社区工作和一切生态保障工作的优先地位，优先建设好社区的自然生态环境。因为社区自然生态环境是生产或提供所有生态产品的物质基础和生态条件，是社区正常运行的物质基础。只有将自然生态环境建设好了，社区居民才能持久消费天然生活资料，才会保证社区拥有可靠的人口资源，才能将人口资源转化为人力资源，继而再转化为社区建设与发展的人力资本。可见，没有优良的自然生态环境，就没有社区运行和发展的机会。因而，所有社区应优先建设本区的自然生态环境，绝不能做以破坏生态环境换取经济财富的蠢事，要以习近平"两山"理念为指导，持续开展生态文明建设，积极建构生态产业体系，创新生态与生计建设结合模式，[①] 利用本地生态资源发展社区生态经济，提供更多优质生态产品。

社区生态保障是由自生类生态产品、赖生类生态产品、繁衍类生态产品、标识类生态产品构成的供给结构。供给自生类生态产品和标识类生态

---

① 谷中原、谭洪：《生态与生计产品消费对青年群体生活满意度的影响——基于湖北省恩施州调查数据的实证分析》，《民族论坛》2021 年第 4 期。

加工产品（如瓶装空气、瓶装饮用水），目的是为社区居民提供新鲜空气、洁净饮水、和煦光照、世居空间等天然生活资料；供给赖生类生态产品和繁衍类生态产品以及标识类的有机农产品和园艺蔬菜与水果，目的是为社区居民提供野生食物、人工生产食物；供给标识类的园林产品和园艺花卉产品、植物装饰产品，目的是为社区居民改善社区生态环境和生态空间状态；供给标识类的生态服务产品（如生态旅游、生态养生），目的是为社区居民提供休闲、精神、康养服务产品。可见，各类及不同构成要素的生态产品，在社区居民生活消费和生活保障结构中发挥着不同的特殊功能，都是社区居民的必要生活资料。照理说，社区必须全面建设生态保障体系。但是，在具体供给实践过程中，情形并非如此，一是假若社区不具有相应的生态资源和生产条件，这个社区就无法生产出相应的生态产品；二是社区居民可以通过市场交易获得必需的生态产品，这个社区也就没有必要生产此种生态产品。因此，社区提供生态产品应该进行因地制宜的、量力而行的相机决策。

社区应该根据生态产品的特点提供生态产品。第一，社区生态保障具有自然性，这决定社区遵循生物生长规律生产或提供生态产品。因为生态产品的生产或提供不同于工业品生产，工业品生产是通过改变原材料的物理状态或化学性质来制造工业产品，而生态产品生产或提供是生产主体利用生态资源和生物体在自然环境里使生物体不断增大或增多来获得收益。不管是生产自然生态产品，还是生产人工生态产品，都要遵循每种生态原材料或生物体的自然生长规律，否则就会适得其反。因此，生态产品的生产主体都应探索和总结每种生物体的自然生长规律，然后，按照其生长规律进行生产。第二，生态产品具有公共性，这决定着社区应该采用四方协同的合作模式进行生产。生态产品属公共产品，不宜用单一供给模式进行生产，因为由生态产品的公共性引发的边际生产成本为零的特性决定着政府必须承担生态产品生产的主要责任，但是，生态产品的公共性引发的生态产品效用的非分割性同时也决定着所有社区主体都可享用生态产品，因此，所有社区主体都应参与生态产品的生产。为此，社区可用共享价值机制约束社区居民参加生态产品的生产；可用公益经济模式吸引驻区企业参加生态产品的生产。第三，自然生态环境具有脆弱性，并不是取之不尽、用之不竭的生态宝库。如因人为破坏或用之过度，生态系统或者生态环境就会失去自我恢复、自我调节的能力，也就无法为人类提供天然生活资料。一片森林被砍伐殆尽，就不可能释放负氧离子；一块土壤流失了，就无法种植作物；一条河溪被污染，就无法供人饮用。可见，生态保护与生态建设同等重要，社区生产生态产品应内含生态建设和生态保护两方面要求。否则，也会出现生态产品供给不足的现象。

社区生态保障的生活功能、生态功能、经济功能要求社区大力发展功能农业，推行生态产品多功能化生产。尤其是用自然农业、有机农业、生态农业、创意农业模式发展生态产品和生产生态产品，以便使每一类生态产品生产均产生生活功能、生态功能和经济功能。社区生态保障的根基功能要求社区把生态产品供给当作基业进行建设。因为生态产品具有根基性，生态产品的功能体系是支撑社区存在与发展的物质根基。如果没有强大、雄厚的生态根基的支撑，社区就难以存在，更难以发展。所以，社区应将生态产业和生态产品生产当作基业来建设；应同等重视天然生活资料供给和人工生活资料供给，在为居民供给衣、食、住、行、用等人工生活资料时，也要供给富氧空气、洁净饮水、天然食物、生态空间等天然生活资料，全面满足社区居民的生活需要；应改变唯 GDP 论，将"靠山吃山、靠水吃水"观念转变为"靠山养山、靠水护水"的生产理念，要把绿水青山变成金山银山，不搞生态换 GDP，而应努力发展绿色 GDP。

社区生态保障的正外部性运行规律导致驻区企业缺乏参与生态产品生产的积极性和动机，由此引致社区居民追求生态福利最大化、参与生态产品生产义务最小化的"搭便车"行为。这两种负面机制极易造成生态产品供给不足，需要基层政府实施生态产品生产的经济价值补偿或者奖励的激励措施，将生态产品正外部性内部化，弥补投资者和生产者因收益外溢造成的部分经营损失，激励驻区企业、商人从事生态产品投资并使生态资本增值；需要政府建构生态福利权利与义务对等机制，让社区居民在享用生态产品时支付相应的费用，促使社区居民参与生态产品生产。因此，社区要通过制度创新解决好生态投资者的合理回报，通过制度设计解决好生态产品消费中的"搭便车"现象，激励生态产品的足额供给。[1] 在生态环境遭受侵害的工业社会，富氧空气、洁净饮水、野生食物、生态景观等天然生活资料以及天蓝、水碧、地绿等自然元素的呈现状态，是需要投入大量人力、物力、财力才能获得的。赖生类、繁衍类、标识类生态产品既有价值又有使用价值，具有商品的品质，完全可以当作商品进行买卖和市场交换。市场机制可以改变生态产品"只享用，不付费"的供给模式，这可能更利于生态建设的持续发展和生态产品的持续供给。

生态产品生产的原材料是一定地理空间的各种生态元素，如树木、花卉、草地、土壤、水体、动物、地形、地貌、气候等，这些生态元素在自然状态下完全可以再生，具有持续发展的特性，由此使生态产品生产具有持续性，能够为每代人提供天然生活资料。从事生态产品生产或建设生态环境，第一，须考虑到人与自然的平衡，建构生态资源与居住人口的和谐承载关系，防止出现因人口过量而将生态产品耗光的现象。第二，须考虑到代际发展的要求，要为后代留下生态资源，不仅要满足当代人的生活需要，还要为后代存储足量的生态产品。第三，须维系生态环境永续发展态势，保护生态要素之间的食物链，巩固生态要素之间的结构关系，强化每种生态要素的特殊功能，促进生态要素的平衡发展、协同发展。

---

① 沈满洪、杨天：《生态补偿机制的三大理论基石》，《中国环境报》2004年3月2日。

第三章　社区生态保障的顺应图式

生态保障是人类生活的前提，人类出现的时代和人类生存的地方，就会有天然生活资料或生态产品消费行为。生态保障具有原初性和恒存性，与人类历史共始终。按照美国未来学家托夫勒在《第三次浪潮》中将人类历史分成远古的园艺社会、古代的农业社会、近现代的工业社会、当代的信息社会四个阶段，我们将社区生态保障的发展历程分成园艺社会的部族社区生态保障、农业社会功能农业时期的宗族社区生态保障、农业社会化学农业时期的族民社区生态保障、工业社会的业缘社区生态保障、信息社会的智慧社区生态保障等五个发展形态。① 然后，用对待自然生态环境的态度将社区生态保障分为顺应图式、利用图式、建设图式。生态保障的顺应图式是人类采取崇拜自然和遵循自然生态规律的态度获取天然生活资料的社区生态保障类型；生态保障的利用图式是人类采取控制自然、改造自然、利用自然生态规律的态度获取天然生活资料的社区生态保障类型；生态保障的建设图式是人类采取依赖自然的态度大力建设社区自然生态环境使其恢复提供优质生态产品的社区生态保障类型。笔者将利用本章篇幅

---

① 本章之所以按照托夫勒对人类社会历史形态的划分方法，将人类社会的社区生态保障模式分成远古的园艺社会社区生态保障形态、古代的农业社会社区生态保障形态、近现代的工业社会社区生态保障形态、当代的信息社会社区生态保障形态，是因为生态保障是以谋生能力为条件的，而社区居民的谋生能力取决于不同时代和不同社会发展形态的生产水平。相对而言，托夫勒划分社会发展形态的生产力特征较为突出，故而本章借用托夫勒的社会发展形态划分方法确定社区生态保障的历史分期。

勾画社区生态保障的顺应图式。人类顺应自然生态环境获取天然生活资料的行为，只存在于园艺社会的部族社区和农业社会功能农业时期的宗族社区。因此，本章描绘园艺社会部族社区的生态保障顺应图式和农业社会前期（功能农业时期）宗族社区的生态保障顺应图式。

一　园艺社会的部族社区生态保障

园艺社会是氏族部落的族民利用石器工具和人力从事采集和渔猎生产并获取生活资料，过着渔猎生活的社会形态。园艺社会属远古时代，是人类的蛮荒时代。那个时候，自然界的生态环境及其生态系统都没有遭到人类的破坏。园艺社会的生活共同体就是原始部落。部落的一切集体行动都是为了生活。他们会迁徙并栖身于能供给丰富优质天然生活资料的生态环境，日复一日、年复一年地繁衍生息。

（一）园艺社会部族社区的形成

1. 原始部族社区源于原始人的群居生活

原始人选择群居，理由有三：一是人类从猿进化而来，猩猩、大猩猩、黑猩猩等巨猿天生就是群居动物，猿人自然继承了这种生活方式；二是人类繁育后代的乳育期较长，母子需要他人照顾，他们不会离开成年人，易结成群体；三是人人具有求生本能，人的体能比不过大型食肉动物，只能用群体方式才能在弱肉强食的自然环境里生存，才能保障生命安全。"最初的社区可能是为防御外界天敌的侵犯而形成的。归属的互补意义也促使社区的形成"。①

原始人生活群体存于距今 8000 年到几万年之间。这段时期，人类只能靠狩猎、捕鱼、采集野果为生。食物只有在一定季节和一定地域才能找

---

① 埃弗里特·M. 罗吉斯、拉伯尔·J. 伯德格：《乡村社会变迁》，王晓毅等译，浙江人民出版社，1988，第 162 页。

到，为了维生，人类祖先分散居住，迁徙不定，当原来的住区没有食物可采、没有野兽可猎、没有鱼可捕，他们就要迁徙到另一个食物丰富的地方。原始人群的这种"逐水草而居"，不断迁徙而形成的生活住区是最初的农村社区，被农村社会学家称为泛群社区或游群社区。根据生产力的发达程度，我们将其称为旧石器时代的流动性农村社区。这个阶段的农村社区，以氏族为单位，以捡来的石头、棍棒为劳动工具，食物得不到保障，生活水平很低。

2. 原始农业促使人类祖先定居生活

1万年前，渔猎和游牧被农业取代，渔民、猎人和牧民定居下来，并被固定的住所联结在一起，形成村落。定居生活的主要力量是原始农业。原始农业是原始人用简单工具和方法种植粮食作物和饲养动物的生产行为，以动植物的驯化为先决条件。在长期的采集过程中，原始人认识了野生植物的生长成熟周期规律，进入野生植物收割生活时期。后来开始将这些野生植物移栽于住区附近，培育成粮食作物。驯化植物的种植行为与将捕获的没有吃掉的野生动物进行驯化家养行为，一起建构了原始农业。野生植物收割和原始农业具有定居生产的特点，促使原始人群选择定居生活方式。因为植物是在特定地理环境和固定地区生长成熟的，原始人须在收割植物区生活下来，才能按时收割成熟庄稼，由此形成收割社区。

收割者的聚落一般比采猎者的住区大，是游群社区的进化。我们把从游群社区演化而来的、在固定地域从事农作物种植和动物养殖的原始生活群体称为收割社区或农业社区。由于1万年前的石器是简单的初加工石器，属新石器时代早期，原始的畜牧业和刀耕火种的农业还不能满足原始先民的生活需要，原始先民还有迁徙的可能，所以，这个时期的农村社区属于半永久性的村落式的农村社区。这种农村社区早在1万年前的古埃及就有。

3. 定居生活催生原始部族社区要素

6000年前，人类进入母系氏族公社。人类学会制造精致的石器，且使用金属工具，发明犁，属新石器时代晚期。新石器和金属工具使农业生产专门化，加剧人类社会劳动大分工，农业和畜牧业分离。在农业发展基础上，历史上出现真正的人类群体聚落——以农业生产为主的永久性居民点，人类真正的定居生活从此开始。农业聚落的形成，标志着人类进入具有相对完整性的"农"和"村"的社区生活时代。

这个时期，首先建造永久性住房，发明防侵袭的半洞穴式泥草房、干栏式木房。后修建圈养家畜的栅栏、贮藏谷物的仓房以及祭祀房等。最后修建集会、娱乐场所。生活设施的建设为农村社区的基本形成奠定了物质基础。原始先民在农业生产和居住生活区域，从事农业生产、婚姻生活、社交、原始宗教活动、日常生活、娱乐集会活动，日复一日，创造了族群文化。当这些要素组合起来，形成稳定结构，就意味着原始农耕生活共同体的诞生。

（二）园艺社会的部族社区生态保障

实际上，园艺社会已经远去，我们现在探究其部族社区的生态保障足迹，确实难以找到研究样本。根据英国学者克莱夫·庞廷所说，"采集和狩猎作为一种生存方式，现在已经仅限于为数不多的一些部落，如西南非洲的布须曼人、非洲赤道树林中的俾格米人部落、印度和东南亚的一些部落、澳洲的一些阿布里吉人、北极的一些因纽特人和南美洲热带森林中的一些土著居民"。[1] 我们就选择非洲中部俾格米人部落、非洲南部布须曼人部落为研究样本，这两个部落延存至今，实属难得，是研究园艺社会部族社区生态保障的活标本。我们借助文献资料，探索性地描述园艺社会部族社区的生态保障顺应图式。

1. 俾格米人部落社区的生态保障

俾格米人是非洲大陆最古老的民族之一。早在公元 4000 年以前，就生活在中部非洲地区。[2] 俾格米人是世界上仍然保留着打猎、采集生活方式的最大的原始部落群体，几千年来，从喀麦隆的大西洋沿岸到乌干达的

---

① 克莱夫·庞廷：《绿色世界史——环境与伟大文明的衰落》，王毅译，中国政法大学出版社，2015，第 15 页。
② 胡文：《矮人国的秘密》，《中国青年科技》1999 年第 3 期。

维多利亚湖，在赤道南北纬 4 度之间的狭长地带，一直与赤道非洲密林和谐共生，现约 25 万人。[①] 俾格米人分很多部族，如姆布蒂族就住在扎伊尔的伊图里森林里，特瓦族就住在乌干达西南部山地森林里。[②] 俾格米人没有自己的文字，只有自己的语言，浅棕肤色，矮小身材[③]，短卷黑发，椭圆脸形，扁平额头和鼻子，厚嘴唇，牙齿洁白。俾格米人仍停留在原始社会，过着原始部落的生活。[④] 现在看来，俾格米人也只能生活在原始森林里。他们在森林中游荡的生活方式已经延续了 2000 多年，形成了他们特有的体魄、意识和身体素质，尤其是消化系统的功能，同我们大不一样。他们一旦离开森林，消化系统就失调，容易得病，所以跑出丛林的俾格米女子总会早早死去。因为这个原因，中非共和国政府引导俾格米人迁出森林的计划均告失败。[⑤]

俾格米人的生活共同体是小群体，不是大部落或部落联盟。他们以家庭为单位，家庭人口多少不一，六七户为一小群体。小群体多为父系，妻子要加入丈夫的群体，所生子女也属于这一群体。[⑥] 他们以小群体为单位一起生活和迁徙，构成俾格米人经济生活的社会基础。俾格米人的生活小群体可以解体，并可以与其他家庭成员重新组合。这种生活群体的规模服从于狩猎和集体生活的需要，根据栖息地所能采到的食物供给程度，还允许一两户离开其生活小群体。其实，俾格米人的生活小群体就是一个小部落，这也是俾格米人的基本社会单位。俾格米人没有常设的部落组织和

---

① 保罗·拉法莱、方陵生：《非洲濒危"袖珍民族"俾格米人》，《大自然探索》2009 年第 5 期。

② 杨志方：《俾格米人和尼格利陀人资料简介》，《民族译丛》1979 年第 2 期。

③ 1982 年，美国医学博士托姆斯·默略尼深入俾格米人住区，从他们身上抽出几毫升血样，冷冻后用飞机送到佛罗里达大学的实验室。把 11 个俾格米人的血液同正常身高的人的血液进行化验比较。发现俾格米人具有通常人同等数量的人类生长激素，但在他们体内缺少一种至今仍不大清楚的物质，类似于胰岛素的生长基因。俾格米人体内的这种基因比正常人少 2/3，导致他们内分泌失调，停止生长。

④ 郭漫：《中外秘境玄奇》，中航书苑文化传媒（北京）有限公司，2010，第 1~20 页。

⑤ 麦保红：《探秘非洲"矮人国"》，《发明与创新》2012 年第 5 期。

⑥ 宋丽梅：《俾格米人：隐居在非洲丛林里的"袖珍"民族》，《民族论坛》2005 年第 1 期。

酋长。小部落酋长不世袭，由大家推选出最公正和具有智慧的人承担，他带领大家狩猎，确定部落迁移时间，并负责对外接洽谈判。各部落都有严格划分的地域界限，每个生活小群体都有一定的活动范围，不能随意到界外活动，更不允许到别人的领地内打猎。[①]

野生食物是原始部落的唯一食物来源，也是自然生态系统赐予原始部落的最重要的自生类生态产品。因为相对于原始森林尚未被破坏的部落社区而言，新鲜空气、洁净饮水等天然生活资料是充足和优质的生态公共物品，而且是处于供过于求状态，是不用付出成本、非常容易获得的天然生活物品。但是野生食物必须付出必要劳动才能得到。因此，俾格米人部落往往花费大量时间成本和智力成本从所处的原始森林里获取野生食物。他们直到今日尚不会种地和放牧，[②] 都仍然紧密地依靠着大自然，主要靠狩猎和采集为生。[③] 而且过的是游猎生活，一个地方的食物吃光了，就要另觅新村址，男人以狩猎为主，妇女以采摘野果为主。[④] 下面是有关学者在论文中提及的俾格米人从原始森林中获取食物的清单。

表 3-1　俾格米人部落野生食物谱系

提供者	食物及获取方式	信息来源
杨志方	豆粒（捡食）；蜂蜜（猎网采集）；羚羊（弓箭猎杀）；大象（刺枪刺杀）	《俾格米人和尼格利陀人资料简介》，《民族译丛》1979 年第 2 期
胡文	猎物（毒箭毒矛、陷阱诱捕）；昆虫（捕捉）；茎叶、果实（采集）	《矮人国的秘密》，《中国青年科技》1999 年第 3 期
何辉明	蜂蜜（攀摘蜂窝）；白蚁（洞口捉食）	《非洲矮人国快消失了》，《科学大观园》2005 年第 8 期

---

① 麦保红：《探秘非洲"矮人国"》，《发明与创新》2012 年第 5 期；毛瑞：《非洲俾格米人文化略探》，《包头职业技术学院学报》2015 年第 2 期。

② 宋丽梅：《卑格米人：隐居在非洲丛林里的"袖珍"民族》，《民族论坛》2005 年第 1 期。

③ 杨志方：《俾格米人和尼格利陀人资料简介》，《民族译丛》1979 年第 2 期；胡文：《矮人国的秘密》，《中国青年科技》1999 年第 3 期；麦保红：《探秘非洲"矮人国"》，《发明与创新》2012 年第 5 期。

④ 刘梦熊：《俾格米人原始部落行》，《资源与人居环境》2005 年第 12 期。

续表

提供者	食物及获取方式	信息来源
麦保红	乌龟(搜寻);蜂蜜(攀摘蜂窝);蚂蚁(烟熏蚁窠);大象、老虎(毒箭捕获);木薯(木刀掘挖、加工成粉)	《探秘非洲"矮人国"》,《发明与创新》2012年第5期
刘梦熊	芒果(采摘);蛇、鱼(抓捕);猎物(狩猎)	《俾格米人原始部落行》,《资源与人居环境》2005年第12期
宋丽梅	大象、河马(弓箭长矛捕杀);根块、蘑菇、嫩叶、野果(采集);昆虫、蜗牛、青蛙、蛇、鱼、毛虫(捕捉)	《俾格米人:隐居在非洲丛林里的"袖珍"民族》,《民族论坛》2005年第1期
保罗·拉法莱、方陵生	蓝霓羚、豪猪(猎网刺杀);猴子(毒箭捕猎)	《非洲濒危"袖珍民族"俾格米人》,《大自然探索》2009年第5期
李忠东	香蕉(采摘);白蚁(洞口捉食)	《非洲"森林之子"俾格米人》,《环境》2011年第9期
毛瑞	大象(弓箭射杀);羚羊、野鸡、野狗(猎网诱杀);蜂蜜(采集);根茎(采集);白蚁(洞口捉食)	《非洲俾格米人文化略探》,《包头职业技术学院学报》2015年第2期

资料来源：笔者整理。

表3-1显示，俾格米人部落从原始森林获取的野生食物有三类，即植物类食物，包括芒果、香蕉等野果，木薯、豆子、根块、嫩叶等野食；动物类食物，包括大象、老虎、河马等大型动物，羚羊、野狗、豪猪、猴子等中型动物，乌龟、蜗牛、青蛙、蛇、鱼等爬行类动物，野鸡等禽类动物，蚂蚁、毛虫等昆虫类动物；菌类食物，主要是蘑菇等异养生物。可以说俾格米人部落的野生食物是比较丰富的。不仅如此，俾格米人善于使用火，善于使用烧烤、熟煨、罐煮等方法将食物做熟再吃。[1]

对俾格米人部落而言，不仅其食物，其衣、住、药等生活资料都

---

① 宋丽梅：《俾格米人：隐居在非洲丛林里的"袖珍"民族》,《民族论坛》2005年第1期；李忠东：《非洲"森林之子"俾格米人》,《环境》2011年第9期。

来源于原始森林。俾格米人利用自然生态环境的材料修建住房。他们都是在原始森林里就地取材建造简易住房。俾格米人选择古木参天、藤蔓遍布的密林深处的平地建房。[①] 他们不用石头、泥巴、沙子、砖瓦而用树枝、树叶、藤条建房。[②] 俾格米人部落迁移频繁，每转移到一个地方，第一件事就是盖新房，[③] 男人负责砍树枝作为柱子，呈半圆形状插入地里，再用藤条将其扎在一起；女人负责砍芭蕉叶或树叶盖棚顶，就完成了一间棚子，整个过程只需要两三个小时。[④] 俾格米人部落建的棚屋只有 1.5 米高、4 米多长、1 米多宽，面积 5~6 平方米，呈椭圆形，[⑤] 各家独立又户户相连，搭建得整齐有序，形成一个圆圈，房门都要向着圆心。长老棚屋位于圆圈的中心，[⑥] 形状呈长方形，鹤立鸡群，特别引人注目。每个棚屋都朝长老棚屋开一个约 0.6 米高的方洞，作为住宅的门。[⑦] 棚屋内摆放的桌子、椅子都是用藤条和树枝做成。[⑧] 他们的床都是地铺，部落成员用草做床铺；酋长剥树皮做床垫，厚约 2 厘米，质地柔韧，表面光滑。[⑨]

俾格米人利用自然生态环境的材料制作服装。俾格米人尚不懂纺纱织布，做衣服的材料是树皮、芭蕉叶、棕榈叶等。其服装简单，只穿一个围

---

① 胡文：《矮人国的秘密》，《中国青年科技》1999 年第 3 期；郭漫：《中外秘境玄奇》，中航书苑文化传媒（北京）有限公司，2010，第 1~20 页。

② 何辉明：《非洲矮人国快消失了》，《科学大观园》2005 年第 8 期；李忠东：《非洲"森林之子"俾格米人》，《环境》2011 年第 9 期；毛瑞：《非洲俾格米人文化略探》，《包头职业技术学院学报》2015 年第 2 期。

③ 麦保红：《探秘非洲"矮人国"》，《发明与创新》2012 年第 5 期。

④ 麦保红：《探秘非洲"矮人国"》，《发明与创新》2012 年第 5 期；郭漫：《中外秘境玄奇》，中航书苑文化传媒（北京）有限公司，2010，第 1~20 页；李忠东：《非洲"森林之子"俾格米人》，《环境》2011 年第 9 期。

⑤ 何辉明：《非洲矮人国快消失了》，《科学大观园》2005 年第 8 期；郭漫：《中外秘境玄奇》，中航书苑文化传媒（北京）有限公司，2010，第 1~20 页。

⑥ 李忠东：《非洲"森林之子"俾格米人》，《环境》2011 年第 9 期。

⑦ 郭漫：《中外秘境玄奇》，中航书苑文化传媒（北京）有限公司，2010，第 1~20 页。

⑧ 毛瑞：《非洲俾格米人文化略探》，《包头职业技术学院学报》2015 年第 2 期。

⑨ 郭漫：《中外秘境玄奇》，中航书苑文化传媒（北京）有限公司，2010，第 1~20 页。

腰短裙①，前面搭一块树皮布，后边系一把树叶。妇女在围腰上挂用鳞片、甲虫等做成的装饰品，脖子上戴贝壳穿成的项链，手腕上戴的是用树皮做的镯子。②

俾格米人利用自然生态环境里的材料制作药物。世代的丛林生活还让俾格米人了解到热带雨林很多植物的药用价值。他们自制的"绿色"药物，虽然比不上现代药品，但完全可以治愈普通病症和伤痛。他们把箭浸泡在几种植物一起熬成的麻醉汤药里，使其带有毒性。猎物中箭后，会被麻醉得倒地不起，束手就擒。③ 可见，俾格米人不仅从栖身的原始森林采集药材，还了解不同药材的配方及药性。

俾格米人迁徙选定的住区都是生态环境优渥、生态资源和生态产品比较丰富的生活区域，都是生态环境及其生态系统尚未被破坏的地理空间。他们生活于其中的热带原始森林十分茂密，参差不齐的大树直插云天，乔木达二三十米高，各种藤本植物爬满树干，犹如一片片绿色竹帘，令人眼花缭乱。④ 因而，俾格米人部落不存在生态建设问题，只需要保护好自己生活的家园。俾格米人获取天然生活资料的行动策略，一是信赖森林。他们深知热带雨林为自己提供了生存环境，知道如果不能很好地保护森林，将无处藏身，他们对森林有着极为深厚的感情，把森林尊为至高之神，崇尚森林。⑤ 他们不像其他民族那样砍伐森林来开辟植物园，而是将森林视为生命的源泉、"万能的父母"，⑥ 并把自己当作森林

---

① 妇女将一种富含纤维的植物放在树桩上，用木棒糙打，再放入河中清洗一番，再糙打，这样多次反复之后，那树根就变成柔软洁白的"棉纱状"，然后将它编织在一条薄而柔韧的细藤上，就成为一条独特的短裙（见刘梦熊《俾格米人原始部落行》，《资源与人居环境》2005 年第 12 期）。

② 宋丽梅：《俾格米人：隐居在非洲丛林里的"袖珍"民族》，《民族论坛》2005 年第 1 期；何辉明：《非洲矮人国快消失了》，《科学大观园》2005 年第 8 期。

③ 李忠东：《非洲"森林之子"俾格米人》，《环境》2011 年第 9 期。

④ 麦保红：《探秘非洲"矮人国"》，《发明与创新》2012 年第 5 期。

⑤ 李忠东：《非洲"森林之子"俾格米人》，《环境》2011 年第 9 期。

⑥ 胡文：《矮人国的秘密》，《中国青年科技》1999 年第 3 期；麦保红：《探秘非洲"矮人国"》，《发明与创新》2012 年第 5 期。

的儿子。① 俾格米人认为森林是善良的，森林像父母一样，给予了自己所需要的一切——食物、衣服、保护和温暖还有爱，他们非常依赖森林。② 他们将森林作为唯一的崇拜对象，③ 不仅将森林当作自己的生活场所，而且当作自己的精神寄托，当作信仰的殿堂。④ 每天早上外出狩猎时，俾格米人都要对着茂密的森林虔诚地磕头跪拜，以乞求"森林之神"保佑他们外出平安，满载而归。⑤ 二是确立生态道德律令。他们的生态道德律令就是不准乱砍滥伐树木、不准污染水源等，⑥ 只有在树木自然死亡、枝叶枯干以后，才能取来生火取暖或做饭。⑦ 正是长期地保护自己赖以生存和延续的原始森林，俾格米人部落才能从自然生态环境中持续获得天然生活资料或生态产品。俾格米人获取天然生活资料的行为策略，是崇拜自然生态环境的生活策略，客观上，产生了保护自然生态环境的效果，形成了独特的有效的生态保护文化。

2. 布须曼人部落社区的生态保障

布须曼人是当今世界上仅存的两个狩猎采集社会共同体之一⑧，也称桑人，其祖先居住在赤道东非和中非东部一带，大约3万年前开始南迁。南迁后的布须曼人逐渐发展为三大支系。北支以今纳米比亚为中心；中支主要集中在博茨瓦纳卡拉哈里沙漠一带；南支以现在的南非开普省为中心。⑨ 在历史上，他们的祖先曾一度占据了几乎整个非洲南部，甚至包括非洲东部的一部分。如今，仅有10万多人存活于世，主要生活在博茨瓦纳和纳米比亚。布须曼人体型矮小，最高的男人不超过1.6米，一般在

① 李忠东：《非洲"森林之子"俾格米人》，《环境》2011年第9期。
② 郭漫：《中外秘境玄奇》，中航书苑文化传媒（北京）有限公司，2010，第1~20页。
③ 麦保红：《探秘非洲"矮人国"》，《发明与创新》2012年第5期。
④ 杨志方：《俾格米人和尼格利陀人资料简介》，《民族译丛》1979年第2期。
⑤ 何辉明：《非洲矮人国快消失了》，《科学大观园》2005年第8期。
⑥ 毛瑞：《非洲俾格米人文化略探》，《包头职业技术学院学报》2015年第2期。
⑦ 李忠东：《非洲"森林之子"俾格米人》，《环境》2011年第9期；麦保红：《探秘非洲"矮人国"》，《发明与创新》2012年第5期。
⑧ E.维利、戈弓：《博茨瓦纳的桑人》，《民族译丛》1986年第1期。
⑨ 李春祯：《南部非洲的丛林人》，《世界博览》1994年第3期。

1.5 米左右,最高的女人不超过 1.38 米,皮肤微黄,而且黄里透红、蒙古人种的眼睛、高高的颧骨、浓密而卷曲呈颗粒状的头发。[①] 其面貌特征非常像东方人,以至于来自葡萄牙的早期探险者在初次遇到他们时误认为他们是中国人的后裔。布须曼人是世界上最古老的狩猎—采集民族之一,是非洲南部地区的先民,因为大约公元 1 世纪黑人才进入非洲南部,17世纪中叶白人殖民者才来到此地。[②] 直到 20 世纪 80 年代前,布须曼人依然处在原始社会,几乎无人知晓。他们生活在最贫瘠和荒芜的沙漠地区,像旧石器时代那样,以狩猎和采集为生,[③] 至今仍过着同其祖先没多大差别的原始生活。[④]

　　布须曼人没有建立社会组织。虽然布须曼人部落的生活区域与政府辖区比邻,但是他们未被纳入政府管辖范围。布须曼人的社会结构与其他原始部落并无二致。在布须曼人部落里,一名成年男子与其一个或几个妻子及孩子组成一个家庭;几个或十几个家庭组成生活游群。游群是布须曼人的基本社会单位,也是生活共同体,游群基本上是自治的,独立活动,首领由年龄较大、经验丰富的男子担任。但是游群首领没有行政权力,其主要职责是带领部族打猎或与敌方战斗。每个游群只能在自己的狩猎地域内迁徙觅食,几个有共同名称或语言的游群组成部落,但部落实际作用很小,主要活动仍以生活游群为中心。[⑤] 妇女长期同丈夫生活在一起,男女平等,女人在游群中有一定的地位,受到重视,也有决定权。[⑥] 布须曼人

---

① 张守忠:《沙漠生存家:布须曼人》,《中国科技纵横》2005 年第 6 期;Ucixo:《桑人,向谁召唤神力?》,《看世界》2020 年第 25 期;曲枫:《当你的目光越过篝火——布须曼人的故事》,《今日辽宁》2000 年第 4 期;郭冬莉:《生命在这里延续——记南部非洲布须曼人与他们的岩画》,《世界博览》2000 年第 9 期;奥尔加·阿曼:《原始狩猎采集民族——布须曼人》,《鹭》1983 年第 32 期。

② 张守忠:《沙漠生存家:布须曼人》,《中国科技纵横》2005 年第 6 期。

③ 《辛巴人和布须曼人:非洲原生土族的故事》,《地球人文地理》2005 年第 21 期。

④ E. 维利、戈弓:《博茨瓦纳的桑人》,《民族译丛》1986 年第 1 期。

⑤ E. 维利、戈弓:《博茨瓦纳的桑人》,《民族译丛》1986 年第 1 期;谢国先:《桑人:今日世界的狩猎—采集民族》,《今日民族》2002 年第 11 期。

⑥ 奥尔加·阿曼:《原始狩猎采集民族——布须曼人》,《鹭》1983 年第 32 期。

部落依靠集体的意见来管理他们的事情，与群体生活有关的事情由大家共同讨论后决定，有了争端，则通过长时间的讨论来解决。当事人都有发言权，可以充分表达自己的想法，然后再达成一致。[①] 部落的规模大小因季节和地区的不同而有较大差异，其中最关键的影响因素是水源。在雨季和水源丰富的地方部落规模相对较大，人数在 60～100 人，而在干旱季节和贫瘠地区，一个部落的人数最多有 20 多人。[②] 布须曼人部落，虽然延存于今世，但被学术界视为原始社会的活标本，[③] 确实仍然像旧石器时代那样，以狩猎和采集植物根茎及野果为生，仍然处于史前时期。[④]

野生食物是布须曼人部落的唯一食物来源，也是自然生态系统给他们赐予的最重要的自生类生态产品。相对于俾格米人部落而言，布须曼人部落的生存环境相当差，他们现居住在卡拉哈里沙漠地区，这是半干旱地区，只有灌木和草覆盖的矮山和平地，树很少，湿季的降雨 120～1000 毫米，冬天的气温常常在零度以下，夏天则往往超过 38 摄氏度。[⑤] 水源、野生食物都处于供不应求状态。布须曼人以家庭或小部落为单位，花费大量时间成本和智力成本从所处的沙漠地区里获取野生食物。他们不耕种，除个别人养一两条狗帮助狩猎外，也不饲养任何家畜，全靠打猎和采集过活。[⑥] 布须曼人部落从大自然获取的野生食物谱系如表 3-2 所示。

表 3-2 布须曼人部落野生食物谱系

提供者	食物及获取方式	信息来源
奥尔加·阿曼	鸵鸟（狩猎）；蛇、乌龟（捕捉）；昆虫、鸟蛋、野果、根茎（捡拾）；蜂蜜（采收）	《原始狩猎采集民族——布须曼人》，《鹭》1983 年第 32 期

---

① 谢国先：《桑人：今日世界的狩猎—采集民族》，《今日民族》2002 年第 11 期。
② 张守忠：《沙漠生存家：布须曼人》，《中国科技纵横》2005 年第 6 期。
③ 曲枫：《当你的目光越过篝火——布须曼人的故事》，《今日辽宁》2000 年第 4 期。
④ 奥尔加·阿曼：《原始狩猎采集民族——布须曼人》，《鹭》1983 年第 32 期。
⑤ 谢国先：《桑人：今日世界的狩猎—采集民族》，《今日民族》2002 年第 11 期。
⑥ E. 维利、戈弓：《博茨瓦纳的桑人》，《民族译丛》1986 年第 1 期。

续表

提供者	食物及获取方式	信息来源
李春祯	斑马、羚羊、鸟(陷阱、猎网、圈套、射杀);鸟蛋(捡拾);蜂蜜(采收);鱼、蝗虫、乌龟(捕捉);白蚁(捡拾);野菜、西瓜、野花、植物根茎(采集)	《南部非洲的丛林人》,《世界博览》1994年第3期
谢国先	植物块根、草莓、水果、坚果(采集);爬行动物、鸟类(捕捉);蜂蜜(采收);角马、大羚羊、长颈鹿(狩猎)	《桑人:今日世界的狩猎—采集民族》,《今日民族》2002年第11期
张守忠	哺乳动物(猎捕);乌龟、蛇(捕捉);鸟蛋、白蚁卵、蚂蚁(捡拾);蘑菇、植物球茎、浆果、瓜果(采集)	《沙漠生存家:布须曼人》,《中国科技纵横》2005年第6期
马方	植物球茎、野生浆果(采集);蚂蚁(抓捡);羚羊(毒箭射杀)	《做一天布须曼人》,《儿童故事画报》2017年第44期
Ucixo	水果、坚果、根茎(采集);羚羊、野兔、秃鹫(狩猎);蛇(抓捕)	《桑人,向谁召唤神力?》,《看世界》2020年第25期
陈婷	根茎、蘑菇、浆果、瓜类(采集);白蚁、穿山甲(捕捉);大型猛兽(毒箭射杀)	《纳米比亚的"生存大师"布须曼人》,《世界博览》2020年第4期

资料来源:笔者整理。

表3-2显示,布须曼人部落向沙漠地区草原获取的野生食物有三类,即植物类食物,包括草莓、浆果、坚果、瓜类等野果,根茎、野菜、野花、球茎等野食;动物类食物,包括大羚羊、长颈鹿、角马、大型猛兽等大型动物,羚羊、野兔、秃鹫、鸵鸟等中型动物,乌龟、蛇、穿山甲等爬行类动物,鱼等水生动物,鸟类动物,蚂蚁、蝗虫等昆虫类动物;菌类食物,主要是蘑菇等异养生物。可以说布须曼人部落的野生食物也是比较丰富的。不仅如此,布须曼人更善于使用火,钻木取火是每个布须曼人必须学习的一项技能:男人将一撮干草放进木块的圆洞里,然后用双手快速转

动一根竖插在圆洞里的细木棍，不到 5 分钟就把草点燃了。[①] 他们保存火种或用取火棍引火，将动物肉烧熟后再吃。[②]

对布须曼人部落而言，只能从沙漠灌木丛中寻找水源，别无他法。由于布须曼人部落生活在卡拉哈里沙漠地区，饮水条件远比俾格米人部落差得多。因为南半球的冬季是最干旱的季节，几个月从来不下雨，冬季的卡拉哈里沙漠地表水很少。只有到了夏季，雨水才会到来。这个季节，部落成员才会集聚在一起。到了冬季，他们按家庭各自散开，去寻找救命的水源。所以，在冬季如何找到水源，是布须曼人部落迁徙他处必须解决的实际问题。他们解决缺水问题的策略是：①择水而居。在沙漠地区生活没有水源不行，所以，布须曼人的生活是围着水源转的，哪个地方有水源，整个部落就会迁徙到哪里。他们一般会迁居到生长着灌木的地方，因为在沙漠地区哪个地方有水才会有灌木。而且一旦居住地的水源耗尽了，他们就会带上家庭成员和生活用品，迁居到有水源的其他地方。[③] ②掘地下水。布须曼人不会打井，但是他们具有徒手挖掘地下水源的本事。虽然卡拉哈里沙漠地表水很少，但布须曼人善于找到地下水，然后徒手挖开地表。一般是在地表下面的沙层中打一个洞，洞里塞满草，草中插一根芦苇管，管的上端露在外面。沙中的水渗到洞中，通过芦苇管在上面就能吮吸到洞中的水了。[④] 这项本事是经验的积累，非一日之功。③储存饮水。这是居安思危的生活教训，只有善于储存饮用水，才能度过漫长的地表水缺乏的旱季。所以，在雨季，布须曼人用鸵鸟蛋壳和葫芦盛水，将其埋在地下或挂在树上储存起来，供缺水时饮用。[⑤] ④在找不到地下水的情况下，分散开来的布须曼家庭只好从动植物身上吸取水分，一是从找到的野生瓜果和植

---

① 张守忠：《沙漠生存家：布须曼人》，《中国科技纵横》2005 年第 6 期。
② E. 维利、戈弓：《博茨瓦纳的桑人》，《民族译丛》1986 年第 1 期。
③ 谢国先：《桑人：今日世界的狩猎—采集民族》，《今日民族》2002 年第 11 期。
④ E. 维利、戈弓：《博茨瓦纳的桑人》，《民族译丛》1986 年第 1 期。
⑤ E. 维利、戈弓：《博茨瓦纳的桑人》，《民族译丛》1986 年第 1 期；张守忠：《沙漠生存家：布须曼人》，《中国科技纵横》2005 年第 6 期。

物根茎里面吸取水分；二是从猎到的野兽身上吸取血液，补充水分。① 虽
然这种水分又苦又涩，味道不佳，但当水源全部枯竭时，它们倒是救命的
水源。对于布须曼人部落来说，在雨季来临前的初夏季节是一年中最干旱
的时候，这时所有的备用水都喝光了，每个布须曼家庭只能依靠含水植物
度过干旱期。②

　　对布须曼人部落而言，尽管卡拉哈里沙漠地区生存环境不尽如人意，
但是布须曼人的物质生活还得依靠沙漠环境。他们不仅要从沙漠草原获取
食物和水源，还要从沙漠草原获取衣、住、药等生活资料。就建房而言，
在世居半干旱沙漠地区的布须曼人眼里，建房并没有找水源重要。这并不
像住在热带雨林里的俾格米人那样水源充足而栖身困难。俾格米人部落所
到之处必先搭建住房，而布须曼人部落只能迁往有水源的地方。布须曼人
部落宿营的时候，三四十个家庭聚集在一起，在圆形的空地上，每家建自
家的茅屋，并在茅屋里备好炉灶。③ 搭建茅屋的材料就是就地采来的灌木
枝和茅草，将树枝和茅草插成半圆形，建成的茅屋就像倒置的鸟窝，并在
屋顶和四周涂上泥浆，画上图案。④ 他们的房屋其实是很小的草棚，各家
的草棚围成一个圆圈，所有的门都朝圆心打开，这样一来就形成了一个比
较宽敞的圆形空地，孩子们在这里玩耍，女人们在这里煮饭，所有的部落
活动都在这里进行。⑤ 就服饰而言，布须曼人不可能像俾格米人那样用树
皮制作服饰，他们只能用兽皮做服饰。他们一般把狩猎得来的猎物先剥
皮，然后再分食兽肉。兽皮是布须曼人做服饰的原材料。他们将兽皮做成
三角形的皮件和围裙。男人用一块三角形兽皮系在腰间，有时肩上披一块
大点的兽皮，算是斗篷；女人除一件斗篷外，身前还系一小块兽皮做的围
裙，身后披一大块兽皮做的围裙。妇女、儿童和年轻男子都戴装饰品，如

---

① 奥尔加·阿曼：《原始狩猎采集民族——布须曼人》，《鹭》1983年第32期。
② 张守忠：《沙漠生存家：布须曼人》，《中国科技纵横》2005年第6期。
③ 奥尔加·阿曼：《原始狩猎采集民族——布须曼人》，《鹭》1983年第32期。
④ E.维利、戈弓：《博茨瓦纳的桑人》，《民族译丛》1986年第1期。
⑤ 谢国先：《桑人：今日世界的狩猎—采集民族》，《今日民族》2002年第11期。

一串鸵鸟蛋做成的大珠链。① 就制药而言，布须曼人也是就地取材制成药物。在我们看来，草原上的生物就是草木和野生动物，但是在布须曼人眼里则是食物和药材。② 布须曼人会将一种植物的茎秆当作牙刷来清洁牙齿。布须曼妇女对每一种植物的营养价值和可用性都很了解，她们利用植物制成的草药防止流产，也可以助产，还可以避孕。③ 布须曼老人懂得从毛虫内脏里取出毒液；从绿色甲虫的蛹、植物和蛇身上提取毒药。布须曼年轻男人打猎使用的毒箭，就是将铁块锤打成的箭头浸在老人提取的毒液里而制成的，其毒性很强，被射中的猎物必死无疑。④

　　布须曼人就是依靠自己的坚韧、智慧和技艺，在卡拉哈里沙漠灌木草地坚守狩猎采集生活方式，日复一日地、年复一年地获取食物、寻找水源、搭建茅屋、制作药物等天然生活资料，在不毛之地卡拉哈里沙漠边沿顽强地生存下来。⑤ 布须曼人获取天然生活资料的行动策略包括：①不糟蹋东西。布须曼人对捕杀的猎物从不浪费，从食用部分到皮毛，都做到物尽其用。人们采集植物是为了生存，但任何人都无权糟蹋它们。②不多捕杀生活需求以外的动物。不到断粮的时候，妇女们绝不会多采集植物，这是为了不破坏未来的采集。③尊重生物的生存权利。他们认为所有的生物都有同样的生存和受到尊重的权利。除非在万不得已的情况下，否则就连一只昆虫或一条蛇也不能伤害。在无边的沙漠中动物和人相遇的可能性是极少的，消灭动物意味着不尊重它的生存权利。⑥ ④关怀自然。应关怀动植物、云彩和风雨等自然现象，不能把自己看成是超乎周围其他事物之上的力量，而应把自己当成大自然的一部分。不仅如此还应与周边的自然环

①　E. 维利、戈弓：《博茨瓦纳的桑人》，《民族译丛》1986 年第 1 期。
②　陈婷：《纳米比亚的"生存大师"布须曼人》，《世界博览》2020 年第 4 期。
③　奥尔加·阿曼：《原始狩猎采集民族——布须曼人》，《鹭》1983 年第 32 期。
④　奥尔加·阿曼：《原始狩猎采集民族——布须曼人》，《鹭》1983 年第 32 期；E. 维利、戈弓：《博茨瓦纳的桑人》，《民族译丛》1986 年第 1 期；张守忠：《沙漠生存家：布须曼人》，《中国科技纵横》2005 年第 6 期。
⑤　E. 维利、戈弓：《博茨瓦纳的桑人》，《民族译丛》1986 年第 1 期。
⑥　奥尔加·阿曼：《原始狩猎采集民族——布须曼人》，《鹭》1983 年第 32 期。

境友好相处。要崇拜星星、月亮、雨神和动物。① ⑤克制掠食欲望。布须曼人在采集食物时绝不做那种竭泽而渔式的事情，他们常常在各个采集点之间轮换作业。② 不会在野果茂盛生长的季节采摘更多，也不会在易于捕猎的时节狩猎更多猎物，只有消耗完已有的食物后才继续捕猎。在有剩余食物的情况下继续捕猎，可能会面临部落或神灵的惩罚。⑥人类与自然一体。布须曼人并非将自然看作资源，而是将自己看作自然或宇宙秩序的一部分。在布须曼人的世界观中，人和动物在自然中各自扮演各自的角色。在世界的初始，人和动物没有分别。布须曼人与动物在精神和情感上保持着联结。人类与自然和谐一体。⑦创造求雨文化。在布须曼人眼中，雨也是一种动物，雨柱是雨兽的腿，天上的云卷是雨兽的头发，而雨中弥漫的雾气是雨兽的呼吸。雨兽来自水中，以公牛或母牛的形态出现。公牛雨兽带来的是漫天暴雨，引来洪水和巨浪，母牛雨兽带来绵绵细雨。巫师用香草或绳子引领雨兽到干旱的土地上，在那里将雨兽杀死，它的血和奶便变成了雨。如果雨兽暴躁地扭断绳子，逃回水中，引发的响动便会在天空中回响，此时雨便不会降临。⑧召唤神力。布须曼人所信仰的神灵中最重要的是"Kaggen"。Kaggen 在布须曼人语言中原指"螳螂"。Kaggen 有不同的化身，时而化身为大羚羊，时而变成野兔、蛇或秃鹫，也会化身为族人。大羚羊是 Kaggen 最爱的宠物，也因此被布须曼人看作神力的化身。Kaggen 有普通人的所有情感，也有普通人没有的无尽神力，Kaggen 是世界的创造者也是毁灭者。③ 人类必须崇拜它、敬仰它。布须曼人获取天然生活资料的行为策略，是顺应自然生态环境的生活策略，客观上，产生了保护自然生态环境的效果，形成了独特的有效的生态保护文化。

　　总之，没有过度索取的欲望、持有顺应自然的和谐精神、族人共同信仰自然和敬畏自然，并将其践行到日常游猎和采集的生活方式中，就是布

---

① E. 维利、戈弓：《博茨瓦纳的桑人》，《民族译丛》1986 年第 1 期。
② 张守忠：《沙漠生存家：布须曼人》，《中国科技纵横》2005 年第 6 期。
③ Ucixo：《桑人，向谁召唤神力？》，《看世界》2020 年第 25 期。

须曼人部落的独特生态保护模式。这种生态保护模式为其生活奠定了有效的文化基础。

（三）园艺社会的部族社区生态保障顺应图式

根据原始部落获取天然生活资料的实况，我们用原始部落获取天然生活资料的行动要素描述园艺社会的部族社区生态保障顺应图式。园艺社会部族社区生态保障顺应图式见表3-3。

表3-3　园艺社会的部族社区生态保障顺应图式

社区	获取主体	获取环境	获取理念	获取类型	获取方式	获取能力			获取策略
						工具	材料	技能	
俾格米人部落	若干家庭组成的生活小群体（氏族部落）	热带雨林地区	谋生	园艺	采集、狩猎	弓箭、长矛、猎网	毒液（浸泡箭头）	追寻猎物、善辨植物、生态律令	崇拜森林策略
布须曼人部落	若干家庭组成的生活小群体（氏族部落）	半干旱沙漠地区	谋生	园艺	采集、狩猎	弓箭、长矛、猎网	毒液（浸泡箭头）	善找水源、追寻猎物、善辨植物	顺应生态策略

表3-3显示，社区生态保障图式是由获取环境、获取主体、获取理念、获取方式、获取工具、获取材料、获取技能、获取策略等要素构成的行动结构。表3-3呈现的社区生态保障样态：①生态保障内容。只要属于人类，任何社会形态的人都要消费新鲜空气、洁净饮水、天然食物等最基本的天然生活资料。从获取这三类天然生活资料的难度而言，园艺社会的社区自然生态环境质量非常优越，不仅空气和饮水品质上乘，而且储量也非常丰足，所以，对于原始部落而言，空气与饮水处于供过于求的状态，随用随取，能充分满足消费者的享用需求。但是原始森林里的天然食物不是随处可见的，需要去采集植物嫩叶、花蕾、果实、根茎；需要去水域捕鱼；需要去发现和围猎野兽。可见，获取食物远比吸收空气和饮水困难一些。所以，园艺社会的生态保障的重点领域就是获取食物，在原始部

落，谁获取的食物多，谁就是英雄，谁就会为部落成员所崇拜。②生态保障主体。在园艺社会，一起生活的不是部落联盟也不是小家庭，而是以氏族部落即由同一母系的若干家庭组成的生活单位，因为原始部落联盟的人数太多，难以获取到足够的食物满足所有成员的生活消费，而小家庭成员太少，劳动力不足尤其是狩猎的强壮男人过少，无法进行围猎，这对于保障氏族部落的食物供给非常不利。③生态保障理念。对于原始部落的先民而言，能解决温饱就是最大的生活诉求，所以生活在原始森林里的氏族部落获取天然生活资料的生态保障理念就是谋生，只要有稳定的食物来源，他们就心满意足。倘若住区的食物吃光了，氏族部落必须迁徙到食物、水源充足的地方，安营扎寨过日子。④原始部落的"氏族单位—迁徙谋生理念—采集+狩猎的复合生产方式—享用食物"的生态保障图景是由食物获取能力决定的。其食物采集能力表现为"辨识植物—徒手采集"，渔猎能力表现为"追寻猎物—弓箭网猎"。这种低级的生产能力能满足部落温饱需求，也算功不唐捐、玉汝于成了。⑤在园艺社会，原始部落的生态保障甚至全部生活完全依赖自然生态环境的恩赐，由此形成崇拜自然生态环境和顺应自然生态环境的生存策略，这是园艺社会部族社区发展生态保障事业的思想基础。

（四）园艺社会部族社区生态保障的理论反思

我们以非洲中部地区的俾格米人部落社区、非洲南部地区的布须曼人部落社区为案例，描绘园艺社会部落社区的生态保障图景。从俾格米和布须曼两个原始部落的生态保障图景来看，其社区生态保障范型完全属于两个不同的类型。俾格米人部落的生态保障属于生态环境优越类型，布须曼人部落的生态保障属于生态环境恶劣类型。但是，这两个原始部落都立足所处的自然生态环境顽强生活，并一直敬拜和保护给予他们生活支撑的自然生态环境。现在的问题是，我们如何解释他们的这种生态保障逻辑呢？笔者查阅了相关文献，现在没有一本专著或学术论文解释原始部族的生态保障现象。我们只好顺循朴素的生态崇拜范式去理解两个原始部落的生态保障行为，因为以采集和狩猎为谋生手段的原始部落崇拜栖身的自然生态环境，非常利于保护野生食物生态环境。根据这两个原始部落的物质生活图景和对自然生态环境的情感模式，我们提出解释原始部落社区生态保障的顺循自然生态环境的解释框架。

第一，自然生态环境是原始部落的生活家园。原始部落分布在孕育了一定生态资源存量的地理空间，长期地适应原始自然生态环境，形成了独特的生态观念、食物来源观念。在原始部落族民观念中，天地万物产生于生态环境，生态环境有他们赖以生存和生活的天然生活资料。在原始部落族民看来，生态环境就是生活家园，只要生活在原始的自然生态环境，就有生活的希望和未来。

第二，自然生态环境是生命的创造者。原始自然生态环境不仅蕴藏着丰富的生活资料，而且是生命的创造者。在自然生态环境创造生命的过程中，原始自然生态环境保存着各种野生食物种子，并按时令季节播撒万物种子，为种子提供发育生长的营养和环境，周而复始地催生万物种子的发育成熟，使万物生生不息，食物源源不断。

第三，自然生态环境是生命能量的寄居者。在原始部落族民看来，生命物质之所以在自然生态环境里生机盎然，生生不息，那是因为自然生态环境是生命能量的寄居之地，自然生态环境有超级的生命能量，有超自然的神力。自然生态环境用生命能量和神力，使日月光明、昼夜更替、四季循环和万物生长。

第四，自然生态环境是万物的调控者。原始自然生态环境生成万物，自然生态环境中的所有生命物质由自然生态环境滋养和管理。自然生态环境控制着四季、温度和水分，调节着植物生长。各种动物以植物为生，部落族民以植物和动物为生。因此，自然生态环境间接控制着生物和部落族民的生活。部落族民生活都需遵从自然生态环境的安排。自然生态环境对于部落族民生存和生活极为重要，原始部落不仅把自然生态环境作为生存的依靠，也把自然生态环境作为幸福生活的象征。原始部落把食物、玩乐、唱歌、跳舞归于自然生态环境的作用，族民是因为吃了自然生态环境赐予的食物，才学会了玩乐、唱歌和跳舞。

第五，部落族民必须祈求自然生态环境护佑。自然生态环境具有创造、繁育、控制万物的神力，部落族民不能抗逆自然生态环境，只能保护好自然生态环境，只能顺应自然生态环境的旨意和安排。所有部落族民都要信仰动植物，崇敬动植物，敬畏动植物。每次捕猎之前，整个部落都要祭拜自然生态，祈求自然生态环境赐予食物。所以，部落族民都不能砍伐树木，即便是盖房子都只能用树叶和树枝；做衣服和床垫都只能剥取大树的厚皮。动植物对部落族民的生命活动非常重要，部落必须保护自然生态环境。

第六，部落族民必须形成适应自然生态环境的生活模式。由于自然生态环境具有繁育和调控生灵作用，为了获得稳定的食物来源和顺利地生活，原始部落必须根据自然生态环境提供的条件和环境来安排采集和狩猎活动。原始部落族民相信，只有顺应自然生态环境，部落才能繁荣昌盛。所以，原始部落会依据自然生态环境安排的生命运行规律和食物消费阈值，不断地迁徙，不能长期栖息在一个固定的地方采集和狩猎。[①]

概而言之，原始部落就是按照"自然生态环境是生活家园—自然生态环境创造生命—自然生态环境拥有生命能量—自然生态环境调控万物—人类必须祈求自然生态环境护佑—养成顺应自然生态环境生活习惯"的生活逻辑在原始自然生态环境里繁衍生息的。

原始部落按顺循自然生态环境安排的生活逻辑，日复一日、年复一年地生活，也是照应了原始部落的自然生态环境的生命图式。原始部落是以采集狩猎的谋生方式同原始自然生态环境打交道的。在长年累月的采集狩猎劳动中，他们获得了自然生态环境采集狩猎的劳动经验和知识。但是他们拥有的自然生态环境采集与狩猎经验远不足以应对复杂的生态环境及其生态系统，无法解决野生食物获取与野生食物供给之间的生活矛盾。因此，原始部落族民只好采取信拜诉求方式应对自然生态环境和解决生活矛盾。首先，高看栖息地周边的动植物，认为动植物具有超人的力量、超人

---

① 赖毅：《彝族树文化的价值及其传承与发展》，《中国农学通报》2016 年第 4 期。

的智慧，赋予动植物神格化品质。然后，赋予动植物人格化品质，认为动植物之神具有人情性，具有人的道德品性、意识性、平等意识，相信动植物之神与部落族民互相关照，互助互利。[1] 因此，原始部落从原始自然生态环境中获取天然生活资料前，尤其是在打猎之前，先叩拜周边的动植物，以求得顺利；在打到猎物之后，祭拜自然生态要素，感谢其佑助和恩赐。

对原始自然生态环境的高度人身依附，才使原始部落极力去保护自然生态环境，寻找朴素的部落与自然生态环境之间的平衡。原始部落把自然生态环境视作具有生命意志和伟大能量的对象加以崇拜，通过崇拜神灵，祈求风调雨顺、草木茂盛、猎物繁多。原始部落的男人对猎物从不捕光杀尽，而是有意识地保护猎物，注意狩猎时间、地点和条件，狩猎生产中也有很多禁忌：不准向交配的野兽射击、不准向正在哺乳的动物射击等，反映了原始部落族民选择性地猎杀野生动物，使动物得到保护和繁衍，从而使自然生态环境得以健康有序地发展。[2]

原始部落的动植物崇拜的祭祀活动含有感激自然生态环境为自己的生存提供恩惠、赏赐万物的目的。动植物崇拜产生了保障生态平衡的效果，并制定具体的禁忌措施来加以维护。原始部落对自然生态环境的依赖感和崇拜，以敬畏的方式保护着自然生态环境。通过这种赋予信仰内涵的动植物崇拜，从而保护部落栖息的自然生态环境，保护了部落族民。这反映了原始部落注重部落与自然生态环境之间的利弊关系，追求部落与自然生态环境的和谐；以信仰崇拜形式的神灵名义要求族民关注自然生态环境，行使生态调适的功能；这是事关全体部落成员生死利弊的大事，必须全体族民齐心协力方能奏效，所以生态要素崇拜以部落群体意识为其主体观念。生态要素崇拜是原始部落中普遍存在的现象，是生态文明的重要表现形式，对原始自然生态环境的保护发挥着重要作用。[3]

---

[1] 李昌武、张慧平：《鄂伦春族自然崇拜与生态智慧刍议》，《北方经济》2012年第2期。

[2] 包斯日古楞：《蒙古族的自然崇拜及其生态价值》，《内蒙古农业大学学报》（社会科学版）2009年第5期。

[3] 张桥贵：《少数民族自然崇拜与生态保护》，《生态经济》2000年第7期。

二 农业社会功能农业时期的宗族社区生态保障

在中国，父系氏族更替母系氏族之后，原始部族逐渐演变为国家之下的宗族。《尔雅·释亲》说"父之党为宗族"，即以父系为轴心集聚起来的群体就是宗族。汉班固《白虎通·宗教》："族者何也？族者凑也，聚也，谓恩爱相流凑也。上凑高祖，下至玄孙，一家有吉，百家聚之，合而为亲，生相亲爱死相哀痛，有会聚之道，故谓之族。"宗族就是同一男性祖先的后代，为了生存和安全，世代居区多由单姓宗族构成，故有今天中国北方农村的高家庄、赵家庄、李家庄之称；有南方农村的刘家坪、汪家峪、高家塔之称。一个宗族也包括若干家族，各地宗族在不同时代拥有的族民有多有少，少则百余人，多则成千上万人。古代农业社会的生产组织形式是以有血缘关系的宗族为生活群体、以家庭为基本的生产单元。宗族之于中国，不仅是社会运行的基础，更是社区运行的主体依据和社区维系的主要力量。

（一）农业社会功能农业时期的宗族社区

宗族是从母系氏族演化而来的。宗族形成于姓氏出现的时代。由于各地族民获姓时代不同，各地宗族成型时代也不同。如中国的谷氏宗族是从上古时代的少暭[①]部落演化而来，赋姓时间大致在公元前860年。谷氏得姓前世系谱如卜：少暭—女修—大业—伯益—大康—费昌—中衍—中儵—蜚廉—恶来—恶来革—女防—旁皋—太几—大骆—秦非子—后裔姓谷。[②] 据谷氏得姓前世系表可知，谷姓后人乃秦非子后裔。秦非子，其生年不详，卒于公元前858年，嬴姓，周朝诸侯国秦国开国君主，西周犬丘人氏，在位于公元前900年至公元前858年。秦非

---

① 少昊是远古五帝之一，是中国天文、历法的发明人，远古时代华夏部落联盟首领，同时也是早期东夷族的首领，定都于今山东省莒县，后迁都于今山东省曲阜市。
② 武陵谷姓白族志编纂委员会：《武陵谷姓白族志（1918~2000）》，2001，第26页。

子善养马，得周孝王赏识，因其常年在沂水、渭水之间为周孝王养马，受封于秦谷，其后裔便以封邑为姓氏。然而，嬴姓形成于舜帝时期，其得姓前世系谱为：颛顼—女修—大业—伯益。《史记》载，伯益"佐舜调驯鸟兽，鸟兽多驯服，舜赐姓嬴氏"。据舜生于公元前 2277 年，卒于公元前 2178 年判断，嬴姓赋姓时间肯定在公元前 2178 年之前。可见，嬴姓不仅是谷姓的祖先，而且，嬴姓宗族形成时间比谷姓宗族要早1300 多年。

　　从这个时间算，中国古代宗族社区形成时间可以追溯到公元前 2178年前后。但是中国古代宗族社区的发展得益于周朝制定的宗族制度以及由此渊演而成的宗族文化。宗法制度是在血亲意识和长期定居生活的共同作用下产生的。宗法制度是周朝制定的用血统远近确定族群成员亲疏的行为规制，嫡长子继承制是其关键法则。自"父子相承"制代替"兄终弟及"制的殷商后期以降，"废嫡而更立诸弟子，弟子或争相代立"，造成了"比九世乱""诸侯莫朝"的局面。[①] 所以，周朝规定"传嫡不传庶，传长不传贤"的宗法制度。这就使弟统于兄，小宗统于大宗。在宗法制度下，"天子建国，诸侯立家，卿置侧室，大夫有贰宗，士有隶子弟"，[②] 形成系统而完整的宗法制度。这一制度依靠自然形成的血缘亲疏关系以划定贵族的等级地位，从而防止贵族间对于权位和财产的争夺。在宗法制度下，从始祖的嫡长子开始传宗继统，并且世代均由嫡长子承继。从宗法系统看，周天子是地位最高的宗子。[③] 周初，宗法制首先在周天子和诸侯间实施，以后逐渐及于中、小贵族，以至士与庶民之间，具有了普遍性质。[④] 宗族制度经历了周代的宗法制阶段、春秋时期的离析阶段、汉代至

---

① 《史记·殷本纪》。

② 《左传·桓公二年》。

③ 在一般情况下，周天子以嫡长子继统，众庶子封为诸侯，历代的周天子为大宗，这些诸侯就是小宗。诸侯亦以嫡长子继位，众庶子封为大夫，这些大夫为小宗，而诸侯则为其大宗。大夫也以嫡长子继位，为大宗；众庶子为士，即小宗。可见，大宗和小宗的区别与贵族等级里的层层封建是完全合拍的。

④ 王雅惠：《浅析西周宗法制》，《名家欣赏》2019 年第 17 期。

唐中叶的士族和世族阶段、五代十国时期的衰落阶段。北宋出现宗族制度和组织模式，包括祠堂、族田、祭祀、家法、礼法、族长等。宋后，历代政府对宗族采取宽容政策，明清两代民间宗族形成以祠堂、族产、祭祀、族规家法与礼法、族长、家谱乃至辈分派语为标志的组织化的模式。在宗法制度的作用下，由同祖同宗的小家庭组合成的大家族，聚族而居，[①] 形成以姓氏命名的、由族长维系和协调族内成员关系的宗族社区。族长在村落中处于核心地位，起着凝聚社区的作用，是国家统治者仰仗和利用的民间力量。

从社会性质看，中国古代社会其实就是一个由无数个宗族社区组成的宗族社会。中国古代的宗族社区与远古母系氏族部族社区相比，除了有衣、食、住、行、用等生活资料供给体系之外，还有祠堂、族产、族谱、族规、宗族组织等构成要素。这些要素是决定宗族社区演延不断的内质。①祠堂。古时被称为祠庙、祠室。祠堂供奉本族的祖宗牌位，四时祭祀，同时祠堂也是宗族公议与处理事务的场所。按《礼记》规定，只有帝王、诸侯、大夫才能自设宗庙祭祖，平民百姓祭祖不能设庙，而只能在自己家里祭祀，这种制度一直沿袭到宋朝。②族产。大多数宗族社区都有一定数量的公产，用以赡贫睦族。在宗族的各类公产中，族田是最重要的一种。宗族设义庄，专门负责族田的管理和租息的分配。③族谱。族谱具有敦宗睦族、凝聚血亲、尊尊亲亲等功能。一部完整的族谱，通常包括谱名、谱序、凡例、姓氏源流、世系考、世系表、人物传记、祠堂、坟茔、家规家训、恩荣录、像赞、艺文、纂修人名、领谱字号等。早在周朝就有族谱，但多为官修；隋唐五代后，修谱之风从官方流行于民间；宋以后，民修族谱才普遍繁盛；元、明、清三代，是中国家谱的日渐成熟期，尤其是清代，修谱成了宗族生活中最重要、最隆重的活动之一。④族规。它是宗族的标识，汉晋时期，世族、士族订族规家法，约束族人和乡人；南北朝时

---

① 《汉书·郇都传》记载"济南娴氏，宗人三百余家"；《梁书·沈璃传》说"余姚县大姓虞氏千余家"。

期，乱世中的士大夫热衷于撰写家训、家规；唐代，居家重族规。⑤宗族组织。一个宗族聚落都要设族长，亦称宗长，通常由族内辈分高、年长且有权势的成员担任。族长总管全族事务，是族人共同行为规范、宗规族约的主持人和监督人。协助族长工作的还有房长和柱首，房长按血缘关系由该房辈分最高、年龄最大者担任。柱首，是处理一族内日常事务的人，如收租、筹办祭祀活动等。族长对内管理家族事务，对外与官府和他族进行交涉。族人在族长率领下严格遵守族规，使各种获取天然生活资料的活动、生态保护与建设活动、生态文化活动等经常而有规律地进行。

（二）农业社会功能农业时期的宗族社区生态保障

农业社会是血缘家庭使用铁器工具和畜力，主要通过种植业和养殖生产获取生活资料，过着农耕生活的社会形态。从年代上算，到目前为止，中国古代农业社会是历时比较长的社会形态，其宗族社区也是跨越社会形态最长的社区类型。中国古代的宗族社区从原始社会的父系氏族社会末期经过奴隶社会到半殖民地半封建社会，再到 20 世纪后半期，历时 4000 多年。

如何展示农业社会的宗族社区获取天然生活资料或生态产品的变化过程呢？又如何揭示其根源呢？我们认为在研究方法论上还是要顺循天然生活资料消费思路去探索。这是因为，第一，利用自然生态环境获取天然生活资料的消费群体扩大了，人们向自然生态环境获取天然生活资料或生态产品的需求量就扩大了，这明显地会造成生态资源存量的减少。第二，利用自然生态环境获取天然生活资料的技能革新了，人们向自然生态环境获取天然生活资料或生态产品的速度、广度、深度就会加快，不仅会扩大生态资源破坏地域，而且会破坏生态系统内部结构，削弱生态系统的自我调节能力和自我恢复能力，会伤及自然生态环境及生态系统的内在要素。具体表现在，一是获取工具的革新，如有了锯子和斧头后，人类就能砍断一棵大树；有了挖掘机后，人类就可以获取很深的地下水，这就会加大对自然生态环境的破坏力度。二是获取材料的革新，如有了鱼藤精，人类容易从水域捕捞更多的渔获；有了化肥，人类容易增加农业种植产量。这就开启了破坏水中鱼类和土壤结构的进程。三是获取能力的提升，如智力提升，人类容易想到解决获得天然生活资料或增加生态产品难题的办法；合作能力提升，人类容易完成个人无法完成的天然生活资料获取任务。从此，人类破坏自然生态环境的策略和办法就增多了。第三，利用自然生态环境的意图发生了变化会加剧对自然生态环境的破坏，如果人们仅仅是利用自然生态环境获取天然生活资料（谋生），倒不会对自然生态环境造成极大破坏，至少不会做出杀鸡取卵、竭泽而渔的事。但是，人们要利用自然生态环境谋取政治利益（谋权）和经济利益（谋财），很可能就会不择手段地、不计后果地破坏自然生态环境。

对农业社会自然生态环境的破坏来说，①消费群体规模的不断扩大造成的负面影响，还是在生态环境阈值承受范围内；②中国所经历的农业社会，农业生产工具没有发生质的变化，所以，就农业生产工具这个因素而言，对自然生态环境的破坏倒还不大；③获取材料的革新，尤其是化学肥料和化学农药的引进与大面积使用，对水体、土壤、植被、生物多样性的破坏非常明显，后果很严重，所以，化学肥料和农药的使用对自然生态环境的破坏很大；④自古以来，中国农村人力资源没有被开发，全凭农民自己积累劳动经验，而且具有遵循亲自然法则获取天然生活资料的文化传统，所以，中国农民的劳动能力不足以对自然生态环境造成较大伤害；⑤中国农业社会的自然生态环境利用意图的确在不同历史阶段发生过转变，主要是不同朝代的统治集团利用自然生态环境治国和谋划战争，将自然生态环境的谋生意图转变为谋权意图，对自然生态环境造成一定程度的伤害，但都没有产生整个国家的生态危机。因此，我们只需依据化学肥料和农药的引进和使用划分中国宗族社区生态保障的历史阶段。

据有关文献记载，1906 年，上海开始进口化肥（硫酸铵），[①] 到 20 世

---

① 章楷：《百年来我国种植业施肥的演进和发展》，《中国农史》2000 年第 3 期。

纪初广东、福建、江苏、浙江、山东等省都有输入化肥。[①] 自此，中国农村开始大面积使用化肥从事种植业。1944 年 10 月中国中央农业试验所药剂制药厂实验室开始进行 DDT 合成研究，1945 年取得成功，1946 年，由该所病虫药械制造试验厂生产。1946 年中央农业试验所病虫害系从英国引进 DDT 农药，1947 年用于防治蝗虫。1950 年末，我国研制六六六成功，1951 年初，筹建工厂进行大规模生产，6 月中旬至 9 月下旬，用飞机播撒六六六灭蝗。[②] 从此之后，我国农业生产就开始普遍使用化学农药。农业生产使用化肥之后，土壤和水体就开始受到污染；农业生产使用化学农药之后，生物多样性遭受破坏。因此，我们将 20 世纪上半期作为中国农业社会的社区生态保障的分期线。把父系氏族社会末期至 20 世纪上半期的历史时期称为中国农业社会社区生态保障的前期；把 20 世纪上半期至今的历史时期称为中国农业社会社区生态保障的后期。20 世纪上半期之前的历史阶段是中国农民使用农家肥、生物农药从事农业生产的时期。因用农家肥、生物农药从事农业生产，不仅能增加农业产量，发挥较大的经济功能，而且能保持水土，发挥生态功能；能生产出优质农产品，发挥人文功能。故我们把使用农家肥、生物农药进行农业生产时期称为功能农业时期。因使用化学肥料、化学农药从事农业生产，久而久之，造成土壤板结、肥力下降、水体污染和水体富营养化、水体生物减少、昆虫死亡、生物链断裂、生物多样性受损等生态环境的破坏；造成农产品品质下降，甚至食物安全问题。故我们把使用化学肥料和化学农药进行农业生产时期称为化学农业时期。因此，功能农业时期的宗族社区生态保障属于顺应类型的社区生态保障图式；化学农业时期的族民社区生态保障属于利用类型的社区生态保障图式。本章专门论述的功能农业时期的宗族社区生态保障属于顺应类型的社区生态保障图式。

用功能农业概念界定中国宗族社区生态保障的时间意涵，一是意味着

---

① 戴弘：《试论我国施肥的沿革与经验》，《化肥工业》1983 年第 3 期。

② 王华夫：《中国农药使用、制造大事记》，《中国科技史料》1993 年第 3 期。

中国宗族社区生态保障是农业社会的生态保障，因为农业社会就是指某个国家或某个地区在人类社会发展历程上还处于自然经济为主导经济模式、农业生产为国民主要谋生方式、农业生产为国家或地区的主导产业、农业文明为主流文化的社会发展阶段。二是意味着农村社区遵循亲自然法则，使用农家肥和生物农药发展自然农业、有机农业、生态农业等能产生生态效益、经济效益、生活效益的经营模式。因而，本章将选择贵州省从江县高增乡占里村和湖南省桑植县刘家坪乡双溪桥村两个一直从事功能农业生产的族民社区为研究样本，描绘功能农业时期中国宗族社区开展生态保障的实践图式。

1. 占里侗族社区生态保障

占里村位于云贵高原南坡贵州省从江县高增乡，是一个行政村，绝大多数人为吴姓侗族，是典型的宗族村寨，面积 16 平方公里，平均海拔 380 米。占里村有近 800 年历史。其祖先为躲避战乱，1368 年，从江苏逃难，长途跋涉后，经广西梧州，溯柳江而上，来到这九万大山中，深入高原的月亮山腹地，最终定居于此。占里村的得名，源于其两位祖先"吴占"和"吴里"的姓名，取其两位祖先的名字，起寨名叫占里。占里村位于山谷之中，有一条小溪穿过缓坡，群山环抱，深山密林，苍山叠翠，流水淙淙。其祖先们在这里定居后，依坡开垦梯田，建立村寨。几百年来，进出村只有一条小路，几乎与世隔绝，保留着侗族的传统以及农耕生活方式，过着自给自足的生活，俨然一个世外桃源。[①]

占里村建寨以来，人口自然增长率几近于零，家庭户数和人口总数，基本保持原有规模。历史上，其人口最初只有 2 户，很快发展到百余户。[②] 考虑到人口增长过快，而土地面积不会增多，必将造成人地矛盾，

① 陈昌槐：《贵州占里村藏有古老生育调节秘密》，《人民日报》（海外版）2005 年 5 月 5 日；周汝尧：《中国植物多样性探访万里行——贵州侗族村寨占里：换花草之谜及其他》，《生命世界》2014 年第 5 期；吴国桢、杨勇：《从江县占里村：变与不变之"理"——一个传统村落的乡村振兴之路》，《黔东南微报》2021 年 9 月 8 日。

② 宁义：《神奇的占里村》，《科学大观园》2012 年第 24 期。

影响后代生活质量。于是，早在清朝初年，该村就开始实行计划生育，一对夫妻只生两个孩子，人口数量得到控制。1952 年，占里有 168 户人家，人口总数为 729 人；2000 年，有 154 户人家，而人口总数则有 739 人；2005 年，全村 158 户；2014 年，有 800 多人；2021 年，全村 191 户，814 人。[①] 男女人口比例分别为 52% 和 48%。全寨 98% 的家庭子女为一男一女，这一比例 800 年来基本不变。[②] 占里村在 20 世纪 50 年代之前，以家庭为生计单位，从事农业生产和打猎。但宗族组织有较大的控制权，他们选有寨老，寨老管理族内事务和对外交往，如控制人口的决策就是由晚清时期名叫吴公力的寨老提出来的。当时他看到占里寨人多田少，生活水平下降，偷盗、械斗也有发生，于是提出控制人口、节制生育，得到绝大多数人的同意，就此立下寨规：每对夫妻只准生育一男一女，不准多生；凡是要成家的男女，要在寨老面前亲口许愿只生一男一女，寨老祝愿后才准成家。[③]

占里村的生态环境比较好。占里村地处亚热带，且在山区，生物多样性丰富。占里村面积 16 平方公里，森林覆盖率 70% 以上，且多数是天然林。自然分布着黔贵润楠、红豆、香樟等三种国家级保护植物。还分布着野生梨、野生杨梅、野生柿子、野生板栗、野生猕猴桃、野生油茶等多种野生果树和野生油料植物。它们不仅是当地自然生态系统的重要组成部分，也是栽培果树和栽培油料作物品种改良的基因库。除了野生保护植物，占里村还有黄鼠狼、鸟雀、猴子等数种野生保护动物。[④] 这与家家户户一直遵循亲自然法则进行农业生产分不开。占里村家家户户种香禾糯，

---

① 吴国桢、杨勇：《从江县占里村：变与不变之"理"——一个传统村落的乡村振兴之路》，《黔东南微报》2021 年 9 月 8 日。
② 吴国桢、杨勇：《从江县占里村：变与不变之"理"——一个传统村落的乡村振兴之路》，《黔东南微报》2021 年 9 月 8 日。
③ 陈昌槐：《贵州占里村藏有古老生育调节秘密》，《人民日报》（海外版）2005 年 5 月 5 日。
④ 陈昌槐：《贵州占里村藏有古老生育调节秘密》，《人民日报》（海外版）2005 年 5 月 5 日。

但不使用化肥和农药，采用生态农业模式种植糯米和其他品种水稻；采用有机农业模式种植蔬菜；采用自然农业模式种植水果。这三种功能农业经营模式较好地保护了社区自然生态环境的水土和植被以及生物多样性。

国内外的经验证明，如果一个国家或地区的森林覆盖率达到30%以上，且均匀分布，可达到评价区域生态状况良好的国际公认标准，则该国家或地区的生态环境就比较优越，农业生产就比较稳定。[①] 现在占里村的森林覆盖率达70%，超出优越生态环境对森林覆盖率要求1倍以上。正是占里村村民祖祖辈辈保护社区自然生态环境，获得了相应的生态回报。现在的占里村居民从社区自然生态环境获得如下优质天然生活资料。①新鲜空气。森林能释放大量氧气（如1公顷阔叶林一天可以释放730千克的氧气），能净化空气（如一公顷柳杉林每月可以吸收60千克的二氧化硫），能吸附大量粉尘（如一公顷山毛榉树林一年可以吸附68吨的粉尘），还能分泌强大的抗生素杀死空气中的有害细菌，能消除噪声。[②] 占里村的森林覆盖率达70%，按16平方公里算，占里村拥有1120公顷的森林覆盖面积，一公顷阔叶林一天可释放730千克氧气，那么，占里村一天能产生大约81.76万千克氧气。占里村现有居民814人，那么，该村人均日获得氧气达1004千克。一个人一天只需要0.7865千克纯氧[③]，那么，假若该村自然生态环境产生的氧气不发生散失的话，该村村民每天可获得的氧气量超过人均理论标准耗氧量约1003千克，足见占里村居民能从社区自然生态环境中获得超量的新鲜空气。②洁净饮水。一是占里村有两口建于清代乾隆年间的、由榕树保卫的、从未被污染的、储水量丰富的古井，分男井和女井，为村民提供甘甜清凉的饮水。二是占里村拥有多处水塘，水质优良，清澈见底，用来防火和生活。三是占里村有一条穿过山谷缓坡、绕村

---

① 夏梦：《全省森林覆盖率超30%》，《安徽工人日报》2021年3月12日。

② 陈昌槐：《贵州占里村藏有古老生育调节秘密》，《人民日报》（海外版）2005年5月5日。

③ 据苏德林《森林的贡献有哪些?》（《国土绿化》2018年第9期）一文提供的有关数据计算所得。

而过的小溪。该溪一直受到森林植被的保护，溪水干净清澈，流水淙淙，鱼翔浅底，一直为村民提供生活和生产用水。③野生食物。在20世纪50年代以前，占里村居民以家庭为单位，从社区森林里获取野生食物。包括用采集方式获取的野生猕猴桃、野菜；用猎枪猎获的野猪、猴子、老虎；采用弹弓打、网罗、胶粘方式捕捉的野鸡、鸟雀；用笼捉方式获得的鱼虾等。①　④有机农产品。占里村自建寨以来一直立足社区自然生态环境使用农家肥、绿肥以及生物杀虫剂从事自然农业、有机农业、生态农业生产，获得充足的优质的标识类生态产品。包括稻米、大豆、蔬菜、玉米、红薯、马铃薯、花生、油菜、油茶、棉花等有机种植产品；牛、猪、羊、狗、鸡、鹅、鸭等有机畜禽产品。②　⑤草药。最出名的属"换花草"，这是生长在山上的一种藤状植物，是能控制生育和人口的神秘草药，具有避孕和确定性别的功效。换花草配方掌握在女药师手里，其根入药，需在农历八月十五日上山采挖才有效。

　　为了持续地安稳地生活下去，必须保护社区自然生态环境，占里村采取了如下行动策略从自然生态环境里获取天然生活资料。①遵循亲自然法则从事农业生产。占里村九成以上的水田种的是传统水稻品种香禾糯，实施稻—鱼—鸭共生的生态农业经营模式。稻—鱼—鸭共生经营模式具有"种植一季稻、放养一批鱼、饲养一群鸭"的运行特点。每年谷雨前后，家家把秧苗插进稻田，鱼苗也跟着放进稻田。等到鱼苗长到两三指长时，再把鸭苗放进稻田。稻田为鱼和鸭提供生存环境，鱼和鸭觅食稻田里的杂草和害虫，排出的粪便保养和育肥了地力，从而形成生物资源循环的格局。稻田里蚌、螺、虾、泥鳅、黄鳝等水生动物和种类繁多的野生植物共同生息。多种生物围绕稻鱼鸭形成一个食物链网络，呈现繁盛的农业生物

① 陈昌槐：《贵州占里村藏有古老生育调节秘密》，《人民日报》（海外版）2005年5月5日。

② 陈昌槐：《贵州占里村藏有古老生育调节秘密》，《人民日报》（海外版）2005年5月5日。

多样性景象。① ②保护生态系统。20 世纪 60 年代开始，因农业食物短缺，占里村民一度出现用枪打、弹弓打、网罗、胶粘、笼捉等手段大肆偷猎野猪、猴子、鸟雀等野生动物的现象，已造成野猪、猴子等野生动物的绝迹。20 世纪 90 年代，受经济利益之诱惑，占里村出租山坡森林，外村人大肆砍伐山上的麻栎树烧炭卖钱，看到其中有利可图，一些本村人也跟着砍树烧炭，到 2014 年，粗大的麻栎树已成稀罕物。最近十年来，被推行栽种果树、茯苓和杉树，导致成片天然林被采伐。② 为了保护生态环境，占里村恢复禁止乱砍滥伐的祖训，并写进村规民约中。同时，抵制毁坏天然林种石斛、淫羊藿、红果参等药材的做法；反对改种其他作物的想法，维护水田里稻—鱼—鸭共生生态农业模式。③ ③营造人口与土地协调机制。考虑到人地矛盾产生的根源在于人口增长过快，因此，人地关系协调的切入点在于控制人口增长。占里村在控制人口增长上的措施，一是晚婚晚育。约定姑娘 23 岁后方可结婚，二十七八岁才可住夫家，并形成不早婚的婚姻心理和婚后"不落夫家"的习俗。二是举行婚前生育宣誓仪式。每年古历的二月初一和八月初一，都要举行婚前生育宣誓的活动，④ 届时全寨人都要聚集到鼓楼里听寨老训诫，并用侗歌传唱"人会生崽，地不会生崽"等生育歌词和侗族大歌："崽多无田种，女多无银两"。⑤ 三是立生育寨规。规定一对夫妇只允许生两个孩子，谁多生就依寨规进行处罚，严重超生的，永远逐出寨门，不得再回到这里居住。为了控制生育，占里人还摸索出了非常有效的避孕和终止妊娠的中草药，分别称为"堵药"

---

① 陈昌槐：《贵州占里村藏有古老生育调节秘密》，《人民日报》（海外版）2005 年 5 月 5 日。
② 陈昌槐：《贵州占里村藏有古老生育调节秘密》，《人民日报》（海外版）2005 年 5 月 5 日。
③ 吴国桢、杨勇：《从江县占里村：变与不变之"理"——一个传统村落的乡村振兴之路》，《黔东南微报》2021 年 9 月 8 日。
④ 陈昌槐：《贵州占里村藏有古老生育调节秘密》，《人民日报》（海外版）2005 年 5 月 5 日。
⑤ 吴景军：《只生两个孩子——侗族神秘生育许愿仪式目击》，《新西部》2004 年第 6 期；凌风、列来拉杜：《占里侗族的神秘生育文化》，《中国民族》2007 年第 4 期。

（避孕药）、"祛药"（终止妊娠）和"换花草"（能决定胎儿性别的药）。[①] 占里村的三大人口控制措施起到了良好效果，直至现在，占里村一对夫妇生育两孩，98%的家庭一儿一女，几近为零的人口自然增长率，[②] 男女人口比例分别为52%和48%，人均耕地面积1.55亩，[③] 比全县人均稻田面积高出1倍多，高于全国人均耕地面积，人均占有粮食大大高于全县人均水平。[④]

占里村从自然生态环境里获取天然生活资料的行为策略，是占里村从社区自然生态环境得到福报的根源。客观上，产生了保护社区自然生态环境的效果，是一种独特的有效的生态保护文化。

2.桑植双溪桥白族社区生态保障[⑤]

双溪桥村位于武陵山脉腹地桑植县刘家坪白族乡西部，平均海拔410多米，地形呈岗峪地貌，村内有麻岭岗、佘岭岗、大岭岗等山岗和夏家峪、全家峪、文家峪、张家峪等山峪，地势由北部山地向南部酉水河倾斜。境内有两条分别流经夏家峪和文家峪的小溪汇入酉水，两条小溪的汇酉口不足百米，很早以前其先祖就在每条小溪汇入口建有石拱桥，故称双溪桥。属中亚内陆性季风气候，冬暖夏凉，四季分明。年平均气温16.5℃、年平均最高气温21℃、年平均最低气温12℃。雨水充沛，年平均降雨量1415毫米。雨量丰沛，一年四季都会下雨，以春季降雨量最大、下雨时间最长。双溪桥村因地形复杂，气候特殊，有适应动植物生长的小气候环境。总面积7500亩，耕地面积1420亩。主要物产有稻谷、红薯、玉米、洋芋、黄豆、绿豆、芝麻、油菜、花生、南瓜、冬瓜、豇豆、白

---

① 金旦九：《探秘"中国人口生育文化第一村"》，《中国西部》2016年第8期。
② 吴国桢、杨勇：《从江县占里村：变与不变之"理"——一个传统村落的乡村振兴之路》，《黔东南微报》2021年9月8日。
③ 周汝尧：《中国植物多样性探访万里行——贵州侗族村寨占里：换花草之谜及其他》，《生命世界》2014年第5期。
④ 沈洁、游志能：《侗寨占里村生育习惯法研究》，《社会中的法理》2010年第1期。
⑤ 双溪桥村是笔者的家乡，相关资料来自笔者对80岁以上的村民访谈以及收集的县志、族谱、著作。

菜、萝卜、辣椒、苦瓜、刀豆等，盛产柑橘、梨子、李子、柚子等。

双溪桥村是白族村民集聚的村寨，是典型的宗族社区，也是农业社会的典型农耕生活社区，而且处于农业社会的功能农业时期，因为该村村民直到 20 世纪 70 年代初才开始使用化肥和化学农药从事农业生产。此前，一直使用农家肥、绿肥种植农作物；使用草木灰、石灰乳、烟草剂灭虫；使用杂粮和青饲料饲养家畜家禽，其农业生产属于有机农业经营模式。该村地理区位重要，是畜力交通时代的重要交通要道。该村酉水段北岸有千米长集市，商贾生意兴隆，闻名遐迩，是桑植三大集市之一。保留着明清时期古建筑，多为悬山顶穿斗抬梁式结构，青瓦屋面，飞檐翘角，木质雕刻，特色鲜明。村民有刘、钟、谷、贵、柳等家族，都是白族。在 20 世纪 50 年代之前，村民以家族形式集聚，形成 8 个自然村落，基本上同姓家族为一个自然村落。白族每姓普遍有宗祠组织，建有祠堂、修有族谱、选有族长、定有族规。族长由年高、辈分长、受族人拥护者担任。负责祭祖、修族谱、处理纠纷、体恤孤寡老人、资助贫困家庭等族务。每家儿子结婚后必然分家。每个村落都是以家庭为单位进行生产和生活。但清代、民国时期，村内家庭已出现分化，村内田土、山林多集中在几户地主和富农手中。没有土地的农户只能租用地主土地或给地主做工来维持生活。①

在 20 世纪 50 年代以前，双溪桥村生态环境非常优越。辖区两条溪流水量较大，一年四季汪汪碧水，酉水双溪桥段每年雨季涨水可及岸上，其他时节都有半河水，水清见底，岸上行人可见河中鱼群游弋、甲鱼潜水。酉水河段、两条溪流都有甲鱼、娃娃鱼、河蟹、河虾、螺蛳、河鳅、青蛙等水生动物，甚至曾经酉水双溪桥段还有犀牛，有一河潭被称为犀牛潭。植被繁茂，天然林区生物多样繁杂，山岗和山峪两旁的天然林区长满了樟树、栎树、松树、枞树、杉树、椿树、白果树、冲木子树、桐子树、油茶树、漆树、柳树、山竹等树木，遮天蔽日，乔木树下有刺梨、花椒、辣姜子、马桑树等灌木；野猕猴桃、野葛等藤本植物以及蕨类植物盘根错节，

---

① 桑植县地方志编纂委员会：《桑植县志》，海天出版社，2000，第 103 页。

人很难插足。森林覆盖率为75%。山林有豺狗、鸡、乌鸦、喜鹊、麻雀、竹鸡、白鹤、老鹰、猫头鹰、野兔、狗獾子、野猪、猴子、麂子、穿山甲、蛇等野生动物。村落四周、房前屋后、耕地田头长满了柚子树、橘子树、梨树、桃树、板栗树、李子树、柿子树、枇杷树等果树。

20世纪50年代之前的双溪桥村居民从社区自然生态环境获得如下优质天然生活资料。①新鲜空气。那个时代的双溪桥村的森林覆盖率达80%，该村总面积7500亩，森林覆盖面积为402公顷，根据专家计算，一公顷阔叶林一天可释放730千克氧气，那么，该村一天能产生大约29.346万千克氧气。该村当时居民584人，那么，该村一天人均可获得大约502.5千克纯氧。根据专家计算，一个人一天只需要0.7865千克纯氧，那么，假若该村自然生态环境产生的氧气不发生散失的话，该村可获得的氧气量超过人均理论标准耗氧量501.7千克，足见双溪桥村居民能从社区自然生态环境中获得超量的新鲜空气。②洁净饮水。一是该村每个自然村落都有自己的水井，水井的出水量很大，基本上满到井口，足以满足社区居民饮水需要。二是两条溪流和酉水河流域植被茂盛，土壤有机质成分高，土壤黏性重，雨季雨水难以冲刷土壤颗粒，其水质常年达到二类水质标准。③野生食物。村民在时令季节从山上可以采到大量的竹笋；挖到葛根、鱼腥草、野葱、香椿芽、马齿苋、蕨菜、荠菜、苦菜、刺儿菜、地枇杷和捡到枞菌、木耳、地皮菌（珠藻）等野菜；摘到茶苞、茶耳、刺梨、刺泡、拐枣、伴伴儿、猕猴桃、八月瓜、茧栗子、毛桃、野柿子、茅根等野生水果。在采挖较多的情况下，不少村民还将其晒干出售。村中男人使用猎枪上山打猎常常可获得野兔、野猪、竹鸡、狗獾子、麂子等野味；渔罾、渔网、竹篾罩、竹篾撮箕、竹篾篓等工具下河入溪能随意捕到鱼、虾、蟹、甲鱼等；到水田随意能捡到田螺。据高龄村民反映，在20世纪60年代持续三年自然灾害时期，生产队分配的口粮不够吃，不少家庭凭野菜、野味、鱼虾、田螺度饥荒和补充营养。④植物油。双溪桥村山上长满了桐子树、漆树、茶籽树。桐子树结的果叫桐子果，用桐子果榨出的油叫桐油；漆树长到8～9寸粗可割出油，这种油叫漆油。桐油和漆油都具有迅速干燥、耐高温、耐腐蚀、防水性好等特点，广泛用于建木房、原木家具、木船刷漆。在化工油漆出现之前，桑植乃至整个武陵山区都用这两种植物油涂木房、家具、木船，有很大的经济价值，双溪桥村民掌握了榨桐油技术，用这两种植物油卖钱，补贴家用。茶籽树结的果子叫茶籽果，茶籽果可以榨油。茶籽油不含芥酸、胆固醇，具有耐高温、抗氧化、易消化吸收等特点，是纯天然的食用植物油。双溪桥村建有榨油坊，掌握了榨油技术。在油菜没有移栽到桑植之前，茶籽油是双溪桥村民的主要食用油来源。⑤有机农产品。双溪桥村自元朝迁徙至此以来一直立足社区自然生态环境使用农家肥、绿肥、堆肥以及多种生物杀虫剂从事自然农业、有机农业生产，获得优质的标识类生态产品，包括稻米、蔬菜、玉米、红薯、马铃薯、花生、玉米、高粱等有机种植产品；使用杂粮、青饲料饲养猪、牛、羊、狗、鸡、鸭等有机畜禽产品。⑥草药。双溪桥村森林里生长着麦冬、半夏、车前草、月季花、蓖麻、鸡冠花、艾草、银杏、木通、枇杷、野菊等药草，是乡村草药郎中制作中药的主要材料。

为了持续地安稳地生活下去，必须保护社区自然生态环境，双溪桥村采取了如下行动策略从自然生态环境里获取天然生活资料。①定生态规约。包括不能捕杀带幼崽的野生动物、只能使用木棍刨找野生菌、不能砍伐树木、不能带火种进山、不能用鱼藤精毒鱼等。②祭土地神。农历二月初二是该村白族村民祭土地神的日子，因为传说这一天是土地神的生日。土地神是白族人心目中最重要的保护神，保佑其全年风调雨顺、五谷丰登。村民为祭土地神还会在自家田地边修建土地庙。土地庙是村民请岩匠搭建的，五六块岩石砌成，正面有个小孔，上方有顶棚，棱角分明，像寺庙；小孔中间立有一尊用石头凿成的神像，胡子长长，眼睛大大，挂根拐杖，面带笑容，这就是土地神。村民在土地庙前举行祭祀仪式，由男子主祭，用猪头肉、一碗米酒做祭品，燃三炷香，叩三个头，祈求丰收。①③立生产禁忌。白族村民有逢五不动土、逢六不宰牲的禁忌，因为村民认

---

① 谷俊德：《胎盘里蹲着的村庄》，大众文艺出版社，2009，第190~191页。

为逢六宰牲，会六畜不旺；立秋不摘瓜，否则，瓜菜会自然落地；屋里禁烧菜种、皮壳、橘干，否则得罪谷神，来年收成不好。[①] ④美化庭院习俗。一是有用"拴春"习俗美化生态宜居环境，"拴春"就是通过植树栽花把美好的春光拴住。一般每年惊蛰后第一个干支蛇日和送种日为拴春时间，这是最适合植树栽花的时节。种植的树种一般是桃树、李树、棕树；栽花一般是药用花草。二是有庭院栽竹习俗，竹子四季常青，可美化环境、产竹笋、编器具，村民每年在自家房前屋后栽种竹子，并把小孩叫到现场，骂其"发孙子"，为的是取其谐音"发笋子"，希望竹笋越发越多，竹子茂密。[②]

农业社会的功能农业时期，农村社区的生态保护行为含有发展功能农业的目的。希望通过发展自然农业、有机农业、生态农业等功能农业经营模式产生保护自然生态环境的效果。同时，显示人类的谋生方式从采捕生计向种养生计转变；显示人类从社区自然生态环境获取天然生活资料，在获取自生类生态产品和赖生类生态产品基础上增加了繁衍类生态产品和标识类生态产品两类。这是因为较之园艺社会，农业社会的宗族社区人口增加了，生活群体规模扩大了，出现自生类和赖生类生态产品供给不足的现象，需要通过发展功能农业增加繁衍类和标识类生态产品，实现生态产品供需均衡。与此相适应，农业社会功能农业时期宗族社区人与自然的关系协调方式也发生了变化，从崇拜自然生态要素向崇拜土地要素转变，从协调人口与野生食物的矛盾转向协调人口与土地的矛盾转变，从保护生态环境向保护生态与生产协调并重转变。这标志着农业社会生态文明已经成型，使自然生态环境的保护出现了新形式和新内容。

（三）农业社会功能农业时期的宗族社区生态保障顺应图式

根据农业社会功能农业时期的宗族社区获取天然生活资料的实况，我

---

① 谷中山：《湖南白族风情》，岳麓书社，2006，第204页。
② 谷利民：《桑植白族博览》，民族出版社，2012，第57~58页。

们用宗族社区获取天然生活资料的行动要素勾画出农业社会功能农业时期的宗族社区生态保障顺应图式。其图式见表3-4。

表3-4 功能农业时期宗族社区生态保障顺应图式

社区	获取环境	获取理念	获取类型	获取方式	获取主体	获取能力			获取策略
						工具	材料	技能	
占里侗族社区	云贵高原南坡	谋生	园艺农业	采猎、种养	家庭	猎具、渔具、农具、耕牛	猎物毒液、农家肥、绿肥、生物杀虫剂	采集技术、稻—鱼—鸭共生模式、有机种养技术、生育药物	保护生态资源、亲自然法则、解决人地矛盾
双溪桥白族社区	武陵山区腹地	谋生	园艺农业	采猎、种养	家庭	猎具、渔具、农具、耕牛	猎物毒液、农家肥、绿肥、生物杀虫剂	采集技术、有机种养技术、榨油技术、割漆技术	保护生态资源、定规约、祭土地神、立生产禁忌、美化庭院习俗

表3-4显示，农业社会功能农业时期的宗族社区生态保障图式是由生态产品的获取环境、获取主体、获取理念、获取方式、获取工具、获取材料、获取技能、获取策略等要素构成的生态产品供给结构。根据表3-4所显示的信息，我们可以描述农业社会功能农业时期的宗族社区供给生态产品的基本样态。①生态保障内容。就获取新鲜空气、洁净饮水、野生食物等天然生活资料的难度而言，农业社会功能农业时期的宗族社区的自然生态环境质量较好，空气和饮水得到保护，基本上能满足消费者对新鲜空气、洁净饮水的消费需求。但是随着人口的急剧增加，宗族社区的自然生态环境里的天然食物已变得稀少，靠采集渔猎方式，已经不能满足社区居民的食物消费需求，必须通过种植农作物和饲养家禽家畜的方式，生产出更多的农产品，才能满足社区居民的食物消费需求。可见，农业社会功能农业时期的宗族社区生

态保障内容仍然是新鲜空气、洁净饮水、野生食物等天然生活资料。只不过,对宗族社区居民的食物供给,需要依靠采集、渔猎等园艺生产方式和种植、养殖等农业生产方式来解决。②生态保障主体。在农业社会功能农业时期,人类进入以家庭为生活单位的时代。宗族社区的每个家庭使用农具和耕牛进行农业生产,食物收获变得可企及,产量有了一定保障。采集和渔猎不再是获取食物的主要途径,只起辅助作用。③生态保障理念。农业社会功能农业时期的宗族社区的生态保障理念仍然是谋生,不过与园艺社会的部落社区的迁徙谋生不同,农业社会的宗族社区的生态保障理念属于定居谋生。在特定的自然地理空间定居,耕地、森林植被、水域是有限的,社区的自然生态环境供给社区居民的新鲜空气、洁净饮水、野生食物受制于有限的耕地、森林植被、水域等生态资源的质与量。④农业社会功能农业时期宗族社区的"家庭单位—定居谋生理念—采猎+种养的复合生产方式—保障食物供应"的生态保障图景是由食物生产能力决定的。其食物采集能力表现为"辨识植物—徒手采集";渔猎能力表现为"先进猎具+猎物毒液—猎获野兽";农业生产能力表现为"农具耕牛—有机肥+生物杀虫剂—有机种养技术"。农业社会功能农业时期的宗族社区以农业生产为主、园艺生产为辅的复合生产方式进行生态保障,基本上满足家庭天然生活资料的消费需求。⑤在农业社会功能农业时期,宗族社区的生态保障甚至全部生活依赖社区自然生态环境及生态资源,宗族社区的定居农耕生活模式造成了社区生态资源的有限性,由此形成保护生态资源和遵循亲自然法则的生存策略,成为农业社会功能农业时期宗族社区发展生态保障事业的思想基础。

(四)农业社会功能农业时期宗族社区生态保障的理论反思

我们分别以贵州从江县高增乡占里侗族社区、湖南桑植刘家坪乡双溪桥白族社区为案例描绘农业社会功能农业时期宗族社区生态保障顺应图式。从贵州从江县高增乡占里侗族社区和湖南桑植刘家坪乡双溪桥白族社区的生态保障图式来看，占里侗族社区和双溪桥白族社区的生态保障属于农业社会的宗族社区生态保障顺应类型。功能农业时期的农村宗族社区非常重视对社区自然生态环境的保护，使用农家肥、生物农药、传统农具、人畜动力进行农业生产。对农业社会功能农业时期出现的宗族社区与环境的关系、人与自然的关系、生产与生态的关系逐步改变的现象以及社区生态保障图式，学者提出了不同的解释，形成了不同的理论。

1. 食物生产阶段论

在自然生态环境能为人类供给足量的优质天然生活资料情形下，食物供给是人类最关切的天然生活资料。人类总要想方设法保障食物供给，才能保证生命体的存在和自身的繁衍。农业社会的食物保障经历了新石器时代、功能农业时代、化学农业时代三个历史阶段。

（1）食物保障的新石器时代。这是农业社会食物保障的早期时代，是人类的食物获取方式发生质变的阶段。在新石器时代，原始部落通过长期地对采集狩猎方式获得的食物与对种植养殖方式获得的食物进行比较，发现种植养殖方式可以用较少面积的土地获得较多的食物。在部落人口不断增多的压力下，越来越多的原始部落从采集狩猎转向农业生产。这是人类食物获取方式发生根本性变革的时期。这是新石器时代的重大革命，是人类获取食物方式的强化和融合。[①] 立足耕地生产谷物、建立牧场放养牲畜，都是人类建立在自然生态系统之上的巨大改变，对生存方式和自然生态环境都是基础性革命。在此阶段，新石器以及铁器工具被发明、被使用，使人类社会进入了只需要以男性为直系亲属的若干户组成的家族为食物生产单位的时代，先是部落里的大家族后是小家庭，成为原始部落的生产互助单位和应对食物生产风险的重要依靠；成为农业劳动的组织单位，并围绕农作物的生长周期安排一年四季的农事活动。

---

① 克莱夫·庞廷：《绿色世界史——环境与伟大文明的衰落》，王毅译，中国政法大学出版社，2015，第30页。

（2）食物保障的功能农业时代。农业的出现，加速了农业与村落结合的进程，并且最终促成农村社区的产生。不仅如此，在土地里种植农作物、饲养和繁殖家畜，开启了人类将土地、生态资源、食物视为财富的生活模式。相对于采集狩猎而言，农业生产需要付出更多精力，正是这样，绝大多数情况下，农业生产都能产出采集狩猎无法比拟的更多食物。这对满足生产者家庭的食物消耗需求起到了关键作用。由于人类的食物消费习惯一旦养成，其食物消费只会随着收入的提高不断增加，不会因收入的降低而减少，所以，进入农业社会之后，任何一个家族或一个家庭都只能想方设法通过农业生产这种谋生方式去获取更多食物，只是在出现农业食物严重不足的情形时，农村社区居民才进入山林采集或猎取野生食物。一般而言，农业生产需要在本地自然生态环境里开垦耕地、牧场和建立栖息地，以便可以种植生产单位想要的作物和饲养家畜。因而，农业生产以及由此形成的农村社区和人口增长，必然会给社区自然生态环境带来越来越大的自然平衡和固有稳定压力。比较而言，气温适中、降雨量大、土地肥沃的社区自然生态系统，能够较好地应对这种压力；气候恶劣、干旱、土地贫瘠的社区自然生态系统，难以应对这种压力。于是，社区的自然生态系统的自然平衡和固有稳定就被摧毁。原来的自然土地上的植物和植被覆盖逐渐稀少，社区土壤暴露于风雨中，其结构被破坏，营养物的循环被破坏。

（3）食物保障的化学农业时代。比起采集和狩猎谋生方式，农业生产确实能够养活更多的人口。但是，在自然农业赖以延续的生态条件被破坏的情况下，耕地的食物产出量只减不增，农业生产无法提供足够的粮食以满足日益增长的人口对食物消费的需求，甚至还会出现许多人生活在饥饿的边缘。在自然生态环境被破坏和土地肥力难以自新的情况下，要保证食物供给，就要额外输入肥料和其他生产要素才能维持耕地的肥力。这时功能农业社会时期的自然农业、有机农业、生态农业等经营模式会遭受破坏或瓦解，人类只好寻找新的谋生手段和谋生渠道来保障食物供给。对于已经进入通过农业获取食物的运行轨道的家庭而言，要使农业生产应对人口过多和饥饿威胁问题，只能提高农业生产力。其策略，先是开辟新耕地，接着进行精细耕作，开发肥料资源，直至发明和使用化肥与化学农药，发明和使用机械农具，实施化学农业经营模式，从而将人类社会推进到化学农业时代。在化学农业的边际生产率逐步下降的情况下，农村社区只好立足社区自然生态环境开辟旅游农业等新的谋生来源；改变农业生产经营主体，建立家庭农场、农业生产合作社，增强农业生产的食物供给能力；改变保护社区自然生态环境行动策略，为提高农业产量营造社会环境。

总之，农业社会不断改变社区生态保障形态的背后有其深刻的生活适应内涵，蕴含着适者生存的逻辑，一方面，不得不保护社区自然生态环境；另一方面，想方设法采取一切有效的方式和手段作用于自然生态环境，发展农业生产，增加农业产量，应对食物短缺的生活风险。

2. 生态福利论

生态福利指自然生态环境为人类提供的优质生活服务，通俗地讲，就是自然生态环境为人类生活带来的好处，主要包括供给人类生活不可缺少的新鲜空气、洁净饮水、优质食物等优质天然生活资料。这是任何人都应获得的生活权利和生态利益。生态福利论就是研究自然生态环境为人类提供优质生态保障机理的理论，其观点体现在如下三方面。

（1）生态服务。人类保护和建设自然生态环境，目的在于从自然生态环境获得生态服务。1966 年，King R. T. 发表题为《野生动植物与人类》的学术论文，首次提出生态系统服务（Ecosystem Services）概念。[1] 此后，Helliwell D. R.[2]，Holdren J. P.，Ehrlich P. R.[3]，Westman

---

[1]　King R. T., "Wild Life and Man", *NY Conservationist* 20（6），1966：8-11.

[2]　Helliwell D. R., "Valuation of Wild Life Resources", *Regional Studies* 3（1），1969：41-47.

[3]　Holdren J. P., Ehrlich P. R., "Human Population and the Global Environment", *American Scientist* 62（3），1974：282-292.

W. E. ①，Daily G. C. ②，Costanza R. ③ 等一些学者对生态服务问题展开了深入研究。他们的研究使人们认识到自然生态环境对人类具有生活服务价值，直接为人类提供了食物、饮水、空气、燃料、木材、纤维等生活服务，有力地保障着人类的生命安全、生活需求、身心健康。自然生态环境是人类社会生存和发展的物质支撑，是国民生活不可或缺的物质条件，自然生态环境的变化会引发国民生活质量的变化。

（2）生态福利。生态福利是社会福利的重要组成部分，在社会福利中占有非常重要的地位。④ 自然生态环境为国民提供的生态福利可以通过负面生态行为得到验证。如采伐森林会降低国民生态福利，森林采伐量与生态福利之间呈负相关关系，减少森林采伐量有助于国民生态福利的增加；⑤ 污染空气会降低国民的生活质量、影响国民的生活幸福感。⑥ 自然生态环境是影响和限制人们的日常需求、幸福和福祉的重要因子。实现生态福利，必须将人与自然的和谐作为国家建设的方略，任何国家都应重视生态的生活价值，实现生态建设与社会建设的良性互动，为国民生活幸福持续提供自然生态环境；⑦ 应将生态福利对象由社区居民扩大到全体公民，在满足国民基本生活保障的同时也要满足国民的生态福利需求。⑧

---

① Westman W. E. ，"How much are Nature's Services Worth？"，*Science* 197（4307），1977：960-964.

② Daily G. C. ，*Nature's Services：Societal Dependence on Natural Ecosystems*，Washington，DC：Island Press，1997.

③ Costanza R. ，d'Arge R. ，de Groot R. ，et al，"The Value of the World's Ecosystem Services and Natural Capital"，*Nature* 387（6630），1997：253-260.

④ 樊雅丽：《生态福利的引入与社会化——一个社会政策的研究视角》，《河北学刊》2009年第6期。

⑤ Carrol M. S. ，C. W. Mcketta，K. A. Blatner，"A Response to 40 Years of Spotted Owls？—A Longitutinal Analysis of Logging Industry Job Losses"，*Sociological Perspectives*（42），1999：325-334.

⑥ Luechinger，Simon，"Valuing Air Quality Using the Life Satisfaction Approach"，*The Economic Journal*（536），2009：482-515.

⑦ 张云飞：《试论社会建设的生态方向》，《北京行政学院学报》2010年第4期。

⑧ 武扬帆：《社会工作视角下的生态福利社会化》，《社会工作》2012年第2期。

（3）生态福利权。享用自然生态环境提供的天然生活资料或自生类生态产品是人类的一项生活权利。1971 年，美国《宾夕法尼亚州宪法》第 1 条第 27 款规定："人们有权享受清洁的空气、纯净水，并有权要求保护自然、风景和环境的历史与人文价值"，[1] 首次明确了生态福利是国民的一项权利。1972 年，联合国在瑞典斯德哥尔摩召开人类环境大会，发表了《人类环境宣言》。该宣言提出："人类有权在一种能够过尊严和福利的生活环境中，享有自由、平等和充足的生活条件的基本权利，并负有保证和改善这一代人和后代人的环境的庄严责任"。[2] 1994 年，联合国发表《人权和环境原则宣言（草案）》，也宣称"所有人都有权生活在一个安全、健康和生态和谐的环境中。这种权利和其他人权，诸如民事、文化、经济、政治和社会等权利一样，都是普遍的、相互依存的和不可分离的"。其实，生态福利是人们为了生存与发展才产生的需求，不是简单的道德利益，而是基于日益凸显的生态供需矛盾的新型权利诉求。[3] 生态福利权应包括生态福利享受权、生态福利给付请求权、生态福利平等福利份额请求权、生态福利救济权，是国民使用环境生态价值的权利。[4] 生态福利权利是一个完整的体系，生态福利理论告诉人们，任何人都可以享受自然生态系统提供的生态服务；任何人都有从自然生态环境获取天然生活资料的权利，而且是平等地、自由地、充足地获得这种最基本的生存权利。

三 讨论

生活在原生态自然环境里的园艺社会的原始部落或落后民族呈现的生

① Evan Mercer, P. B. Aruna, "Assessing the Impacts of Forests on Human Welfare: Preliminary Results from the Mid-Atlantic Integrated Assessment", *Kluwer Academic Publishers*63（1），2000.
② Donoghue E. M. , "Delimiting Communities in the Pacific Northwest", US Department of Agriculture, Forest Service Pacific Northwest Research Station, 2003: 5-70.
③ 邓扶平、焦念念：《"生态福利"的法学蕴涵及其学理证成》，《重庆大学学报》（社会科学版）2014 年第 1 期。
④ 刘茜、赵琪：《生态福利权及其救济制度的构建》，《广西社会科学》2017 年第 11 期。

活样式是真正的生活、生态、生产三合一的生存图景。他们以氏族部落为单位，坚持以满足生活消费为取用原则的迁徙谋生理念，用崇拜自然生态环境和顺应自然生态环境的生存策略，直接从优美生态环境吸收新鲜空气、饮用优质水、食用野生食物。呈现"氏族单位—迁徙谋生理念—采集+狩猎的复合生产方式—享用食物"的园艺社会生态保障模式。生活在原生态自然环境里的功能农业时期的宗族社区呈现的生活样式是生活、生态、生产和谐发展的生存图景。他们以生产、生活合二为一的家庭为谋生单位，坚持保护社区自然生态环境、禁止过度取用生态资源的定居谋生理念，用保护生态资源和遵循亲自然法则的生存策略，直接从优美生态环境吸收新鲜空气、饮用优质水，立足社区自然生态环境和生态资源种植农作物、饲养家禽家畜，以便保障食物供应。呈现"家庭单位—定居谋生理念—采猎+种养的复合生产方式—保障食物供应"的农业社会功能农业时期的生态保障模式。这两种生态保障模式都保护了社区自然生态环境，都是利用和顺应社区自然生态环境和生态资源获取必要的天然生活资料或生态产品，都属于生态保障顺应图式。

从俾格米和布须曼两个原始部落的生态保障图景来看，世界上仍然还有一些民族生活在原始的自然生态环境里，有的生活在自然生态环境优越的原始森林里，有的生活在自然生态环境恶劣的半干旱沙漠地区，但是，他们都立足所处的自然生态环境顽强生活，并一直敬拜和保护给予他们生活支撑的自然生态环境。原始的自然生态环境是他们的家园，当代政府应该保留他们的生存空间，给予他们生活权利，不能为了 GDP 和以国家发展的名义侵占他们的生存空间、剥夺他们的生活权利和生活选择权利；更应该阻止商业资本对落后民族生存空间的侵占，至少不能成为商业资本的帮凶，应坚决反对把赚钱建立在剥夺落后民族的生活机会和生存权利之上。

在农业社会功能农业时期，宗族社区的自然生态环境质量较好，空气和饮水得到保护，基本上能满足消费者的享用需求。但是，此时期人类社会发生了前所未有的两个重大变化，一是进入定居生活时代，二是人口急剧增加。这两大变化造成社区的自然生态环境里的天然食物快速减少，靠采集渔猎已不能满足社区居民的食物消费需求，这直接促成了种养农业的诞生。至此人类社会进入人口增加与生态资源消耗相互制约的时代。功能农业时期的宗族社区生态保障顺应图式要求，任何社区都要考虑社区人口与社区生态的平衡，要适度限制社区人口增长，要保护社区自然生态环境，才能保证社区自然生态环境的自我调节、自我平衡、自我更新机能，以便社区的自然生态环境能持续地支撑社区运行和发展。

　　社区生态保障顺应图式是按照"自然生态环境是生活家园—自然生态环境创造生命—自然生态环境拥有生命能量—自然生态环境调控万物—人类必须祈求自然生态环境护佑—养成顺应自然生态环境生活习惯"的生活逻辑，立足社区自然生态环境和生态资源获取生态产品的供给模式。这两个社会形态的生态保障顺应图式说明保留原始部落或落后民族的生存家园、维护宗族社区的农耕生活区域和生活状态，就是保护国家乃至保护全球的生态环境。因为他们以生命和延续生命的活态方式保留着国家和全球的自然生态空间。驱赶或灭绝生活在原始自然生态环境里的原始部落或落后民族、侵占或征用宗族社区的农耕生活区域和生活家园，就意味着把地球上仅剩下的几块原始森林或原生态地区、农耕生态区域毁掉，这也就意味着把释放负氧离子和维持大气碳氧平衡的天然氧吧、把保持水土和维持淡水面积的自然空间也摧毁了。如果真的出现这种局面，那么人类就陷入了生活的绝境。实际上，生活在原始自然生态环境里的原始部落或落后民族、在世外桃源般的田野从事有机农耕的宗族社区在为全球、全人类保留和保护着供给新鲜空气的天然氧吧、供给洁净淡水的自然空间。因此，发达的工业国家应该对这些原始部落或落后民族、宗族社区进行生态价值补偿，建议每年召开一次的联合国气候峰会将给予原始部落或落后民族、宗族社区生态价值补偿纳入会议议程，建立工业国家给予原始部落或落后民族、宗族社区生态价值补偿的国际化运作机制。

第四章　社区生态保障的利用图式

　　社区利用自然生态环境获取天然生活资料或生产生态产品，之所以成为可能，那是因为社区劳动者拥有了利用自然生态环境的先进生产工具。人类社会的工具革命始于 1765 年的英国。当年英国兰开郡的一名木工兼织工叫詹姆斯·哈格里夫斯，他发明了一种新式手摇纺纱机，并命名为"珍妮纺纱机"（Spinning Jenny），它将纺纱机的功率提高 8 倍，是世界上第一台具有真正意义的机器。"珍妮纺纱机"的发明和使用，引发了棉纺业的技术革新，成为工业革命的开端，也标志着人类社会工业化的开始。多数学者认为，人类工业社会就始于 18 世纪 60 年代，并止于电子信息技术广泛应用之前。

　　由于世界各国或地区的工业化起步时间和发展速度不一致，当工业化在世界发达国家演进时，欠发达国家的农业社会还未终结，所以，人类社会进入 18 世纪 60 年代之后，在全球范围内，有的国家已于 20 世纪 70 年代就终结了工业社会，进入信息社会，有的国家处于工业化进程状态，有的国家还处于农业社会阶段，出现了农业社会、工业社会与信息社会并行的社会格局。不过，工业化国家制造的先进工具和生产资料逐渐被广泛应用到农业生产中。这在农村社区获取天然生活资料或生产生态产品上产生了两个重大影响：一是农民拥有了改造自然生态环境的先进工具，为农村社区利用自然生态环境获取天然生活资料或生产生态产品奠定了工具基础；二是较大地增强了农民的生产能力，继而促使农业从功能化生产向化学化生产转变，促使农村宗族社区向族民社区转变。

宗族社区是从园艺社会的部族社区演变而来，由若干家族组成，少则百余人，多则上万人，是以血缘关系为基础形成的生活共同体。族民社区由迁徙而来的不同民族的家庭组成，是以地缘关系为基础形成的生活共同体。农村宗族社区向族民社区转变是农村地区适应农业社会向工业社会转型的必然变革。社区生态保障利用图式是农业社会化学农业时期的农村族民社区和工业社会的业缘社区采取控制自然、改造自然态度和利用自然生态环境获取天然生活资料或生产生态产品的生态保障模式。这种社区生态保障图式是宗族社区向族民社区、业缘社区转变的必然产物。

鉴于利用自然生态环境获取天然生活资料或生产生态产品的行为存在于农业社会化学农业时期族民社区、工业社会的业缘社区，我们将利用本章篇幅描述化学农业时期的族民社区生态保障利用图式和工业社会时期的业缘社区生态保障利用图式。

一　农业社会化学农业时期的族民社区生态保障

人类使用化学肥料和化学农药进行农业生产的时期，是农业社会的化学农业时期。大约从 20 世纪初期到 50 年代，中国农村逐步使用化肥和化学农药进行农业生产。故可将 20 世纪 50 年代至工业社会到来之前的这段历史时期称为中国的农业社会化学农业时期。化学农业是提高农业产量、缓解粮食短缺的措施。20 世纪 50 年代以来，中国人口快速增长。1950年，中国总人口大约 5.41 亿；1972 年，中国总人口大约 8.71 亿；2000年，中国总人口大约 12.95 亿；2010 年，中国总人口大约 13.4 亿；2020年，中国总人口大约 14.12 亿。人口增加但耕地没有增加，势必造成粮食供给不足。为了解决农产品增产问题，中国的广大农村地区自 20 世纪 50年代开始都使用化肥和化学农药进行农业生产。化肥是用化学和物理方法制成的含有一种或几种农作物生长需要的营养元素的肥料，具有养分含量高、肥效快、肥劲猛等特点。据专家介绍，1 公斤化肥可平均增产粮食

7.5 公斤。化肥对粮食增产的贡献率达 50%，也就是每亩增产 100 公斤粮食，约一半是施用化肥的结果。① 化学农药是用于预防、消灭或控制危害农业、林业的病、虫、草和其他有害生物以及有目的地调节植物、昆虫生长的化学合成制剂，具有防治效果快、效率高，能迅速有效控制病虫害蔓延的特点。给作物喷洒化学农药，能稳定作物产量。所以，化学肥料和农药深受农业生产者欢迎，原来使用农家肥和生物农药从事功能农业生产的农村社区基本上都转变成化学农业经营社区。化学农业时期是农业社会的末期，也是人类向自然生态环境获取天然生活资料的过渡时期，是从顺应自然生态环境获取天然生活资料转向利用自然生态环境获取天然生活资料的时期。这个时期历时很短，但是对待自然生态环境的态度和理念以及获取天然生活资料的手段、方法、方式都发生了质变。我们以云南元江县那诺乡哈尼族社区和湖南浏阳市沿溪镇礼花村汉族社区为案例，勾画中国农业社会化学农业时期出现的族民社区生态保障图式。

（一）那诺乡哈尼族村寨社区生态保障

那诺乡位于云南省元江县东南部，南北长 11.4 公里，东西宽 15.2 公里，总土地面积 152 平方公里，是离元江县城最远的乡镇。总耕地面积 1036.6 公顷，人均耕地面积少。境内最高海拔 2500 米，最低海拔 780 米，平均海拔 1640 米；属立体气候，年平均气温 16.5℃，年平均降雨量 800 毫米。② 那诺乡处于元江干热河谷地区，地势由西向东逐渐降低，东西两侧山岭陡峭，中部山岭坡度平缓。主要山脉有打芒梁子、朗台梁子、沙坡梁子、梅普山、爬地龙山，境内最高峰驼色阿当山位于打芒村，海拔 2500 米；最低点南昏河位于猪街村东北面，海拔 780 米。降雨集中在每

① 奚振邦：《现代化学肥料学》，中国农业出版社，2008，第 1~42 页。
② 段漳波等：《云南元江那诺哈尼梯田文化景观的保护与可持续发展模式探究》，《安徽农业科学》2015 年第 7 期。

年的 6~10 月，7~8 月最多。那诺乡境内有南昏河、尼朗河、所垄河。①
那诺乡辖 6 个村，90 个自然村，总人口 20565 人，是哈尼族世居的山区
民族乡，哈尼族村民占乡总人口的 91%，达 18714 人。② 哈尼族喜欢居住
在大山中部向阳坡地。每个村寨人口不一，大村寨人口达几百户、上千
人；小村寨人口只有十几户，不到百人。③

　　哈尼族以村寨为活动单位，一个村寨就是一个完整的小社会。村寨按
规模大小和历史长短分别称为"铺码"（大寨）、"铺然"（小寨）、"铺
会"（老寨）、"铺舍"（新寨）。小寨和新寨是因人口增加，原来的山林
土地无法承受其生存负担而从大寨和老寨分离出来的村寨。至于只有三五
户或七八户的零散小寨，是过去多因天灾人祸交不起赋税被迫迁出老寨，
到"洛扛"（寨门）外的山林中居住而形成的村寨，称为"亚杭"。④ 在
20 世纪 50 年代之前，哈尼族村寨还保存家族组织、村社组织及村社土地
公有制。家族组织由父系氏族组织演化而来，由若干有父系血缘关系的家
族组成。每个家族组织有家族长，管理本家族的内部事务，解决家族内部
纠纷，代表家族出席村社会议，对外交涉与家族有关的事项。每个村寨有
管理村社事务的头领。头领是世袭的，在全寨中享有较高的声望，支配着
全村社的生产和宗教祭祀活动。寨内重大事务，由其主持召开各家族的家
族长会议商议决定。头领按习惯法全权处理村社内的各种纠纷，享有一定
特权，农忙时节让村民为其无偿耕种；村民猎获野兽，要将一条前腿献给
他。哈尼族村寨头领在早期是自然产生的，代代相袭。头领由各个家族的
家族长公推知识渊博、德高望重的男子担任。除村寨头领外，哈尼族村寨
还有管理小区域（若干个自然村）的行政首领，负责在一定区域内贯彻

---

① 曾泓霖：《少数民族高山经济现代化——以云南省元江哈尼族彝族自治县那诺乡为例》，
《广西职业技术学院学报》2018 年第 4 期。

② 马居里：《元江县那诺乡哈尼族宗教信仰及其主要活动调查报告》，载李志农主编《全
球化背景下的云南文化多样性》，云南人民出版社，2010，第 212 页。

③ 马翀炜、罗丹：《哈尼梯田历史溯源及景观价值探析》，《西南边疆民族研究》2019 年第
27 期。

④ 杨多立：《西双版纳哈尼族的生态文明系统》，中国民俗学网，2014 年 5 月 8 日。

执行地方政权机构的决议决定，处理有关政务。小区域行政首领世袭。村社土地公有制是哈尼族村寨长期保留的一种所有制形式。所有哈尼族村寨都占有一定数量属于村社成员共有的土地、森林，村社成员可以采用"号"地的形式自由开垦耕种，谁种谁收，放荒后仍属村社公有。19世纪以后，哈尼族村寨的土地村社公有制日趋破坏，好地、水田、茶园渐落头领和少数富户之手，贫富差距、剥削关系随之明显。① 新中国成立以来，哈尼族村寨的传统村落组织与基层政府结合，经验丰富的老者在村落中依旧拥有较高社会地位和相当的话语权以及处理村务的权力。②

元江那诺乡哈尼族村寨拥有较好的自然生态环境。哈尼族村寨的自然生态环境与其他地方的农村社区不同，哈尼族村寨的自然生态环境是立体生态系统，由森林、村寨、梯田、河流四大子系统构成。哈尼族村寨的山体顶部是林区；林区下部是村寨；村寨下部是梯田；梯田下部是整个山体的底部，是河流两岸。哈尼族村寨一般位于海拔1000~1800米的山腰地段。这个地段一般都是森林茂密、植被发达、生态多样的地段，山涧有溪水流淌。村寨四周分布着森林、溪流、水塘、梯田。哈尼族村寨是由村寨、森林、水源、梯田四要素构成的生态空间。③ 每个村寨的山体植被覆盖率达67%，其中森林覆盖率47.39%。④ 那诺乡哈尼族村寨森林里，到处是高榕、大青树、菩提树等大乔木，而且附生在各类榕树上的蕨类植物达27种、有花植物37种、攀援植物36种。森林里有多种鸟类、兽类、昆虫，以及蚂蚁、蜂类、树栖哺乳动物、两栖动物。森林里的土壤涵水能力好，常有泉水从森林里流出。哈尼族村寨人畜用水，主要是森林净化后流经村寨的地表水。这种地表水最后流向梯田和河谷。由于哈尼梯田地区常年多雾，梯田和河谷蒸发的水分很快就会回到森林，森林充当了净化哈

---

① 《哈尼族简史》，民族出版社，2008，第142~156页。

② 石鸿：《哈尼梯田耕种与村落日常生活变迁——以云南省咪哩村为中心》，《民族论坛》2018年第2期。

③ 杨惠林、陆汉兵：《世界文化遗产哈尼梯田生态文化的传播路径研究》，《农业考古》2019年第3期。

④ 岁荣：《红河哈尼梯田生态奇观》，《云岭先锋》2021年第9期。

尼梯田水资源的角色。此外，森林还发挥着防洪减灾、保持水土、涵养水源等功能。在雨季，森林可减缓水流对梯田堤埂的冲刷，防止发生泥石流。[1] 哈尼族有植树造林的传统，在安寨之初，会在村寨外栽种 2 公里宽的护寨林；在田间地角、山箐凹谷以及水沟周围，栽种水源林；在空地栽种薪炭林，以供应村民的燃料之需；在寨头，开辟茶园，并与山林相连；在房前屋后，遍种果树；在村寨四周、沟边路旁，栽种竹子。所以，哈尼族村寨终年绿树成荫，竹影婆娑，花果飘香，百鸟啼鸣，生机勃勃。

20 世纪 50 年代以来，那诺乡哈尼族村寨都是从社区自然生态环境获取天然生活资料。①新鲜空气。那诺乡有 152 平方公里的土地面积，合 15200 公顷。哈尼族村寨森林覆盖率达 47%。如果按一公顷阔叶林一天可释放 730 千克氧气计算，该乡一天能产生大约 1109.6 万千克氧气。按总人口 20565 人计算，该乡一天人均可获得大约 539.6 千克纯氧。再按一个人一天只需要 0.7865 千克纯氧计算，假设该乡自然生态环境产生的氧气不发生散失的话，该乡可获得的氧气量超过人均理论标准耗氧量 538.8 千克，足见那诺乡村民可以从社区自然生态环境获得超量的新鲜空气。②洁净饮水。那诺乡哈尼族村民的饮水以及生产生活用水都来自立体梯田湿地生态系统。那诺乡位于哀牢山腹地，属于典型的亚热带季风与热带季风气候区，降水充沛。哈尼族人立足当地地理条件和生态环境，建构了"森林—村庄—梯田—河流"四位一体的梯田湿地生态系统，[2] 地表水异常丰沛。山顶的水源林既供应山腰村寨的生活用水，又通过沟渠系统的串联保障了村庄下方梯田的灌溉用水。高山流水在低地江河中交汇，再通过蒸腾作用将水分搬运回森林和山川地表。[3] 梯田湿地生态系统为哈尼族村民提供了源源不断的清洁水源。[4] ③野生食物。

① 刘晓军等：《保护哈尼梯田堤埂　延续人与自然和谐共生的稻田综合种养模式》，《中国水产》2019 年第 1 期。

② 姚敏、崔保山：《哈尼梯田湿地生态系统的垂直特征》，《生态学报》2006 年第 7 期。

③ 马翀炜、罗丹：《哈尼梯田历史溯源及景观价值探析》，《西南边疆民族研究》2019 年第 27 期。

④ 姚敏：《山地民族水稻梦》，《森林与人类》2006 年第 2 期。

那诺乡哈尼族村寨禁止打猎，但村民可以到森林地区采集竹笋、蚂蚁、蜜蜂、昆虫、果实、树叶，尤其是可采集到大黑蜂蛹、大黄蜂蛹、马蜂蛹、草蜂蛹、白脚蜂蛹、葫芦蜂蛹、土蜂蛹、蜜蜂蛹、树蛹、竹蛹、虾巴蛹等蛹类食物。也可到梯田捡田螺，抓鳝鱼、泥鳅、江鳅等野生鱼类食物。但是，总的来讲，在化学农业时期，野生食物供给非常有限，不可能满足那诺乡哈尼族村民的食物消费需求。

在从社区自然生态环境获取自生类生态产品的同时，那诺乡哈尼族村寨主要利用社区自然生态环境和自然资源、生态资源发展农业生产和旅游农业。通过农业生产获得标识类生态产品，以此满足村民的食物消费需求。哈尼族人通过农业生产获取食物的措施主要有以下几种。

（1）营建梯田耕作系统。元江地处滇中低纬度高原，属季风气候，一山分四季，隔里不同天。1000多年前，哈尼族先民进入元江那诺地区开垦梯田，以增加山坡地表面积，扩大耕地。哈尼族人遵循"地大坡缓垦大田、地小坡陡开小田"的原则垦田。梯田坡度一般在15～75度。大块梯田面积达数十亩，小块梯田仅有几个巴掌大。开凿梯田，第一步，察看地形，且要考虑水源和坡度因素；第二步，竖竿牵绳，保证所开田地的水平性质；第三步，利用工具用力开挖，挖出一层台地；第四步，开沟引水，用水源湿田土；第五步，对田中低凹之处，垫石头，在石头上覆盖土层；第六步，用尖锄修整边缘，围筑田埂。哈尼梯田从海拔逾300米的山谷一直到2000米的山巅，级数可达3000多级。[①] 开垦梯田是为了种水稻，为此，第一，必须掌握田埂加固技术。因为田埂对梯田保水意义重大，田埂不牢，就难保水，不能保水，梯田会干旱，梯田干旱再注水会造成梯田坍塌。哈尼族人开梯田一般将荒坡辟为台地，在台地上播种数季旱地作

---

① 葛兴燕：《哈尼梯田与龙脊梯田的形成利用探讨》，《现代农业科技》2015年第6期；段漳波等：《云南元江那诺哈尼梯田文化景观的保护与可持续发展模式探究》，《安徽农业科学》2015年第7期；张子伟、杨海霞：《开凿田园：哈尼梯田引水体系营建述略》，《华北水利水电大学学报》（社会科学版）2019年第2期；任正：《哈尼梯田：人文与自然巧妙融合的美丽画卷》，《中国民族报》2021年10月15日。

物，待其土熟，再垒埂放水把它变成梯田。田埂是用开挖时挖下的大土饼层层垒起，每放一层，用脚踩牢夯实，有的田埂高达 5~6 米，不加固就容易坍塌。其加固技术是在田埂上每隔一段距离用原木打桩，再用做好的竹片横向缠绕，将这些原木和竹片编为一个整体，然后再盖上湿泥，放水浸泡。田埂需要每年整修加固，以防梯田漏水造成田埂坍塌。[①] 第二，必须掌握引水技术。水是稻作农业的生命之源，种水稻需要充足的保水量。哈尼梯田实现了水资源的储养、再生、高效利用与水质净化的目标。梯田山体的上部保留了大量的原始森林以及人工再造林，可以涵养水源，而梯田里则利用田埂四季保水，使整个梯田成为一个湿地，更高效地涵养和利用水资源。雨季，高山森林可以储水；非雨季，泉水形成溪水，哈尼族人将之引入盘山而下的水沟，流向梯田，田埂实现了对泉水的分流和截留，使水资源储存在梯田中。泉水顺着级级梯田，由上而下，最后汇入谷底的江河。梯田和江河中的水不断蒸发升空，化为云雾，这些云雾到达森林的上空化为阴雨，又贮于高山森林中。森林是梯田的天然水库，源源不断地为梯田输送水源。即便遇到旱灾年份，梯田也不缺水。水源流入梯田需要水沟导流。为此，由村寨筹资开挖大型水沟；由农户开挖田间小水沟。但是，1949 年前大多数大型水沟是由土司组织开挖的；1949 年后，大型水利设施基本上是由政府组织建设。稻田水深要达到 20~25 厘米。哈尼族人从山林引水入田的方法主要有"流水开沟""略杓输水""火攻破石"等。通过开沟引水，旱田得到了水源供给，稻田能常年蓄水。[②]

（2）发展"稻—鱼—鸭"综合种养模式。哈尼梯田的"稻—鱼—鸭"种养模式不是生态农业模式，因为那诺乡哈尼族没有将稻、鱼、鸭的物质能量流动串联起来，没有形成生产系统内部物质能量循环利用机

---

① 刘晓军等：《保护哈尼梯田堤埂　延续人与自然和谐共生的稻田综合种养模式》，《中国水产》2019 年第 1 期。

② 葛兴燕：《哈尼梯田与龙脊梯田的形成利用探讨》，《现代农业科技》2015 年第 6 期；郑伟林等：《哈尼梯田水利研究》，《红河学院学报》2017 年第 1 期。

制，况且他们在水稻生产中施化肥、打化学农药，故而只能称其为"稻—鱼—鸭"综合种养模式。经过长期实践，哈尼族人形成了梯田种植经验。一是根据梯田的垂直特征，在海拔 1600～1900 米的气候温凉的上半山，种植小花谷、小白谷、月亮谷、旱谷、冷水谷、抛竹谷、冷水糯、皮桃谷、雾露谷、皮桃香等耐寒稻谷品种；在海拔 1200～1650 米的气候温和的中半山，种植大老梗谷、细老梗谷、老脚红梗、老梗白谷、大白谷、麻车、蚂蚱谷等温性高棵稻谷品种；在海拔 800～1200 米的气候温热的下半山，种植老皮谷、老糙谷、大蚂蚱谷、木勒谷、猛拉糯、七月谷等耐热品种；在海拔 150～800 米的炎热河谷，种植麻糯等耐高热稻谷品种。二是以海拔 1600 米为分界线，海拔 1600 米以上的梯田，适合种植单季稻；海拔 1600 米以下的梯田，适合种植双季稻。三是海拔较高的地方，气温较低，水稻分棵能力较差，可采用密植方法栽培水稻，植株的距离为0.1～0.15 米；海拔低的地方，可适当加大植株行距，热带地区的稻苗植株行距为 0.15～0.2 米。[①]

梯田综合种养有两种做法。一种是稻、鱼、鸭三生种养。这是哈尼族村寨充分利用梯田进行三生轮作的生产模式。先整田和开挖鱼沟、鱼凼和鸭池，再选种育秧、合理密植；然后，待水稻返青后，向预先开挖有鱼沟和鱼凼的梯田投放鲤鱼、鲶鱼等耐浅水的杂食性鱼种，接着加固梯田田埂，进行饲料投放，常清理鱼沟、鱼凼，检查进排水口防逃设施，同时进行大田肥水管理、病虫防治；最后，当水稻返青定植和鱼苗长到不易为鸭吃掉时，在大田喂养鸭子，早上赶鸭下田，晚上赶鸭回舍，但是在水稻抽穗灌浆至收获期，要将鸭子从稻田赶出圈养，待水稻收获后再把鸭子赶回大田里放养。[②] 另一种是稻、鱼两生种养。这叫稻田养鱼，属于稻鱼轮作模式。这是利用水稻收割后出现的冬季梯田闲置空档时期进行养鱼的做法。其流程：水稻收割后，进行稻秸还田翻犁，并加高加固田埂 0.6

---

①　姚敏、崔保山：《哈尼梯田湿地生态系统的垂直特征》，《生态学报》2006 年第 7 期。

②　洪健康：《哈尼梯田稻鱼鸭综合种养绿色模式研究成效显著》，《中国农技推广》2017 年第 6 期。

米，使稻田蓄水达 0.4 米以上；然后，用生石灰泼洒、消毒、清洁水体，施腐熟农家肥，曝晒数日，将水注满田；接着，按鲤鱼 70%、鲫鱼 20%、草鱼 10% 的比例，向每亩水田投放 20kg 鱼苗；最后，用农家肥培水，给鱼苗投喂米糠、苞谷粉、豆渣、酒糟等，常查水位，保水流畅通，防惊扰鱼类，加强病害防治。[①]

（3）进行化学化生产。这是哈尼族人为增加农业产量而实施的农业经营模式。就种植水稻而言，在春季翻耕水田时施基肥，一般亩施碳铵 20kg、普钙 50kg、氯化钾 10kg、硫酸锌 2kg；稻种播种前 15～20 天每平方米苗床施硫酸铵 60g、普钙 80g、氯化钾 30g；育秧 10～15 天亩施普钙 50kg；在水稻 2 叶 1 心期还要亩施尿素 5～10kg；在移栽前 3～5 天亩施尿素 5kg；移栽后 5～7 天亩追施尿素 10kg。[②] 在水稻禾苗生长时期，还要使用化学农药防治病虫害，尤其要对螟虫、飞虱等害虫和稻瘟病、条纹叶枯病、白叶枯病、稻曲病等水稻病害进行防治。使用的农药主要是 HCHs、DDTs、六氯苯、甲氧 DDT、七氯、外环氧七氯 B、硫丹 I、硫丹 II、氯丹、艾氏剂、异艾氏剂、狄氏剂、异狄氏剂、灭蚁灵等。[③] 使用化学肥料和农药在一定时期内的确增加水稻产量，一定程度上缓解了哈尼族家庭粮食不足的压力。

（4）发展多种经营。为保障食物供给和增加家庭收入，哈尼族人在发展粮食生产的同时，大力发展多种经营，除了在水田种植水稻、旱地种植玉米外，还种植烤烟、甘蔗、茶叶、芭蕉、油菜等经济作物；农户家家饲养生猪、山羊、黄牛、家禽等。在政府扶持下，哈尼族人种植柑橘、核桃、红桃、梨树等水果；种植青菜、卷心菜、萝卜、豆

---

① 朱自仁：《发挥哈尼梯田资源优势　大力发展冬闲梯田养鱼》，《渔业致富指南》2005 年第 16 期。

② 洪健康：《哈尼梯田稻鱼鸭综合种养绿色模式研究成效显著》，《中国农技推广》2017 年第 9 期。

③ 张敬卫等：《云南红河哈尼梯田稻鱼共作环境中有机氯农药残留现状及其生态风险评价》，《农业资源与环境学报》2018 年第 5 期。

类、芋头、花生等蔬菜品种。① 不仅丰富了食物供给，还获得了一定的经济收入。

（5）完善工具系统。哈尼族在开垦梯田和农耕劳作中发明和使用了大量生产工具。哈尼族家庭都配备锄头、犁耙、镰刀、砍刀、谷船②、夺铲、铁锤、铁撬杆。村寨还有脚碓、水碓、水碾、水磨、石磨、风车、筛子、簸箕等稻谷加工工具。在播种、中耕、灌溉、收获、装运、加工、贮藏等各种生产环节上，哈尼族人发明和使用竹制农具。如竹棒镰刀、竹棒砍刀、竹篱笆、竹棍、竹斗、背箩、花篮、花背箩、背绳、撮箕、篾垫、竹扇、簸箕、筛子、打棍、竹谷囤等，以及竹弓箭、竹签、竹扑箕、竹粘条、竹扣子等狩猎工具和捕鳝鱼、泥鳅、江鳅等野生鱼类的竹笼、竹鱼夹、竹钉、竹箭等。③

（6）发展旅游农业。旅游农业是农村社区借用旅游经营理念和方法，利用社区自然生态环境以及自然资源、生态资源、农业生产过程，为游客提供观光、休闲、娱乐、运动、生产体验、吃住、购物等有关旅游服务，以此增加农业经营收入的谋生方式。哈尼族人利用梯田资源和饮食文化发展旅游农业。位于那诺乡东面和南面坡度在 15~75 度山梁的梯田，鳞次栉比，循坡面连片展开，达 3000 级，气势磅礴，清秀宁静。溪流从山顶至山脚顺沟而下，灌溉万亩梯田。梯田镶在山梁上，村庄嵌在梯田中，保留着原生态，一派静谧的田园风光。春天栽秧之前的梯田轮廓清晰，色彩明丽；夏日梯田绿油油、生机盎然；秋日梯田稻谷成熟，一派丰收景象；冬天梯田云雾缭绕、变幻莫测。尤其是 11 月至来年 2 月，清晨有朝霞、傍晚有晚霞，显得格外美丽，的确是非常奇特的农业旅游资源。该地盛产鱼雀、江鳅、竹笋、木耳、蘑菇、大肥鸡、优质大米、谷茬鱼、野生黄

---

① 石鸿：《哈尼梯田耕种与村落日常生活变迁——以云南省咪哩村为中心》，《民族论坛》2018 年第 2 期。

② 谷船，稻谷脱粒工具，木质，其形状如小舟，故得名。由整体粗大乔木雕凿而成。易被个人扛到田里、易在水田拉动。

③ 黄绍文、张约翰：《哈尼族梯田农耕工具及其变迁》，《农业考古》2020 年第 4 期。

鳝、鸭子、鸭蛋、绿茶等,是招待游客的美食。哈尼族人以人与自然高度和谐为经营理念,发展梯田旅游,这是哈尼族人增收致富的新途径。为此当地成立了梯田旅游公司,一是按哈尼族人传统农耕方式进行生产,聘请通晓传统梯田生产经验的老农为指导员,监督雇工选种、犁田、耕种、收割环节;二是采取景观耕种措施,在遵循传统梯田农耕规则前提下,按设计的农耕程序进行生产,将梯田耕作流程延长 1~2 个月,增加梯田景观展现时长;三是梯田全年蓄水,以维持梯田景观。① 这样的经营策略促进了梯田农耕旅游产业的发展。

为了持续地从自然生态环境里获取生态产品,哈尼族村寨采取了如下生态保护策略。

(1)通过神灵达成人与自然的协调。哈尼族人认为动植物与人一样具有生命、有灵魂。人类不能触犯动植物神灵,否则将有厄运降临。哈尼族人形成生活生产上的祭拜和禁忌。一是祭拜山神。山是他们繁衍生存的要地,在他们的观念中,山由神灵管辖,如果得罪山神,轻则庄稼颗粒不收,重则危及人的生命。所以,他们每年定期祭奉山神。由于他们认为一个山神只能司管一座山,所以他们只祭自己村寨的山神。二是祭拜水神。水是他们的生活必需品,也是农业的命脉,因此,祭拜水神。水神分井水神、河水神、田水神、沟水神等,分别住在各自领地,管辖各自的水域,互不干涉,各司其职,并定期接受人们的祭奉。三是祭拜树神。在他们的精神世界里,寨里的神树是天神的象征。一棵树被选作神树,其所在的林子将被围起来,只留一个专供祭祀的进出口,严禁人畜进入,成为祭祀禁地。祭拜神树的日子是特定的,代代相传。四是确立了许多生产禁忌。包括男不织布、女不犁田;打雷天不下种;布谷鸟不叫,不栽秧;做什么活讲什么话,在棉地里不讲荞地的事,在荞地里不讲棉地的事;打谷时,蛇掉入盆中视为不祥,要将这盆谷子弃于流水中;水田的进水口不能用锄头

---

① 史艳兰、刘芳:《黄与绿:元阳梯田景观农业中的土地和农民关系研究》,《广西民族研究》2019 年第 4 期。

敲打；男子不能跨越织布用的纱线；家有孕妇或行经妇女的男子忌讳上山狩猎。五是形成祭祀禁忌。包括禁止在村寨神林中放牧或砍伐树木和折枝；祭祀寨神当天，禁讲族外语言；禁止生育妇女入村寨神林；禁止捕杀逃入村寨神林中的动物；禁止跨越立于村寨神林中的寨神石；禁止跨越村寨神林中用以烹煮食物的锅庄石；祭祀寨神当月，主祭人忌讳夫妻同房；祭祀寨神当日，禁止村民外出劳动；忌讳用手指天或彩虹；见到流星要吐唾沫；在祭祀杀生会餐中，第一口食物要让长辈先享用；天上出现彩虹不能去挑水，更不能喝水等。①

（2）建立山林管护的村规民约。哈尼族人把森林视为梯田的保护神，将树林分为神树林、护寨林、水源保护林，不允许破坏，一旦有人违规，施以严厉惩罚。② 第一，禁止砍伐护寨林的所有树木，禁止在寨林里猎杀野生动物，若不守此规，或无意中砍伐树木，必须到村中神树下祭献谢罪。第二，保护水源林，将其分配到各家管护，严禁砍伐。第三，规范采薪行为，采薪时，不能砍长得笔直的大树，只能修枝打杈；只许砍弯曲的、长疙瘩的、有病虫害的树木。毁林盗伐量少或初犯，责令其在所伐树木的原处补种树苗；屡教不改或数量众多者，须带一只鸡、两瓶酒向寨老认错谢罪；情节格外严重者，准备相当数量的烟酒菜和一头猪，与寨老及村民到寨头杀猪煮肉，宴请众人，敬献地神和树神。村民循规蹈矩，严格保护森林。③

（3）制定引水、储水、配水、管水、退水制度。一是推选出有能力、有责任心的人担任水沟的沟长，负责巡查和维修沟渠，保证水流畅通。沟渠受益者需向维养者交纳一定的稻谷作为其护理沟渠的报酬。每年冬季，村寨组织梯田所有者投资投劳，维修加固沟渠。④ 二是合理分配水量，为

① 马居里：《元江县那诺乡哈尼族宗教信仰及其主要活动调查报告》，载李志农主编《全球化背景下的云南文化多样性》，云南人民出版社，2010；杨惠林、陆汉兵：《世界文化遗产哈尼梯田生态文化的传播路径研究》，《农业考古》2019年第3期。
② 葛兴燕：《哈尼梯田与龙脊梯田的形成利用探讨》，《现代农业科技》2015年第6期。
③ 杨多立：《西双版纳哈尼族的生态文明系统》，中国民俗学网，2014年5月8日。
④ 黄绍文、张约翰：《哈尼族梯田农耕工具及其变迁》，《农业考古》2020年第4期。

减少争水矛盾，哈尼族人在田埂进水口，用木刻分水法，进行水量分配。在梯田边的沟渠上设置分水装置，一般为木质，根据田块的大小刻出大小不同的缺口，实行量化分配。木刻分水装置一旦设置不再变动。[①] 此外，还根据不同情况采用人工方法分配水源。在水稻生长的用水紧张期，为了保证家家梯田顺利耕作，按照灌溉面积，协商划分渠段，由远至近，按顺序轮流放水；或抽签决定放水顺序，没有轮到放水的区段必须关闭进梯田水口。对违反用水规定者给予处罚，对私自更改分水木刻的尺寸、截挡水流、人为堵塞沟渠等偷水行为，给予罚款处理，并限制用水量，情节严重者，不让其引水。

哈尼族人民建造的梯田与生态保护行为同频共振，形成了独特的"森林、水系、山寨、梯田"四位一体的生态系统，为村寨社区生态保障奠定了良好的生态基础。

（二）沿溪镇礼花村社区生态保障

礼花村位于湖南省浏阳市沿溪镇北部，地处罗霄山北段的幕阜山脉，属幕阜连云山丘陵区。该地区属中亚热带季风湿润气候，夏凉冬冻，光热偏少，降水偏多。历年平均气温 17.4℃，最热 7 月，月平均气温为 28.4℃；最冷月 1 月，月平均气温为 5.8℃。年均日照 1516.7 小时，年均降水量 1680 毫米，年均雷电天气 50 天；无霜期 266 天。总面积 8.2 平方公里，耕地面积 2900 亩，林地 2200 亩，水面 800 多亩。周围山木环绕，植被茂密，森林覆盖率 70%，为空气的净化提供了一道天然的屏障；地表土质疏松，利于涵养水源，地下水和地表水存量较丰富，能够满足居民日常用水需求。土质为第四纪红壤土，pH 值介于 5.0~5.5 区间，有机质含量高，质地肥沃，适宜种植水稻、大豆、马铃薯、各类蔬菜等作物。

礼花村是一个汉族社区，辖 26 个村民小组，820 户，3300 多人，户

---

① 刘晓军等：《保护哈尼梯田堤埂　延续人与自然和谐共生的稻田综合种养模式》，《中国水产》2019 年第 1 期。

均 4 口人。在实行家庭联产承包责任制前，礼花村以生产队为单位进行农业生产；其后，一直以家庭为单位进行生产。随着商品经济和市场经济模式的普及，礼花村农业经营主体发生了变革，兴起农业生产合作社、家庭农场、种植大户、农事服务中心等新型农业经营主体，以家庭为单位的生产模式转变为以合作主体或雇佣主体为单位的生产模式，合作董事和农场主成为生产经营的决策者。当前，礼花村的生产经营管理正在向现代农业企业方向转变，其生计模式呈现从农业社会向工业社会转变的特点。

礼花村的自然生态环境较好，注重生态环境保护，山青水绿。动植物资源较丰富，有多个植物群系，几千个品种，包括红豆杉、栎树、香果树、红椑木、鹅掌楸、银鹊树、杜鹃、枫树、柿树、松树、柳树、杉树、竹子等。尤其是杜鹃灌木丛和竹林遍布村庄。有黄连、八角莲、厚朴、野生天麻等药材植物；有长尾雉、穿山甲、果子狸等动物。空气优良率保持在 95% 以上，负氧离子含量较高。水质优良，含有锌、镁、钾等十几种微量元素。实施河长制，治理流域生态和小微水体；实行森林管护山长制，开展绿化行动，增绿造林，建设绿色屋场。森林保有量稳定在 70%以上。

礼花村的生态产品供给情况如下：①空气质量达标。近些年，礼花村社区的 CO、NO_2、PM2.5、SO_2 等大气污染物逐年递减。空气质量指数值在 70~90 区间，空气指数良，空气质量较好，能满足村民对新鲜空气的需求。②水质较差。礼花村处于大溪河中下游区，河段河流平均径流量78592 万立方米，供水达 13482 万立方米，开发利用率 17.51%，水质不符合居民饮用标准，主要用于农业灌溉。居民的日常生活用水来源于地下井水，该村居民家家自打水井，但长期发展化学农业和近些年发展村办工业，地下水受到一定程度的污染，汲取上来的井水水质浑浊，微生物多，达不到饮用标准，使用净水设备，井水才能达到饮用标准。2018 年以来，地方政府建立河长制，对河流进行监测，对水源进行保护；2019 年，礼花村的水质取样抽查达到饮用标准，合格率达到 100%。水质的改善提高了居民的用水满意度。① ③农业食品有保障。礼花村的山林里的野生食物较少，只有蕨菜、竹笋、野生菌等。一到春季，村民到山林和野地采集蕨菜、竹笋、野生菌。村民的食物，包括粮食、蔬菜、水果、肉蛋等都靠自家种植和养殖，或从市场购买。种植的金橘、柑橘、梨、胡萝卜、红薯、甜椒、玉米、番茄、南瓜等口感较好。

礼花村不仅从自然生态环境获取野生食物，还利用自然生态环境和自然资源、生态资源发展商品农业、烟花工业，增加家庭收入，以此满足家庭生活消费需求。其措施：①进行商品化生产。农户种植水稻，除了供应自家食用，更是为了增加家庭经济收入，一般使用先进水稻高产技术和方法进行商品化生产，整理水田、选品种、浸种、催芽、育种、移栽、育秧、防范病虫害、收割、加工、销售等环节都是为了高产和卖出高价，获得较多收入。为此，农民学习水稻种植技术，进行化学化、机械化、商品化水稻生产。②组建专业合作社，实行合作经营。该村成立了松旺养殖合作社、磊联合作社、功南种养合作社、功桂农机专业合作社等 4 家合作社，在产—加—销环节合作，降低生产经营成本，提高水稻生产利润。③发展花炮产业。花炮生产是礼花村的主要产业。该村以东信集团为龙头，先后建起颐嘉、美联、日丰、沿大、礼花、原大等 13 家花炮厂，解决就业人口 1000 多人。实现花炮产业集约化、机械化、标准化、信息化生产，发展安全型、环保型花炮产业。东信集团在烟花生产上进行工艺技术创新，实现了烟花产业的转型升级。礼花村通过水稻生产和花炮生产，农民人均年收入超过 3 万元。

为了给水稻生产和花炮产业以及村民生活提供必要的物质条件、自然资源、生态资源，礼花村采取了如下生态保障策略：①打造农业品牌，发展标识类生态产品。大力发展蔬菜、金橘、早橘、水稻等产业，采用新品种、新技术、新工艺，鼓励家庭开办农场，组建农业专业合作组织，兴办

---

① 邓映辉：《农村社区生态福利水平提升研究——以 L 市礼花村社区为例》，中南大学硕士学位论文，2020。

农产品加工厂，创建农业品牌。②培育新型农业经营主体。培育懂技术的、善经营的新型职业农民；扶持农业种养大户、家庭农场；发展农业龙头企业。走绿色生态、适度规模发展之路，促进小农户与现代农业有机衔接。③发展社区经济。进行集体产权制度改革，夯实集体经济发展基础。建立村集体经济组织，发展社区股份合作企业，探索集体经济发展模式。④建设美丽村庄。依托村级生态资源，打造生态美丽宜居村庄。发展特色产业、农事体验、观光休闲、科普实践、生态康养、乡村旅游等新业态，建设绿色、整洁屋场。⑤实施生态环保工程。实施河长制，治理流域生态，推动河流 500～1000 米内养殖退出工作；保证生活污水处理率达100%，改造无害化厕所，实行垃圾分类投放、分类收集、分类运输、分类处置；落实宜于森林管护的山长制，持续封山造林，稳定森林覆盖率。走生态优先、绿色发展道路，建立健全生态环保长效机制，让绿水青山成为礼花村的宝贵财富。

（三）农业社会化学农业时期的社区生态保障利用图式

根据农业社会化学农业时期农村社区利用自然生态环境，发展农业生产，获取天然生活资料的实况，我们用该时期族民社区发展农业生产的行动要素勾画出该时期的生态保障利用图式。化学农业时期族民社区生态保障利用图式见表4-1。

表4-1　农业社会化学农业时期的社区生态保障利用图式

社区	利用环境	利用理念	社会形态	利用方式	利用主体	利用能力			利用策略
						工具	资料	技能	
那诺乡哈尼族村寨社区	元江干热河谷区	谋生、谋利	农业社会	采猎、种养、农业景观旅游	家庭	传统农具、人畜动力	化学肥料、化学激素、化学农药	梯田垦造技术、水管技术、稻鱼鸭综合生产技术、旅游农业经营模式	综合种养、化学农业、多种经营、旅游农业

社区	利用环境	利用理念	社会形态	利用方式	利用主体	利用能力			利用策略
						工具	资料	技能	
礼花村汉族社区	幕阜山脉丘陵区	谋生、谋利	农业社会	采集、种养、花炮产业	家庭	机械农具、工业设备	化学肥料、化学激素、化学农药	造田技术、水稻生产技术、水稻商品化生产模式、花炮生产工艺创新	品牌战略、规模生产、新型主体、社区经济

　　表4-1显示，农业社会化学农业时期的族民社区生态保障利用图式是由利用环境、利用主体、利用理念、利用方式、利用工具、利用资料、利用技能、利用策略等要素构成的生态产品供给结构。根据表4-1的信息，我们可以从如下方面描述社区供给生态产品的样态。①生态保障内容。在化学农业时期，就自然生态环境供给新鲜空气、洁净饮水、野生食物等天然生活资料而言，只要没有破坏社区森林植被，社区的空气质量还是比较好的，能满足社区居民对新鲜空气的消费需求。但是广大农村族民社区为了扩大食物供给量，使用化学肥料、化学激素、化学农药进行农业生产，造成农业面源污染，使社区的水域环境和土壤结构遭到一定程度的损害，饮水和农业食物被污染，需要进行必要处理才能满足社区居民的享用需求。因此，在化学农业时期，农村族民社区不仅要应对人地矛盾，想方设法解决食物供给不足的生态保障问题，还要应对生产与生态不和谐问题，千方百计地保证社区居民的饮水安全和食品安全，以便满足社区居民的饮水消费和食物消费需求。②生态保障主体。在农业社会化学农业时期，族民社区仍然以家庭为生活单位。农村族民社区的每个家庭使用传统农具和耕牛或者使用机械化农具，利用化学肥料、化学农药、化学激素等生产资料，发明并采用垦田技术、种植技术以及适宜生产模式，进行农业生产，农作物单位面积产量大幅度提高，农业食物来源变得更加稳定。采集和渔猎不再是获取食物来源的主要途径，只起调节口味作用。③生态保

障理念。农业社会化学农业时期的农村族民社区的生态保障理念演变为
"谋生+谋利"。农村族民社区的家庭不仅是一个生活单位，需要在特定的
自然地理空间，立足社区自然生态环境生产的新鲜空气、洁净饮水、野生
食物，保障天然生活资料的消费需求，而且随着食物供给得到有力保障，
甚至出现农产品消费剩余现象，农村族民社区家庭的生产功能被强化和凸
显，族民社区家庭萌发了谋利理念，希望利用社区自然生态环境、自然资
源、生态资源积累财富。于是出现了家庭农场、社区农业公司等新型农业
经营主体。为了谋利，农村族民社区的新兴经营主体开发了一些新兴行
业，譬如云南那诺乡哈尼族村寨社区开发了梯田景观旅游产业、湖南礼花
村汉族社区兴办了花炮产业。为实现自己的财富梦想奠定了产业基础。④
农业社会化学农业时期农村族民社区的生态保障图景出现了新变化："家
庭单位—谋生+谋利理念—采集+种养+新办产业的多种经营模式—保障食
物供应+增收致富"。农村族民社区的生活生产主体结构、生活生产理念、
人力结构、产业结构都发生了变化，尤其是农村族民社区开始重视生产技
术、经营创新、智力应用在实现财富梦想中的价值。⑤在农业社会化学农
业时期，农村族民社区的生态保障，受其生活生产理念的影响，族民社区
家庭及其衍生主体确立了化学化、规模化、商品化生产以及多种经营、多
业发展、品牌战略等生产策略，成为农业社会化学农业时期族民社区发展
生态保障事业的思想基础。

（四）农业社会化学农业时期族民社区生态保障的理论反思

我们分别以云南元江那诺乡哈尼族村寨社区、湖南浏阳沿溪镇礼花村
汉族社区为案例描绘农业社会化学农业时期族民社区生态保障图景。从云
南元江那诺乡哈尼族村寨社区和浏阳沿溪镇礼花村汉族社区的生态保障图
景来看，那诺乡哈尼族村寨社区和沿溪镇礼花村汉族社区的生态保障属于
农业社会末期即化学农业时期的农村族民社区生态保障类型。化学农业时
期的农村族民社区看重社区自然生态环境的利用，使用化学肥料、化学农
药、传统农具、机械动力进行农业生产。相对于顺应类型的宗族社区生态

保障而言，化学农业时期的族民社区生态保障利用类型对自然生态环境的依赖程度和农业经营目标已经发生严重分化。随着社区人口的增加，化学农业时期的农村族民社区，更依赖农业生产和追求农业产量以及增加家庭收入，而且在传统农业生产基础上通过发展非农产业增加更多家庭收入，出现立足社区自然生态环境获取生态利益向获取经济利益的转变。对农业社会化学农业时期族民社区生态保障利用类型的社区与环境的关系、人与自然的关系、生产与生态的关系逐步改变的现象以及社区生态保障图景发生变化的情况，学者提出了不同的解释，形成了不同的理论。

1. 公地悲剧理论

阳晓伟、庞磊、闭明雄指出，公地悲剧理论的形成有一个发展过程。19 世纪初期法国自然主义者马尔赛（Marcet）在其《关于政治经济学的对话》一书中就提出了"公地悲剧"命题："假设土地自动生长出现在需要耕种的全部作物，在没有产权制度的条件下它们仍然得不到有效利用，水果在成熟之前就会被人们所采摘，动物也会在成年之前被杀死，因为谁会保护不属于他自己的东西呢？谁又会珍惜免费供他使用的自然物呢？"[1]1833 年，英国数学家威廉姆·福斯特·里奥德发表《关于控制人口的两堂讲座》论文，提出"公地"和"公地使用者"概念，并初步阐述了"公地悲剧"理论。他假设两个人同意共同劳动，且劳动成果为两人的共同财产。那么，无论何时不管其中某人再怎么努力，他也只能获得一半的劳动成果；而如果他偷懒的话也只需承担一半的损失。如果每个人劳动的努力程度仅仅取决于他所能获得的劳动成果的话，那么此时两个人劳动的努力程度将只有彼此"单干"时的一半。类似地，当三个人合伙时，激励机制将为"单干"时的 1/3，四个人合伙时为 1/4……随着合伙人数的增加，激励迅速递减，当增加到一定程度时，每个人都会认为自己努力与否对未来产量的关系非常微弱，正如他认为自己对整个社区而言无关痛痒

---

① 阳晓伟、庞磊、闭明雄：《哈丁之前的"公地悲剧"思想研究》，《河北经贸大学学报》2015 年第 4 期。

一样；亦即激励将会趋近于无，当这种激励衰减到无法被人的心灵所感知时，激励机制就彻底失去了意义。戈登①和谢弗②以海洋渔业为例对公地进行了分析。认为对于一个开放式的渔场在捕鱼力度很小的条件下，关于捕鱼力度的产出函数会迅速增加，但是随着捕鱼力度增加到一定程度，鱼类的储量下降，搜寻并捕捞到额外一单位鱼所需的成本会上升，从而经历一个边际报酬递减的过程。当超越"最大可持续产量"时，继续加大捕鱼力度不仅不经济，而且会对海洋生物的可持续性造成破坏和威胁。根据戈登—谢弗模型，由于海洋渔业中产权的公共性，或者开放进入的性质，渔民之间会竞争性地开发渔业，投入更多的劳动，使用更多、更大和更先进的渔船及其他捕鱼设备，一方面造成资源的过度开采，另一方面又造成过度投资的后果。大自然的免费馈赠本应给人类带来丰富的经济租金，但是由于缺乏合适的产权安排或者管理制度，不仅这种经济租金会耗散，甚至连海洋生物本身的可持续性都会遭到破坏，从而造成"公地悲剧"的结局。③

　　受前人研究之启发，1968 年，美国生态学家格雷特·哈丁在《科学》杂志上发表的经典论文《公地的悲剧》④ 一文，提出著名的公地悲剧理论。他举例说，一群牧民一同在一块公共草场放牧。一个牧民想多养一只羊增加个人收益，虽然他明知草场上羊的数量已经太多了，再增加羊的数目，将使草场的质量下降，但是他意识到草场退化的代价是由大家负担的，所以，他还是选择多养羊获取收益。假如每一位牧民都如此考虑，草场就会持续退化，直至无法养羊，最终导致所有牧民破产。这种现象就是

---

① Gordon H. , "The Economic Theory of a Common-Property Resource：The Fishery", *Journal of Political Economy*, Vol. 62, No. 2, 1954：124-142.

② Schaefer M. B. , "Some Considerations of Population Dynamics and Economics in Relation to the Management of Commercial Marine Fisheries", *Journal of the Fisheries Research Board of Canada* 14, 1957：669-681.

③ 阳晓伟、庞磊、闭明雄：《哈丁之前的"公地悲剧"思想研究》，《河北经贸大学学报》2015 年第 4 期。

④ Hardin G. , "The Tragedy of the Commons", *Science* (162), 1968：1243-1248.

"公地悲剧"。公地悲剧理论提出后，不少学者对"公地悲剧"概念进行了解释。如科斯等人认为："公地悲剧是指'公地'作为一项资源或财产为共同体所拥有，共同体中的成员都有使用权，但没有人有权阻止他人使用，且在公地上活动的人不会考虑他的活动对邻里或后代的影响，结果是公地资源或者是其他公共资源因过度使用而造成枯竭的现象"。① 泰勒·考恩和亚历克斯·塔巴洛克认为："公共地悲剧是指在任何一种无人具有所有权，因而不具有排他性的资源都倾向于面临过度使用和维护不足的局面。如果对某项资源的维护的缺失太严重，以致对它的滥用超过了这种资源能够自然再生的程度，我们一般就称它是一种公地悲剧。"② 阳晓伟、庞磊、闭明雄认为自然资源在产权上的排他性不足或者缺失，而使用上的竞争性又过于强烈而导致资源枯竭，资源所蕴含的经济租金耗散，资源使用上的低效率或者无效率，甚至威胁到全球生态、人类社会或经济可持续性发展的情形都可以被称为"公地悲剧"。③

公地悲剧理论是解释自然资源过度消耗和生态环境被破坏根源的理论。在公地悲剧理论看来，经过社区生态环境建设以后，社区会变成空气新鲜、饮水洁净、食物安全、空间亮丽、生态发育、生计发达、生活惬意的宜居社区。如果社区各类主体和所有居民不遵守生态保护区规民约，社区主体和居民的生态、生计、生活行为不能践行环保理念，社区将会失去人类居住生活的条件，最终成为无人区。所以，必须防止社区出现"公地悲剧"现象。

公地悲剧源于公产的私人利用方式，一是人类私心造成的，二是公产缺乏严格而有效的监管造成的。所以，公地悲剧并非无法避免。防止出现公地悲剧现象，哈丁的策略是共同赞同的相互强制，甚至政府强制，而不

① R.科斯、阿尔钦、诺斯等：《财产权利与制度变迁》，刘守英等译，上海人民出版社，1994，第61页。
② 泰勒·考恩、亚历克斯·塔巴洛克：《微观经济学：现代原理》，王弟海译，上海三联书店，2013，第338页。
③ 阳晓伟、庞磊、闭明雄：《哈丁之前的"公地悲剧"思想研究》，《河北经贸大学学报》2015年第4期。

是私有化。其实，最佳策略应是界定产权，私有化是一种比较好的解决途径。就社区而言，由于社区生态资源的产权不清，社区居民没有产权意识，没有行使产权的内在动机。其结果是，生态资源的产权流于"社区所有，人人所有，又人人没有"，以及"人人所有，人人没有，谁都应负责任，谁都不负责任"的状况，因而出现两种极端现象：一方面，社区居民对社区生态资源漠不关心，不爱护；另一方面，短期思想严重，只想竭泽而渔，大肆从社区生态环境里获取天然生活资料，而不愿建设社区生态环境。前者导致社区生态资源利用不足，后者导致社区生态资源滥用。为了保护和建设社区生态环境，必须明确和稳定社区生态资源的所有权，并制定相应的村规民约，明确社区生态环境保护的责任和义务。这样，无论将产权划归给谁，最终总能达到生态资源的最优配置和使用，避免社区生态环境出现"公地悲剧"的现象。

2. 公共池塘资源治理理论

公共池塘资源，实际上就是包括森林、草场、野生动物、野生菌、野生蔬菜、水域、自然景观等在内的公共资源。公共资源具有非排他性和竞争性，排除使用资源获益的潜在受益者需要很高的成本。[1] 在完全开放的状态下，公共资源会被过度利用，出现公地悲剧。这显示对公共资源进行治理是十分必要的。由此，产生了公共资源治理理论。

1954 年，加拿大经济学家 H. 斯科特·戈登发表《公共财产资源的经济理论：渔业》一文，分析海洋渔业中的租值消散问题。[2] 海洋渔场由于对所有的渔民开放，导致渔民的过度进入和捕捞，结果使渔业的总产量下降，海洋渔场的价值下降。1968 年，格雷特·哈丁发表《公地的悲剧》一文，分析公共牧场的租值消散问题。如果一块牧场属于公共土地，则村民的过度放牧会使牧场的价值下降，直至消失。有价值的资源之所以

---

① 埃莉诺·奥斯特罗姆：《公共事物的治理之道：集体行动制度的演进》，余逊达、陈旭东译，上海三联书店，2000。

② Gordon H. S., "The Economic Theory of a Common Property Resource: The Fishery", *Journal of Political Economy* 62, 1954: 124-142.

会出现租值消散的现象，是因为有价值的资源不存在私有产权；如果有价值的资源被界定为私有财产，则私人所有者将根据其质量制定利用的价格，理性的消费者就会根据价格的高低决定利用有价值的资源，由此，有价值的资源的利用就会得到自动的调节，不会出现过度使用有价值的资源的现象，不会造成其租值消散。可见，减少租值消散的方法就是明确有价值的资源的产权。

1990 年，美国政治经济学家埃莉诺·奥斯特罗姆出版《公共事物的治理之道：集体行动制度的演进》，以公共池塘问题为研究对象，研究集体性悲剧发生机制，提出公共事物自主组织与治理公共事物的制度理论，认为人类社会中大量的公有池塘资源问题，事实上并不是依赖国家，也不是通过市场来解决的，人类社会中的自我组织和自治，才是更为有效的管理公共事物的制度安排。由此，建立公共池塘资源自主治理理论。

公共池塘资源是诸如渔场、地下水、牧区、灌溉渠道、牧场等难以排他但可共享的再生资源，理性的个人容易导致这类资源使用拥挤或者退化。由于没有彻底的私有化，没有完全的政府权力的控制，公共池塘资源的使用者可以通过自筹资金来制定并实施有效使用公共池塘资源的合约。在政府和市场之外，还有一种可能的模型来解决公共池塘资源的问题，这就是集体行动，即实现公共池塘资源占用者有效的、成功的自组织行动。但要形成自组织行动，需要解决"新制度的供给问题"、"可信承诺问题"和"相互监督问题"。这是因为制度可以扩大理性人的福利，这个制度能使人们不再单独行动，而是为达到一个均衡的结局协调他们的活动。"制度可以界定为工作规则的组合，它通常用来决定谁有资格在某个领域制定决策，应该允许或限制何种行动，应该使用何种综合规则，遵循何种程序，必须提供或不提供何种信息，以及如何根据个人的行动给予回报"。[①] 这种制度应当是众所周知的，即"每一个参与者都知道这些规则，知道其他人知道这些规则，知道其他人知道他知道这些规则"。

---

① 杨龙、戴扬：《论制度的结构、功能与绩效》，《理论与改革》2006 年第 2 期。

而要保证这些制度和规则得到长期有效的遵守，就必须解决后两个问题，即"可信承诺问题"和"相互监督问题"。外部强制常常被用来作为解决承诺问题的方案，但问题是一个自主组织群体必须在没有外部强制的情况下解决承诺问题，所以就必须存在相互监督。没有监督，不可能有可信承诺，没有可信承诺，就没有提出新规则的理由。

设计公共池塘制度的原则。第一，清晰界定边界。包括明确公共池塘资源的边界、明确从公共池塘资源中提取资源的单位。第二，公共池塘资源的占用和供应规则应与当地条件一致。第三，绝大多数受操作规则影响的个人能参与对操作规则的修改。第四，监督。监督者应积极检查公共池塘资源状况及其占用行为。第五，违反公共池塘资源操作规定的占用者要受到其他占用者、有关官员或者他们两者的分级惩罚。第六，公共池塘资源占用者和他们的官员能迅速通过成本低廉的地方公共论坛来解决冲突。第七，公共池塘资源占用者设计自己制度的权力不受外部政府威权的挑战。第八，在一个多层次的分权制企业中，对占用、供应、监督、强制执行、冲突解决和治理活动加以组织。只有制度安排基本符合这些原则，才能保证公共池塘资源自主治理制度有力。

群体的特征和个体的特性以及外部力量对合作治理公共池塘资源有不同影响。影响合作的群体因素主要有：第一，群体的大小。当有更多的人卷入困境时，合作的水平会降低。第二，对资源使用最少的给予奖励，对使用最多的进行惩罚，都会减少资源消耗。第三，决策制定的交流能促进合作。第四，行为可辨识性。如果一个人可以观察到另一个人的行为选择，则可以促进合作。第五，群体认同感。如果人们有着强烈的群体认同感会利于合作。影响合作的个体因素有：第一，个体自我约束。如果个体认为自我约束对维持共享资源的可持续使用是必要的话，人们便可能合作。第二，不确定性。人们对资源大小、增长以及最优集体获取越不确定，倾向于获取该资源的人就越多。第三，对他人行为的预期。如果一个人预料大多数人将会合作，他更可能采取合作态度。第四，信任。对他人的信任程度越高就越乐于合作。第五，社会价值取向影响主体行为时，人们容易选择合作。第六，个人责任感。当困境所涉及的人越多时，个人所承担的责任就越小，就越不可能正视其行为可能带来的后果。第七，道德。如果人们预先讨论过合作的道德和背叛的不道德的话，人们就越倾向于合作。第八，财富异质性。一个人与群体中其他人的财富差距会给合作带来负面影响。财富越少，更倾向于合作；而较富裕的参与者对合作不那么有吸引力，个体间的高财富差距也可以通过减少群体内部交流的有效性而影响合作。就外部力的影响而言，市场变化尤其是技术革新使生产力提高、成本降低，从而可能破坏制度的可持续性。市场的一体化程度的增加通常会对公共池塘资源的管理带来负面影响，当新的市场参与者获准进入某一公共池塘资源时，他们可能会寻求与政府参与者结盟以努力将公地私有化或保护其权利的首要地位。

社区的公共池塘资源，如森林、水域、野生动物、野生菌、野生蔬菜、自然景观等，不仅是社区居民的天然生活资料，也是社区运行的物质基础。随着这些社区生态资源的承包实施，这些公共资源在退化、被过度利用，已危及社区生态保障事业的发展。现在寄希望于公共池塘资源治理理论来解决这个问题。

二　工业社会的业缘社区生态保障

人类进入工业社会之后，其生产组织形式发生了变革，不再以有血缘关系的家族和家庭为生产单元，而是以企业为单位进行社会化生产。以机器的使用和化石能源的消耗为核心的专业化生产占据了社会经济的主导地位。工业革命的兴起、工农业生产的高度商品化和市场化使社会的流动性增强，彻底改变了按血缘关系建构生活共同体的群体组合机制，业缘关系取代了血缘关系和地缘关系而成为人类社会关系的主要形式，进入按业缘关系构造社会群体、生产共同体和生活共同体的时代。作为农业社会化学农业时期族民社区的替代主体，工业社会的业缘社区在工业化国家普遍建立起来。

（一）工业社会的业缘社区

业缘社区是由从事共同的或有关联的行业活动支撑的特定地域里的生活共同体。与宗族社区不同，业缘社区不是与人类社会俱来的，而是在血缘群体和地缘群体基础之上，由人类广泛的社会分工造就的复杂的生活共同体。在人类社会历史上，几次大的分工促进了生产和经济的发展，孕育了业缘关系，催生了业缘社区。从时间界限判断，工业社会的业缘社区，源于 18 世纪上半叶的工业革命，存续时间是蒸汽机出现之后到 20 世纪 70 年代电子信息技术广泛应用之前。至于世界上的不同国家，因其信息技术、网络技术产生并普及的时间并不一致，所以，其业缘社区存续时间就难以确定。从其现状来看，业缘社区是一直存在的社区，不像远古的氏族部落社区只有通过考古才能发现其遗迹；也不像农业社会的宗族社区正在消失，只能存在于相对落后的边远山区。

1. 业缘社区是交往业缘化的社区

业缘社区与宗族社区不同，不依靠血亲关系建立生产与生活共同体，而是基于生意合作建立社会群体。随着工业革命的兴起和发展，人类从农业社会转变到工业社会，从自然经济转变到商品经济，出现了替代家庭的工厂、农场、企业、生产合作社、行业协会等新型经营主体。这些新型经营主体改变了家庭、家族的血缘交往模式，主要围绕生产需要与各种生产要素、原材料供应商、消费群体、管理部门等生产相关者建立稳定的、重复的、持续的交往关系。这些经营主体与家庭、社会单位、事业单位等集聚在特定地域空间，形成业缘社区。随着社会领域分工越来越细、分工程度越来越强，工业社区、农业社区、贸易社区、教会社区、教育社区、旅游社区等多样化的业缘社区逐渐形成。这些社区都以特殊的行业为交往舞台，凸显社区的业缘特色，形成不同的业缘生活共同体。由于以工业生产和商品经济为交往基础，业缘社区具有不断扩大的张力与发展活力。因而，业缘社区在规模和空间上远远大于宗族社区。如农村社区的农民合作社以某一产业或产品为纽带，突破了农村社区传统的地缘和血缘关系，在跨村、跨乡甚至跨县范围内实现同业者的联合，为建立更大范围的社会信任和合作提供了组织载体。[1]

2.业缘社区是主要由业缘关系构成的社区

在业缘社区里，充满了诸如主众关系、同事关系、主客关系、伙伴关系、师徒关系、雇佣关系、同学关系、生意关系、竞争关系、交换关系、合作关系、利益分享关系、冲突关系、对抗关系、控制关系等各种新型涉业关系。这些关系都是开展行业活动而形成的复杂人际关系，是社区居民处理行业利益的复杂方式。这些业缘关系构成了社区的支撑体系，维系着社区的运行。在业缘社区里生活离不开利益交换，理性原则高于情感原则。生活必需品都是通过买卖交换而获得，由亲人、朋友、邻居免费馈赠很难存在，亲情、友情等非理性因素的生活价值跌降幅度较大，劳动和生产成为主要谋生渠道。

3.业缘社区是居民同质化的社区

由于业缘社区在发展过程中日益专能化，社区居民尤其是社区劳动者都从事共同的或有关联的行业活动，致使社区居民在生活方式、行为模式、心理结构、精神气质等文化方面趋向一致，造就社区居民的同质化。反过来，社区人口的同质化利于社区文化的形成和发展，从而为社区生产奠定文化基础，推动社区产业和行业发展，最终建构起较强大的社区营生体系。因此，业缘社区具有发展居民营生体系、培养社区劳动队伍、增强社区劳动者谋生能力的特质。社区发展到近代业缘社区阶段，社区生态保障有了质的飞跃，社区居民生活水平和生活质量得到空前的提升。

4.业缘社区是民间经济组织发挥作用的社区

近代的工业社会，实际上是一个社会生产力有所发展而没有充分发展的社会发展阶段。在工业社会，公民个人的力量还是有限的，要在商品经济模式下和市场竞争环境里，获得较多的市场份额和经营收入，就必须

---

[1] 董进才：《新型农村社区治理创新研究——业缘组织与地缘组织协同的视角》，《财经论丛》2014 年第 11 期。

"抱团取暖"，加入社会群体，或者组建企业、公司、专业合作社等职业群体，才能实现自己的梦想。如20世纪70年代韩国就有1500个基层农协，大致与以邑为单位的行政区域数相近，一个基层农协对1000多户农民开展业务。农协为农民提供了大量的资金、化肥、农药、建材、家电等生产生活资料，经办了农产品行业管理、农产品政策性收购、农民培训、农村金融、农村保险、农村医疗等具体事务。自2004年开始，农协又主导开展了"新农村、新农协"运动，成立了爱农村全体国民运动总部，掀起了新一轮的农业、农村价值再认识与城乡交流活动热潮，向全民宣传城乡共同体意识，以促使全社会共同解决农业和农村问题。又如，尚处于工业社会中期阶段的当代中国农村社区，在21世纪初期，有7412万家农户自觉加入社区的农民合作社，约占全国总农户的28.5%。这些入社农户凭借合作社的帮助，较容易地解决了生产经营活动中的困难，甚至很容易地解决与生活相关的一些复杂问题。以山西省永济市蒲韩乡村社区为例，该社区于1998年成立农民合作组织，在十几年时间里发展成为兼具经济、社会、文化多功能，覆盖蒲州、韩阳两个乡镇43个自然村，共有28个专业合作社、3865户社员和773个小组，服务农民超过2.5万人，集农资购买和消费品购销、有机农业种植和技术推广、大宗农产品运销、信用合作及老年服务、健康服务、社区教育、文化生活等多功能于一体的综合农协而深受农民欢迎，在增强农户参与市场竞争能力中发挥了重要作用。

（二）工业社会的业缘社区生态保障

相对于宗族社区、族民社区而言，业缘社区是农业社会向工业社会转型过程中形成并发展起来的新型社区。以英国工业革命为肇始，跨越整个工业社会，止于信息社会的到来。由于世界各国开始工业革命的时间并不相同，工业革命的历时过程也不相同，所以，业缘社区在世界各国的发展时间和发展历程也不相同。由于工业革命用机器取代人力，以大规模工厂化生产取代个体工场手工生产，创造了巨大生产力，形成产业聚集，确立了劳动致富的生活价值观，增加了劳动强度和劳动时间，并使劳动日益专能化，提高了劳动效率。业缘社区的经营主体看重对财富的追求，不像农业社会的宗族社区将自然生态环境当作获取天然生活资料的供源，而是将自然生态环境的自然资源、生态资源当作谋利资本，致使业缘社区生态保障出现了新形态。为此，我们选择福建省厦门市新圩镇马塘村和浙江省杭州市瓜沥镇航民村两个工业化的农村社区为研究样本，描绘工业社会时期中国农村社区开展生态保障的实践图景。

1. 福建省厦门市新圩镇马塘村的社区生态保障

马塘村位于福建省厦门市新圩镇的偏僻山坳里，面积 1.8 平方公里。地质条件差，三面靠山，境内山地、洲地、盆谷相间，属丘陵山区。境内群山叠翠，冬无严寒，夏无酷暑，气候温和，雨量丰富，年均气温 17.5~21.4℃，年均降水量 1700 毫米，无霜期 300 天以上，属南亚热带季雨林气候。马塘村原是一个荒山秃岭和土地贫瘠的山村，自然资源比较贫乏。因山势较高，同安县境的几条河流，都不流经该村，故该村水源奇缺。① 马塘村耕地多沙，种不了水稻。耕地面积 272 亩，山地 590 亩，大部分农田种不保收。

马塘村有户籍 111 户，人口 360 人，但因发展乡村工业，吸收了不少外地民工，常住人口达 2500 人。村里先后兴办厦门兴茂矿泉饮料有限公司、厦门吉源企业有限公司、厦门吉富实业有限公司、厦门银鹭食品有限公司，并于 2000 年组建厦门银鹭集团。社区家庭不再是生产单位，实行"村企一体"生产模式，所有农户家庭及其劳动力被纳入村办企业，由企业组织安排生产活动，家庭变成了生活消费主体。从生产方式、生活方式、产业结构等方面衡量，该村已经变成工业化的农村社区。

经过多年建设，现在，该村村貌整洁，油菜花开，竹林茂密，菜园茂盛，山坡果树长势喜人，村间道路两旁植树，宽敞通达，村中满目葱绿，夹道花木葳蕤，绿树随风摇曳，构成了美丽的乡村景观。一幢幢中西合璧

---

① 蒋志颖：《厦门马塘村：百马奔腾齐追梦》，《中国发展观察》2019 年第 18 期。

又极富闽南地域特色的别墅，一片片四季常青的绿地植物点缀在房前屋后，一条条洁净的沥青路环绕着家园，延伸向村中深处，农家庭院芳草如茵，美丽迷人，环境优美，被列为中国美丽休闲乡村。该村人工植树和种草面积大约占总面积的1/3，但是，毕竟是人工绿化，故村里没有原生森林，没有动物，缺乏生物多样性。

马塘村立足社区自然生态环境获取天然生活资料的途径是间接的。马塘村社区的自然生态环境比较差，缺乏发展农业生产的自然条件和生态条件，只能通过发展工业才能解决生计问题和积累雄厚的财力，再利用村里的公益基金建设农业和生态环境。1985年，该村6位青年农民以股份集资方式创建兴华罐头厂。1990年，招商引资20万美元，组建厦门同茂食品罐头有限公司。后与澳大利亚外商以及港、台商合资兴办厦门兴茂矿泉饮料有限公司、厦门吉源企业有限公司、厦门吉富实业有限公司、厦门银鹭食品有限公司。2000年，组建厦门银鹭集团，建立厦门银鹭高科技园区，吸纳国内外10多家规模工业企业落户。2007年，马塘村实现工农业总产值30多亿元，村年集体收入150多万元，人均纯收入18000多元。

该村富起来后，开始建设社区生态环境。①加强村庄绿化建设。把建设园林村庄，改善生态环境，促进社区经济与社会的持续、快速、协调发展作为兴村之本。1996年，建设花园别墅式村落。2003年，绿化山地面积393万平方米，绿化村庄面积1.6万平方米，绿化厂区面积17万平方米，全村绿化总面积达426万平方米，绿化覆盖率达70%，森林覆盖率达51%，人均拥有绿地59平方米。社区空气质量得到较大改善。②加强水域治理。2007年，投资2000万元兴建共同管沟项目，总长度超过1公里，内设有DN300污水管、雨水管、给水管、DN100蒸气管及温泉管、矿泉水管。并建起日处理污水能力15000吨的污水处理厂，全部回收和处理工业园区污水以及村民生活废水。将回收水用于社区园林绿化、道路冲洗、景观建设，实现水资源循环利用。通过矿泉水管、给水管为居民家庭和办公区供给洁净饮用水以及洗漱水。社区居民饮水状况得到改善。③投资农业建设。从企业拿出500万元，建设基本农田，修建小水库1座、蓄水池坝 2 个、抽水机站 2 个，治理沙溪 120 米，使全村 200 多亩"望天田"变成旱涝保收丰产田。购买农用机械，推广优良品种，改造低产田。使全村水稻、花生等主要农作物产量平均每年以 10% 的增长率递增。发展果农观光业，鼓励农民开荒山种果，改造老果园、开发新果园。保障稻米、花生、水果等食物供给。④实施住房保障，为农户创造宜居环境。2013 年，投资村民别墅项目，为村民家庭修建别墅，安装电力管、DN100 有线电视管、电信管、移动管，实现全村供电、有线电视、电话等综合管网下地。家家户户有新房，90% 的农民住上别墅楼。并修建村间水泥道路和绿化农家庭院。2016 年，全村实现民房别墅化、道路水泥化、通信程控化、用水自来化、照明电灯化、村庄园林化、厕所卫生化，成为布局合理、交通便利、设施配套、环境优美的现代化、多功能的新村社区。①

马塘村建设社区生态环境并利用生态环境发展生态保障的基本策略是：①以工兴农、以工富民。化土为金，征用农户承包地，征地款一部分直接补偿给农民，另一部分转化为社区发展基金，着力投资工业，通过工业积累财力，然后利用社区集体公益资金建设社区生态环境和发展农业。用公共资金实施农业综合开发，果园种植与社区绿化结合起来建设，促进社区一二三产融合，发展休闲度假、观光旅游、物流运输业、建筑业、服务业，建设生态化、现代化新农村。②开发社区人力资源。化农为工，培训村里青壮劳动力，合格者优先录用到工厂，将农业劳动力转化为企业技术工、管理员、勤杂员、保洁员、建筑工、绿化工等。培育新型农业经营

---

① 施凤堂、方和荣：《一个农村分配模式的创新与思考——厦门马塘村收入分配的典型调查》，《厦门特区党校学报》2000 年第 1 期；肖文涛：《农民富裕化：中国农村发展的目标选择——厦门市马塘村实现共同富裕的研究报告》，《中共福建省委党校学报》2000年第 8 期；蔡金发：《我们对社会主义的整个看法根本改变了——厦门市马塘村所有制结构的研究报告》，《中共福建省委党校学报》2001 年第 6 期；陈立荣：《海峡西岸第一村——厦门马塘村建设社会主义新农村纪实》，《厦门日报》2006 年 11 月 24 日；刘日平：《厦门马塘：海峡西岸最具魅力的新农村》，《中国·城乡桥》2007 年第 8 期；《厦门第一村——马塘村》，《湖南农机》2014 年第 4 期。

主体,实现小农户和现代农业发展的有机衔接。促进农民转产就业增收。③经济能人主导。经济能人有超凡的胆识和经济头脑以及人脉关系,对国家政策很敏感,较普通人更善于把握发展机遇,能在转轨时期有所作为,促进社区经济社会发展。社区经济能人带领大家创业,增收致富,实现社区资源和利益共享,经济能人成长起来之后,取得了社区公共权力的主导权,并用"村企一体"模式壮大了社区经济,推动了社区生态环境的建设,这是该村发展生态保障事业的成功经验。

2. 浙江省杭州市瓜沥镇航民村的社区生态保障

航民村位于浙江省杭州市萧山区的航坞山脚下。航坞山与钱塘江遥遥相对,山势颇为险峻。主峰海拔299米,东西宽3公里,南北长3公里。地处北亚热带南缘,属东亚季风区,冬夏季风交替显著,四季分明,气温适中,雨水丰沛,日照充足,具有春湿、夏热、秋燥、冬冷的特点,因地处中纬度,夏令湿热多雨的天气比冬干天气短得多。航民村是一个古老的小山村,地域面积不足2平方公里,合约3000亩,其中山林200亩、耕地700多亩、鱼塘120亩、绿化面积150亩。

航民村有341户人家、1000多人口。在发展乡村工业前,以家庭为单位出海打鱼为生,或耕种有限的承包地为生。自从发展乡村工业以后,1989年,村里组建了萧山航民实业公司,全村633名劳动力,有630人由农民变为操纵现代设备的工人和现代企业的管理者。由萧山航民实业公司发展而来的航民集团,成立规范的董事会、监事会,规定董事会主要由党员及外部专业人士担任,对航民股份等20多家企业进行统一管理,监事会主要由村委、村民代表担任,以监督企业的经营。社区居民都按照企业运行模式从事工业生产。从生产方式、生活方式、产业结构等方面衡量,该村已经变成工业化的农村社区。

航民村立足社区自然生态环境获取天然生活资料的途径也是间接的。航民村社区的自然生态环境比马塘村还要差一些,更缺乏发展农业生产的自然条件和生态条件,该村走的也是"发展工业—解决生计—积累资本—建设农业和生态环境"的生态保障发展道路。1979年,该村用6万元创办工业企业。1989 年，组建萧山航民实业公司，实行"村企合一"组织管理体制，由实业公司统一领导和管理社区一二三产业以及社会事业。1997 年，成立航民村资产经营中心，将实业公司的净资产全部划归村集体所有，组建注册资本 32518 万元的浙江航民实业集团有限公司。1999 年，根据村民意愿，提出集体控股、量化股权的产权改革方案，村集体控股 56%的股金，量化 44%的股金分配给村民、职工和管理技术人员。2003 年底，航民村户均净资产超过 200 万元，人均居住面积达 80 平方米。2004 年，集团控股的浙江航民股份有限公司在国内 A 股市场成功上市。公司有全资、控股、参股工商企业 21 家，拥有总资产 26 亿元，职工 1.2 万人。现已成为国内纺织印染龙头企业。该村成为以印染为主，纺织、染料、热电相配套的现代印染生产项目集聚区，生产技术和设备达到世界一流水平，1/4 的产品销往国外市场，每天印染各种布匹达 150 余万米。2005 年，全村形成了以纺织、印染、热电、建材、冶炼、饰品等行业为主体的多门类工业体系，产值达到 35 亿元，职工年均收入 18000 元，村民年均收入 28000 元。2007 年，实现主营业务收入达 17.3 亿元；2011 年，实现销售产值 90 亿元，综合经济效益 10 亿元，职工人均收入 35600 元，村民人均收入 30000 元。

该村富起来后，开始社区生态环境建设。①全面绿化村庄。投资 0.6 亿元改善生态环境，在村庄、厂区、路旁、庭院栽树种草，修建社区公园、花圃，全村绿地面积达到 10 万平方米。拆除分散在各厂的小锅炉，关停水泥厂立窑，净化大气环境。组建起 100 多人的工业"三废"治理队、卫生保洁队和绿化养护队，负责全村的环境卫生绿化工作。社区空气质量得到提高。②治理水污染。投资 1.2 亿元治污和改善生态环境；投资 0.6 亿元建成日处理能力 6 万吨的污水处理厂。印染污水经过处理之后，臭味没有了，流出的水变清了。修理村内和过境河道。实施集中供热、供电，处理工业废水。实施自来水工程，集中提供自来水。社区居民的饮用水质量等级得到提升。③发展农业生产。将村里的土地归总，进行规模经营，成立农场和畜禽养殖场。投入上千万元，加强农田水利建设，改造山坡地、低洼地，建成田、渠、林、路配套的标准农田。先后购置20多台农业机械，从耕地、播种到收割、烘干全部实行机械化操作。全村23家农业工厂，由3名村民管理，带领20名外地农民，操纵现代化农业机械，对农业进行工厂化生产。他们依靠现代化的机械设备，耕作着700多亩土地，管理着120亩鱼塘，还饲养禽畜、鸵鸟，种梨、种桃等。农业规模化、集约化经营大大提高了劳动生产率，农业工人人均生产粮食4万斤，人均农业产值4万元。不仅保证了全村村民的口粮供应和节日的物资分配，还为市场提供了一定的农副产品，并成为杭州市的售粮大户。④实施住房保障，为农户家庭创造良好生活环境。全村家家住着欧式楼房，户均面积300多平方米。全村液化气、电话、有线电视、宽带网普及。1986年，村里投资250万元建起航民商场，并附有饭店、旅馆。1992年，投资3400万元建起了建筑面积1万多平方米的星级宾馆，社区银行、电子商务、医疗服务也日益完善，村民都可享生活服务。①

航民村建设社区生态环境，利用社区生态环境发展生产与生态保障事业的基本策略是：①走农村工业化道路。坚持"两手抓"，一手抓工业，一手抓农业，在坚持工业主体地位不动摇的前提下，做到"强工、兴商、稳农"，农工商综合经营，一二三产业协调发展，实现农村工业化、农业现代化和城乡一体化。②发展集体经济。坚持集体利益与群众利益相结合，做到"大河有水小河满"，形成社区经济利益共同体。进行产权制度改革，将集体资产按一定的比例量化到村民、职工和管理技术人员，使农民从单纯的劳动者转变为既是劳动者又是资产所有者，创造"按劳分配+按股分红+社会福利"的分配模式。每个家庭单是享受股份分红平均每年

① 张德良、陈国龙：《共同富裕的道路越走越宽——萧山区瓜沥镇航民村新农村建设纪实》，《今日浙江》2006年第6期；来煦泉、邹树人：《发展农村集体经济的希望——航民村农业生产统一经营的调查》，《浙江金融》1992年第3期；金波：《"老典型"的新愿景》，《浙江日报》2006年4月4日；肖万钧、巴音朝鲁：《社会主义现代化新农村：农村社区合作组织优秀典型航民村》，《农村合作经济经营管理》2008年第8期；肖万钧、段应碧、陈崎嵘：《振兴农村的成功之路——记浙江杭州市萧山区航民村推进乡村振兴的实践探索》，《学习时报》2018年4月23日。

都有三四万元。③实施可持续发展策略。在村级经济蓬勃发展的同时，实行循环经济模式，改善生态环境。通过实施资源节约、减少消耗、综合利用、变废为宝、提高经济效益等措施，积极推进社区经济产业结构调整，走可持续发展之路。

（三）工业社会的业缘社区生态保障利用图式

根据工业社会业缘社区建设社区生态环境，利用自然生态环境发展农业生产，获取天然生活资料；发展工业生产，获得经济收入，购买天然生活资料的现实状况，我们用工业社会业缘社区发展工农业生产的行动要素描述工业社会业缘社区的生态保障利用图式。工业社会业缘社区生态保障利用图式见表4-2。

表4-2　工业社会的业缘社区生态保障利用图式

样本	利用环境	利用理念	社会形态	利用方式	利用主体	利用能力			利用策略
						工具	资料	技能	
福建厦门马塘村社区	厦门新圩偏僻山坳	谋生、谋利	工业社会	村企一体、食品工业、观光农业	村办企业	工业设备、机械农具	农业原料、化学肥料、化学农药	食品加工技术、观光农业、经营技术	以工兴农、能人主导、人力开发
浙江杭州航民村社区	浙江萧山航坞山脚	谋生、谋利	工业社会	村企合一、印染工业、食品农业	村办企业	工业设备、机械农具	工业原料、化学肥料、化学农药	印染工艺、农业工厂、化学农业生产技术	农村工业化、集体经济、持续发展

表4-2显示，工业社会业缘社区生态保障利用图式也是由生态产品利用环境、利用主体、利用理念、利用方式、利用工具、利用资料、利用技能、利用策略等要素构成的生态产品供给结构。根据表4-2呈现的基本信息，我们可以描述出工业社会业缘社区生态保障利用图式的基本样态。①生态保障内容。在业缘社区发展乡村工业的初期阶段，社区自然生态坏境遭到过破坏，社区自然生态环境无法为社区居民提供新鲜空气、洁

净饮水、野生食物。一是因利用社区自然生态资源发展乡村工业，会造成社区森林植被的破坏和空气污染、水体污染、土壤污染；二是为了扩大食物供给量，使用化学肥料、化学激素、化学农药等生产资料进行农业生产，造成农业面源污染，使社区的水域环境和土壤结构遭到一定程度的损害，饮水和农业食物被污染。因此，发展乡村工业的许多农村社区的空气质量、饮用水质量、天然食物和农业食物品质都比较差。如果不进行必要处理基本上是不可享用的。可以说，在发展工业生产的初期，农村的业缘社区不仅要应对人地矛盾，想方设法解决食物供给不足的生态保障问题，还要应对生产与生态的相互冲突问题，要殚精竭虑地治理工业污染、农业污染，保证社区居民的呼吸安全、饮水安全和食品安全，以便满足社区居民的空气吸收、饮水消费和食物消费需求。②生态保障主体。在工业社会，业缘社区仍然以家庭为生活单位，但不以家庭为生产单位，而是以村办企业为生产主体。社区通过集体经济模式将家庭的劳动力安排在不同的企业工作，分配相宜的工作岗位，创造集体财富，然后用社区公共资金建立社区生活福利体系，给社区家庭及居民分配住房、生活用品、生活消费资金；修建生活设施并提供自来水、电力、网络；建设社区生态环境，改善空气质量；修建污水处理厂，净化水质；组建社区环卫队伍，回收清运垃圾；进行基本农田水利建设，保障食物供给。社区成为居民生态保障的实际主体。③生态保障理念。工业社会业缘社区的生态保障理念定型为"谋生+谋利"。农村业缘社区治理机构或治理委员会，用谋生理念指导生态产品生产，安排公共资金建设社区自然生态环境，以便提供新鲜空气、洁净饮水、野生食物，保障社区居民对天然生活资料的消费需求。更重要的是，农村业缘社区用谋利理念，兴办企业，形成社区党支部、社区治理机构、社区企业三合一的新兴社区治理主体，利用社区自然生态环境、自然资源、生态资源、人力资源、公共资金，发展经济，积累社区公共资金和集体财富。譬如福建厦门马塘村社区发展食品工业和观光产业、浙江杭州航民村社区发展印染产业和食物农业，变成了非常富裕的农村社区。④工业社会的农村业缘社区的生态保障图景出现了新变化，"家庭生活单位+村办企业生产主体—谋生+谋利理念—工业企业+其他产业的多业经营模式—利用集体收入建立生活福利体系"是工业社会的农村业缘社区发展生态保障的谱系图。在这里,农村业缘社区的生产主体、劳动力组织模式、产业结构、生活福利模式,较农业社会的社区生态保障要素都发生了变化,尤其是社区经济主体在实现财富梦想和建构生活福利体系中发挥了特殊作用。⑤在工业社会,农村业缘社区的生态保障,受其生活生产理念的影响,业缘社区及其集体经济主体确立了以工兴农、能人主导、开发人力、实现农村工业化、发展集体经济、走持续发展道路等生产策略,成为工业社会业缘社区发展生态保障事业的思想基础。

(四)工业社会业缘社区生态保障的理论反思

前面我们分别以福建厦门市的马塘村社区、浙江杭州市的航民村社区为案例描绘了工业社会农村业缘社区生态保障图景。从这两个农村业缘社区的生态保障图景来看,迈入工业社会的农村业缘社区,其生态保障与农业社会的社区生态保障相比,已经发生了质变。就社区层面而言,一个农村业缘社区要发展工业,肯定需要将社区自然生态环境的自然资源或生态资源转化为工业资本,因为发展工业需要建设厂房甚至工业园区,这要占用社区土地;工业生产也需要消耗社区水源,这不仅会造成社区森林植被和水源的减少,还会污染社区空气、土壤、水体。这就不同于园艺社会的部族社区、农业社会的宗族社区和族民社区对自然生态环境的利用方式。园艺社会的部族社区、农业社会的宗族社区和族民社区只是从社区自然生态环境获得天然生活资料,满足自己对天然生活资料的消费需求;而工业社会的业缘社区不仅要从社区自然生态环境获得天然生活资料,更为重要的是将社区自然生态环境的资源转化为工业资本。正是社区的这种生计与财富双重需求,加剧了社区自然生态环境的恶化。当社区自然生态环境恶化到危及社区居民的正常天然生活资料消费的程度时,社区企业不得不拿出大笔资金治理工业污染、建设社区生态环境。通过植树,种草,修建社区公园,绿化社区地表,治理水体,修建污水回收处理设施,净化社区水域，改善社区空气、水体、农品质量，使社区自然生态环境为社区居民提供新鲜空气、洁净饮水、野生食物。由于工业社会的业缘社区对待社区自然生态环境的法则不是园艺社会的顺应自然法则，也不是农业社会的亲自然法则，恢复起来的社区自然生态环境再也不是原生状态和天然森林，没有生物多样性、野生动物、野生菌，也不具有自我平衡、自我净化能力，需要人工维护才能繁育起来。因此，工业社会的业缘社区人造生态环境提供的新鲜空气、洁净饮水、野生食物，其品质远不及自然生态环境。

对于工业社会出现的社区与环境的关系、人与自然的关系、生产与生态的关系发生质变的现象以及社区生态保障图式发生变化的情况，学者提出了不同的解释，形成了不同的理论。

1.破窗效应理论

美国斯坦福大学心理学家菲利普·津巴多（Philip Zimbardo）曾做过这样一项实验。他找来两辆一模一样的汽车，一辆停在比较杂乱的街区，另一辆停在整洁干净的社区。停在杂乱街区的那辆车车牌被摘掉，顶篷也被打开，一天内车就被人偷走了；而摆在整洁干净社区的那一辆车过了一个星期仍安然无恙。然后，津巴多用锤子把这辆车的玻璃敲了个大洞，结果仅仅过了几个小时，它也不见了。

以这项实验为基础，政治学家威尔逊和犯罪学家凯琳于 1982 年发表题为 "Broken Windows" 的文章，提出了破窗理论：如果有人打破了一个建筑物的窗户玻璃，而这扇窗户又得不到及时的维修，别人就可能因受到某些暗示性的纵容去打烂更多的窗户玻璃。久而久之，这些破窗户就会给人造成一种无序的感觉，而最终的结果是：在这种公众麻木不仁的氛围中，犯罪开始滋生、增长。[1] 破窗效应的理论含义是，在社区中出现的扰乱公共秩序的不良行为就像打破而未被修理的窗户，容易给人造成社区治安无人关心的印象，如果不加干预而任其发展，可能会导致日益严重的后果。[2]

---

① 先花：《破窗效应》，《大众科学》2018 年第 10 期。
② 王晓莉等：《破窗效应之"破"——基于小农户生猪粪污治理技术使用态度的考察》，《黑龙江畜牧兽医》2017 年第 9 期。

该理论认为环境中的不良现象如果被放任存在，会诱使人们仿效甚至变本加厉。"第一扇破窗"常常是事情恶化的起点。这一现象在我们日常生活生产中常常可以见到。一条人行道有些许纸屑，不久后就会有更多垃圾，最终人们会视若理所当然地将垃圾顺手丢弃在地上；一条河流被一家工厂排放污水，接着这条河流两岸的其他工厂都会排放污水，并视为正常现象。这就是破坏社区生态环境的破窗效应。

生态环境的恶化当然离不开后续的那一双双推波助澜的手。面对"第一扇破窗"，我们常常自我暗示：窗是可以被打破的，没有惩罚。这样想着，不知不觉，我们就成了第二双手、第三双手。某人砍一棵树，根本不会影响一片森林的生态平衡，也不会影响氧气释放量和二氧化碳吸收量；第二个人这么想，也会毫无顾忌地到这片森林里砍一棵树，成为破坏森林的第二双手；第三个人看到这么做没有得到惩罚，就成为破坏森林的第三双手。如果这种不良生态行为不被制止，这片森林就会消失。

我们许多人抱怨周边生态环境恶劣，却很少反思自己的不良生态习惯和生态行为。相反产生从众心理，自觉不自觉地成为破坏社区生态环境的一扇"破窗"。我们不仅不能做第 N 次打破窗户的人，还要努力做修复"第一扇破窗"的人。即使当我们无法选择社区生态环境，甚至无力去改变社区生态环境时，我们还可以努力，那就是使自己不要成为一扇"破窗"。

从"破窗效应"中，我们可以得到这样一个道理：任何一种不良生态行为或破坏生态环境现象的存在，都在传递着一种信息，这种信息会导致破坏生态环境现象的无限扩展，同时必须高度警觉那些看起来是偶然的、个别的、轻微的"过错"，如果对这种行为不闻不问、熟视无睹、反应迟钝或纠正不力，就会纵容更多的人去破坏社区生态环境，就极有可能演变成难以恢复生态环境的恶果。

我们日常生活生产中也经常有这样的体会：对于违反社区生态保护的乡规民约之行为，社区治理主体没有进行严肃处理，没有引起社区居民的重视，从而使破坏生态环境行为再次甚至多次重复发生，社区居民就会产生从众心理，毫不犹豫地随意破坏社区生态环境，丝毫不觉得羞愧。这就是破窗效应的表现。

破窗效应理论指出，无秩序、混乱的物理和社会环境因素容易引发更多的社会失范行为，社会无序现象也会因此弥漫开来。因此，为维护和监控社区生态环境，创造有秩序和遵纪守法的氛围，防止破坏生态行为的发生，其关键在于预防小的无序现象。① 该理论是我们保护和建设社区生态环境的根据。第一，保护社区生态环境要从生活和生产小事抓起。我们每天都要做到垃圾分类回收；不随意破坏社区的一草一木；每家每年春季都去植一棵树；每家都用农家肥从事农业生产；自觉践行低碳生活方式等。巧妙运用破窗效应，监管社区生态环境中的不良行为，防止居民效仿不良行为，把坏事转化为好事。如以发现和处理乱扔垃圾行为为突破口，通过以点带面，促使整个社区居民都自觉进行垃圾分类并集中投放，持之以恒，形成保护社区生态环境的风尚。② 第二，建立生态保护激励机制，引导社区居民正向破窗。我们不能只看到社区居民在破坏社区生态环境上的负向破窗行为，更要采取奖励措施引导社区居民从保护生态环境的点滴事情做起，让保护生态环境的先行者获得应有回报，吸引更多社区居民参与到生态保护活动中，以此减少社区居民的生态保护负向破窗行为，走出生态保护负向破窗阴影。③ 第三，保护社区生态环境要建立生态危机预警机制。每个社区居民应树立生态危机意识，设立生态危机预警系统，使社区能根据预先显现的生态危机信号，及时发现破窗或即将成为破窗的那块"玻璃"，然后，采取果断的、严厉的处罚措施。这样，社区生态环境将会越来越优化和美好。

2.环境社会学理论

人类进入工业社会之后，利用和改造自然的范围不断扩大，生态环境

---

① 陈为聪等：《破窗效应中轻微失范行为的演化过程》，《心理研究》2017 年第 4 期。
② 赵晨：《从"破窗效应"看垃圾分类的现实意义》，《中国经济时报》2019 年 12 月 8 日。
③ 张济建等：《双重破窗效应下考虑政府激励有限性的秸秆绿色处理协同机制》，《重庆理工大学学报》（社会科学版）2019 年第 6 期。

破坏也越来越严重。环境社会学非常关心生态环境问题的社会原因、社会影响和社会反应，认为生态环境问题具有社会建构性，在不同社会形态、不同社区、不同居民中，由什么因素造成社区生态环境问题会有不同的表现。20 世纪 50~70 年代，美国环境社会学家邓勒普和卡顿提出"新生态范式"（New Ecological Paradigm，NEP），史奈伯格提出了"生产跑步机"理论（Treadmill of Production）。

1978 年，美国社会学家卡顿和邓勒普发表题为《环境社会学：一个新范式》的文章，挑战传统社会学研究范式——用社会事实解释社会事实的模式，指出"以往的社会学理论尽管从表面上分歧对立，但都具有人类中心主义这一共同点"，并将传统社会学在人类和自然的关系范式上概括为"人类例外主义范式"（Human Exceptionalism Paradigm，HEP），认为这种范式是一种将人类凌驾于自然和环境之上的人类中心主义，是一种利用和被利用关系，这种将人类和自然置于不平等境地的思维导向，不利于认识环境与社会的关系。[①] 新生态范式在处理人类、生态、社会三者之间的关系上坚持了反人类中心主义（Anti-Anthropocentric）观点，主张保护自然生态环境。与人类中心主义（Anthropocentric）主张改造自然生态环境的人类例外主义范式相反。NEP 强调生态环境对人类社会的影响和制约，认为社会生活是由许多相互依存的生物群落构成的，人类仅是众多物种中的一种，整个世界空间、资源等是有限度的，因此，经济增长、社会进步，以及其他社会现象都受到自然和生物学的潜在限制。如果整个社会的价值取向不从 HEP 转移到 NEP，解决生态环境问题将无从谈起。[②] 1978 年，邓勒普提出测量公民生态意识的工具"新环境范式量表"（New Environmental Paradigm，NEP），大多数学者认可量表的信度和效度。[③]

[①] 赵素燕、任国英：《生活环境主义与环境社会学范式》，《重庆社会科学》2014 年第 4 期。

[②] 吴建平：《新生态范式的测量：NEP 量表在中国的修订及应用》，《北京林业大学学报》（社会科学版）2012 年第 4 期。

[③] 欧耀文、东梅：《新生态范式量表在宁夏生态移民迁入区的应用评估》，《农业科学研究》2019 年第 1 期。

1980 年，史奈伯格出版《环境：从剩余到匮乏》（*The Environment: From Surplus to Scarcity*）一书，提出"生产跑步机"理论。"生产跑步机"概念指一种在经济扩张过程中复杂的自我强化机制，认为生产机器一旦运行，就只能不断地生产，在不间断的持续增长的生产中耗用大量的矿产、森林等原材料，导致生态环境污染和生态系统问题；生产过程也会产生大量废弃物，导致生态环境污染。

"生产跑步机"被认为是两个过程互动的产物。一是"技术能力的扩张"，在现代工业社会，社会系统迫切需要技术能力的升级以为不断增长的人口提供经济支持；二是"经济增长的优先性"，或者说经济标准仍然是社会系统设计和评估生产过程与消费过程的基础，生态标准在其中无足轻重。

"生产跑步机"分为两种形式：生态性的和社会性的。生态性的"生产跑步机"认为，使用有效的新技术可以生产更多的产品，因此，能获得更多的利润，也因此可以投资更具生产力的技术。这种扩张需要更多的输入（原材料和能量），而这更多的是对自然资源的提取。同时，这也意味着更多的排放。这就使生态系统一方面成为原材料的来源，另一方面又成为有毒垃圾的投放之处。社会性的"生产跑步机"则认为，在生产的循环中，越来越多的利润被用来对工厂的技术效率进行升级。与生态系统一样，工人们也在为自己的堕落播撒种子。工厂通过生产利润，使对节省劳动力技术的投资达到了更高的水平，最终将劳动力清除出生产的过程。

在"生产跑步机"的运行中，所有的利益主体都牵涉其中，并成为该系统的一员。企业希望获得利润并保持经济和政治环境的稳定，不断通过资金投入进行技术升级，用物质资本代替劳动力以创造更多的利润，以此在不断加剧的竞争中维持甚至扩张自己的地位；工人希望获得工作机会、更高的工资、更好的福利和工作环境；政府需要企业提供税收，并以此来获得政治的稳定性甚至自身的合法性。所有的利益主体都能够在"生产跑步机"的运行中获取自身的利益，其结果就是"资本、劳动力和政府之间的联盟"。企业一方面通过技术取代劳动力来增加利润，另一方面出于对社会安全的考虑，又必须再次加速"生产跑步机"以创造更多的就业岗位并培育更多有能力的消费者。政府一方面扩大公共教育从而培养高素质的劳动者，另一方面又开放消费信贷以确保国内需求能够匹配企业不断增长的生产能力。总之，"生产跑步机"意味着企业和政府必须通过工人生产更多的产品和服务，并使工人成为能够消费这些产品和服务的消费者，这个过程需要消耗更多的资源和能量，同时，这个过程也会使工业和消费的浪费不断增长。①

三　讨论

相对而言，工业社会的深度污染比农业社会的面源污染，对社区自然生态环境的破坏要严重得多。在农业社会的化学农业时期，农民使用化学肥料、化学激素、化学农药进行农业生产，会损害社区的水域环境和土壤结构，会污染饮水和食物，但不会污染森林植被，因为化学生产资料也需要花钱，作为理性人，农民不会随意把花钱买来的化学肥料、化学农药、化学激素施在耕地之外的地方。而且这些化学生产资料在使用过程中不会产生废气，不会造成空气污染问题。所以，此时期的农村社区的空气质量还是比较好的。但是在工业社会，农村社区利用本地生态环境、自然资源、生态资源，大力发展乡村工业，产生废气、废水、废渣，未经处理直接排放，造成社区的空气污染、水体污染、土壤污染，致使空气、饮水、食物质量越来越差。所以，在农业社会化学农业时期和工业社会，农村社区必须治理水土污染，才能保证饮水安全和食物安全，在工业社会还需要治理空气污染，才能保证空气质量达到人体呼吸要求。

农业社会化学农业时期和工业社会出现空气、饮水、食物安全问题，主要是人地矛盾和生态保障理念发生了变化。由于人口大量增加，而生态空间没有扩大，要解决食物尤其是粮食供给不足的问题，只有使用化学生

----

① 任克强：《政绩跑步机：关于环境问题的一个解释框架》，《南京社会科学》2017年第6期。

产资料，才能增加粮食产量，但这会造成水土污染。由于社区居民的生态保障理念演化为"谋生+谋利"动机，农村社区必然会大力发展能盈利的新兴行业，将社区的生态资源、自然资源转化为生态资本、自然资本，图谋更多财富，造成生产与生态的冲突和社区空气、水体、食物的全面污染。所以，在这两个时期，农村社区的生态保障必须应对人地矛盾、调整生态保障理念、消解生产与生态的冲突。

在农业社会化学农业时期和工业社会，农村社区也开始形成谋利理念，遵从资本逻辑，发明和采用先进生产工具、生产资料、生产技术进行工农业生产，以便实现财富梦想。由于家庭的生产能力很有限，家庭不再是生产主体，社区及其兴办的企业成为生产主体，农村社区的生活与生产合二为一的生态保障结构被打破，出现生活与生产的分离，形成家庭负责生活、企业负责生产和生活服从生产、家庭及其成员屈从企业安排的生态保障格局。农村社区的生活生产主体结构、劳动力组织模式、产业结构、生活福利模式都发生了变化，社区经济主体、生产技术、经营创新、智力应用受到青睐，并对农村社区生态保障的运行与发展发挥了越来越重要的作用。

农业社会化学农业时期，农村社区的化学化、规模化、商品化农业生产以及多种经营、多业发展、品牌战略等生产策略；工业社会，农村社区的以工兴农、能人主导、人力开发、实现农村工业化、发展集体经济等生产策略，都在加剧生产与生态的分离和冲突，造成生活、生产、生态的分裂与矛盾，随着生态对生活、生活对生产的屈从程度的加深，农村社区的自然生态环境日益恶化，导致社区的空气不能吸、水不能喝、食物不能吃，严重危害着居民的身体健康。可以说，生态环境遭到严重破坏的农村社区，必须把生态环境建设放在首要地位，建构生态效益、生活效益、经济效益协调一致的生态产业体系，为社区居民提供更多优质生态产品。

第五章　社区生态保障的建设图式

　　社区生态保障建设图式是通过建设自然生态环境，使自然生态环境的自我调节、自我平衡、自我繁育等机能不断增强，以便其为社区居民提供更多优质生态产品的生态保障模式。这种生态保障模式主要存在于信息社会。因此，本章描绘信息社会的社区生态保障建设图式。

一　迈入信息社会的智慧城市

　　信息社会是信息起主要作用的社会。在农业社会和工业社会中，物质和能源是主要资源，人们所从事的是大规模的物质生产。在信息社会，信息成为比物质和能源更为重要的资源，信息经济、知识经济成为国家的主导经济，并构成社会信息化的物质基础。以计算机、微电子和通信技术为主的信息技术革命是社会信息化的动力源泉。由于信息技术在国家经济、社会、生活中的广泛应用，其对经济、社会、生活发展产生了巨大而深刻的影响，从而，在根本上改变了人们的生活方式、行为方式和价值观念。从 20 世纪 70 年代开始，信息技术开始应用于生产，但这并不能说一个国家就成为信息化国家，也并不能说明这个国家就进入信息社会。只有信息技术有效嵌入一个国家的经济、社会、科教、生活等主要领域，才表明这个国家已经成为信息化国家，已经进入信息社会。当今国际上出现的智慧城市建设表明区域性信息社会正向我们走来。智慧城市是把 5G、云计算、

IOT、AI、大数据等新一代信息技术运用到城市各行各业，营造利于创新涌现生态的城市信息化形态，是社会工业化、信息化、城镇化的必然产物。智慧城市建设源于 IBM（国际商业机器公司）于 2009 年提出的"智慧城市"概念。目前全球已启动或在建的智慧城市已达 1000 多个，欧洲、北美、日韩是智慧城市的领先区域。

（一）智慧城市

智慧型社会的建设依赖物联网、云计算等新一代信息技术以及大数据、社交网络、FabLab、LivingLab、综合集成法等工具和方法的应用。当今时代只有比较发达的城市社区才具有新信息技术、工具和方法，部分偏远的农村社区不具备这些条件。因此，世界经济和技术比较发达的国家只好选择城市建设智慧型社会，希望通过建设智慧城市，营造有利于创新涌现的生态，实现全面透彻的感知、宽带泛在的互联、智能融合的应用，并结合最新的手机客户端、微信公众平台实现更全面的智能化。智慧城市的建设目标在于让城市获得解决自身发展困难的能力。尽管在不同的生产方式下，城市发展的基础不尽相同，如农业经济时代丰富的农牧资源和水利工程、工业经济时代立体交通和电力、信息时代互联网和传感系统，不断升级的工具最终服务于城市可持续发展。智慧城市利用计算机、互联网、3S 技术①、多媒体技术、传感器等工具，将城市信息动态存储于计算机网络的虚拟空间，推动相对分割和封闭的信息化碎片迈向智能融合的城市信息架构，为实现永不堵塞的街道、安全放心的食品、取之有道的能源等城市发展关键问题开辟新的解决路径。② 智慧城市建设的价值取向是智慧、富裕、生态、健康和幸福。智慧城市是建立在生产发达和物质财富相对丰富基础上的，由追求美好生活的居民组成

---

① 3S 技术是遥感技术（Remote Sensing，RS）、地理信息系统（Geographical Information System，GIS）、全球定位系统（Global Positioning System，GPS）这三种技术英文名词中最后一个单词字头的统称。

② 熊璋：《智慧城市》，科学出版社，2015，第 160~201 页。

的，能满足居民高品质生活需求的，信息化生活方式特征明显的特定地理空间的生活共同体。

（二）城市智慧社区的属性

相对于前期社区形态，城市智慧社区具有如下属性。

1. 民生型社区

城市智慧社区是重视市民生活质量的社区，不仅表现在政府重视市民的生活，而且市民自身也重视生活，将生活置于社区活动和社区运转的首位，视为方向标。智慧城市已经解决满足市民基本生活需求的问题，其主要任务是不断提高市民生活质量。经济越发达，生活质量越为政府、学者和市民所重视。1958 年，美国经济学家 J. K. 加尔布雷思著《富裕社会》一书，首次提出"生活质量"概念。20 世纪 60 年代，美国学者开始深入研究生活质量的测定方法以及指标体系。20 世纪 70 年代开始，加拿大、欧洲以及亚洲国家的一些学者相继研究生活质量问题。20 世纪 80 年代初，我国学者开始研究生活质量的指标体系以及相关问题。智慧城市应是经济发达的城市，能为市民提高生活质量提供物质基础和经济条件。城市社区的劳动者能实现充分就业，居民收入和消费水平较高，居住条件、生态环境优良，教育系数较高，社区生活安全和生活福利有保障。在物质生活上，充分发展城市经济，要给市民带来更多工作岗位和收入的不断提高，以及在工作生活基础上获得各类公共服务；在思想观念上，市民应有生活品质观念，市民对生活有一种博雅的情怀和成熟理性的认识，市民要有较高的生活满意度、生活幸福感和获得感；在实际效果上，市民应过上精致的生活，注重品位和质量成为社区居民的日常生活习惯，对衣、食、住、行、用等物质生活和对旅游、休闲、文化、娱乐等精神生活有品质要求，市民对生活的追求成为城市社区发展的原动力。城市应把增进民生福祉作为工作的出发点和落脚点，动员市民为自己的生活奋斗，鼓励和帮助社区居民和家庭实现美好生活的愿望，使市民得到生活实惠，物质生活得到改善，生活权益得到应有的保障，不断满足市民日益增长的精致生活需要。

2. 民主型社区

城市智慧社区将移动互联网、云计算、大数据等信息化技术与基层社会治理内容相结合，形成集智能化、信息化、数据化于一体的，以凝聚居民意见与诉求、推动多元力量参与、整合多方治理资源、对接城市基层社会各种需求为主要内容的新型治理模式，[①] 将互联网、移动互联网、大数据、云计算、物联网、人工智能等新一代信息技术有效嵌入城市社区治理体系，用各类信息系统和平台收集社情民意、回应公众诉求、解决矛盾问题、推动市民参与、化解社会风险，促进城市社区管理与服务的民主化。[②] 城市智慧社区是市民当家作主的、尊重市民生活权利、实行自我治理的社区。公众广泛参与是城市智慧社区经济发展的客观需要，也是其提高自身竞争力、吸引力的必然要求。城市智慧社区不同于宗族社区的集权管理模式，也不同于业缘社区的代议民主管理模式。在信息社会，信息技术极大地促进了城市社区文化、知识、信息的传播和社区决策的公开化，打破了决策垄断，冲击了代议民主，为市民表达意愿提供了技术条件，促进了市民的民主意识、民主观念的形成。在信息社会，原来的代议式民主、间接民主转变为参与民主、直接民主；传统的金字塔型组织管理结构转变为网络型组织管理结构。为了贯彻民主原则，城市智慧社区必定为其市民提供更多机会以影响事关他们所在社区的决策，提升其市民掌控城市区域运行态势的信心。

3. 网络型社区

城市智慧社区是"3C"社区，即通信化社区、计算机化社区和自动控制化社区，是信息化和网络化的社区。城市智慧社区是信息社会的一种城市社区类型，芯片制造、传感器设备、卫星导航、物联网、智能交通、

---

① 孟天广、赵娟：《大数据驱动的智能化社会治理：理论建构与治理体系》，《电子政务》2018 年第 8 期。

② 王法硕：《智能化社区治理：分析框架与多案例比较》，《中国行政管理》2020 年第 12 期。

智能电网、云计算、软件服务等行业发展较快。城市的信息基础设施建设水平较高，家家户户都有计算机、网络电视，信息传播得到普及，信息安全有保障，信息获取能力得到提高，信息技术在城市生产和生活领域得到广泛应用，智能化的综合网络遍布社区的各个角落，固定电话、移动电话、电视、计算机等各种信息化的终端设备无处不在，家庭及市民"无论何事、无论何时、无论何地"都可获得文字、声音、图像信息。易用、价廉、随身的消费类数字产品及各种基于网络的3C家电广泛应用于社区家庭。城市社区的电信、银行、物流、电视、医疗、商业等服务已被网络化，极大地方便了市民生产与生活。一些社区劳动者实现了居家办公，或利用信息网络进行居家创业。信息技术的应用与普及促进了城市市场交换客体的扩大；现代化运输工具和信息通信工具使城市社区冲破了地域上的限制，使城市经济能低成本地进入世界市场；信息技术给市民提供新的交易手段，电子商务成为城市社区实现交易的基本形态。信息网络技术使城市社区生活方式、工作方式、治理方式、文化等发生一定程度的变革。可以说，城市智慧社区就是智慧性区域社会。

4.服务型社区

城市智慧社区是服务业发达的地域。这是因为城市智慧社区借助现代通信技术和互联网技术，突破传统社区的围墙，建立无所不入的网络世界，把对市民的服务纳入系统化、网络化互联网的服务体系之中，而且运用新技术、新模式，对社区生活、公共服务进行智慧化提升，从而形成更适合社区服务的新形态。城市智慧社区重视生活质量的改进和生活水平的提高，会利用信息网络发展社区服务业。为了体现民生特色，城市智慧社区将全面发展互助性、福利性、公益性、商业性社区服务。互助性社区服务就是在社区与居民之间、居民与居民之间、辖区单位与社区之间、社区各服务机构之间建构生活互帮、互助机制。一是帮扶社区弱势群体，保障其基本生活；二是提升市民生活质量，建构和谐社区；三是提升社区精神文明水平。福利性社区服务就是以政府为主导，以社区为依托，调动社区多元福利资源，开展旨在提高市民生活福利水平的服务项目，推动公共福利事业发展。公益性社区服务指具有公益精神的志愿者、社会组织在社区引导下自愿参加的，旨在帮助他人、服务市民、增加社区公共福利的济困、助学、赈灾、帮残、恤孤、救助等各种公益服务活动，以此满足市民的生活需求，弘扬市民公益精神，弥补政府与市场失灵。商业性社区服务指由城市商业性企业或组织为一定社区范围内的居民提供的，以营利为经营目的的，兼有便民、利民性质和促进社区居民综合消费为目标的各种商业性服务活动，其服务内容包括生活服务、代理服务、文体服务等。城市智慧社区可利用智能工具提高城市社区服务业劳动生产率，满足市民的生活需要。

二　信息社会的城市智慧社区生态保障

当代城市智慧社区是工业社会向信息社会转型过程中形成并发展起来的新型社区。与近现代业缘社区比较，当代社会建设城市智慧社区，不仅要提升城市的用户创新、大众创新、协调创新水平，更要保护城市生态环境，为市民乃至国民提供优质生态产品，满足国民对新鲜空气、洁净饮水、安全食品等天然生活资料的消费需求。我们将以美国俄亥俄州哥伦布市和芬兰赫尔辛基市为例介绍当代城市智慧社区的生态保障图式。

（一）美国俄亥俄州哥伦布市智慧社区的生态保障

哥伦布市（Columbus）是美国东北部的俄亥俄州州府。据说，它原来的名字叫富兰克灵顿（Franklintom）。200 多年以前（1803 年），当俄亥俄州成立时，州府还没有设立。1812 年，富兰克灵顿的居民们提出，他们自愿提供 4800 平方千米土地和 5 万美元建立州议会大厦，条件是州政府建在他们这里。就这样，诞生了 Columbus 城。① 该市位于美国内陆中西部偏北的塞奥托河（Scioto River）与奥兰滕吉河（Olentangy River）的

---

① 京梅：《俄亥俄州的哥伦布市》，《海内与海外》2013 年第 1 期。

交汇之处，地处俄亥俄州的中心地带。哥伦布市区由 6 个郡组成，分别为富兰克林郡、德勒维尔郡、理经郡、非费尔德郡、麦迪逊郡、瑟科维郡。其位于温带湿润大陆性气候和亚热带湿润气候的过渡地带。四季分明，夏季炎热湿润、冬季寒冷干燥。冬季和夏季比较长，春季和秋季很短。1 月平均气温−4~2℃，7 月平均气温 23℃，年平均降水量 950 毫米。城区面积 550.5 平方公里，其中 544.6 平方公里是陆地面积，5.9 平方公里是水面。地势比较平坦，平均海拔 275 米。落叶树在当地比较多，包括枫树、栎树、橡树、核桃树、胡桃树、杨树等。哥伦布市乡土植物种类多，以灌木和小乔木为主，有橙桑、七叶树、枫香树、麻栎、白栎等。森林覆盖率为 25%。

哥伦布市位于富兰克林郡内，飞机、汽车、电器、机械、玻璃、纺织、食品等工业发达，而且是信息经济的发源地，非常重视信息基础设施建设。1987 年，市政府建立超级计算机中心。2011 年，投入 1.4 亿美元科研经费建设超级计算机中心。2012 年，市政府与竞争力有限公司（CCI）联手，在市内实施高速无线网络全覆盖工程。2012 年 12 月，实施无线网络部署第一阶段方案，将网络速度从 70Mbps 提升到 117Mbps；2013 年 5 月，实施多阶段无线网络铺设计划的第二步，将中央商务区移动设备的下载速度提升到 150Mbps，[①] 并在中央商务区配置了安全摄像头网络，用高速的、强大的双千兆网络来支持安全摄像头和 WiFi，配置了 50 多个网络接入点以及毫米波回程，使覆盖距离长达 2.4 千米。建有 600 英里光纤的智慧走廊，使光纤网络覆盖了市区学校、医院、研究机构和政府机关。[②] 并拥有全面运作的 MyColumbus 应用程序、MORPC 区域数据实验室门户网站、货运枢纽智慧物流系统、智慧交通系统（ITS）、自行车共享系统（CoGo）、汽车共享系统（Car2Go）、自动化车辆网络（OSU Transportation Hub 或 SMOOTH）、交通信号系统（CTSS）、认证旅游大使

---

① 周丽君：《美国哥伦布市的"智慧城市"建设》，《东方早报》2013 年 10 月 23 日。
② 姹晴晴：《哥伦布：智能绿色，以人为本》，《智能建筑与智慧城市》2016 年第 7 期。

（CTA）系统等。这些信息基础设施和智慧系统改善了该市公用事业公司识别和管理电力的条件；增强了所有道路使用者的安全性，提高了行程时间可靠性并减少事故的发生和相关的拥堵；减少并消除行人、骑自行车者和摩托车手的交通事故；为货运社区提供可靠的路线和交通状况信息，以便做出必要的、适当的路线选择；实现满意的互联访问并提供旅行时间信息、路线指导和停车可用性。① 此外，政府通过为全市公共安全设施提供无线许可的频谱，从而提供公共安全网络的接入，移动警察和消防车辆就有足够的带宽"在现场"访问处理实时信息；为高校提供了与图书馆互联互通的机会，并可实施远程教育和学习；为家庭和企业提供了高速互联网服务，创造营商竞争环境，让人们获得实惠价格。无线网络接入产生了良好的综合效益：①增强公众安全急救通信，包括紧急车辆移动接入执法记录以及医疗记录、街区监控录像和关键事件的场景，并以电子方式提交证据和报告，以及访问医院和紧急管理中心；②预防街道犯罪和增强安全功能，包括摄像头监控和对可疑事件的匿名发帖；③增强公共安全与周围司法管辖区的互操作性；④提供对教师、失业者等人员的远程教育机会；⑤为市民提供医药服务，市民在社区中心或在家通过互联网获取健康信息、医疗记录等；⑥通过应急管理机构和地区医院互联互通，为突发公共卫生事件的信息交流提供便利。② 信息技术对社会领域的渗透真正地将哥伦布市带入信息社会。

城市智慧社区是从工业革命和工业社会走过来的城市社区，其自然生态环境早被工业生产所污染，进入信息社会后，要面对修复和保护自然生态环境的艰巨任务。城市智慧社区必须实施可持续的环保解决方案，改善现有和未来市民的生活质量。因此，城市智慧社区必然立足信息技术及其基础设施改善生态环境，建设人工生态环境，为市民提供生态服务。哥伦布市的愿景是建设一个健康、繁荣、美丽的城市，必将采取积极主动的方

① 姬晴晴：《哥伦布：智能绿色，以人为本》，《智能建筑与智慧城市》2016 年第 7 期。
② 姬晴晴：《哥伦布：智能绿色，以人为本》，《智能建筑与智慧城市》2016 年第 7 期。

式应对气候变化。一是进行能源利用改革。2005 年，哥伦布市政府分析城市释放的温室气体量之后，推出"实现绿色哥伦布"的公共教育活动。两年后，时任市长迈克尔·科尔曼签署了《美国市长环境保护协议》，承诺哥伦布市将每年降低温室气体排放 2%，到 2030 年共计减少排放量达 40%。由政府、商界和非营利机构领导人组成的联盟推出了"创造绿色哥伦布"的活动，解决了从地域管理到回收计划的各项事宜。为实现能源利用的绿色改革，政府展开了包括改造城市建筑物、铺设清洁能源设备和促进公共交通发展等诸多举措。二是实施建筑节能措施。2006 年，哥伦布市开发绿色经济，建设住房项目，完成后的建筑有顶尖的保温功能、室内气体过滤系统、节能家电等，提高能源效率，同时帮助市民降低生活成本。2010 年，哥伦布市将 740 万美元的"能源效率与节能"补贴用于城市大楼的整修，给消防部门重新安装照明系统、更新中央安全大楼里的锅炉和水泵系统，将人行道上的路灯换成 LED 显示屏照明系统，从而减少能源浪费。三是实施制造业节能措施。2009 年，哥伦布市的 6 家制造商参与环境保护局开展的名为"经济、能源与环境"（E3）项目。该活动联合了联邦政府机构、市政府、公用事业公司以及当地的工厂，旨在提高制造业工厂的能源使用效率。每个参与的企业都接受了"绿色健康"技术评估。这 6 家企业可获得 1000 万美元的担保贷款，用于更新该企业的设备。E3 项目在哥伦布市获得了极大的成功，参与企业的年度能源消费减少了 170 万美元，年度碳足迹减少 2.3 万多吨。[①] 四是建设游憩绿道。作为一种生态廊道，游憩绿道是城市社区生态网络系统的重要组成部分，对信息社会的城市社区生态恢复具有一定作用。哥伦布市的游憩绿道建设始于 20 世纪 80 年代，全长 281 公里，与哥伦布市天然水系结合，沿河道绿地、湿地而建，将滨水生态绿地、生态湿地、城市公园等城市绿地串联起来，形成一张散布在哥伦布城乡社区的绿网。绿道植被主要是由当地原生植物组成的自然式混交林等，按照灌、花、草、藤复层合理

---

① 姬晴晴：《哥伦布：智能绿色，以人为本》，《智能建筑与智慧城市》2016 年第 7 期。

密植原则，使其依据周边的地形、地貌保持着自然的、丰富的层次变化。这些植物为游憩绿道提供树荫和美化功能，有助于保持清洁的空气和水，丰富和涵养土壤，并提供食物和野生动物住所。[①] 五是坚持生态环境价值观，致力于可持续发展。目前哥伦布市被评为 4 星级 STAR（可持续评估和评级工具）社区。该市积极寻求替代能源，减少经济活动和日常生活对生态环境的影响，应对气候变化。清洁街道、修理坑洞、收集散装垃圾、处理垃圾和涂鸦等，使社区更安全、更干净、更宜人。[②] 减少交通产生的温室气体排放，在 2030 年前完成可再生能源发电机的安装，实现能源脱碳；部署 800 辆电动汽车，实现车队电动化；安装多模联运系统，做到通勤自动化、交通低碳化；鼓励私人购买电动汽车，普及电动车；普及充电基础设施，助推电动车普及。[③] 哥伦布市恢复和修建起来的人工生态环境使该地区的空气清新起来、水体洁净起来、生态空间美化起来。

（二）芬兰赫尔辛基市智慧社区的生态保障

赫尔辛基濒临芬兰湾，建在一个丘陵起伏的半岛上，被几十个岛屿环绕，是芬兰最大的港口城市。其始建于 1640 年，1812 年成为芬兰首都，是世界上最北的首都。市区面积 686 平方公里，1/3 为森林和绿地，三面环海，城市内的湖泊星罗棋布，到处是苍翠的树木和如茵的草坪，树木以松和云杉为主，森林覆盖率达 71%，人均占有绿地面积约 100 平方米。该市地处北纬 60°，温带大陆性气候，盛行南—东南风，受海洋影响而气候温和。在夏季，光照时间长达 20 个小时，被称为"北方的白昼城"，"太阳不落的都城"。夏季平均气温 16℃，冬季−6℃。夏天气温不高，气候凉

---

① 王琼、乔征、郑凯：《以哥伦布市为例看美国城市游憩绿道景观规划》，《西北林学院学报》2013 年第 4 期。

② 《全球七大智慧城市之智慧哥伦布》，http：//www.qianjia.com/html/2014 − 10/13 _ 239188.html#。

③ 《智慧城市哥伦布篇：2020 年投资 10 亿美元用于智慧城市建设》，https：//baijiahao. baidu.com/s%3Fid%3D1679902351004858154%26wfr%3Dspider%26for%3Dpc。

爽；冬季常为阴天，太阳仅在空中持续几个小时，受大西洋暖流影响，气候并不寒冷。每年12月下旬至次年的4月中旬为冰冻期。全年平均降雨量约600毫米。

赫尔辛基是芬兰的经济、政治、文化中心，是典型的知识经济城市，以创新见长，是全球人均研发资金投入最高的城市之一。

赫尔辛基是芬兰最大的工业中心，不仅是机器制造工业和造船工业的中心，也是印刷工业和服装工业的中心。此外，电子、造纸、食品、纺织、化学、橡胶等行业也都很繁荣。从20世纪90年代中期就开始建设的在线实验室网络（Network of "LivingLabs"），以用户为导向，使赫尔辛基拥有协同创新城市智慧社区服务的试验平台，在促进赫尔辛基智慧健康、能源节约、制造业和政务的发展中发挥重要作用。还建立了移动实验室（Mobility Lab），在赫尔辛基Jätkäsaari区域放置传感器，收集城市信息，助推"最后一公里自动配送""城市物流共享仓库"等试验方案。尤其是后者利用自动车牌照识别摄像系统和车辆登记信息，记录经过该地区车辆的匿名数据，便于全面分析交通状况。[1]

赫尔辛基市政府在Kalasatama片区于2009年启动智慧住区建设，建设周期为2009～2035年。Kalasatama智慧住区包括智慧交通、智慧能源、智慧家居、幸福感和智慧学习五个领域。2011年，赫尔辛基建立地区信息共享平台（HRI），并为公众提供赫尔辛基地区公共数据服务，供市民、企业、高校、学术研究团体、市政人员使用。2012年，赫尔辛基发起"Forum Virium"的智能城市计划，涵盖城市智慧社区、居民福祉、新媒体、创新公共采购、创新社区和成长服务等领域，为市民提供无处不在的数据，以提高市民生活质量。[2] 赫尔辛基于2012年被芬兰政府遴选为智慧社区建设示范城市。2013年，启动为期五年的创新城市计划，推动了

---

① 王健等：《欧洲的"出行即服务"——学习借鉴赫尔辛基、维也纳和汉诺威的经验》，《人民公交》2021年第2期。

② 《芬兰生态智慧城市（区）规划建设经验及其启示——基于世界设计之都赫尔辛基新城建设实践的调研》，《中国名城》2016年第1期。

城市智慧社区发展步伐，建立了创新平台、开放数据和交互界面。2014年初，HRI 在城市运营中实现常态化。赫尔辛基建构了一个 500 平方英里城市的高仿真 3D 信息模型，为公众提供精准可靠的数字基础设施，增进城市的协作，促进研究、教育和创新。HRI 提供了大量多类别的城市公开数据，激发了城市各主体参与数据收集和利用的热情。芬兰 Aavixta 公司基于 HRI 开放数据开发出一款寻找城市公共自行车的应用"Find Bike Now"，为赫尔辛基市民提供自行车地理位置信息服务。Hansel 公司基于赫尔辛基市政采购数据集开发了"研究采购"应用，可为市民和企业提供分类、可视化的市政采购信息，方便民众获知公共基金的使用情况，也助力企业实时了解市场情况。而且，赫尔辛基加入了"北欧智慧城市网络""北欧城市实验室"项目、欧盟物联网项目、欧盟 AI 项目和欧盟大数据项目，提升了自身参与跨国智慧城市建设能力，扩大了本市的国际影响。

在加速城市智慧社区项目建设步伐的过程中，赫尔辛基非常重视人工生态环境的建设。赫尔辛基城市智慧社区项目注重市民健康、生物经济、可持续能源、再生资源等建设。在国际咨询公司美世发布的年度生活质量调查中，赫尔辛基是排名世界前三的生态城市。赫尔辛基建设人工生态环境的措施包括以下几方面。一是实施城市林荫计划。将现有的非公共机动车道逐步更新为城市林荫大道，与现有林荫大道相连通，服务新的住处和工作建筑，完善绿化网。二是推进建筑绿色低碳化。通过应用低碳建筑材料来实现环境目标，降低气候变化所带来的影响。其 Kalasatama 住区 135 万平方米的建筑，均执行芬兰绿色建筑标准，建筑周边和屋顶均铺设草沟和实现绿化，在增加住区生态景观的同时，起到收集和净化雨水的作用。三是建立智慧能源体系。如 Kalasatama 智慧住区就建设了用于居家、交通、公共用能的智慧能源设施、智慧能源供应站、集中式光伏发电机组以及将冷能、热能、电能、太阳能分别储存和传输到消费端的装置。四是建立智慧交通体系。使用的交通工具提倡电力驱动并配备充电设备。如 Kalasatama 住区 1/3 的停车场建设充电桩，安排一定比例的停车场仅供电动汽车停靠。五是建立垃圾处理系统。赫尔辛基市用真空收集装置收集住区生活垃圾，用运输管道传送生活垃圾。为了方便住户对生活垃圾进行分类投放，在每个住区的进出口旁边修建了垃圾分类设施。生活垃圾进入收集装置之后，通过住区连通的真空管道系统进行运输，根据垃圾分类的种数，每次进入一种模式进行转运。该系统的末端是接入城市中型以上规模的垃圾转运站，在站内进行垃圾集中转运。① 六是建设生态社区。在赫尔辛基的 Viikki 建设面积为 1100 公顷的、以生态为主题的综合生态社区，内含居住区、自然开发区、科学园区、商业服务区。将绿地、农田、生态水体、步行道、自行车道、废物处理设施分别嵌入住宅合围的庭院和街巷中，使系统化的自然要素成为社区居民日常生活的一部分。② 七是建设绿色地带。在城市规划、建设和发展中，专门制定"绿色地带"规划大纲。修建的赫尔辛基中心公园，长达 11 公里，占地 1000 公顷，从北到南贯穿整个市区。中心公园保留大森林自然风貌，茂密的赤松、云杉、白桦和栎树挺拔矫健，郁郁葱葱，林中还栖息着多种鸟类。夏末，市民可以到森林中采摘浆果和蘑菇。③ 八是修建调水工程。该工程从赫尔辛基以北的派延奈湖经 120 公里的隧洞输水到赫尔辛基市内。派延奈湖水质好，常年稳定，化学成分好，无污染，不含重金属，无藻类生长，不含氨或锰，处于自然状态，适于生活饮用。为保证水质，赫尔辛基在原有供水设施的基础上，建设了与调水相衔接的输配水工程和环境改善工程。调水工程于1982 年通水投入运行，为该市及其附近地区 100 万人提供饮用水和生活用水。④ 九是承诺 2035 年实现碳中和。为此，制定出 147 项减少温室气体排放的举措。鉴于供热系统的碳排放量占赫尔辛基总碳排放量的一半以上，为了实现碳中和，赫尔辛基 Kalasatama 地区市民已经使用可再生能

---

① 徐振强：《芬兰生态智慧城市（区）规划建设经验及其启示——基于世界设计之都赫尔辛基新城建设实践的调研》，《中国名城》2016 年第 1 期。

② 国房：《国际宜居城市建设经验——以新加坡、维也纳、赫尔辛基为例》，《住宅与房地产》2021 年第 11 期。

③ 曹伦：《赫尔辛基：生态之城》，《生态经济》2009 年第 11 期。

④ 魏昌林：《芬兰赫尔辛基调水工程》，《世界农业》2002 年第 3 期。

源、电动汽车、自动驾驶公交车，建立地下垃圾收集系统、屋顶桑拿房、住房公司共享空间、数字住宅和生活服务。① 赫尔辛基市政府一直将城市智慧社区建设纳入生态文明制度创新的框架，努力营造人与自然和谐共存和可持续发展的生态环境，将赫尔辛基建设成为生态城市智慧社区，为市民提供新鲜空气、洁净饮水、野生食物、宜居空间。

（三）信息社会城市智慧社区的生态保障建设图式

信息社会的城市智慧社区生态保障建设图式是采用园林园艺技术和植物装饰技术，建设人工生态环境，并立足人工生态环境，发展城市生态加工产业、生态服务产业，为市民提供天然生活资料的生态保障模式。我们根据发展信息产业、获得经济收入、建设城市社区生态环境、保障天然生活资料供给的现实情况，用信息社会城市智慧社区发展信息产业、建设生态环境的行动要素，描述信息社会的智慧社区生态保障建设图式。详情见表 5-1。

表 5-1 信息社会的城市智慧社区生态保障建设图式

样本	建设环境	建设理念	社会形态	建设方式	建设主体	建设能力与措施		建设策略
						工具	项目	
美国哥伦布市智慧社区	河流交汇处	谋生、谋利	信息社会	建设人工生态环境	政府	信息设施、智慧系统、应用程序、施工机械	能源改革、节能建筑、节能制造、游憩绿道	可持续发展策略
芬兰赫尔辛基市智慧社区	丘陵型半岛	谋生、谋利	信息社会	建设人工生态环境	政府	信息平台、数据设施、施工机械	林荫计划、绿色建筑、智慧能源、智慧交通、垃圾处理、生态社区、绿色地带、调水工程	可持续发展策略

---

① 王小丹、秦韩文：《芬兰赫尔辛基市的 147 个碳中和措施》，腾讯研究院，2021 年 7 月 29 日。

根据供给生态产品的建设环境、建设主体、建设理念、建设方式、建设工具、建设项目、建设策略等要素，可以描述信息社会城市智慧社区生态保障建设图式。表5-1呈现了城市智慧社区生态保障样态。①生态保障内容。由于信息社会是从工业社会演变而来，工业化时期对社区自然生态环境破坏比较严重，因而，当今的城市智慧社区的人工生态环境无法满足社区居民对新鲜空气、洁净饮水、野生食物的消费需求。如目前，美国哥伦布市智慧社区的森林覆盖率只达到25%，社区人工植被系统释放富氧离子的能力较低，需要整个大气层补充新鲜空气。由于城市社区集中精力发展信息产业，不会发展都市农业，也不可能为居民提供野生食物，只能依靠外地农村社区供给蔬菜、粮食、肉制品。同样城市社区内部也没有提供饮用水的水域和水环境，需要从很远的水源区引水。因此，为了满足社区居民对天然生活资料或生态产品的消费需求，城市智慧社区都会实施可持续的环保方案，立足信息技术及其基础设施改善生态环境，建设人工生态环境，为市民提供生态服务，提高居民的生活质量，如修建绿色地带、生态廊道、游憩绿道、社区公园，为居民提供绿色景观、休闲场所、新鲜空气；建设完善的垃圾收集处理和污水处理设施，改善社区生态环境，净化水土空气；修建引水工程和自来水系统，为社区居民提供洁净饮水和生活用水。如果城市智慧社区没有建设起人工生态体系，其居民就无法生活下去。②生态保障主体。在信息社会，城市智慧社区仍然以家庭为生活单位，但是社区人工生态环境的建设主体不是家庭，也不是社区，而是市政府。政府将人工生态环境当作公共服务和公共产品来建设，为此，制定社区生态环境建设方案、安排生态环境建设资金、规划生态环境建设项目、进行生态文明养成教育。也只有政府才有能力建设城市人工生态服务体系。城市政府利用信息设施、智慧系统、应用程序、信息平台促进产业环保化，修建绿色建筑、节能建筑，推行节能制造、能源改革、智慧能源、智慧交通，实施林荫计划，建设生态社区。③生态保障理念。信息社会城市智慧社区的生态保障理念仍然是"谋生+谋利"。政府用谋生理念指导生态产品生产，安排资金建设社区人工生态服务体系，以便生产新鲜空气、洁净饮水、野生食物，保障社区居民对天然生活资料的消费需求。政府用谋利理念，建设高速网络、智慧走廊、网络覆盖体系，开发各种应用程序、智慧业务系统，发展信息产业，用信息基础设施和智慧系统改善城市运转状态，为社区劳动力提供高薪岗位、劳动收入、生活福利，使社区家庭普遍地成为富裕家庭。④信息社会城市智慧社区的生态保障图式出现了新变化："家庭生活单位＋政府建设主体—谋生＋谋利理念—信息产业＋辅助产业—建立普惠性的、高待遇的政府福利体系"。⑤在信息社会，市政府都用可持续发展策略建设智慧社区的生态保障体系。

（四）信息社会城市智慧社区生态保障的理论反思

当代信息社会的智慧社区生态保障，是一种由政府规划并提供资金，在社区建设人工生态环境，以满足国民对天然生活资料消费需求的生活保障形式。对于进入信息社会的智慧社区而言，开展社区生态保障面临两大挑战，一是社区的自然生态环境遭受过工业生产的破坏。因为信息社会是从工业社会演变而来的，在建设智慧社区之前，政府盲目地追求 GDP、企业理性地追求高额利润，出现过度利用自然资源、生态资源大力发展工业生产现象，造成自然生态环境的严重破坏和生态产品品质的下降。二是人类生活对自然生态环境的依赖渐行渐远。在园艺社会，人类直接从自然生态环境获取生活资料；进入农业社会后，人类开始依靠农业生产获取生活资料，将自然生态环境当作获得农产品的物质资源；进入工业社会后，人类开始依靠工业生产赚取购买生活资料的资金，将自然生态环境当作生产工业品的物质资源；进入信息社会以来，人类开始依靠知识、信息、数据赚取购买生活资料的资金，将自然生态环境当作知识产品和信息产品的物质资源。人类赚取生活资料越来越不依靠自然生态环境，更加轻视自然生态环境的生活价值，但是，人类生活、生存、发展离不开自然生态环境提供的新鲜空气、洁净饮水、野生食物，这就加大了信息社会及智慧社区治理自然生态环境的难度，也使信息社会的智慧社区再也不可能回到自然生态环境状态，只能寄希望于建设人工生态环境为人类提供合格的空气、饮水、食品。如何解释或者应对信息社会及智慧社区面对的天然生活资料供给衰变局面，是当今政府、学界必须解决的理论问题。我们认为如下理论从彰显自然生态环境重要价值、将生态资本转化为社会财富的角度回应了天然生活资料品质下降现象，解释了天然生活资料供给衰变问题。

1. 生态社区建设理论

生态社区建设理论是人类对克服生态环境污染、保障生态产品供给的理论。1898 年，英国规划专家埃比尼泽·霍华德出版《明日的田园城市》，针对工业化浪潮对自然的毁坏、城市化无序扩张带来的生态恶化，提出田园城市理论：在田园城市中，人与环境和谐，居住区密度适中，有大量绿化空间，城市不无限扩张，达到一定人口就另辟空间，城市之间有大量的生态用地。田园城市模式为生态社区建设思想的形成奠定了理论基础。[①] 20 世纪 20 年代，巴洛斯和波尔克等人把生态学思想运用于人类住区研究，提出"人类生态学"理论，生态社区建设思想开始形成。

1987 年，苏联生态学家杨尼斯基（Yanitsky）在《城市与生态》杂志发表《人类环境的社会问题》一文，将"生态社区"界定为以生态功能为主旨，以整体环境观组合相关建设和管理要素，具有现代化环境水准和生活水准且持续发展的人类居住地。[②] 1991 年，美国生态学家罗伯特·吉尔曼出版《生态社区与可持续的社区》，将"生态社区"界定为人类活动融入自然界的、支持人类健康发展的、功能多样的社区。[③] 1992 年，联合国环境与发展大会通过的"21 世纪议程"，将"生态社区"与"可持续发展"联系起来，将生态社区建设推向新的高度。[④]

---

① 埃比尼泽·霍华德：《明日的田园城市》，金经元译，商务印书馆，2000。
② Yanitsky O., "Social Problem of Man's Environment", *The City and Ecology* (1), 1987: 174.
③ 赵清：《生态社区理论研究综述》，《生态经济》2013 年第 7 期。
④ 刘忠超：《生态文明背景下的生态社区建设模式研究》，《科技管理研究》2015 年第 10 期。

20 世纪末，生态社区建设理论开始走向生态社区建设和为居民提供生态保障方向。目前，国外一些城市在建设生态社区过程中，要求改善社区生态环境。一是要求使用可再生能源。建设太阳能社区，让住宅供暖与热水摆脱对化石能源的依赖，完全依靠太阳能提供。而且建筑屋顶的太阳能光电板发的电送到城市供电系统，为社区居民创造能源收入，带动社区经济的发展，节约资源，保护社区环境。二是建造雨水利用工程。每栋房子的地下都装有大型雨水储蓄池，雨水通过过滤管道流入储蓄池后被储存起来，储蓄池与每家厕所相连，居民都是用储存的雨水和处理后的污水冲洗马桶。冲洗后的污水经过处理后一部分用来灌溉生态村，另一部分重新流入储蓄池中，继续作为冲洗用水。三是建设再生水收集利用系统。废水中含有大量有价值成分，应被当作资源，加强再利用，减少废水对社区环境的污染。将高污染的水源收集起来，然后高效利用，产生经济和生态效益。再生水收集处理后，达到规定的水质标准，用于景观、绿化、洗车、冲厕、喷洒路面以及冷却水的补充。四是进行垃圾分类处理。将垃圾分成有机垃圾、轻型包装、旧玻璃、纸制品、有害物质垃圾、大型垃圾，以及不属于前述几项的剩余垃圾。垃圾回收之后，将其合理利用，变废为宝。如食物垃圾通过生物反应炉可转化为 CO_2、沼气和有机肥料；干垃圾可以通过焚烧产热发电，为住区每户居民提供电量，满足社区家庭照明用电需求。[1]

进入 21 世纪后，生态社区建设研究开始总结生态社区建设模式。一是按照生态社区指标建设生态社区。我国一些学者研究和提出生态社区指标体系，并要求建设生态社区考虑社区生态环境容量、生态流、生态因子等指标。[2] 二是探索生态社区策略。我国一些学者研究如何建设好生态社

---

[1] 杜欢政等：《上海垃圾分类资源化利用的现状、问题与实践路径》，《中国环境管理》2022 年第 2 期。

[2] Li D., Wang R., "Hybrid Emergy-LCA (HEML) based Metabolic Evaluation of Urban Residential Areas: The Case of Beijing, China", *Ecological Complexity* 6 (4), 2009: 484-493.

区问题，并针对性地提出破解思路，包括构建社区生态调控体系，强化生态系统服务功能，降低负面环境效应，实现社区能源及资源的可持续利用，[①] 建立社区减量、回收、利用废物体系等。[②]

在工业社会，社区自然生态环境难以回到原生状态和恢复生物多样性，只能通过建设生态社区来满足居民对天然生态资料的消费需求。因此，正在探索和研究的生态社区建设理论是工业社会人类发展社区生态保障的重要理论工具。

2. "两山"理念

"两山"是对绿水青山与金山银山关系论断的概括。"既要绿水青山，也要金山银山"旨在兼顾生态保护与经济发展；"宁要绿水青山，不要金山银山"旨在选择生态优先的经济发展模式；"绿水青山就是金山银山"旨在实现生态经济化和经济生态化的有机统一。绿水青山与金山银山的每种实践关系都贯彻着绿色发展理念。因此，绿色发展理念是"两山"理念的精神实质。"两山"理念是习近平深植中国实践，经过20多年建立起来的绿色发展理论。

1997年4月，习近平于福建省三明市常口村调研时首次提出："现在的青山绿水，似乎看起来没有多少价值，但从长远看，是无价之宝，将来的价值无法估量"，"加快发展不仅要为人民群众提供日益丰富的物质产品，而且要全面提高生活质量。环境质量作为生活质量的重要组成部分，必须与经济增长相适应"，"现在的经济竞争力，主要表现在环境竞争力上，表现在环境保护这方面做得怎么样"。[③] 2005年8月24日，习近平在《浙江日报》发表《绿水青山也是金山银山》专栏文章，提出："我们追求人与自然的和谐，经济与社会的和谐，通俗地讲，就是既要绿水青山，又要金山银山"。"绿水青山也就变成了金山银山"。"绿水青山可带来金

---

① 高喜红、梁伟仪、Paolo Vincenzo Genoves：《国外生态社区能源及技术开发对我国的启示》，《城市发展研究》2012年第3期。

② 郑俊敏：《生态社区建设思路、模式及对策研究——以广州市为例》，《生态环境学报》2012年第12期。

③ 陈建成：《"两山理论"的本质与现实意义研究》，《林业经济》2020年第3期。

山银山，但金山银山却买不到绿水青山。绿水青山与金山银山既会产生矛盾，又可辩证统一。在鱼和熊掌不可兼得的情况下，我们必须懂得机会成本，善于选择，学会扬弃，做到有所为、有所不为，坚定不移地落实科学发展观，建设人与自然和谐相处的资源节约型、环境友好型社会。在选择之中，找准方向，创造条件，让绿水青山源源不断地带来金山银山"。①2006年3月23日，习近平在《浙江日报》发表题为《从"两座山"看生态环境》专栏文章，分析"两山"关系的认识过程。第一个阶段，"用绿水青山去换金山银山，不考虑或者很少考虑环境的承载能力，一味索取资源"；第二个阶段，"既要金山银山，但是也要保住绿水青山，这时候经济发展与资源匮乏、环境恶化之间的矛盾开始凸显出来，人们意识到环境是我们生存发展的根本，要留得青山在，才能有柴烧"；第三个阶段，"认识到绿水青山可以源源不断地带来金山银山，绿水青山本身就是金山银山，我们种的常青树就是摇钱树，生态优势变成经济优势，形成了一种浑然一体、和谐统一的关系。这一阶段是一种更高的境界，体现了科学发展观的要求，体现了发展循环经济、建设资源节约型和环境友好型社会的理念"。"以上这三个阶段，是经济增长方式转变的过程，是发展观念不断进步的过程，也是人与自然关系不断调整、趋向和谐的过程"。②2006年9月15日，习近平在《浙江日报》发表《破解经济发展和环境保护的"两难"悖论》专栏文章，指出，"经济发展和环境保护是传统发展模式中的一对'两难'矛盾，是相互依存、对立统一的关系"。"对环境污染和生态破坏问题采取无所作为的消极态度"，会重蹈"先污染后治理"或"边污染边治理"的覆辙，最终将使"绿水青山"和"金山银山"都落空。"走科技先导型、资源节约型、环境友好型的发展之路"，才能促使"环境换取增长"向"环境优化增长"转变，也才能实现由经济发展与环境保护的"两难"，向两者协调发展的"双赢"的转变。③2013年4月2

---

① 习近平：《之江新语》，浙江人民出版社，2007，第153页。
② 习近平：《之江新语》，浙江人民出版社，2007，第186页。
③ 习近平：《之江新语》，浙江人民出版社，2007，第223页。

日，习近平在参加首都义务植树活动时发表讲话，"森林是陆地生态系统的主体和重要资源，是人类生存发展的重要生态保障。不可想象，没有森林，地球和人类会是什么样子。全社会都要按照党的十八大提出的建设美丽中国的要求，切实增强生态意识，切实加强生态环境保护，把我国建设成为生态环境良好的国家"。① 2013 年 5 月 24 日，习近平在主持十八届中央政治局第六次集体学习时强调："要正确处理好经济发展同生态环境保护的关系，牢固树立保护生态环境就是保护生产力、改善生态环境就是发展生产力的理念，更加自觉地推动绿色发展、循环发展、低碳发展，绝不以牺牲环境为代价去换取一时的经济增长。"② 2013 年 9 月 7 日，习近平在哈萨克斯坦纳扎尔巴耶夫大学发表演讲，在回答关于环境保护的问题时强调，"建设生态文明是关系人民福祉、关系民族未来的大计"。"中国明确把生态环境保护摆在更加突出的位置。既要绿水青山，也要金山银山。宁要绿水青山，不要金山银山，而且绿水青山就是金山银山。我们绝不能以牺牲生态环境为代价换取经济的一时发展。我们提出了建设生态文明、建设美丽中国的战略任务，给子孙留下天蓝、地绿、水净的美好家园"。③ 2014 年 3 月 7 日，习近平在参加十二届全国人大二次会议贵州代表团审议时强调："正确处理好生态环境保护和发展的关系，是实现可持续发展的内在要求，也是推进现代化建设的重大原则"。"保护生态环境就是保护生产力，改善生态环境就是发展生产力"。"让绿水青山充分发挥经济社会效益，不是要把它破坏了，而是要把它保护得更好。要树立正确发展思路，因地制宜选择好发展产业，切实做到经济效益、社会效益、生态效益同步提升，实现百姓富、生态美有机统一"。"为什么说绿水青山就是金山银山？'鱼逐水草而居，鸟择良木而栖'。如果其他各方面条件都具备，谁不愿意到绿水青山的地方来投资、来发展、来工作、来生活、来旅

---

① 习近平：《习近平谈治国理政》，外文出版社，2014，第 207 页。
② 习近平：《习近平谈治国理政》，外文出版社，2014，第 209 页。
③ 杨丽娜、常雪梅：《习近平在哈萨克斯坦纳扎尔巴耶夫大学发表重要演讲》，《人民日报》2013 年 9 月 8 日。

游？从这一意义上说，绿水青山既是自然财富，又是社会财富、经济财富"。① 2015 年 3 月 24 日，习近平主持中央政治局会议，通过《关于加快推进生态文明建设的意见》要求牢固树立尊重自然、顺应自然、保护自然的理念，坚持绿水青山就是金山银山，深入持久地推进生态文明建设。2016 年 1 月 18 日，习近平在省部级主要领导干部学习贯彻党的十八届五中全会精神专题研讨班上的讲话中指出："生态环境没有替代品，用之不觉，失之难存。我讲过，环境就是民生，青山就是美丽，蓝天也是幸福，绿水青山就是金山银山"。2016 年 3 月 16 日，习近平参加十二届全国人大第四次会议黑龙江代表团审议时强调，"要加强生态文明建设，划定生态保护红线，为可持续发展留足空间，为子孙后代留下天蓝地绿水清的家园，绿水青山是金山银山，黑龙江的冰天雪地也是金山银山"。2017 年 1 月 18 日，习近平在联合国日内瓦总部发表题为"共同构建人类命运共同体"的主旨演讲指出，"工业化创造了前所未有的物质财富，也产生了难以弥补的生态创伤。我们不能吃祖宗饭、断子孙路，用破坏性方式搞发展。绿水青山就是金山银山。我们应该遵循天人合一、道法自然的理念，寻求永续发展之路"，"对人的生存来说，金山银山固然重要，但绿水青山是人民幸福生活的重要内容，是金钱不能代替的"。2017 年 10 月 18 日，习近平在党的十九大报告明确提出：坚持人与自然和谐共生。建设生态文明是中华民族永续发展的千年大计。必须树立和践行绿水青山就是金山银山的理念，坚持节约资源和保护环境的基本国策，像对待生命一样对待生态环境，统筹山水林田湖草系统治理，实行最严格的生态环境保护制度，形成绿色发展方式和生活方式，坚定走生产发展、生活富裕、生态良好的文明发展道路，建设美丽中国，为人民创造舒适的生产生活环境，为全球生态安全做出贡献。2018 年 5 月 18～19 日，习近平在全国生态环境保护大会上强调，要自觉把经济社会发展同生态文明建设统筹起来；绿水

---

① 施菲菲：《习近平参加贵州代表团审议：改善生态环境就是发展生产力》，http://zjnews.zjol.com.cn/system/2014/03/08/019898100.shtml。

青山就是金山银山，贯彻创新、协调、绿色、开放、共享的发展理念，加快形成节约资源和保护环境的空间格局、产业结构、生产方式、生活方式，给自然生态留下休养生息的时间和空间。2019 年 4 月 28 日，习近平在 2019 年中国北京世界园艺博览会开幕式上说："现在，生态文明建设已经纳入中国国家发展总体布局，建设美丽中国已经成为中国人民心之向往的奋斗目标。中国生态文明建设进入了快车道，天更蓝、山更绿、水更清将不断展现在世人面前。" 在讲到我们应该追求绿色发展繁荣时说道："绿水青山就是金山银山，改善生态环境就是发展生产力。良好生态本身蕴含着无穷的经济价值，能够源源不断创造综合效益，实现社会经济可持续发展"。2019 年 9 月 18 日，习近平在郑州主持召开黄河流域生态保护和高质量发展座谈会并发表重要讲话，他强调："要坚持绿水青山就是金山银山的理念，坚持生态优先、绿色发展，以水而定、量水而行，因地制宜、分类施策，上下游、干支流、左右岸统筹谋划，共同抓好大保护，协同推进大治理，着力加强生态保护治理、保障黄河长治久安、促进全流域高质量发展、改善人民群众生活、保护传承弘扬黄河文化，让黄河成为造福人民的幸福河"。[①]

习近平总书记的文章、报告、讲话等文献以"绿水青山就是金山银山"为思维主线、以绿色发展为主旨，从不同维度建构了"两山"理念内涵。①绿色民生发展观点。生态环境质量是生活质量的重要组成部分，绿水青山就是清新空气、清洁水源、宜人气候等良好生态环境，是人类生存的根本保障，政府应为国民提供与经济增长相适应的绿水青山环境。环境就是民生，青山、蓝天、绿水都是民生所需。绿水青山是人民幸福生活的重要内容。造福人民是生态保护和生态建设的治理目标。要满足人民对优质生态环境的需要，必须实施生态优先、绿色发展策略。②绿色经济发展观点。保护生态环境，发展资源节约型和环境友好型经济，实现环境优化增长和经济发展与环境保护的协调发展。利用生态资源必须考虑生态环

---

① 陈建成：《"两山理论"的本质与现实意义研究》，《林业经济》2020 年第 3 期。

境的承载能力，保住绿水青山，让绿水青山源源不断地带来金山银山，将生态优势变成经济优势。国家要兼顾生态保护与经济增长，发展循环经济，建设资源节约型和环境友好型社会，发展美丽经济，实现生态—经济的协调发展。③绿色效益与绿色财富观点。让绿水青山充分发挥经济社会效益，发展生态农业、生态旅游、生态康养以及循环产业，实现经济效益、社会效益、生态效益同步提升，实现百姓富、生态美有机统一。绿水青山代表自然资源财富，金山银山代表物质财富。在经济落后阶段，用绿水青山去换金山银山，不考虑或者很少考虑环境的承载能力，一味索取资源，在人们的心目中自然资源财富的效用价值小于物质财富的效用价值。当生态破坏和环境污染到了不可逆转的阶段，人们意识到环境是我们生存发展的根本，既要金山银山，也要保住绿水青山，这时自然资源财富的效用价值大于物质财富的效用价值。最终人们认识到绿水青山可以源源不断地带来金山银山，绿水青山就是金山银山，绿水青山可变成自然财富、经济财富，生态优势可转化为经济优势，自然财富可与物质财富共生。④生态环境发展观点。保护生态环境就是保护生产力、改善生态环境就是发展生产力。要用尊重自然、顺应自然、保护自然的理念发展生态环境，建设好青山绿水，形成节约资源和保护环境的空间格局、产业结构、生产方式、生活方式，给自然生态留下休养生息的时间和空间，充分考虑生态环境的容量，将其作为约束性的前提条件，设计经济增长速度，坚持"生态优先"原则，建设美丽国家。⑤永续发展观点。绿水青山的生态环境具有持续发展性。生产发展、生活富裕、生态良好是永续发展的基本条件，进入持续发展正轨，不仅要生产发展、生活富裕，形成绿色生产发展方式和生活方式，而且要大力建设生态文明。必须划定生态保护红线、统筹山水林田湖草系统治理、实行最严格的生态环境保护制度，才能保证生态安全，实现永续发展。

　　"两山"理念用中国实践经验回应了当代后工业社会或信息社会初期出现的过度利用自然生态环境现象，倡导用生态优先原则和绿色发展模式建设生态环境，实现自然财富与人造财富的共生繁荣和社会持续发展，具有永恒的实践生命力和普遍的应用价值，产生了深刻的国际影响，成为新时代全球生态保障的理论依据。自 20 世纪 70 年代以来，全球生态文明建设受西方政要和学者建构的"可持续发展""循环经济""低碳经济"理念所引领。自 20 世纪 90 年代以来，随着"两山"理念的诞生，"绿色发展""生态优先""生态产品""自然资源资产"等源自中国的理念成为全球生态环境建设的新思维、新主张。2016 年 5 月 26 日举行的第二届联合国环境大会高级别会议发布了《绿水青山就是金山银山：中国生态文明战略与行动》报告。"两山"理念不仅被国际社会高度认可，而且以"两山"理念为指导的生态文明建设"中国做法""中国方案""中国经验"也得到国际社会的广泛借鉴。"两山"理念对于美丽世界建设、人类命运共同体建设、全球生态—经济协调发展等具有十分重要的引领价值。①

3. 生态产品第四产业理论

该理论是王金南及其团队建构的生态产业理论。王金南等于 2021 年 8 月在《中国环境管理》杂志第 4 期发表《生态产品第四产业理论与发展框架研究》一文，建构了生态产品第四产业理论。认为生产生态产品的产业是与第一产业（农业）、第二产业（工业）、第三产业（服务业）平行的第四产业，是提高生态产品供给能力、推动生态产品价值实现、成为推进美丽中国建设、实现人与自然和谐共生的现代化的增长点、支撑点、发力点。② 该理论的核心内容如下。③

（1）产业内涵。生态产品第四产业是指以生态资源为核心要素，与生态产品价值实现相关的产业形态，是从事生态产品生产、开发、经营、交易等经济活动的集合。狭义上的生态产品第四产业主要指通过生态建设

---

① 沈满洪：《"两山"理念的科学内涵及重大意义》，《智慧中国》2020 年第 8 期。
② 王金南、王夏晖：《推动生态产品价值实现是践行"两山"理念的时代任务与优先行动》，《环境保护》2020 年第 14 期。
③ 王金南等：《生态产品第四产业理论与发展框架研究》，《中国环境管理》2021 年第 4 期。

提升生态资源本底价值的相关产业及通过市场交易、生态产业化经营等方式将生态产品所蕴含的内在价值转化为经济价值的产业集合，包括生态保护和修复、生态产品经营开发、生态产品监测认证、生态资源权益指标交易、生态资产管理等产业形态。广义上的生态产品第四产业还包括围绕传统产业的资源减量、环境减排、生态减占，即产业生态化形成的产业集群。生态产品第四产业生产函数如下：$Q = E^\varepsilon K^\alpha N^\beta T^\gamma$（$Q$ 为生态产品总产出；E 为生态资源；K 为资本；T 为技术；N 为土地；α、β、γ、ε 为常数系数，且 α、β、$\gamma < 1$，$\varepsilon > 1$）。

（2）产业特征。与农业、工业、服务业比较，生态产品第四产业具有如下特征：第一，以人与自然和谐共生为产业根本目标；第二，核心产品是生态产品；第三，服务对象是人与自然生命共同体、自然生态系统、人类及一切生物；第四，产业的时空属性是跨时空属性，不仅满足当代人的需要，也满足未来可持续发展的需要；第五，具有增加人类福祉和实现生态系统服务保值增值的产业价值；第六，以生态资源为产业主导生产要素；第七，具有以生态生产为主、人类生产为辅的生产属性；第八，倡导生态文明；第九，以蕴含全生命周期绿色消费理念为主导消费观念。

（3）产业形态。纯公共性生态产品的产权是区域性或共同性的，难以通过市场交易实现经济价值，主要依赖政府路径实现。价值支付形式有转移支付、生态补偿及定向支持生态保护的政府性专项基金等。准公共性生态产品在政府管制下可通过税费、构建生态资源权益交易市场实现价值。部分公共性生态产品在满足产权明晰、市场稀缺、可精确定量3个条件时，可通过收取税费或开展生态资源权益交易等方式实现价值，价值支付形式为生态环境资源税费及相关权益的市场交易价格。经营性生态产品通过市场交易直接实现价值，支付形式为产品自身价格，包括生态物质产品及生态产业化经营形成的生态服务。生态物质产品的生态溢价一般需要有公信力的第三方认证评价及品牌培育推广才能顺利实现。国家公园、风景名胜区等公共资源性生态产品通过明晰产权、直接经营、委托经营等方式交由市场主体提供终端生态产品服务，具体表现为生态旅游、生态康养、生态文化服务等，价值支付形式为门票、会员费等相关生态产业化经营收入。

（4）产业范围。第一，生态产品生产，包括清洁空气、干净水源、安全土壤、清洁海洋、适宜气候、物种保育、减灾降灾、碳汇、生态责任指标、生态资源权益、生态休闲农业、生态旅游、生态康养、生态文化、生态园区运营、生态农产品、生态能源、生态水源等。第二，生态反哺，包括生态建设、生态修复等。第三，生态产品开发服务，包括生态产品综合开发、生态产品监测核查、生态咨询服务等。第四，生态产品交易服务，包括生态产品认证推广、生态产品交易平台等。

（5）生态产品第四产业发展机制。生态产品第四产业的形成和发展主要包括生态资源调查、生态系统生态生产、生态资源资产化、生态资产资本化、生态资本经营、生态建设反哺等6个环节。生态资源、初级生态产品、生态资产、生态资本、终端生态产品、生态现金流等节点就是产品价值对应的6个载体。产业参与主体主要有自然生态系统、政府、社会公众、生态产品市场经营开发商、以生态环境综合服务商为代表的企业、生态产品交易平台、产业支撑服务的企业和产业支撑服务的事业单位共8类，分别承担着供给者、需求者及产业服务方等不同角色。

（6）产业形成的关键环节。生态资源是生态产品第四产业的主导生产要素，也是产业形成的起点。生态资源作为生态产品的自然本底和生产载体，可以理解为生态系统经过长期历史积累形成的具有生态生产功能的存量，而经生态系统的生态生产过程产出的生态产品则可视为生态资源存量生产出的流量。生态"资源—资产—资本"转化是产业形成的基础。生态资源资产化是生态资源存量生产出的初级生态产品，在经济稀缺性和产权界定的双重前提下可转化为生态资产。生态资产资本化是将生态资产投入市场获得经济效益，从而实现自身的良性循环。

生态资本经营是产业形成和发展的核心环节。生态资本经营指产业运营方等市场主体通过人力、技术等要素投入开展生态产品的开发管理、市场化经营，最终形成面向终端消费者或可在生态市场实现交易的生态产品和服务，并通过对价支付形成可持续的现金流收入，以实现生态资产的增值和主体投资的退出。生态保护与建设是产业实现可持续发展的保障。生态建设主要包括生态保护、修复及可持续生态系统管理。通过生态产业化经营和市场交易变现的一部分产品价值以实物、技术、资金等形式再次投入生态保护恢复和生态建设中，从而实现生态反哺，是打通生态产品价值产业链闭环，实现生态资本持续增值、生态产品可持续再生产的关键和保障。

（7）产业参与主体。生态产品第四产业参与主体主要包括产品供给方、产品需求方、产业服务方等。产品供给方主要包括生态系统、政府、企业。其中，生态系统是生态产品第四产业的核心供给方，政府是制度供给的关键主导方，企业是核心的市场供给者。社会公众通过个人对生态保护的贡献也可成为生态产品的供给者。产品需求方主要包括社会公众和自然生态系统。社会公众是产业的主导需求方，是生态产品第四产业的消费主体和受益主体。生态系统不仅是生态产品的核心供给者，也是生态产品第四产业的最终受益主体之一。产业服务方包括促进生态产品交易、服务生态产品供给保障的资金、技术等相关支持者，主要有生态产品交易平台、技术支撑服务单位、绿色金融机构等。

（8）产业核算与发展指标体系。通过科学的核算方法，给无价的生态系统服务贴上"价格标签"，建立生态产品第四产业统计评价指标体系，是解决生态产品第四产业"度量难、抵押难、交易难、变现难"的第一道关口。第四产业的生态产品价值核算主要集中在两个方面：一是生态系统资产存量变化，导致生态系统和生态系统服务流量的变化；二是生态系统服务流量变化给人与自然系统带来的效益变化。第四产业核算可以用生态产品总值（GEP）来衡量，其核算指标体系由供给服务、调节服务和文化服务三大类构成。其中：供给服务主要包括农业产品、林业产品、畜牧业产品、渔业产品、生态能源和其他；调节服务主要包括水源涵养、土壤保持、防风固沙、海岸带防护、洪水调蓄、固碳、氧气释放、空气净化、水质净化、气候调节和物种保育；文化服务主要包括休闲旅游和景观价值。可采用遥感解译技术、机理模型、实地监测法、统计分析法、现场调查法、环境经济学等方法，对森林生态系统、湿地生态系统、草地生态系统、农田生态系统、城镇生态系统等不同生态系统的产品供给服务、生态调节服务和文化服务的实物量与价值量进行核算。衡量第四产业发展的指标主要有生态产品总值、衍生生态产品总值、生态产品结构指数、绿金指数、生态产品初级转化率、公共性生态产品指数、经营性生态产品指数、生态产品总值增长率、第四产业的产业集聚度等。

自人类进入工业社会以来，人类活动对地球生态系统的影响不断扩大，生态资源日益变得稀缺，新鲜空气、洁净饮水、野生食物、优质农品等高质量生态产品越来越成为稀缺品。在后工业社会和信息社会初期，人类必须大力发展生态产业，筑牢生态保障的根基，才有可能使自然生态环境继续为自己提供天然生活资料。可以说，生态产品第四产业理论为当代乃至未来社会发展生态保障事业提供了理论支撑。

生态产品第四产业理论的核心思想是发展生态产业，这对于信息社会发展社区生态保障具有特殊意义。因为将生态产品的生产当作一种产业去发展，就等于为各类生态产品的生产奠定了坚实的、稳定的产业根基，使天然生活资料有了可靠的、持续的来源，使信息社会的社区生态保障越来越发达。

三　讨论

由于信息社会是从工业社会演进而来的，进入信息社会的城市智慧社区都经历过工业化过程，而且在谋利理念引导下，都追求 GDP 和财富积累，导致对生态资源、自然资源的过度利用和规避生态成本与环境成本，在监管不力的情况下，工农业生产容易破坏自然生态环境。因而，进入信息社会之后，城市智慧社区面临治理社区生态环境的艰巨任务，只能将社区生态环境治理、建设人工生态环境当作头等大事来落实，而且不可能恢复到原初状态，因为社区生态空间、大片水域、土地被征用，变成了工业园、商业住宅区，各种生态要素及生态多样性已经消失殆尽。在这种情况下，城市智慧社区只能建设人工生态体系，只会呈现生态保障建设图式。

人工生态环境属于生态公共服务范畴，具有公共产品应有的属性，企业不愿意承担人工生态环境建设任务，社区和民间组织没有能力承担人工生态环境，所以，必须要政府承担社区人工生态环境建设责任。城市社区人工生态环境建设是一个长期的、复杂的系统工程，需要政府出规划、出政策、出资金，然后通过购买服务方式或市场机制实施生态工程、生态项目。还需要动员各种社区主体积极参与和配合社区人工生态环境建设，有钱出钱、有力出力，积极参加生态环保志愿活动，多做有利于社区生态环保的公益项目，不做有损社区生态环保的事情。

城市政府应以生态社区建设理论为指导，用信息产业成果和产业资源将本地建设成为生态社区。利用信息设施、智慧系统、应用程序、信息平台发展环保产业、建设生态服务设施，建构社区节能体系、实施生活降能措施、培育社区低碳生活方式、搭建低碳社区运行的绿色管理平台，将本地建成生态社区。把所辖社区建设成为住区与生态和谐的社区、生态环境得到有效保护的社区、拥有繁茂绿化体系的社区、生态功能突出的社区、生态要素协同发展的社区、提供优质生态产品的社区。

对于尚处于农业社会阶段的城乡社区都应该吸取工业化破坏社区自然生态环境的教训，保护和保留好社区自然生态环境，以便保证为社区居民供给优质生态产品。在工业化、信息化进程中，欠发达城乡社区应自始至终以习近平"两山"理念为指导，发展生态产业，并使生态产业伴随工业化、信息化过程，通过生态产业维护社区的自然生态环境，保留社区生态空间。建设的人工生态环境不可能恢复生物多样性和生态系统自我调节能力，不可能回到自然生态环境状态，不可能达到自然生态环境那样的生态产品供给水平，况且保护和保留自然生态环境的成本要比建设人工生态环境低一些，更利于实现环境公平和环境正义。

第六章　社区供给自生类生态产品

自生类生态产品指社区生态环境直接提供给社区居民的新鲜空气、洁净饮水、生态宜居空间、生态景观等天然生活资料。自生类生态产品是人类的必要天然生活资料，尤其是新鲜空气、洁净饮水是人类生活不可缺少的天然生活资料，而且，相对于衣、食、住、行、用等人工生活资料来说，它是更重要的生活资料。因为"人是自然界的一部分"，"人靠自然生活"。[①] 一个人"生下来，活下去"，须呼吸新鲜空气、饮用净水。因此，任何社区都应保护好社区的自然生态环境或建设好社区的人工生态环境，以便社区自然生态环境为其居民供给必要的天然生活资料。

一　社区自生类生态产品供给的特质

社区自生类生态产品供给指社区利用自然生态环境和生态资源采集获取天然食物和通过保护与建设社区自然生态环境以便为社区居民提供新鲜空气、洁净饮水的劳动过程。具有如下特质。

（一）生态环境直接生产

新鲜空气、洁净饮水等自生类生态产品是由自然生态环境直接供给的。空气新鲜与否由空气中氧气含量高低和有害物质多少决定。①氧气比

---

① 马克思、恩格斯：《马克思恩格斯全集》，人民出版社，2006，第95页。

较充足的优质空气，一是由自然生态环境里的绿色植物产生的，因为绿色植物在阳光照射下，将外界吸收来的二氧化碳和水分，在叶绿体内利用光合作用制造出以碳水化合物为主的有机物，并放出氧气，如仙人掌、仙人球、吊兰就能吸收空气中的二氧化碳和有害气体，释放出氧气。二是由自然生态环境的瀑布和树冠产生的，因为在瀑布的冲击过程中，水自上而下在重力的作用下高速运动，使水分子裂解，产生大量的负离子；森林的树冠、枝叶的尖端放电以及绿色植物的光合作用形成的光电效应，促使空气电解，产生空气负离子，因此，在具有瀑布、溪水、喷泉和森林的地方空气负离子浓度往往较高。空气负离子具有净化空气、改善环境的作用。空气中的粉尘（PM2.5、PM10 等）在空气负离子电荷的作用下，容易被吸附、聚集和沉降。空气负离子对细菌和病毒的生长具有抑制作用。目前，世界许多国家已将空气负离子当作衡量空气清洁度、检测环境质量的重要指标之一。[①] ②减少空气中有害物质，主要依靠自然生态环境的森林来净化和处理。一是当气流经过树林，空气中的部分尘埃、油烟、炭粒、铅、汞等有害物质就被植物叶面上的绒毛、皱褶、油脂和黏液吸附了，空气由此得以净化，如每公顷阔叶树林，每年可吸附 68 吨尘埃。二是森林中许多植物如杨树、桦树、樟树、松树、柏树等散发出有较强杀菌能力的芳香性物质，能杀灭空气中许多致病菌和微生物。洁净饮水由社区地理空间的水源如泉眼、山塘、小流域以及流经社区的河流提供。

　　社区地理空间的泉眼、山塘、小流域的水量是否充足、水质是否优等，主要取决于社区自然生态环境里的森林体系。①森林具有涵养水源的作用。哪里有森林，哪里就有水。据科学家试验，一棵 25 年生天然树木每小时可吸收 150 毫米降水；一棵 22 年生人工水源林木每小时可吸收 300 毫米降水；一片 10 万亩面积的森林相当于一个 200 万立方米的水库。[②] 因此，森林有

---

① 薄文兴等：《以空气负离子浓度和耗氧量为室内空气环境监测指标的探讨》，《环境与健康杂志》1993 年第 6 期。

② 贝桂民、王洪帅、王兆品：《谈谈森林与水的关系》，载济南市科学技术协会编《济南市水资源优化配置战略研究》，济南出版社，2005。

"绿色水库"之称。许多河流都发源于高山密林之中。森林之所以能涵养水源，是因为林冠可以截留 15%~40% 的降水，还可以阻止雨滴直接冲击土壤；林下的枯枝落叶层能阻止地表径流，使 40%~80% 水分渗入地下，把地表径流减小到最低程度；森林土壤中丰富的腐殖质，具有相当高的持水能力。另外，森林土壤疏松，孔隙多，可促进降雨向土层渗透，提高森林土壤吸收降雨的能力。根据调查，25 年生的天然林，每小时可以吸收降雨量 150 毫米；草地每小时吸收降雨量 10 毫米左右；裸露地每小时吸收降雨量还不到 5 毫米。林地的降水，25% 被林冠截留或蒸发，35% 转为地下水徐徐补充河道水。林地涵养水源的能力为裸露地的 7 倍。[①] 全世界 76% 的人口靠森林供水。[②]森林影响水质。降水通过森林流域时，由于枯枝落叶和土壤腐殖质的作用，又可除去某些溶解成分，起到净化水的作用。人们常把山涧中的溪水作为饮用水，就是因为森林对水有着良好的净化作用。不同的乔木和灌木树种对流经森林地带的水质所起的作用不同。如果把来自无林地的水中的含沙量作为 100%，那么流经松林带以后的水，含沙量能减少到 20%，而流经榆树林的含沙量能够降低到 15%。另外，降水还可以淋洗植物叶片中的物质。在英国发现，从林冠下收集到的雨水要比附近空旷地收集的雨水含有更多的钾、钠、钙、镁。[②] 森林还可降低水的硬度，提高水的碱性，并可防止水资源受到物理、化学、热能及生物的污染。估计世界上有 2.38 亿人所生活的城市，其大量优质饮用水靠保护林提供。

（二）社区间接供给

正因为自然生态环境为人类直接生产新鲜空气和洁净饮水，所以，每个社区应该投入必要劳动力、财力保护好社区自然生态环境或建设好人工生态环境。对于自然生态条件较好的农村社区应采取各种措施保护好社区自然生态环境；对于自然生态条件较差的农村社区和城市社区应投入更多

---

① 李传文：《森林保持水土涵养水源的效应及评价》，《山西水土保持科技》2006 年第 2 期。

② 刘逸菲等：《森林影响降水水质研究概述》，《世界林业研究》2021 年第 5 期。

的劳动力和财力建设好社区人工生态环境。通过保护自然生态环境和建设人工生态环境，改善社区生态系统的种群营养结构，增强生态系统的种群功能，加速生态系统的能量流动，扩大生态系统的物质交换途径，提升生态系统的抵抗力、稳定性和调节能力，从而达到间接增强社区生态环境生产新鲜空气和净化水质的能力。

就改善社区饮用水水质而言，鉴于社区自然生态环境里的森林结构、林地土壤和地貌影响水分循环，树冠能调节水流，以及整个森林具有涵养水源、改善水质、保护水环境的生态作用，社区必须大力增加森林植被，合理地经营森林，以便维持或增加社区水资源的质与量。社区为改善水质而保护和植树种草，一来可使森林植被保护地面、减少下降雨滴的直接冲击、增加土坡的入渗量、减少土粒的分离和搬移，阻止雨水将泥沙带入社区水域中，使社区水体发生污染；二来可使森林通过自身生态系统养分循环中的各个过程，吸收或吸附各种营养元素和污染物质，减少细菌数量，保护和改善水质。[①] 虽然社区居民保护自然生态环境和建设人工生态环境，对于改善水质而言，是间接的，却是非常必要的，尤其是进入工业社会的城乡社区更要加强社区生态环境保护和建设。

（三）多方供给

由于自生类生态产品具有自然性、公共性、正外部性、持续性、根基性等特性，这决定着社区、管辖社区的政府、驻区企业、社区居民都应参与社区生态环境建设和自生类生态产品供给事业。政府是公共利益的代表、公共财政的掌握者、生态环保的立法者和执法者；社区是特定地域的生活共同体，满足居民对天然生活资料的消费需求是其天职，为居民提供优质生态产品是其不容推卸的责任；驻区企业是生态产品的最大消费者、生态环境的显性或隐性伤害者、碳源制造者；社区居民是生态产品消费

---

① 贝桂民、王洪帅、王兆品：《谈谈森林与水的关系》，载济南市科学技术协会编《济南市水资源优化配置战略研究》，济南出版社，2005。

者、生活污染制造者。所以，要以社区为单元组建自生类生态产品供给共同体，沟通政府与驻区企业、社区居民的供给意图，协调政府、社区、驻区企业、社区居民四方的责、权、利，促使四方利用自身优势，供给自生类生态产品。张润昊[1]以及黄立洪、柯庆明、林文雄[2]就主张政府应该为人民群众提供优质生态产品，为此，政府应向损害生态功能或导致生态价值丧失的单位和个人收取赔偿，并向为保护和恢复生态环境及其功能而付出代价、做出牺牲的单位和个人进行经济补偿。尹伟伦提出政府的林业部门是提供优质生态产品的主体，其供给优质生态产品的方式是保障生态安全、监管和协调生态产品生产。[3] 马涛则主张市场主体应成为优质生态产品的供给主体，并用市场机制供给优质生态产品。[4] 曾贤刚、虞慧怡、谢芳主张中央政府、地方政府、社区、私人都是提供生态产品的主体，中央政府通过均等化公共服务途径供给全国性公共生态产品；地方政府通过区域合作方式供给区域或流域性公共生态产品；社区采取自主建设辖区生态环境供给社区性公共生态产品；私人通过市场交易方式供给私人生态产品。[5] 这些学者建构了社区自生类生态产品的多主体供给模式。

（四）差等供给

由于空气和水体质量是分等级的，故社区自生类生态产品供给也是分等级的。

就空气质量而言，可根据环境空气质量指数、空气负氧离子浓度指标建设社区生态环境。根据环境保护部 2012 年 2 月 29 日颁布的《环境空气

---

① 张润昊：《生态效益补偿问题片论》，载《2004 年中国法学会环境资源法学研究会年会论文集》，2004 年 8 月。
② 黄立洪、柯庆明、林文雄：《生态补偿机制的理论分析》，《中国农业科技导报》2005 年第 3 期。
③ 尹伟伦：《提高生态产品供给能力》，《瞭望》2007 年第 11 期。
④ 马涛：《依靠市场机制推动生态产品生产》，《中国证券报》2012 年 11 月 28 日。
⑤ 曾贤刚、虞慧怡、谢芳：《生态产品的概念、分类及其市场化供给机制》，《中国人口·资源与环境》2014 年第 7 期。

质量指数（AQI）技术规定（试行）》（HJ 633—2012）的空气污染程
度，将社区的空气分为 6 个等级。①一级空气质量的空气污染指数为 0～
50，空气无污染，空气质量状况为优。②二级空气质量的空气污染指数为
51～100，空气中存在某些污染物颗粒，空气质量状况为良。③三级空气
质量的空气污染指数为 101～150，空气被轻度污染。④四级空气质量的空
气污染指数为 151～200，空气被中度污染。⑤五级空气质量的空气污染指
数为 201～300，空气被重度污染。⑥六级空气质量的空气污染指数大于
300，空气为严重污染级别。所以，从减少或防止空气被污染的角度看，
社区应按环境空气质量指数建设社区空气生态环境，采取有效措施减少社
区空气的污染物含量，直至达到一级空气质量水平。另外，也可以依据国
家林业局 2016 年 1 月发布的《空气负（氧）离子浓度观测技术规范》
（LY/T 2586-2016），将空气负氧离子浓度分成 4 个等级，一级空气质量
为负氧离子浓度为大于或等于 1600 个每立方厘米；二级空气质量为负氧
离子浓度为 800～1600 个每立方厘米；三级空气质量为负氧离子浓度为
400～800 个每立方厘米；四级空气质量为负氧离子浓度小于 400 个每立方
厘米。从增加空气中的负氧离子浓度的角度看，社区应按负氧离子浓度指
标建设社区空气生态环境，采取有效措施增加社区空气的负氧离子含量，
直至达到一级空气质量水平。

就水体质量而言，可根据地表水环境质量标准建设社区生态环境。国
家环境保护总局于 2002 年 4 月 26 日颁布《地表水环境质量标准》，依据
地表水水域环境功能和保护目标，按功能高低依次划分为五类。I 类水
质，主要适用于源头水、国家自然保护区；Ⅱ类水质，主要适用于集中式
生活饮用水地表水源地一级保护区、珍稀水生生物栖息地、鱼虾类产卵
场、仔稚幼鱼的索饵场等；Ⅲ类水质，主要适用于集中式生活饮用水地表
水源地二级保护区、鱼虾类越冬场、洄游通道、水产养殖区等渔业水域及
游泳区；Ⅳ类水质，主要适用于一般工业用水区及人体非直接接触的娱乐
用水区；Ⅴ类水质，主要适用于农业用水区及一般景观要求水域。I类水质，
水质良好，地下水只需消毒处理，地表水经简易净化处理、消毒后即可供

生活饮用者；Ⅱ类水质，水质受轻度污染，经常规净化处理，如絮凝、沉淀、过滤、消毒等，其水质即可供生活饮用者；Ⅲ类水质，适用于集中式生活饮用水源地二级保护区、一般鱼类保护区及游泳区；Ⅳ类水质，适用于一般工业保护区及人体非直接接触的娱乐用水区；Ⅴ类水质，适用于农业用水区及一般景观要求水域。超过五类水质标准的水体基本上已无使用功能。地表水环境质量标准是社区建设社区水生态环境的依据，社区应采取有效措施净化水质，提高社区水体的水质等级，直至达到Ⅰ类水质标准。

（五）联动供给

空气和水都是流体，因此，社区必须采取全域配合和全域联动策略建设生态环境。就改善社区空气质量而言，一个小气候地理环境里的所有社区必须采取一致的碳汇和碳源治理措施，建立区域空气协同治理机制，在植树造林、禁止乱砍滥伐、作物秸秆处理、生活垃圾处理、使用清洁能源等方面形成统一的空气治理制度，并采取一致行动，以便保证生态环境为社区居民提供新鲜空气。就改善社区水质而言，一个水流域里的所有社区必须采取一致的水环境治理措施，建立全流域水环境协同治理机制，在植树造林、水土保护、转变化学农业经营方式、生产生活污水处理等方面形成统一的水域治理制度，并采取一致行动，以便保证水域生态环境为社区居民提供优质饮水。

二　社区供给自生类生态产品的缘由

要求社区承担自生类生态产品供给任务，供给新鲜空气、洁净饮水等天然生活资料，主要基于如下理由。

（一）自生类生态产品具有生活价值

新鲜空气、洁净饮水等自生类生态产品是人类生命延存和发育的物质保障，社区居民的生活离不开新鲜空气、洁净饮水等自生类生态产品。因此，社区应该承担自生类生态产品供给责任。

1. 新鲜空气的生活价值

新鲜空气是社区居民存活的必要条件，负氧离子空气是生命气体，社区居民无时无刻不在吸收负氧离子。氧气之于人，需要按秒算。据专家研究，负氧离子对人体神经系统、心血管系统、血液系统、呼吸系统、免疫系统提供诸多正能量。就神经系统而言，空气负氧离子可降低血中5-羟色胺音量，增强神经抑制过程，使大脑皮层功能及脑力活动加强，使脑组织的氧化过程力度加强，使脑组织获得更多的氧；对心血管系统而言，负氧离子能扩张血管，除动脉血管痉挛，降低血压，增强心肌功能，改善心脏功能和改善心肌营养；对血液系统而言，负氧离子能延长凝血时间，使血中含氧量增加，利于血氧输送、吸收和利用；对呼吸系统而言，负氧离子能提高人的肺活量，改善和增加肺功能；[1] 对免疫系统而言，负氧离子可加强单核吞噬细胞系统的功能，使血中抗体含量增加，提高机体的非特异性免疫功能，并具有脱敏作用，能增强机体对白喉毒素的抵抗力。[2] 据媒体报道，人体需要不断地进行气体交换，吸入氧气，呼出二氧化碳。正常成人每次呼吸空气量400~600毫升，成年人每天呼吸2万多次，每人每天需吸入氧气达750克。[3] 人体吸收负氧离子，将呼吸的氧转化为人体内的血氧，血液携带血氧向全身输入能源，血氧的含量就越高，心脏泵血能力越强，心脏动脉的输血能力越强，血氧输送到心脑及全身的浓度就越高，人体重要器官的运行状态就越好。所以，人体吸收负氧离子后，精神振奋，工作效率提高，能使睡眠质量得到改善。

科学家已经证明，可以富氧空气治疗疾病。人体呼吸富氧空气，可舒张气管从而加快纤毛运动，排出痰液；可治疗普通感冒、急慢性支气管炎、支气管哮喘、肺气肿、肺部感染等呼吸道疾病；可改善心脏功能和心肌营养不良，扩张周围血管，降低血压以及改善由高血压所致的头痛、头

---

① 孙玉传：《负氧离子与人类健康》，《家庭医学》1996年第24期。

② 林金明等：《环境、健康与负氧离子》，化学工业出版社，2006，第109~142页。

③ 侯嘉亮：《绿地、负氧离子与健康》，《祝您健康》2003年第1期。

昏和眩晕等症状；可缓解胸闷、心悸等症状，恢复脑梗死病人瘫痪肢体的肌力；可降低血脂和血糖含量，增加血钙含量，治疗糖尿病，预防老年人低钙抽搐，防止骨质疏松；治疗肥厚性鼻炎、萎缩性鼻炎和咽炎。[①]

2. 洁净饮水的生活价值

成人体重的 60%～70% 是水分，儿童体重的 80% 是水分，人类每天需要的水分约为体重的 3%。人体内的水液统称为体液，它集中分布在细胞内、组织间和各种管道中，是构成人体细胞、组织液、血浆等的重要物质。人体内的任何一个细胞都要靠它才能正常发挥作用。水是人体新陈代谢和生理活动的介质，没有水，人体就无法形成包括唾液、胃液、胆汁、胰液、肠液在内的消化液，没有消化液，营养素就无法被消化，也不能被吸收，水通过溶解体内的无机盐、各种有机化合物、各种酶和激素等各种营养物质，将脂肪和蛋白质等变成为悬浮于水中的胶体，为人体吸收；水使氧气运到所需部位，使养料和激素到达它的作用部位，排除废物，不断促使新陈代谢。水能调节体温，天热时，人出汗，通过蒸发水分，带走一部分热量，降低体温，使人免于中暑；天冷时，水储备热量，使人体温度保持正常状态。水不仅是人体的滋润剂，能滋润皮肤，还是人体的润滑剂，如体内一些关节囊液、浆膜液在各器官之间起润滑作用，使器官之间免于摩擦受损，保持运动的协调。水也是人类的日常生活必需品。水是我们每天必须喝的一种物质。人对水的需要仅次于氧气。人如果不摄入某一种维生素或矿物质，也许能继续活几周或带病活上若干年，但人如果没有水，只能活几天。若一个人长期处于缺水状态，那么他的健康肯定要受到严重威胁，而且由于缺水，很容易导致脱水，一旦脱水，人就有生命危险。

（二）社区承担自生类生态产品保障是最优策略

1. 社区具有承担自生类生态供给责任的优势

社区拥有承担自生类生态产品的地理空间和自然生态环境，而且相对

---

① 林金明等：《环境、健康与负氧离子》，化学工业出版社，2006，第 109～142 页。

于政府而言，社区更易监督和干预社区居民的随意丢垃圾、偷伐公益林、直排生活污水、焚烧秸秆、偷猎捕获野生动物等不法行为，也能及时发现和阻止驻区企业偷排废气、废水、废渣等排污行为。社区是社区公共利益的代表，会以社区居民生活需求为运行导向，不会产生过度使用生态资源的冲动；不会像企业和居民那样具有生态私利性以及不良行为，更不可能成为潜在的"公地悲剧"制造者。

2. 社区具有承担自生类生态产品供给责任的资源禀赋

社区尤其是农村社区才拥有自然地理空间、自然生态环境、自然生物群落、植被资源、水体资源。建设生态环境，如植树造林、种草建场、保养水土等活动必须落实到具体的农村社区及其自然生态环境里；城市绿化也要落实到具体的社区街道、住宅小区。泉眼、山塘、水库、湖泊、小流域、山林以及生物群落等都在具体的农村社区，要维护和建设这些区域，落实河湖长制、山长制，都要到农村社区展开。由此可见，以社区为单元、以社区为依托，落实自生类生态产品供给任务，是最恰当的选择。

三 社区自生类生态产品供给范型

社区供给新鲜空气、洁净饮水等天然生活资料应该遵循生态规律，根据自生类生态产品特性进行生产和供给该类生态产品。如果在园艺社会，社区自然生态环境没有被工农业生产所损害或破坏，农村社区完全可以采用"顺应模式"获取新鲜空气、洁净饮水。但是，在信息社会，农村社区必须采用"建设模式"才能获得新鲜空气和洁净饮水。因此，目前农村社区只能用建设模式供给自生类生态产品。

（一）明确自生类生态产品的供给策略

1. 新鲜空气的供给策略

新鲜空气是生命气体，是人类生活不可缺少的生态产品。人类无时无刻不在呼吸新鲜空气。治理空气污染、形成宜人气候、提供新鲜空气，是必须实施的社区治理策略。增加氧量、降低碳源、扩增碳汇是使社区自然生态环境提供新鲜空气的关键策略。

第一，增加氧量。这就是通过种植植物、扩大植被面积的措施增加空气中氧气含量。植物通过光合作用释放氧气、吸收二氧化碳。[①] 植物越密集，空气中负氧离子含量就越高。因为光合作用可以让植物释放更多的氧气，使其余空气中的自由电子结合从而变成负氧离子；同时，植物本身就有吸附尘埃、杀菌的功效，使周围空气得到净化，有利于延长负氧离子寿命。相关实验证实，负氧离子对改善生态起到积极作用，负氧离子中的小离子可以捕捉漂浮的微尘，使其凝聚而沉淀，从而净化空气，当浓度达到 20000 个/cm^3 时，空气中的飘尘会减少 98% 以上。据台湾科技大学的数据，森林区域的负氧离子浓度可达 10 万 ~ 50 万个/cm^3；高山地区的负氧离子浓度可达 5000 ~ 10000 个/cm^3；郊外田野地区的负氧离子浓度可达 1000 ~ 5000 个/cm^3；都市公园的负氧离子浓度能达到 400 ~ 600 个/cm^3；街道绿化区的负氧离子浓度有 200 ~ 400 个/cm^3；工矿区的负氧离子浓度只有 10 个左右/cm^3。因此，城乡社区应多开辟植被空间。

第二，扩增碳汇。碳汇是从大气中移走、吸收、清除温室气体、气溶胶的过程与活动。主要采取生物技术扩增碳汇。其一，扩增种植碳汇。鉴于种植业经济发展水平对净碳汇的正向作用最为明显，应利用农作物在生长过程中通过光合作用吸附大量二氧化碳。其二，扩增森林碳汇。鉴于全国森林可吸收相当于同期工业排放总量 8% 的二氧化碳，应利用森林吸收大气中的二氧化碳并将其固定在植被或土壤中。其三，扩增草地碳汇。鉴于草地能吸收和贮存陆地生态系统中 1/3 的二氧化碳，应利用草地植被在生长过程中通过光合作用吸附二氧化碳。其四，扩增渔业碳汇。鉴于渔业

①　植物光合作用与呼吸作用并存。光合作用释放氧气，吸收二氧化碳；呼吸作用释放二氧化碳，吸收氧气。光合作用的主要控制因素是光照，呼吸作用的主要控制因素是温度。植物的呼吸作用发生在白天和夜晚，而光合作用主要发生在白天。但是在有光照的时候，光合作用远远超过呼吸作用，使呼吸作用释放的二氧化碳几乎直接被光合作用所利用，这就表现为植物在白天释放氧气、吸收二氧化碳。

能实现 4.6 亿吨/年的固碳量，应通过藻类、贝类、滤食性鱼类养殖以及人工鱼礁、增殖放流、捕捞吸收并贮存水体中的二氧化碳。其五，扩增湿地碳汇。鉴于湿地是一个巨大的有机碳库，应利用湿地吸收并贮存水体中的二氧化碳，调节湿地碳储量，促进碳循环。其六，在社区尤其是在城市社区多建造能够产生空气负离子的喷泉、瀑布和绿地等景观，增加环境中空气负离子浓度。这些措施均可降低大气中的二氧化碳浓度，净化空气。

第三，降低碳源。碳源是向大气释放 CO_2 和 CH_4 等温室气体、气溶胶的过程与活动，是气候和空气恶化的源头。从源头上减少碳排放量是提供新鲜空气的可靠途径。降低碳源的主要措施，一是采取强力措施和制定环保制度预防、减少、制止生产和生活活动向空中排放过多温室气体，主要督促工业生产和日常生活节能降耗，降低碳排放；二是利用碳固设备、碳固材料、碳固技术将生产生活、化石燃料释放的温室气体封存起来。生物固碳是社区可以操作的固碳措施，也就是利用植物的光合作用，提高生态系统的碳吸收和储存能力，从而减少二氧化碳在大气中的浓度的措施。植物通过光合作用可以将大气中的二氧化碳转化为碳水化合物，并以有机碳的形式固定在植物体内或土壤中。这是陆地植被的、自然的碳封存过程。因此，一是农村社区通过植树造林、种草造场固碳。森林具有显著的固碳功能，据估算，陆地碳汇中约有一半储存在森林生态系统中。但我国森林的平均碳密度仍远远低于世界平均水平，现有森林生态系统的实际储碳量也只达到潜在的植物储碳量的一半左右，固碳潜力还很大。草地也有固碳功能。我国是世界第二大草地大国，草地固碳潜力很大。因此，农村社区应大力发展速生丰产用材林和建设稳产高产的人工草地。不过植树造林、种草造场时，不要大块清地整地，不能伤害土壤碳库，防止土壤有机碳大量释放。二是农村社区改变农业生产方式，提高土壤固碳潜力。[①] 据美国土壤学家瑞腾·拉尔的研究，土壤能吸收大气中 13% 的二氧化碳。

---

① 据拉尔的计算，整个人类的农业史中，因为土地利用的变化，从土壤流失到空气、湖、海洋中的碳有近百亿吨。时至今日，温室气体排放总量的 1/3 都来源于农业生产和其他土地利用的变化。

农村社区可以通过堆肥、全年种植、减少耕作、增加作物多样性等措施，恢复土壤的肥力，使土壤吸收二氧化碳。尤其是粪便堆肥能在两年内显著增加土壤的碳含量。

要保证提供更多优质新鲜空气，仅靠其一，效果不佳，必须同时实施增加氧量、降低碳源和扩增碳汇策略，真正做到多管齐下。

2. 洁净饮水的供给策略

水不仅是生态之基、生产之要，更是生命之源。洁净饮水也是人类生活不可缺少的生态产品。提供洁净饮水应实施如下四个生产策略。

第一，保护水源。这是提供洁净饮水的关键措施。20 世纪 90 年代，美国就将饮水安全保障工作从水厂拓展至水源地，在全国建成 10 个免于过滤可直接供水的水源地，成为国际上保护饮用水水源地的榜样。保护饮用水水源地，须实施如下措施：一是建设必要的水源保护工程，包括治理水源地域的水土、建造水源涵养生态林、设置水库围网、清理水库淤泥、修建输水暗涵等；二是设置水源保护区界标、警示标志和隔离设施；三是进行水质监测，包括实施日常水质监测、取水养鱼观测等；四是实施必要的水源地保护措施，包括水源地入境管理、控制水源地上游及周边地区的生产活动，以及禁止在保护区内乱砍滥伐、毁林开荒、开采矿山、养殖畜禽、从事化学农业生产、网箱养殖、经营餐饮与乡村旅游等项目。

第二，治理污水。这是提供优质饮用水的必要措施。治理污水关键是防治生产生活活动污染饮用水域。

在防治农业生产污染水域方面：一是防治畜禽养殖污染，划定宜养区、限养区、禁限养区，关停或搬迁禁养区养殖场、整治限养区养殖场、确定宜养区养殖场养殖规模，严厉打击规模养殖废物偷排行为；二是防治水产养殖污染，取缔网箱养鱼、禁止肥水养鱼；三是扭转种植业污染局面，在饮用水水域推行并普及生态农业、有机农业、自然农业等经营模式，取缔化学农业经营方式，最大限度地治理种植业对水域的污染。

在防治工业生产污染水域方面：一是关停和搬迁无污水处理设施、不能截污的重污染工业企业；二是全面地严格执行治污达标排放制度，凡未达到排污标准就排放生产污水的工业企业，禁止生产，并施以严格处罚。

在防治生活污水污染水域方面：先是严厉处罚位于江河、溪水、湖泊、水库等地表水域周边地区的餐馆、酒店、住户向水体直排生活污水的行为；再是督促江河、溪水、湖泊、水库等水体附近的餐馆、酒店、住户安装小型生活污水处理系统；最后，安排财政预算，在城乡社区普遍建立污水处理设施和配套收集管网，安装污水处理水质在线监测设备，及时查处超标排污现象，并安排足够的后续运维资金，确保生活污水处理系统的正常运行。

第三，集中供水。这是提供优质饮用水容易见效的措施，是克服分散供水，或自行取水弊端的根本保证。就中国而言，各地城市社区基本上建成集中供水体系，所有城镇自来水公司都从水源保护区取水口直接采水，并根据原水水质进行混凝、沉淀、过滤、活性炭吸附、消毒处理，确保饮用水达三类水质以上标准，然后，通过安全的自来水管网送达各用户家中。相对而言，广大农村社区还处于分散供水或自行取水状态。农户要么自行打井取水，要么引用山泉水，要么建塘坝解决饮水问题。这些取水方式存在寄生虫疫水、细菌学超标、水体富营养化等水质污染问题，以及季节性缺水现象，需要地方政府或农村社区修建集中供水工程和供水设施，建立集中供水体系，消除供水安全隐患，提供优质饮用水。

第四，建立护水机制。这是提供优质饮用水的软措施，也是确保饮水安全和质量的必要措施。从确保饮用水安全和水质角度来说，设立饮用水管理机构、制定保护制度以及建立监测系统，是必不可少的措施。没有管理机构，饮用水水源地安全控制、饮水工程、输水管网就难以维持；制水工艺、水质处理、水质检测将无人执行，提供优质饮水就是一句空话。水质保障和饮水安全属公共安全范畴，饮水管理可纳入政府管理范围，亦可采用公共治理机制进行管理，包括建立饮水安全共同体或社区饮水管理协会进行治理。就制定饮用水保护制度而言，需要制定水源地保护责任制、水源保护考核制度、水环境与饮水保护条例、跨界断面水质目标责任制、饮水水源水域巡查制度等。就建立饮水安全与水质保障监测体系而言，应利用无人机监测、视频监控、互联网技术以及手机 App 等现代网络手段，建立饮水智慧监测网；通过公开举报电话、信箱、公众号，鼓励公众通过电话、信箱、公众号等途径举报破坏饮水安全和水质的不良行为。另外，风靡全国的河长制、湖长制对于确保饮水安全也有实际价值，可将其引入水源保护制度，在水源保护区建立与落实河长制、湖长制，建立水环境与饮水安全责任网。

水源保护、污水治理、集中供水是确保水质和饮水安全的硬措施，建立并落实护水机制是确保水质和饮水安全的软措施，应做到软硬兼施，才能收到确保水质和饮水安全的实效，才有可能为人民群众提供更多优质饮用水。

（二）立足社区境域供给自生类生态产品

1. 将社区作为新鲜空气的供给境域

空气是地球大气层中的混合气体，成分比较复杂。空气的不变成分是氮气、氧气以及稀有气体；空气中的可变成分是二氧化碳和水蒸气。受地球引力作用，80%的空气集中在离地面平均为 15 公里的范围里，对人类生活影响很大。如果地球表面的植物覆盖率较高、储量较丰富，不仅可向大气层释放大量氧气，还可通过光合作用吸收空气中的大部分二氧化碳，使空气中的氧气浓度增加，这个过程叫碳汇。如果向大气层排放有害物质，空气中的有害成分就会增加。当空气中的有害物质达到一定浓度，就会损害人体健康和庄稼生长，这个过程叫碳源。因此，须采取扩增碳汇和降低碳源措施，才能保证大气层的空气质量，为人类提供优质的新鲜空气。

新鲜空气是由树木、草丛、草原、草甸、水生植被等类型的植物向大气层释放氧气和吸收二氧化碳形成的，而各类植物群落的存在发育离不开具体的地理环境和地理区域，所以，人们只能在具体地理境域内植树造林、种草造坪、繁育水体植被，扩大植物覆盖面积和植物群落，从而增加碳汇。因此，自然区域就是大气层的氧气释放源，是新鲜空气的碳汇境域。

空气污染是大气中污染物的浓度达到一定程度，危害生存环境、生产生活、人体健康的现象。大气的污染物来自：一是分散在城乡社区的工业企业在生产中形成的烟尘以及硫与氮的氧化物、有机化合物、卤化物、碳化合物等气体；二是分散在城市社区的民用生活炉灶和采暖锅炉烧煤释放的灰尘以及二氧化硫、一氧化碳等气体；三是用化石能源做动力燃料的机械交通工具在运行中产生的废气，尤其是城市社区的汽车在运行中排放的一氧化碳、二氧化硫、氮氧化物、碳氢化合物等尾气；四是农村的森林火灾和秸秆焚烧释放的烟雾。这四类大气污染源，不是来自城市社区，就是来自农村社区。所以，治理大气污染，必须将城乡社区作为打赢"蓝天保卫战"的主战场，在城乡社区持续地实施降碳措施。因此，城乡社区是减降碳源的活动境域。

2. 将社区作为洁净饮水的供给境域

提供洁净饮用水，必须保护饮用水水源地、治理生产生活污水、采取集中方式供水、建立护水机制。要保证饮用水的洁净和优质，尤其要为本地居民提供Ⅰ类水质，就应确定这四类措施的实施境域。

饮用水的水源一般来源于远离人口集聚区的水库、湖泊、河流、水井、山泉、地下水等水体区域。饮用水水源一旦受到破坏，就很难修复，甚至无法修复。要维持这些水域的水量和水质，应将这些饮用水源头区域和径流区域保护起来，并持续地在该区域进行植树造林、涵养水源、治理水土、监测水质、控制生产活动。保护和涵养水源是提供充足的优质饮用水的积极措施和根本措施，应将水体区域作为保护饮用水水源和提供洁净饮水的实施境域。

保证饮用水水质，还需要治理生产生活污水。生产污水，主要来自冶金、造纸、石油化工、电力、矿山等工业废水。工业废水容易产生化学毒物、重金属、病原体等多种污染，排放进水体，会造成水体大面积污染。其次，来自化学农业的生产污染。化学农业在生产中使用化肥、杀虫剂、除草剂、生长调节剂，这些化学产品残留，会通过地表径流或渗漏运移到地表水和地下水中，输入河流和湖泊中，使河流和湖泊中氮磷的浓度明显提高，造成水体富营养化和水体污染。生活污水，一是来自城乡居民家庭生活产生的散排污水，分散式污水进入土壤和水体，引起受纳水体的富营养化；二是来自社区的地表污水，城乡社区的商业区、居民区地面硬化加速地表污水的扩散和迁移，污染水体；三是农村社区废弃物的乱堆乱放，经过日晒雨淋产生的毒水，经土壤渗入，污染水体。生产生活污水直接威胁人民群众的生命和健康，须采取强力手段进行治理。由于排污的工业企业、造成面源污染的农业生产、散排生活污水的家庭都是城乡社区的行为主体，因此，城乡社区就是治理生产生活污水、保证饮用水质量的施法境域。

采取集中供水和建立护水机制是供给优质饮用水必不可少的辅助措施。目前，中国的城镇社区基本上建立了集中供水体系。但是，多数农村社区还没有建立集中供水体系，广大农户饮水存在安全隐患。尤其是位于湖滩、沼泽区的农村社区，水体中的血吸虫比较多，人畜接触含有血吸虫尾蚴的疫水，容易感染和传播血吸虫病。人口密集的农村社区应建设集中供水设施及其他安全饮水工程，建立集中供水体系，才能保证饮水质量、取水方便、水源符合国家规定。就建立护水机制而言，城乡社区应成为护水立法的参与者、乡规民约的制定者、护水奖励与处罚措施的执行者、护水制度的实施者。由此说，城乡社区应该成为集中供水和建立护水机制的实施境域。

（三）确定自生类生态产品供给主体

在不同境域，实施新鲜空气、洁净饮水生产策略及具体措施，离不开具体的实施主体。

1.新鲜空气的供给主体

第一，社区实施扩增碳汇策略的供给主体。在具体社区，扩增种植碳汇、森林碳汇、草地碳汇、渔业碳汇、湿地碳汇。一是需要农业劳动者，包括种植户、林场主、农场主、牧民、渔民等，种植农作物、植树造林、种草造场、保护水面湿地生态。通过他们的生产活动扩大生态区域面积、提升生物群落丰富程度，为大气层输送丰富氧气，促进大气碳氧平衡，形成富氧空气。二是需要城乡社区统筹生产、生活、生态建设；协调生产、生活、生态空间；实施生态保护措施，制定并严格执行植被保护、有机种植、植树造林、有机养殖、绿色捕捞、生活污水处理等乡规民约，为扩增碳汇筑牢文化基础；组建扩增碳汇行动志愿队伍，组织扩增碳汇志愿服务活动。三是需要政府将碳汇扩增行动纳入社区治理范畴，对扩增碳汇进行顶层设计和组织领导，编制并执行社区碳汇扩增计划；为社区的碳汇扩增行动提供天然林保护、退耕还林还草、休樵还植、耕地草原森林河流湖泊休养生息、生态补偿等政策；为社区和农户扩增碳汇提供财政支持，安排财政预算，计量、监督、评估碳汇扩增行动。四是需要科技工作者为社区提供成熟的容易操作的碳汇扩增技术。

第二，社区实施减降碳源策略的供给主体。在城乡社区，节能降耗、降低碳源排放；利用碳固设备、碳固材料、碳固技术封存温室气体。一是需要城乡社区的工业企业建立废气治理系统，严格按照国家规定的排放标准排放废气；建构"节能、降耗、减排、零污"的低碳生产体系，全域绿化场区，提高场区绿化率，对生产环境进行碳汇治理；建立企业生态环境保护基金，为减降碳源提供力所能及的资金支持。二是需要城乡社区成立减降碳源志愿组织，积极参与社区减降碳源公益活动；对驻区工业企业减降碳源进行监督，将碳排放降到最低、能源投入使用降到最少、能源节约最大。三是需要城市社区居民自觉选择公共交通工具出行，使用新能源汽车，减少汽车尾气排放；农村居民禁止焚烧作物秸秆、禁用燃煤做饭取暖，为减降碳源做贡献。四是需要科技工作者为其他治理主体提供成熟的容易操作的减碳技术。

2. 洁净饮水的供给主体

第一，在社区水源保护区实施水源保护策略的供给主体。在社区水源保护区，建设水源保护工程、设置水源保护标志和隔离设施、监测水质、控制生产和经营活动、禁止毁林开荒和矿山开采等。一是需要地方政府将水源保护纳入社区治理范围，对水源保护进行设计和领导，编制并执行辖区水源保护规划；加大水源保护监管力度、披露水源保护区信息；奖励水源保护社区有机农业、自然农业经营户，禁止化学农业生产；组建饮用水协会，动员辖区各界、各部门、利益相关者参与水源保护事业。二是需要水源保护区的农村社区组织村民参加义务植树活动，把社区变成绿色林海，增强林地涵养水源功能；推行有机农业和自然农业经营方式，改善社区地表水质。三是需要城乡社区居民积极参加护水志愿活动、水源保护区义务植树活动，成为水源保护者；安置家庭生活污水处理装置或修建家庭生活污水处理设施，对家庭生活污水进行过滤和净化处理，达到规定标准之后才能排出室外；进行垃圾分类投放，改变不良的生态行为习惯，杜绝随意丢弃生活垃圾的不良行为。

第二，在城乡社区实施污水治理策略的供给主体。在城乡社区，关停和搬迁重污染工业企业，工业污水治理达标排放，建立污水处理设施和配套收集管网，安装污水处理水质在线监测设备并安排运维资金；治理农业面源污染。一是需要驻区工业企业建立废水处理系统，随时处理生产中形成的污水，严格按照政府规定的排放标准排放废水。二是需要政府制定社区污染排放标准、排污信息披露办法、排污处罚措施、排污监管制度，并严格执法；提供财政预算，安排社区污水治理资金，建设社区污水收集与处理设施，安装污水处理水质监测设备，实时检验污水处理效果。三是需要农村社区全面转变化学农业经营方式，发展有机农业，使用有机肥料、生物农药或物理灭虫方法，生产优质安全农产品；利用生物循环原理，发展生态农业，消除化学农业造成的面源污染。四是需要城乡社区治理生活污水，将治理生活污水纳入社区治理范畴；动员并督促社区家庭安装生活污水处理设施，使社区生活污水处理达标排放；制定社区生活污水处理及日查制度，定期披露社区家庭生活污水处理信息。五是需要科技工作者为其他治理主体提供成熟的容易操作的污水处理技术。

第三，在城乡社区实施集中供水策略的供给主体。在城乡社区，修建集中供水工程和供水设施，实行集中供给饮用水制度。一是需要地方政府批准社区成立自来水公司，并要求其利用市场机制经营饮用水供给业务；对集中供水环节和质量进行监控。二是针对目前一些农村社区尚未建立集中供水系统的情况，需要农村社区筹集资金，修建集中供水工程，或开凿地下井水，或修建饮用水水库，或引山泉水，并铺设自来水管网，建立集中供水系统，改变农户分散取水状态，为广大农户提供优质饮用水，消除供水隐患。三是需要城乡社区的用水家庭积极配合，支持社区的集中供水措施。

第四，在城乡社区建立护水机制的供给主体。在城乡社区，建立饮用水管理组织、饮用水保护制度、河（湖库）长制、饮水智慧监测网。一是需要地方政府建立社区护水责任制、制定社区水环境以及饮水保护条例、开展社区水源保护点评考核；建立社区河（湖库）长工作目标，推动社区河、湖、水库、湿地一体化管理；加大社区护水追责、问责力度；建设社区护水智慧监测网络，接受举报和处理破坏河湖湿地的违法违规行为。二是需要城乡社区落实河（湖库）长制；建立饮水水源水域巡查机制；建立社区饮水管理协会，营造护水文化。三是需要城乡社区居民积极参与护水制度建设并自觉践行社区护水制度。

四　社区供给自生类生态产品的不足与促进策略

受条件和能力限制，社区供给自生类生态产品还存在一些不足。为了更好地为居民提供优质自生类生态产品，必须采取必要措施以克服其不足。

（一）社区自生类生态产品供给之不足

1.生产自生类生态产品受空间限制

虽然社区具有承担自生类生态产品的充足理由和其他主体难以比拟的优势，但是新鲜空气和洁净饮水都是流体，空气的流动区域会超出社区的地理空间，江河的流动地域是整个流域，也会超出社区所辖地域，这都为社区治理被污染的空气和河水带来了难度。由于社区生产生态产品只能在所属地理空间内进行，只能利用社区地理空间的生态资源进行生产，因而缺少扩大生态产品生产空间的条件。就治理空气而言，一个社区只能在所辖的自然生态环境和地理空间范围内扩大植被面积及森林密度、只能在治理污染空气行为上想办法，无法阻止其他地方的空气污染。就治理河水而言，一个社区只能治理一条河流流经社区的河段，无法实现对其上下游河段的治理。

2.缺乏生产自生类生态产品的协同权能

一个生态区域，如山地林区、丘陵植被区、高原生态区、草原生态区、湿地生态区等，都涵盖若干农村社区。如果要对整个生态区域进行治理，就需要整个生态区域内的所有社区共同协商，并进行合理的分工协作，才能对整个流域、山地、草原、湖区的生态环境进行有效治理。但是任何一个社区都没有权能将生态全域内的所有社区动员和协调起来。治理全域生态问题只能依赖政府帮助沟通，才能实现对整个生态区域的协同治理，才能增强生物群落中物种的多样性，保护生物群落的生长形式，稳定生物群落的空间结构、种类结构、营养结构以及物种的丰盛度等，才能促使整个生态区域的生物形成一个物质循环、能量流动和信息交换的平衡的和谐的生态系统。

3.缺乏生产自生类生态产品的资金

多数社区不如企业，没有雄厚的资金积累，其运转资金需要政府以及其他社会力量供给，不具有实施生态工程的财力，无法安排大规模的生态建设项目。河流上游地区、远离城市的高寒山区基本上都是经济落后的农村社区，这些社区都没有形成生态—经济相互促进、协调发展的生态产业，这里农户经济、集体经济都比较落后，村里没有集体经济收入，拿不出生态建设资金，只能实施社区生态环境保护措施，如垃圾集中投放，禁烧作物秸秆，落实山长制及巡山制度、河长制及巡河制度，改变化学农业生产习惯等，对修建垃圾处理站、污水处理站，发展碳汇农业、生态工程都比较困难。

4. 缺乏自生类生态产品的生产技术

社区是生活共同体，也是国家的最基层社会单元，不像研究机构和高等院校拥有专业研究人员，也无力设立专业的生态技术研究机构，专门从事生态环保、生态技术、生态工程等研究。如果社区要对所辖空间内的生态环境进行治理，还需要引进相关生态建设技术或聘请生态治理专家进行技术指导。

5. 不善于生态产品市场化经营

社区不是市场主体，难以进入生态产业市场，不善于利用理性原则、价格机制、市场机制和市场模式发展生态旅游、生态养生、碳汇农业、有机农业、生态水业、瓶装富氧空气、瓶装饮用水、园林花卉、植物装饰、生态修护、生态景观规划、生态创意设计等生态产业，间接生产自生类生态产品，更不能提高自生类生态产品的投资效益和供给效率、保证自生类生态产品供给的优化和高效。

（二）社区供给自生类生态产品的促进策略

1. 政府建立社区生态环境建设协调机制

一是由地方政府出面，建立区域污染治理协同体系及蓝天保卫协同机制，要求所有城乡社区采取一致的大气生态治理行动，打好蓝天保卫战。二是由地方政府出面，建立流域污染治理协同体系及碧水保卫协同机制，要求整个流域的城乡社区采取一致的水生态治理和水环境建设行动，打好碧水保卫战。三是由地方政府出面，建立全域植被生态治理协调体系及山绿保卫机制，要求整个山系的城乡社区采取一致的植被生态治理和植被环境建设行动，打好山绿保卫战。

2. 政府解决社区生态环境建设资金

一是各地政府要把大气环境治理、水生态治理、山林生态治理任务落实到社区，并安排社区大气环境治理、水生态治理、山林生态治理项目和建设资金，解决社区生态环境建设资金困难。二是建立和实施生态价值补偿制度。对社区植树造林、碳汇林业、治水治污成本进行补偿；对森林碳汇、水土保护的效益外部性进行补偿;对社区生态环境建设的投入进行补偿;对社区因保护生态系统而放弃发展机会造成的经济损失进行补偿。尤其要加大对边远山区、生态功能区、水系源头地区、自然保护区、"退耕还林"和"休樵还植"地区的农村社区的生态价值补偿力度,使积极开展自然生态环境建设的农村社区获得政府的生态建设公共财政转移资金。

三是在农村社区实施生态建设 PPP 融资模式。PPP 模式是 Public-Private-Partnership 的简称,指政府与社会主体(企业、社区、公民)平等协商,就生态项目建设或生态产品生产,建立起来的共担经营风险、共享经营利益的长期的资本合作关系。采用 PPP 模式可减轻生态建设项目和生态产品生产的成本,实现生态产品生产资源配置效率的最大化。对于社区而言,PPP 模式是通过市场机制解决生态建设和生态产品生产资金短缺的有效方式。在 PPP 模式运作中,一般地,基层政府负责确定社区生态建设项目或生态产品的价格,同时负责用竞标方式选择具有运营和投资能力的企业资本中标。然后,平等协商,签订合作协议,明确双方的权利与义务,并对合作的生态建设项目或生态产品生产进行全程质量监管。而社区和投资人会承担生态项目的设计、建设或生产、运营、维护等业务,并在社区生态项目完工、运营阶段向消费者收取应有的费用,或者接受政府的付费,获得经营回报。常见的 PPP 运作模式主要有建设—运营—移交、建设—拥有—运营、移交—运营—移交、改建—运营—移交、购买—建设—运营等及其组合。具体的社区生态建设项目或生态产品的生产,可以根据自身的特点选择适合的运作模式。通过建立社区生态产品生产的发展机制,可消除不必要的生产代价,提高社区参与生态产品生产的积极性,也可提高社区供给自生类生态产品的履责能力。

3. 激励与驱策并重

生态产品具有正外部性,由此导致企业缺乏参与生态产品生产的积极性和动机,也会引致公众追求生态福利最大化、参与生态产品生产义务最小化的"搭便车"行为。这两种负面机制极易造成自生类生态产品供给不足,需要社区实施自生类生态产品生产的经济价值补偿或者奖励的激励措施，将自生类生态产品正外部性内部化，弥补投资者和生产者因收益外溢造成的部分经营损失，激励驻区企业、商人从事自生类生态产品投资并使生态资本增值；需要社区建构生态福利权利与义务对等机制，让自生类生态产品的享用者支付相应的费用，驱策社区居民参与生态产品生产。因此，社区应通过制度创新解决自生类生态产品投资者的合理回报问题，通过制度设计杜绝自生类生态产品消费中的"搭便车"现象，激励自生类生态产品的足额供给。[①]

4. 保护与建设并重

新鲜空气、洁净饮水等自生类生态产品具有脆弱性，并不是取之不尽、用之不竭的生态资源。如因人为破坏或用之过度，自然生态系统或者生态环境就会失去自我恢复、自我净化、自我平衡的机能，也就无法为社区居民提供天然生活资料了。又如社区的一片森林被砍伐殆尽，就不可能释放负氧离子；一块土壤被污染和流失，就无法种植作物；一条河溪被污染，就无法提供饮用水。可见，社区自然生态环境保护与生态环境建设同等重要。自生类生态产品生产应该内含生态建设和生态保护两方面的要求，否则，也会出现自生类生态产品供给不足的现象。

五　讨论

自生类生态产品指社区生态环境直接提供给社区居民的新鲜空气、洁净饮水、宜居空间、生态景观等天然生活资料。这要求农村社区必须把保护和建设社区自然生态环境放在优先地位，只有社区的森林植被非常繁茂，生物多样性非常丰富，生态系统自我调节、自我平衡、自我修复机能非常旺盛时，社区的自然生态环境才能供给丰富的优质生态产品。而且只有认识并掌握自生类生态产品的特性，才能做好生产与供给工作，才能满足社区居民对天然生活资料的消费需求。

---

① 沈满洪、杨天：《生态补偿机制的三大理论基石》，《中国环境报》2004 年 3 月 2 日。

自生类生态产品主要包括新鲜空气、洁净饮水、宜居空间、生态景观等天然生活资料。鉴于新鲜空气出自森林植被丰富的山林、洁净饮水来自水土没有被污染的边远山区、宜居空间和生态景观也必须占据较大地盘，我们认为由农村社区承担自生类生态产品供给任务，是最佳决策。但要建立政府、社区机构、驻区企业、社区居民等主体参与的多方供给、联动供给机制。由农村社区提供地理空间和生态资源，由政府提供生态建设资金和政策，由驻区企业提供生态治理技术和承担施工任务，由社区居民提供劳动力，共同建设社区自然生态环境，生产和供给丰富的优质生态产品。

据 2015 年的数据，全国废水排放总量达 735.3 亿吨，全国废气中二氧化硫排放量达 1859.1 万吨，全国废气中粉尘排放量达 1538 万吨，全国一般工业固体废物产生量达 32.7 亿吨、倾倒丢弃量达 55.8 万吨。这些废水、废气、粉尘、废渣造成大气污染、水污染、土壤污染，严重危及空气安全、饮水安全。① 全国 60 多万个农村社区只有同时治理辖区的自然生态环境，才有可能扫除生态环境治理的死角。要治理全国废水、废气、粉尘、废渣排放造成的生态破坏，改善全国空气质量、水体质量状况，农村社区的自生类生态产品供给工作任重而道远。

由于新鲜空气、洁净饮水等自生类生态产品具有公共性、正外部性，所以，没有企业将植树造林、保持水土作为生意来经营。因而，需要政府出面制定生态价值补偿机制，对长期进行山林保护和植树造林的农村社区进行造林补偿；对长期保护上游水域的农村社区进行护水补偿，弥补其因保护山林和水源失去劳动致富的机会、弥补其植树造林和修建基础设施所支付的成本，增强这些农村社区持续供给新鲜空气和洁净饮水的能力。如珠江上游南盘江修建天生桥水电站后，形成了万峰湖水库，沿湖的 7 万隆林县农民失去了土地，只好在万峰湖开展网箱养鱼。由于万峰湖属于公共

---

① 《全国环境统计公报（2015 年）》，中华人民共和国生态环境部网站，http：//www.zhb.gov.cn/gzfw_ 13107/hjtj/qghjtjgb/201702/t20170223_ 397419.shtml。

产品，沿湖的其他农户也进入湖区进行网箱养殖，加上隆林县引进外地公司进行渔业生产，在十年内使万峰湖水质从Ⅱ类降为劣Ⅳ类，水体遭到严重污染，以致湖水失去了饮用价值。于是当地政府进行了清网整治，才使万峰湖水质得到恢复。但是沿湖农民失去了经济收入，政府要求沿湖农民在湖坡山地种植水果和林木，保护湖坡水土。鉴于珠江上游南盘江地区尤其是隆林县广大农村社区为万峰湖建设和水土保护做出了巨大牺牲，获益的是珠江三角洲地区居民，因此，下游的珠江三角洲地区对上游的南盘江尤其是万峰湖周边农户进行生态补偿，以此扶持万峰湖周边农村社区进行湖区水体及周边山地水土保护，以便获得清洁水源。这是值得复制和推广的自生类生态产品供给案例。①

---

① 南盘江是珠江源头，1991年，国家在此修建天生桥水电站，由此形成万峰湖，但造成隆林县7万农民失去土地，被迫转产，县政府让他们发展湖上网箱养殖。万峰湖是云南曲靖市、贵州黔西南州、广西百色市五县的界河，不仅滋养沿湖民众，也是珠江三角洲经济区的重要水源地。近十年来，周边农户在湖里进行网箱养殖，养殖户大量投入饵料、鱼药，加之鱼粪沉积物污染等原因，万峰湖水体严重缺氧，氨、氮、磷指标严重超标。尤其是广西某县从玉林引进外资成立了一家渔业公司，专门在万峰湖进行大规模网箱养殖，当初声称采用"鱼菜共生模式"，实行生态养殖。水下养鱼、水上种菜，用漏斗收集水下饵料和鱼粪，用于水上蔬菜施肥，避免污染水体，实现双重收益。计划投资10亿元，打造渔业小镇。该公司有298个网箱，总面积达24万平方米。但公司没有履行环评手续，属非法养殖。每天早上一个网箱投料1吨，总共投料达100吨。导致万峰湖水质从Ⅱ类降到劣Ⅳ类，造成万峰湖水质达不到Ⅲ类水质标准。沿湖三省区地方政府开展清湖行动后，让农户在湖区山坡种植水果和林木。并要求珠江下游对上游进行生态补偿。因为上游地区做出了巨大牺牲，获益的是珠江三角洲地区，应该对上游沿湖广大农户进行经济补偿（笔者根据2021年11月央视《今日说法》栏目播出的《为了公众的利益 万峰湖专案纪实（上、下）》节目整理）。

第七章　社区供给赖生类生态产品

赖生类生态产品指必须依赖社区自然生态环境才能生长的、被社区居民采用或种养的野生食物、野生药材、野生香料等天然生活资料。赖生类生态产品也是人类的必要天然生活资料，尤其是野生食物是人类生活不可缺少的天然生活资料。而且相对于衣、食、住、行、用等人工生活资料来说，它是更重要的生活资料，因为社区居民"生下来，活下去"，须食用野生食物。野生食物是社区居民须臾不离的天然生活资料和美好生活的重要必需品。因此，任何社区都应保护好社区的自然生态环境，以便社区生态环境为其居民供给赖生类生态产品。

一　社区赖生类生态产品供给的特质

社区赖生类生态产品供给指社区利用自然生态环境和生态资源采集和种养野生食物、野生香料、野生药材的劳动过程。具有如下特质。

（一）双途径供给

社区赖生类生态产品供给项目的生态产品主要包括野生食物、野生药材、野生香料等。这类生态产品既可以直接由自然生态环境自为地提供，也可以由社区利用自然生态环境人为地提供。具体来说，在自然生态环境不能产生足量的赖生类生态产品条件下，社区劳动者完全可以立足于社区自然生态环境就地种植野生蔬菜、野生菌、野生水果，养殖爬行动物、水生动物，栽培香料植物、药用植物等，为社区居民提供野生食物、野生香料、野生药材。可见，赖生类生态产品存在两条供给途径，一条是自然生长途径，这是社区山林、草地、路边、田埂、溪边、水田、河沟等生态环境里自然生长的各种赖生类生态产品；另一条是人工生产途径，这是社区居民在林下、水田、旱地、水塘、水库等农业场地栽培和养殖的各种赖生类生态产品。人工栽培和人工养殖的野生食物、野生药材、野生香料与农业生产不同之处在于，前者栽培和养殖的生态产品是野生品种；后者栽培和养殖的生态产品是农业品种。就栽培而言，种植的马齿苋属于野生蔬菜，而种植的白菜属于农业蔬菜；就养殖而言，养殖野鸡属于野生肉食，而养殖家鸡属于家禽产品。两者的区别不仅在于种质的差别，还表现出生产过程的差别。种植野生食物必须模拟野生环境并遵循野生规律让其自然生长，其生产过程表现出对自然生态环境的依赖性；种植农业食物可以在农业环境里采取各种人工措施促使作物快速生长。所以，人工生产赖生类生态产品与农业食物在口感、营养、安全等方面有较大差别。

（二）社区直接供给

赖生类生态产品与自生类生态产品不同，需要依赖自然生态环境由人工直接生产。社区居民必须在保护自然生态环境的基础上，从事赖生类生态产品的生产。一是社区居民深入山林、草地、路边、田埂、溪边、水田、河沟等生态环境里直接采集马齿苋、蕨菜、香椿芽、野葱、野藠头、野生花椒、紫苏等野生蔬菜、香料、药材；直接捡拾枞菌、松茸、木耳、地耳、蘑菇等野生菌；摘取野猕猴桃、野桃、茶泡、撒秧泡、八月炸、四月籽、羊奶子、野木瓜、野柿子等野生水果；挖掘葛根、野荸荠、野茭白等野生地果；捕捞野生河蟹、河虾、野鱼、泥鳅、鳝鱼、田螺等野生水产。二是社区居民必须在自然生态环境里遵循野生动物生长规律从事水产养殖，遵循野生植物生长规律从事野生蔬菜、香料、药材种植，尤其是人工野生蔬菜、香料、药材，只能依靠社区居民直接生产，才能满足自家消费和市场供给。因此，农村社区应该制定赖生类生态产品供给措施，确定好野生型赖生类生态产品和人工型赖生类生态产品的供给规模，协调赖生类生态产品保护与生产的关系，直接为社区居民和市场消费者供给赖生类生态产品。

（三）多用途供给

野生食物、芳香植物、药用植物都具有相互渗透的多种功能。①有的野生食物具有药用功效、芳香功效。如姜、大蒜、辣椒、洋葱等既是食物，又是香料植物和药用植物，可称为天然食用药物香料。②有的芳香植物具有食用价值、药用功效。其具有抗有害气体、预防疾病、保健身心等功能，可供药用；抑或直接充当蔬果食用，被用来烹饪肉类食物。香料、药材、食物三性植物有：大茴、小茴、丁香、肉豆蔻、陈皮、肉桂、桂枝、香叶、草果、白胡椒、黑胡椒、益智仁、良姜、白芷、毕拔、花椒、当归、甘草、木香、黄芪、砂仁、草豆蔻，党参、苏叶、大枣、青果、百合、乌梅、山楂、核桃仁、枸杞、佩兰、豆豉等。③有的药用植物具有食用价值、芳香功效。如百里香、紫苏、香菜是药用植物，也是香料，同时可当作蔬菜来吃，是烹饪常用香料，味道辛香，可用来炖肉和做蛋汤。至于一品两用的植物就更多了，如蒲公英、牛蒡、紫草、苜蓿等药用植物都被用来作为食品。又如白芷，是十三香调味料的原料，也可用来治疗外感感冒引起的头痛和鼻塞；阳春砂，是常见的调味品，还具有祛湿益气的作用，可治疗湿阻、中焦、脾胃气滞引起的腹胀、食欲不振、呕吐；豆蔻，可做调味品，也可用来治疗腹胀、食欲不振、胃寒呕吐、湿滞中焦、脾胃气滞等病状。因此，立足于社区自然生态环境生产的赖生类生态产品，可以同时产生食用、药用、调味三大功效，具有一品三用功能。这是自生类生态产品难以企及的。

（四）地域化供给

野生蔬菜、野生水产、野生菌、野生香料植物、野生药材植物等赖生类生态产品同属生命物质，都是在具体的地形地貌、地理纬度上的气候、水文条件、自然生态环境条件等地理环境中生长出来的，因此，赖生类生态产品供给具有地域性特征。就野生香料植物而言，落叶松、红松、白桦、樟子松、紫杉、臭冷杉、兴安桧、兴安杜鹃等，喜寒冷潮湿气候和黑钙土、灰色森林土、腐殖质湿土、泥炭质湿土等土壤，适合在东北地区种植；赤松、薰衣草、香水玫瑰、狭叶山胡椒、竹叶椒、牡荆、油松、紫荆芥、芸香、华山松、钓樟、黄蔷薇等，喜雨热、寒晴、干燥气候和黄土、棕色森林土、冲击性褐土、盐碱土等土壤，适合在华北地区种植；马尾松、日本柳杉、山刺柏、蜡梅、金粟兰、珠兰、亮叶桦、山苍子、枫香、香樟、胡椒、白兰、桂花、茉莉等，喜多雨、湿热、温和、日照气候和冲积土、红壤土、棕壤土、黄褐土、黄壤、水稻土等土壤，适合在华东和华中地区种植；莽草、八角茴香、夜合花、黄兰、含笑、柠檬桉、赤桉、细叶桉、大叶桉、金合欢、九里香、芸香草、柠檬草、香根草等，喜炎热多雨气候和红壤，适合在华南地区种植；臭樟、油樟、杨叶木姜子、野花椒、蔷薇、缬草、土木香、荆芥、胡卢巴、唐古特青兰、地椒、宽叶甘松等，喜寒冷干燥和石砾土、栗钙土、高山草原土，适合在青藏地区种植；新疆圆柏、沙索、甘草、胡卢巴、刺荆芥、高山茅香等，喜干旱、温差大气候和漠钙土、盐土或盐碱土，适合在新疆、内蒙古、宁夏地区种植。[①]就野生菌而言，松茸适宜生长在西南地区的柏树、栎树、赤松、偃松的原始森林，其孢子须和松树的根系形成共生关系，且共生树种的年龄在50年以上，才能形成菌丝和菌塘，同时要依赖柏树、栎树等阔叶林提供营养支持，才能长成健康的子实体。松茸出土前，须得到充足的雨水，出土后须得到充足的光照。地耳适宜生长在雨水充足、温度较高、光照较强的南方山区草地，一般要连续下雨4~5天，地耳才会在温湿的稀疏草地上发育长大，并且需要及时捡拾，若雨停一天不被捡拾，在太阳光照晒下，就

---

① 江燕、章银柯、应求是：《我国芳香植物资源、开发应用现状及其利用对策》，《中国林副特产》2007年第5期。

"消失"了。紫菜是滨海地区常见的一种藻类植物，野生紫菜生长在海边的大岩石上，生长周期短，需要及时采摘。由此可见，离开具体自然生态环境和生长条件，许多野生蔬菜、香料、药材就难以生长。其实，本地的赖生类生态产品是最地道的，如果迁地种植，其品质就远不如原产地的赖生类生态产品。据笔者所在社区的老中医反映，中药黄连原产地是四川，其药性最强。但引种到江苏、浙江，其药性就远不如四川黄连。在原产地或接近原产地生产出来的中草药材叫道地中药材，它是生物进化的结果，是天地自然最佳组合因素的产物，药效最佳。即便迎合市场需要，不得不在原产地以外地区人工栽培某种药材，也必须考虑引进地区的生态环境条件，只有这样才能保证异地移栽药材生长下来。① 因此，立足本地自然生态环境生产赖生类生态产品，才能保证赖生类生态产品的品质，才能为社区居民和市场消费者供给优质赖生类生态产品。

（五）季节性供给

野生蔬菜、野生菌、野生水果、野生香料植物、野生药材植物都是有季节性的。每个社区的居民都应根据本地气候节令采集、捡拾、挖掘、种植野生食物、香料植物、药材植物。如云南香格里拉的农村社区居民必须在雨季采拾长在高海拔的原始森林里的松茸，因为只有大雨才能使原始森林里的各种野生菌迅速生长出来；浙江遂昌县竹笋是野生美味，江浙地区喜爱吃竹笋，但该地的农村社区居民只能在冬季才能挖到冬笋，而广西柳州的农村社区居民只能在6月中旬到9月中旬才能采到春笋，因为竹笋的时令性极强；东北吉林省查干湖渔村的村民只能在冬季捕捞野鱼，一是到冬季查干湖里的鱼才会肥美，二是湖面结成厚厚的冰层才便于捕捞；武陵山区的村民只能到春季才能采到香椿芽，因为只有到春季，香椿树才长出嫩芽。同理，农村社区居民也必须根据植物的季节生长规律种植野生蔬菜和药材植物，才能保

① 张勇飞、赵冰：《滋补中药的生产与营销》，中国农业出版社，2011，第1~3页。

证种植的蔬菜和药材种子发芽、生长。违背季节时令，是难以种出野生蔬菜和野生药材的。

二　社区供给赖生类生态产品的缘由

赖生类生态产品包括野生蔬菜、野生菌、野生水果、野生动物、野生香料、野生药材等，属于野生食物范畴，品质优良，功能独特，生命价值和经济价值比较突出，对社区居民生活消费、身体保健、增加家庭收入都具有特殊功能，是近些年来农村社区热衷生产的生态产品类型。

（一）赖生类生态产品是社区居民必不可少的天然生活资料

野生食物是社区居民必不可少的天然生活资料。对于社区居民来说，首先，野生食物能丰富饮食结构，增加多种营养。野生食物的营养成分大多高于栽培食用植物，富含糖类、蛋白质、纤维素、多种维生素、矿物质等，能增强人的自身体质。其次，很多野生食物是良好的滋补佳品，能调节人体生理机能，增强人体的疾病抵抗力，尤其是野生蔬菜膳食纤维含量较高，对糖尿病、肥胖症、高胆固醇症、心脏病等有较好的防治作用。再次，野生食物能弥补社区居民食物短缺问题，丰富家庭生活资料，使社区居民度过灾荒时期，延续生命。最后，野生食物能保障人体生命安全，野生蔬菜和水果生长在林间、荒野，一般无污染，是无毒无害的纯天然食品，具有较高卫生安全性，是有机保健食品；野生肉类食品无激素，无食品添加剂，使人类免受"问题食品"的侵害，有效防止"病从口入"现象的发生。

（二）赖生类生态产品是社区居民治病强体的食材

中医药揭开了生命的本质奥秘，抓住了人类疾病的本质。野生药材是社区居民治病强体的食材。按中医的观点，人体存在"五邪""五虚"，需要用中药调理。对于社区居民来说，首先，野生药材是驱邪治病的食材。人们在春天容易患"风"型疾病；在夏天容易患"热"型疾病；在长夏多雨天气容易患"湿"型疾病；在秋天容易患"燥"型疾病；在冬天容易患"寒"型疾病。祛除侵入人体的风、热、燥、寒、湿等五种病邪，需要吃野生药材。如食用鸡血藤、石胡荽等祛风草药，可发散"风"型疾病；食用薄荷、苦瓜等寒凉草药，可驱"热"型疾病；食用茯苓、五指毛桃、薏米、苍术等祛湿药，能除"湿"型疾病；食用杏仁、蜂蜜、芝麻等祛燥药，能治"燥"型疾病；食用肉苁蓉、生姜、肉桂、小茴香、白芷等祛寒药，能够驱散"寒"型疾病。城乡居民通过这些驱邪治病措施强健身体。其次，野生药材是正虚养身的食材。人体除易受风、热、燥、寒、湿等五种病邪入侵外，还存在阴、阳、气、血、津五种虚弱疾病。人们要调理这五种身虚疾病，同样可以服食野生药材。如食用龟鳖、甲鱼等中药，可以"补阴"；食用鹿茸、鹿血等中药，可以"补阳"；食用人参、红枣等中药，可以"补气"；食用枸杞、阿胶等中药，可以"补血"；食用石斛、麦冬、玉竹、山药、山萸肉等中药，可以"补津液"。城乡社区居民通过这些补虚扶正措施补养身体。

（三）赖生类生态产品是社区居民营养物质的来源

赖生类生态产品都含有重要营养物质，是社区居民身体所需的营养物质的重要来源。①野生食物含有多种营养物质。如水果和浆果含有黄酮类化合物；西红柿含有香豆酸和绿原酸；大蒜和洋葱含有烯丙基硫化物；藠头中含有蛋白质、碳水化合物、矿物质等多种对人体有益的营养成分，可以提高细胞活性，增进身体各器官功能；野葱中含有蛋白质、脂肪、碳水化合物、钙、磷、铁、胡萝卜素、维生素 B、维生素 C、烟酸等营养成分。②野生药材内含复杂的营养成分。如罗汉果素有良药佳果之称，果实含有丰富的葡萄糖、果糖及多种维生素等；花椒皮含有蛋白质、脂肪、碳水化合物、钙、磷、铁等营养物质；胡椒中含维生素 A、维生素 B_2、维生素 C、淀粉、硫胺素、铜、铁、锌、酮、醇、酶等营养成分；荠菜含有蛋白质、脂肪、膳食纤维、碳水化合物、胡萝卜素、维生素 B_1、维生素 B_2、烟酸、维生素 E、维生素 C、钙、磷、铁、钾、钠、镁、锰、锌、铜和硒等成分；蕨菜嫩叶含胡萝卜素、维生素 B_2、维生素 C，蕨菜干品含蛋白质、脂肪、糖、粗纤维、维生素 C、维生素 E、钾、钙、镁、磷、铁、锰、锌、铜等营养成分。[①] 张勇飞等认为药材都含有生物碱、有机酸、黄酮、皂苷、多糖、维生素、矿物质和各种微量元素，这就是药物的全息营养，中医药界将其作为衡量药材是否具有药用价值的依据。[②] 道地中药材都具有完美的中药材全息营养。所以，服用这类药材必将获得身体所需的营养物质。现在，一些食品企业还将中药材开发成各种营养饮料，如药材北五味子被饮料企业看成重要的浆果资源，被用于酒类、果糖、果茶、果冻、果酱等饮料、食品及保健产品生产，成为老百姓的营养来源。总之，赖生类生态产品是社区居民的一个重要的营养物质来源。

（四）赖生类生态产品是农户提升收入的途径

赖生类生态产品有较大的经济价值。就中药材而言，许多药材都有较高的经济价值，种植、加工都有广阔的发展前景。如五味子就是一种具有多功能、多用途、经济价值较高的药材植物，被饮料企业开发出来的产品有五仁醇、五味子素片、五味子糖浆等中成药以及五味子药酒、五味子饮料等多种保健品。白术为常用的中药材，近些年需求量大，价格一直居高不下，栽种每亩可收商品白术 450 公斤，产值万元左右。加上种子收入，亩产值近 1.5 万元，用种子 3 公斤，种价 720 元。旱半夏是常用药材，市场需求量大，野生资源严重短缺，人工种植效益欠佳，每亩用种量 40 公斤，收干品 200~250 公斤，每公斤 80~110 元，产值 16000~22000 元，种球每公斤 50 元。金线莲是"南方冬虫夏草"，是近几年兴起的养生保健佳品，富含丰富的氨基酸和抗衰老活性微量元素，深受广大消费者喜爱，市面售价约在 300 元/斤，亩产值可以超过 10 万元，种植利润非常大。

---

① 张艳红、卜秀艳：《蕨菜的经济价值及露地栽培技术》，《中国林副特产》2008 年第 5 期。
② 张勇飞、赵冰：《滋补中药的生产与营销》，中国农业出版社，2011，第 1~3 页。

就香料植物而言，许多芳香植物都有较高的经济价值，种植、加工也有广阔的获利空间。如花椒用途多，适用面广，可做调料、香料、油料、药材等，具有较高的经济价值。1亩多年生花椒树，仅卖鲜椒可获利2000元，干燥的花椒皮市场零售价是80~100元/斤；花椒籽油可提炼芳香油、香精和食品香料，可制皂，可生产润滑油、生物柴油；花椒叶，可配制土农药；花椒枝，木质坚硬，纹理细致，可制作手杖、伞柄等。可见，花椒的经济价值和开发潜力很大。胡椒主要用于调味，去腥提味、增加食欲；用于医药，可消痰止咳、抗菌消炎，营养价值和药用价值较大。从目前市场看，胡椒种植前景很可观。胡椒种植面积不大，但市场价格较高。近些年，胡椒的市场价格一直在30~70元/斤区间波动。胡椒种植成本较低。每亩的树苗成本1000元左右、肥料成本1000元左右、人工以及辅助成本1000元左右，平均每亩可产胡椒600斤，按50元/斤来算，也能获利30000元左右，除去成本，可获利27000元左右，可以说利润空间相当大。

就野生食物而言，许多野生蔬菜都有较高的经济价值，农户通过采集、种植、加工可获得较高经济收入。如野生蕨菜耐寒和耐旱，对土壤的要求也不严，只要是酸性和微酸性土壤都可以种植。野生蕨菜的露地生产成本低，每亩成本在1500~2000元，种植1次可采收15年，每亩产量达2000斤左右，新鲜蕨菜上市价格为6~8元/斤，收益在12000~16000元。早在20世纪80年代，我国野生蕨菜就已经出口创汇，出口东南亚、中国香港、日本等国家和地区。据换算，当时出口1吨干蕨菜，价值相当于40吨黄豆。1988年，甘肃省供销部门组织全省农民采集、加工、出口6000吨野生蕨菜，以外贸部门成交价每吨3000多元计，可为当地采集野生蕨菜的农民增加2000多万元收入，成为当地山区农民脱贫致富的"宝菜"。① 荠菜也是经济价值较高的野生蔬菜，荠菜含有丰富的蛋白质、脂肪、膳食纤维和维生素，含氨基酸达11种之多，药用和食用价值很高，

---

① 李文贵：《蕨菜的经济价值及其采集加工技术》，《甘肃农业科技》1988年第2期。

且在野菜中味道最鲜美，凉拌、热炒、做汤均可，被古人誉为"灵丹草""天然之珍"，历来受人喜爱。荠菜属于节气性较强的野菜，在农历的三月三这段时间里，有的地方种植户一天可卖出四五百斤。很多的酒店餐馆都将荠菜作为一种特色菜推荐。荠菜栽培成本不高，连种子都可以通过野生获取。如果种子、肥料、人工、辅助工具都通过市场购买，那么，栽培1亩荠菜的成本：种子成本50元、有机肥成本约1000元、人工及辅助成本1000元左右。按2元/斤售价算，平均1亩地可产荠菜3000斤左右，1亩可获利6000元左右。除去成本栽培1亩荠菜可净获利4000元。远远高于养猪和种水稻的收益。

总之，种植和栽培野生药材、野生香料、野生蔬菜的利润远高于其他农作物，的确是广大农户增收致富的一个新渠道，是贫困户摆脱贫困、实现小康生活目标的一个途径。

三　社区赖生类生态产品供给范型

赖生类生态产品既可采集亦可种植，在生产上有别于新鲜空气和洁净饮水等自生类生态产品，有其特殊的供给要求。如果农村社区的自然生态环境处于原生状态，可启用"顺应模式"采集野生食物、野生香料、野生药材；如果自然生态环境已被破坏，只能启用"建设模式"，先将自然生态环境恢复到植被繁茂、生物种群丰富、生物数量大的状态，然后利用自然生态环境种植野生蔬菜植物、野生菌类植物、野生水果植物、野生香料植物、野生药材植物。采集和种植这些类型的野生植物需要按照如下法则进行。

（一）因地制宜地生产

野生食物、野生香料、野生药材等赖生类生活资料都有地域生长特点。任何一类野生植物都有自己的生长环境，其生长和成熟都依赖于特殊的土壤、湿度、光照、气温、空气。如果是采集野生蔬菜、野生香料、野生药材，更是要到具体的自然生态环境里才能采到。如大花红景天和雪莲对地势地形有较严格的要求。大花红景天只能生长在海拔 4000～5000 米山地的背阴处，雪莲只能生长在海拔 4000～5000 米山地的阳坡处，如果把它们移栽或播种在海拔 3000 米以下的环境，不是停止发育就是直接死亡。珍贵的药材植物对生长环境有特殊要求，一般都会生长在深山老林里，如野生金银花一般生于山坡灌丛或疏林中、乱石堆、山足路旁，只有到这些特殊的环境里才能采到；蛇菰是一种寄生于林中木本植物根上的菌类植物，只分布在云南景东、西盟、镇沅等县以及海南岛的深山荫蔽密林中；冬虫夏草只生长在青海、西藏、四川、云南、甘肃等省份的高寒地带和雪山草原，特别是高海拔、严寒低温的西藏地区。就香料植物而言，现在全世界被发现的芳香植物约有 3600 种，但生长在我国的香料植物只有 800 余种。虽然香料植物在我国东北地区、华北地区、华东地区、华中地区、华南地区、西南地区、青藏地区都有分布，但是每个区域的香料植物生长和栽培还是比较集中的。如八角、肉桂、香樟、茉莉花、岗松、白千层、山苍子等是热带、亚热带天然香料，适合在热带、亚热带地区栽培。最典型的是八角、肉桂，它们适合在广西地区栽培，该地的八角、肉桂产量占全球八成左右。因此，每个社区只能根据其自然生态环境和栽培条件生产赖生类野生生态产品。这也是供给赖生类生态产品的技术要求。

（二）保护与栽培并重

社区应该采取保护与栽培并重的策略供给赖生类生态产品，受工业、城镇、交通等大建设的影响，野生蔬菜植物、野生药材植物、野生香料植物等野生植物的生存空间日益缩小、生存环境日益恶化，造成这些野生植物资源的衰竭。农村社区只有同时采取保护和栽培措施，才能保留延存赖生类生态产品的种质资源，才能持续地为居民和市场消费者供给赖生类生态产品。当前，对于赖生类生态产品资源来说，一方面野生蔬菜、野生药材、野生香料资源没有被充分利用，另一方面又由于乱砍滥伐而使这些野生植物生长环境遭到严重的破坏，所以，每个农村社区要保护好这三类野生植物资源，只有这些野生植物资源得到保护，发展赖生类生态产业、提供更多优质赖生类生态产品，才有种质基础。因此，应注重野生药材、野生香料、野生蔬菜的保护性开发，充分发挥社区赖生类生态资源的特色优势，对资源稀缺或濒临灭绝的野生品种进行引种试种、人工栽培和野生抚育，以达到有效保护野生赖生类生态资源和实现客观生态环境平衡。根据不同野生赖生类生态资源的特性分别采取人工种植和野生抚育的方式，如冬虫夏草就应该以野生抚育为主，这样既保护了资源，也保持了药材的道地性。[①]

农村社区保护赖生类生态产品资源的具体措施如下。①要普查辖区野生蔬菜、野生香料、野生药材种质资源，编写辖区种质资源目录；②建立本土种质繁育基地，就地活态保护和繁育野生品种；③组建赖生类生态产品种质资源保护志愿组织，动员社区居民参与生态环境保护行动，保护好野生蔬菜、野生药材、野生香料的生态环境；④建立野生蔬菜、野生药材、野生香料种质资源保护制度、监督检查制度、处罚制度，塑造野生蔬菜、野生药材、野生香料资源保护道德观、价值观，培养社区居民自觉保护野生蔬菜、野生药材、野生香料资源的生产习惯等，为赖生类生态产品供给提供维护基础。

随着科学技术的发展以及人们对野生蔬菜、野生药材、野生香料植物资源利用价值的进一步认识，对野生蔬菜、野生药材、野生香料资源需求大量增加，这些野生植物资源必将面临供不应求的情况。因此，应对需求量大的野生蔬菜、野生药材、野生香料植物进行驯化和繁殖培育，在荒地进行人工培植，并进行示范推广，扩大资源数量，满足市场需求。具体措施包括：①鼓励社区农户、农场、专业合作组织开办野生蔬菜、野生药材、野生香料农场；②建立社区野生蔬菜、野生药材、野生香料生产基

---

① 周珠扬、强小林：《藏药材科研栽培现状及发展探讨》，《西藏农业科技》2012年第2期。

地；③利用自然农业、有机农业经营模式进行本土化种植；④建立野生蔬菜、野生药材、野生香料种植专业合作社，扩展其种植面积，进行规模化生产。通过这些措施发展野生蔬菜产业、野生药材产业、野生香料产业，消解野生蔬菜、野生药材、野生香料供不应求的危机。

（三）多功能开发

赖生类生态产品都有复合功能和多种功效。如香料植物就具有美化、香化、精神生理、环保、食用等功能。因此，社区供给野生香料产品，就应从这些方面开发野生香料产品，使其产生多种经济价值。

就开发香料植物的美化功效而言，①选择芳香花卉、木兰科、蔷薇科、蜡梅科、木樨科等花香植物，木瓜、枇杷、柑橘、佛手等果香植物，香樟、松柏类、茶属等叶香植物，营造社区芳香植物园，为社区居民尤其是为城市社区居民提供游览、观赏服务。②选择晚上开花的月见草、晚香玉、玉簪、桂花、栀子花、白丁香、含笑、瑞香等芳香植物，修建夜花走廊，在炎热的夏季，为社区居民提供消暑、纳凉、赏景的好去处。③城市社区可借鉴苏州留园的"闻木樨香轩"、网师园的"小山丛桂轩"、杭州西湖的"曲院风荷"、拙政园的"远香堂"及"荷风四面亭"、承德避暑山庄的"香远益清"及"冷香厅"等园林胜地的经验，选择不同的芳香植物创造社区园林美景，借植物的香气为社区居民抒发某种意境和情绪提供活动场所。[①] ④选择香樟、广玉兰、九里香等姿态优美、造型独特的香料植物，银灰菊、花叶鼠尾草等叶片色彩变化丰富的香料植物，金缕梅、蜡瓣花、薰衣草等花形奇特和花色迷人的香料植物，花椒、金橘等秋果累累的香料植物，美化农村社区公共场所、道路两旁、居民小区，增添农村社区景色，丰富农村社区的色相和季相。

就开发芳香植物的精神生理功效而言，①在社区学校种植迷迭香、菊花、薄荷等香气植物，建设中小学芳香园，利用迷迭香、菊花、薄荷等芳

---

① 贵红霞、李繁：《芳香植物的功能及园林应用形式》，《绿色科技》2011年第11期。

香植物释放的香气激发儿童的智慧和灵感，使之萌动求知欲和好奇心。②在长期从事脑力劳动的科研院所、大学校园、住宅小区栽培、配置柠檬、茉莉、水仙等芳香植物，建设芳香绿地，利用柠檬、茉莉、水仙释放的香气减轻大脑疲劳，使人心旷神怡、精力倍增，提高工作效率。③在社区养老院种植三齿蒿、薰衣草、橙花、柠檬、山苍子等芳香植物，建设保健休闲区，利用这些芳香植物释放的低浓度 α-蒎烯，抑制老人的交感神经，使其身体放松，便于静养安神。① 在宿舍附近空地种植迷迭香、夜来香、洋甘菊、天竺葵、茉莉等或在阳台、窗台配置其盆栽，利用这些芳香植物释放的香气稳定情绪、帮助睡眠。

就开发芳香植物的环保功效而言，①在工矿区栽培具有吸收二氧化硫、氟化氢等有毒气体功能的栀子树、丁香树、米兰树、女贞树、刺槐树等芳香植物，消减工矿区的有毒气体；②在工矿区栽培具有吸收汞蒸汽和重金属盐功能的桂花、蜡梅等芳香植物，消减工矿区的有害毒素；③在社区栽培具有杀虫、抑菌、灭菌、抗菌功效的薰衣草、迷迭香、洋甘菊、茉莉、柠檬、薄荷、罗勒、牛至、留兰香、玫瑰、桂花等芳香植物，灭杀有害菌虫。此外，芳香植物还起到净化空气、改善空气质量的作用，为人们营造适宜的工作、生活环境。②

作为赋香原料，野生芳香植物具有独特的优越性，不仅无污染、无残毒、风味自然，也增强了食品的抗腐败和抗氧化性，甚至起到了疗效食品的作用，是人工合成香料远远所不能比拟的。所以，社区应利用本地芳香植物资源优势，开发利用芳香植物的香化功效，为此要建立芳香植物种植基地及芳香精油工厂，从芳香植物中提取芳香精油，再销售给食品、卷烟、酒、香皂、牙膏、化妆品等需要加香的生产厂家，以便这些企业为自己的产品增加香气。如社区建立薄荷种植基地和精油加工厂，从薄荷植物中提取薄荷精油，再销售给生产牙膏、食品、卷烟、酒、清凉饮料、化妆

---

① 贵红霞、李繁：《芳香植物的功能及园林应用形式》，《绿色科技》2011 年第 11 期。
② 蒋细旺：《芳香植物及其景观营造方式》，《园林》2017 年第 8 期。

品、香皂的企业。又如紫苏播种粗放、喜温暖湿润环境、对土壤要求不严，社区可以建立紫苏种植基地及精油加工厂，从紫苏叶或嫩枝中提取紫苏叶精油，销售给糕点、泡菜、糖果、胶冻食品等厂家，便于这些厂家将紫苏叶精油与薄荷精油或者与桉树精油、佛手柑精油混合，添加在糕点、泡菜、糖果、胶冻食品中。又如百里香适合在陕西、甘肃、山西、内蒙古、辽宁等省区的海拔 1000~2500 米的山地、河流两岸草丛或沙滩种植，这些省区的农村社区可大量种植，然后建立百里香植物芳香油提取加工厂，生产百里香芳香油，可销售给各类食品加工厂，增加食品香气。

学界将可用于各类食品加香调味，赋予食物以香辛辣等风味，并有增进食欲作用的香料称为食用香料。天然食用香料植物达 70 多种，较为常见的有葱、姜、大蒜、辣椒、八角、茴香、肉桂、花椒、胡椒、小茴香、洋葱、丁香、草果、橘皮、白芷、薄荷、砂仁、肉豆蔻、芫荽、月桂叶等。天然食用植物香料不仅产生出变幻无穷的美味，而且有增进食欲的效果，使人胃口大开，有些甚至是地区、民族饮食的标志。① 社区开发食用香料食用功能的主要途径如下。一是研制生产烧烤香料粉。当今食客喜爱烧烤，烤鱼、烤鸡翅、烤猪肉、烤牛肉、烤羊肉、烤虾、烤海鲜等都需要相宜的香料粉。不同的烧烤食品需要不同的配方，社区企业或农户可以研制并生产烤鱼香料粉、烤鸡翅香料粉、烤猪肉香料粉、烤牛肉香料粉、烤羊肉香料粉、烤虾香料粉、烤海鲜香料粉等。二是研制生产卤味香料包。当今食客也喜爱卤味食品，就卤猪肉食品而言，人们喜吃卤猪心、猪肚、猪肠、猪头、猪耳朵等；就卤鸡肉食品而言，人们喜吃卤鸡翅、鸡胗、鸡爪、鸡腿、鸡胸肉、鸡肠等；就卤鸭肉食品而言，人们喜吃卤鸭胗、鸭脖、鸭掌等。对于卤味店、卤味摊而言，一切皆可卤，没有他们不能卤的菜。制作卤味食品，必定要有一锅与众不同的卤汤，制作卤汤就需要香料包。社区企业或农户可以研制并生产各种卤味食品的香料包。三是研制生

---

① 毛羽扬、高蓝洋：《天然食用植物香料的特点和烹调应用》，《中国调味品》2006 年第 1 期。

产火锅香料。火锅是中国独创烹饪方式，已有 2500 年历史，现已经流传世界各地。在快节奏时代，很多人喜欢吃火锅，一是因为火锅味道鲜美独特，热气腾腾，增加食欲；二是因为火锅制作便捷，只需洗净、切好食材，置于餐桌，往锅里倒上火锅底料，待水开放入自己喜欢吃的食材即可；三是因为火锅食材多样，可供食客选取，可满足食客的消费需求；四是吃火锅比较随意，能融洽气氛。正因如此，火锅餐饮店多如牛毛，仅重庆就有 3 万~4 万家火锅店和几百家火锅餐饮公司。因此，社区企业或农户可以研制并生产各式火锅底料。总之，开发食用香料，市场非常广阔，是社区发展集体经济和农户增收致富的可靠途径。

（四）标准化生产

自 20 世纪 90 年代我国将 ISO 9000 系列标准转化为国家标准，各行业将 ISO 9000 系列标准转化为行业标准以来，其成为我国商品和服务的质量控制标准、质量管理通用的要求和指南。现在不论企业的规模大小，各行各业都要按照 ISO 9000 质量标准进行生产。生产者依据标准规定组织生产，国家有关部门依据标准对生产过程实施监察和督导。而且标准化可以规范生产活动和市场行为，保证生产有条不紊地进行；利于稳定和提高产品和服务质量，提高企业竞争力；利于实现科学管理和提高管理效率；利于扩大生产规模；利于产品销售甚至利于将产品销售到国外去。我国现在的野生蔬菜、野生药材、野生香料栽培缺乏质量标准是众所周知的事。从扩大经营和发展前途考虑，农村社区发展赖生类生态产业、生产优质的赖生类生态产品，必须加强赖生类生态资源的道地性研究和标准化研究，加快建立标准化的赖生类生态产品生产基地，按照 ISO 9000 系列质量标准扩大赖生类生态产品生产，逐步实现标准化生产目标。

四 社区供给赖生类生态产品的不足与促进策略

人类采集赖生类生态产品的历史比较悠久，但是种植野生食用植物、野生香料植物、野生药材植物的历史比较短，很多种植技巧尚未掌握，加之受谋利观念的影响，目前，我国广大农村社区在生产和供给赖生类生态产品上还有些许不足，的确需要采取一些措施加以改进。

（一）社区供给赖生类生态产品的不足

1.过度采挖

一些珍贵的、值钱的野生菌、野生药材，是某些农户赚钱的门道，况且这些珍奇野生菌和药材生长在公共山地，没有人能阻止村民上山采挖，由此出现地毯式采光挖净现象，形成赖生类野生生态资源的"公地悲剧"式态势。这些珍奇野生菌和药材的生长环境独特、生长地域狭窄、习性特殊，采挖后生态不易恢复，容易造成珍奇野生菌和药材种源断绝。就野生药材植物而言，我国市场上出售的药材中多数种类依赖于采挖。随着制药业的发展，原料药用量逐年增加，过度采挖使野生药材植物失去自我繁衍能力。如冬虫夏草、红景天等药材就是这种状况。任何野生植物被人们过度采挖时，种源很快就会枯竭。不论是蕴藏量大的野生植物，还是蕴藏量相对较小的野生植物，一旦出现种源枯竭，就难以繁育。

2.栽培问题

据有关文献介绍，目前，我国常用种类的中药植物 70% 以上还依赖于野生资源。野生植物资源的短缺意味着栽培野生蔬菜植物、药用植物、香料植物是十分必要的。但是我国各地农村社区栽培野生赖生类生态植物存在不少问题。一是因市场信息不通、盲目栽培，造成产品供过于求现象。如 20 世纪 90 年代，我国开始采用取叶栽培方式栽培银杏，约 5 年以后，生产能力就达到 1 万吨以上，远远超过了市场需要。药材是一种特殊的商品，少了是宝、多了是草，种出来的药材卖不掉，造成种植户的损失。盲目栽培，导致生产过剩，不但造成市场价格大幅度波动，也不能保证药材质量。二是无法稳定移栽野生植物的性态。如药材植物——苍术栽培后，其块茎形态由长条状变成了块状，被买家认为不合格，不被国际市场认可。三是野生植物移栽后有效成分丧失。一些野生植物在逆境条件下栽培，其有效成分含量常发生变化。即使银杏、杜仲这类被认为相对稳定的药用植物，移栽后其有效成分也会出现明显变化。有效成分是野生植物的核心标志，移栽后发生有效成分改变的现象，会影响野生植物的质量。这需要对野生植物"逆境栽培"问题进行科学研究，找到解决野生植物移栽有效成分稳定的办法。[①] 四是种植户缺乏种植技术。如藏区农户在荒地和草滩上种植藏药材，不善于建立药用植物所需的生物群落，结果导致杂草丛生，适得其反。有些地方的农户不懂野生药用植物习性，随意套种药材，结果不能获得效益，如有的农户套种尾参、桔梗、白芷、白术、玄参、牡丹、生地等药材，各类药材不仅相互损伤对方根系，还争抢肥力与水源，致使所有药材减产。[②]

3. 环境问题

野生植物生长在深山老林、树丛、山野以及溪流冲沟、岸边和农田周围等处。但是现在许多地区大力发展工业、建工业园区、开矿山，大力扩建城市、建新城区，这都毁坏了野生植物赖以生长的地理空间和自然生态环境，使赖生类野生植物资源的生存空间日益减少。另外，随着乡村工业化步伐的加快和工业生产的发展、农业化学化经营的普及，许多农村地区的土壤、水源、空气等自然要素受到不同程度的污染，甚至一些地方的农户使用化肥和农药种植野生蔬菜、野生药材、野生香料，致使其质与量大大下降。

4. 缺乏规划设计

许多基层政府和行政村对发展赖生类生态产业和生产生态产品并不重视，更谈不上对农村社区发展赖生类生态产业和生产生态产品进行规划和设计，没有建立野生资源保护措施、建立生产基地、确立产业模式、培育生产主体、进行技术培训、提供信息服务、培育品牌等，全凭农户自我经营、自我发展，影响了赖生类生态产品生产的发展。

---

① 贺善安：《药用植物的迁地保护与栽培化》，第三届生物多样性保护与利用高新科学技术国际研讨会论文，2003。

② 鲁文：《药材不可乱套种》，《农村实用技术与信息》2006 年第 11 期。

（二）社区供给赖生类生态产品的促进策略

1.实施赖生类生态产品生产可持续发展策略

可持续发展指的是既满足当代人的需求，又不对后代人满足其需求的能力构成危害的发展。[1] 可持续发展应以改善人类生活品质为目标，但是其生产应以不超出生态系统承载能力为前提。[2] 我们满足自己对野生蔬菜、野生药材、野生香料的消费需要，但是不能超出自然生态系统的承受能力，不能危及子孙后代对这些天然生活资料的消费需求。这就是社区供给赖生类生态产品的可持续发展策略。据 1989 年中国科学院植物研究所主编的《中国珍稀濒危植物》第一册介绍，我国有 388 种植物已成为珍稀濒危植物。如果不实施可持续发展策略，将会有更多种类的野生植物成为珍稀濒危植物。因此，第一，政府制定野生植物采集法规，规范村民的采挖行为，对野生蔬菜、药材、香料植物实行有计划地、合理地采集。第二，政府组织开展野生植物资源调查、制定适宜性栽培规划，通过一些行政或法规手段，限制盲目异地引种，因地制宜地选择适合本地品种，进行规范化栽培。第三，保护野生植物资源道地生产与利用，以道地野生植物注册商标实现野生植物原产地域产品保护。第四，制定野生植物新引种品种栽培指南，规范野生植物引种、试种栽培、品种申报等行为。第五，针对野生蔬菜、药材、香料植物栽培日益普及以及野生变家种的变异情况越来越严重、有效成分不足等情况，政府有关部门应及时组织对栽培野生植物质量变异情况进行评价，保证质量标准。第六，避免走"开发—资源破坏—濒危—保护—栽培"的老路，研究开发利用野生植物野外抚育或人工栽培技术，确定相应的栽培区域和制定栽培技术指南，以保证赖生类野生植物资源的可持续利用。[3]

---

[1] 世界环境与发展委员会：《我们共同的未来》，王之佳等译，吉林人民出版社，1997。

[2] 世界自然保护同盟等：《保护地球：可持续生存战略》，国家环保局外事办译，中国环境科学出版社，1992。

[3] 张南平等：《中药资源的可持续利用现状与建议》，《中国药事》2011 年第 11 期。

2.制定区域赖生类生态产品供给规划

野生蔬菜、药材、香料植物的保护、开发、利用具有良好的生态效益、经济效益和生活效益，是保护和建设生态环境的有效措施，是将绿水青山变成金山银山的运作机制，是农户增收致富奔小康的有效途径。因此，地方政府应将赖生类生态产品生产纳入工作范围，根据本地现有野生植物资源可利用状况及开发潜力，制定野生蔬菜产业、野生药材产业、野生香料产业发展战略规划。初期阶段，将赖生类生态产品供给列入政府考核目标，把野生蔬菜、药材、香料植物优良品种选育、苗木培育、规划建园、示范点建设、专业市场建设、配套设施建设、营销加工、企业扶持、人才培养、技术培训和有关政策制定等任务分解到部门，对有关乡镇和部门提出具体的年度建设考核指标，落实工作任务。细化优质赖生类生态产品生产区域规划。通过全面调查，掌握各乡（镇）、村野生蔬菜、药材、香料集中、分散、零星种植分布现状，评估县域优质野生蔬菜、药材、香料生产栽培区域范围，扩大种植面积，编制乡（镇）、村野生蔬菜、药材、香料产业发展规划和优质种植区划，通过社会媒体和政府平台公布规划及区划，指导有关村、户、合作社提出种植计划。同时，以现有野生生态产品生产重点区域为中心，通过"一乡一品"战略，打造专业化、规模化种植示范区。积极推广野生蔬菜、药材、香料植物优良品种，进行种植区管理技术创新。提高种植管理水平和经营水平。鼓励相关企业、合作社、协会、村庄进行野生蔬菜、药材、香料生产和营销策略的研究，积极开展与先进产区的经验交流和新技术的引进。后期阶段，培育壮大野生生态产品生产龙头企业，扶持专业合作社。全力支持龙头企业发展壮大，对龙头企业优先给予用地、担保贴息、设施建设等各项优惠政策支持，充分发挥龙头企业的辐射带动作用，提高野生生态产品的附加值。积极组建新型股份制野生蔬菜、药材、香料专业合作社，把相关农户和经营者组织起来，统一生产技术、统一产品标识、统一市场销售，形成野生生态产品与市场的利益联结机制，增强防御市场波动的能力。加大对专业合作社的支持，安排专项项目资金扶持野生蔬菜、药材、香料生产专业合作社的发展。打造名优野生蔬菜、药材、香料品牌，以其产业龙头企业和专业合作社为主体，整合区域品牌、企业品牌，打造县域公用品牌，以品牌价值提升产品附加值，构建产业集群，形成规模效应，促进产业健康发展。

3. 实施区域赖生类生态产品供给系列措施

只要政府出面推动赖生类生态产品供给，就能收到社区、企业、农户难以企及的供给效果。根据赖生类生态产品供给要素来看，地方政府可以从如下方面实施相应的干预措施。第一，培育野生蔬菜、药材、香料产业壮大融合发展的新主体。培育以家庭为单位的种养大户、家庭农场。鼓励农民兴建野生蔬菜、药材、香料产业专业合作、股份合作等多元化、多类型合作社。创建和发展"公司+农户"的产业发展模式，鼓励和引导社会资本投入野生蔬菜、药材、香料产业及生产服务、产品收储、产品加工以及产品冷链物流和销售等领域，建立健全产供销、种养加体系，创新"农工商""产加销"等经营模式。第二，构建野生蔬菜、药材、香料产业经济循环发展新业态。突出生态建设，构建循环产业模式。创新创建"农户种养、产地加工、休闲旅游、循环生态"的一二三产业融合发展新业态。以野生蔬菜、药材、香料产业集群为支撑，联通农、牧、工、商四大业态和链条，形成"1+4"融合发展模式。坚持用"全链条、全循环，高质量、高效益"的理念发展野生蔬菜、药材、香料产业，形成规模化、标准化生产，配套建设野生蔬菜、药材、香料加工以及生物肥料生产、产品配送、电子商务、冷链物流、产品销售、采摘体验和休闲观光等产业，实现野生蔬菜、药材、香料产业经济的良性循环。第三，建立健全科技创新和信息技术服务体系。依托科技推广机构、大专院校和科研院所，引导和支持建立野生蔬菜、药材、香料专业技术协会、科技中介、科技专家大院等科技服务机构；建设野生蔬菜、药材、香料产业工程技术中心，与大专院校、科研院所、企业建立"产、学、研"科技创新联盟；推进科技成果转化，实施知识产权保护；建立健全技术服务体系，大力培育科技大户，发挥示范带动作用。突破野生蔬菜、药材、香料良种繁育、有机种植、精深加工等核心技术；突出企业主体，加强和完善野生蔬菜、药材、香料产业融合发展的重点。借力现代信息技术和"互联网+"技术，为经营者搭建电子商务营销平台，大力发展"互联网+野生植物产业+产业链"，通过便利化、实时化、感知化、物联化、智能化等手段，为一二三产业融合发展提供全方位信息技术服务。第四，培育野生蔬菜、药材、香料有机品牌体系。树立野生蔬菜、药材、香料绿色、生态、营养、健康、安全等品牌形象，围绕高端、高质、高效有机野生蔬菜、药材、香料产业，将现代产品文化、营销文化、饮食文化等融入品牌野生蔬菜、药材、香料产业建设中。整合优势资源，加快野生蔬菜、药材、香料产业与旅游业的融合，打造以野生蔬菜、药材、香料产业观光、文化体验、民俗休闲娱乐、乡村养生度假为主要功能的文化休闲与产业集聚区。结合创意农业，开发野生蔬菜、药材、香料产业创意景观、乡村狂欢节等，让文化活起来，促进产品转型升级，推动品牌价值的大幅提升。

4. 政府组织开展野生植物迁地活体保护工作

迁地保护就是保护种质资源。历史上，植物园的迁地保护有成功范例。现在全世界共有 2200 余处植物园，保存着约 80000 种植物，约占世界植物总数 1/3。虽然当初人们是为了追求新奇植物和寻找新的有用植物与药用植物才建植物园，不过，的确产生了保护野生植物的实际效果。迁地保护与就地保护，是野生植物保护的两种有效方式，相辅相成。[1] 野生植物迁地保护，不是哪个社区能完成的，需要政府出面才能实施。为此，第一，政府先组织力量开展植物遗传多样性、致危因子和繁殖特性等研究，为保护野生植物资源提供科学依据。第二，选择合适地域建立大型的、专用的野生和家种野生植物种子库及基因库，进行种质的低温保存，以便储存大量的野生植物种子。第三，以乡或县为单元普遍建立属地野生植物园，至少要在野生蔬菜、药材、香料植物种质资源分布集中的县域建立植物园，避免因过度采挖导致野生蔬菜、药材、香料植物消亡。如果资

---

[1] 张昭、张本刚：《药用植物生物多样性的特点及保护对策》，《医学研究通讯》1999 年第 10 期。

金有限，可以先建立濒危野生植物园，因为这些植物居群不多，植株稀少，地理分布有很大的局限性，仅生存在特殊的环境或有限的地方，且对自然变化的适应能力不强，在物种生存竞争中处于不利地位，毁灭性的开发和灾害性病虫害都会导致其濒危以致毁灭。然后，建立稀有野生植物园，稀有野生植物并不存在绝灭危险，但其种属单一，分布区有限，居群不多，植株稀少，只是零星存在。最后建立渐危野生植物园，渐危野生植物是在可预见的将来很可能成为濒危种类的植物，其分布范围和居群植株数量正随着森林砍伐、环境恶化或过度开发利用而日益缩减。[①] 第四，政府安排经费组织植物园利用现代生物技术对一些濒危物种进行快速繁殖研究，并将成熟技术推广到农村社区进行规模种植，有计划地为老百姓供给赖生类生态产品，造福老百姓。

5. 增强赖生类生态产品生产能力

由于种植野生蔬菜、药材、香料植物，能产生具有正外部性效应的生态价值，因此，政府有理由扶持农村社区从事赖生类生态产品生产。一是为从事野生蔬菜、药材、香料种植的经营户、家庭农场、专业合作社提供种植补贴，增强其种植能力，这也是国际经验。2004 年，波兰种植药用植物达 35000 公顷，政府为生产者给予每公顷约 675 元的资助。在政府资助下，波兰的药用植物种植发展很快。只要地方政府给予野生蔬菜、药材、香料种植者资金扶持，我国的赖生类生态产品生产能力也会大大增强。二是引导野生蔬菜、药材、香料种植的经营户、家庭农场、专业合作社走上出口经营道路。生产出高品质的、大规模的野生蔬菜、药材、香料产品，扩大产品销售空间，把自己的产品销售到国外去，获得更丰厚的生产回报。在波兰，30% 的本土药用植物产品出口到德国、俄罗斯、乌克兰、加拿大。[②] 西藏林芝市工布江达县朱拉乡的松茸是日本人最喜爱的原

---

① 袁昌齐、王年鹤、吕晔：《稀有濒危药用植物的保护对象》，《中国中药杂志》1993 年第 2 期。

② Roman Holubowicz、Magdalena Frackowiak 等：《波兰药用植物生产概况》，《中国现代中药》2007 年第 4 期。

产地松茸。日本人喜欢在秋天吃松茸，尤其是9~10月销量最大。20年前，1公斤西藏松茸在日本要卖15美元；现在1公斤要卖150美元。每年9~10月销往日本东京大田市场的西藏松茸达四五百吨。所以，政府为野生蔬菜、药材、香料采集者和种植者打开国际市场的销路，能为他们带来丰厚的经济收入。

6. 农村社区开展赖生类野生植物保护工作

野生蔬菜、药材、香料植物只能生长在农村地区的山山水水之间和自然生态环境里。一些重要且对生长环境要求严格的珍稀濒危野生植物，只适合进行原产地保护。只有广大农村社区积极开展赖生类野生植物原产地保护工作，才有可能保证野生植物可持续发展。为此，第一，农村社区应普遍建立赖生类野生植物保护区，至少应要求野生蔬菜、药材、香料植物种质资源分布集中的农村社区建立自然保护区，这样才能有效控制人们对野生植物资源的采挖。很多濒危稀缺野生植物资源蕴藏量已经很少，其资源的自我再生能力难以满足市场需求，必须要求广大农村社区建立野生植物保护区。一些野生植物对生长环境要求比较苛刻，如野生蘑菇只能生长在幽暗、阴森、潮湿、富含有机土壤的地域环境；野生蕨菜一般生长在海拔200~800米的稀疏针阔混交林地带的山地阳坡或森林边缘且阳光较充足、地势低洼、杂草丛生的偏僻之地。只有建立野生植物保护区才能有效地保留野生植物繁育和生长空间，阻止工农业生产破坏野生植物生长环境。当务之急，首先，农村社区先普查野生植物的种类、分布、生长环境以及蕴藏量。其次，根据地理环境的差异，划定不同类型的野生植物保护区，制定野生蔬菜、药材、香料采摘规约和预防放射性、化学性、生物性污染措施。最后，加强保护区的生态环境建设，维护保护区内各种野生植物品种的繁育和生长环境。第二，农村社区应保护野生植物种质资源。这是防止基因种植侵害野生植物资源和保护生物多样性的有效途径。野生植物种质资源是有特定基因、可供育种及开发利用的生物类型，是野生植物持续繁殖的根基，是社区居民生活、生存和发展的战略性资源。保护本土野生植物种质资源是保证城乡居民永续获得野生蔬菜、药材、香料的基础工作。首先，政府应督促农村社区开展本地野生植物种质资源的详细调查工作，记录本地各种野生植物种类的准确地理位置和周边生物、水土环境。其次，保留原有生态环境，就地进行生态保护和繁殖野生植物品种，适当拓展野生植物植株种植面积，使其不致随自然栖息地的消失而灭绝。最后，施用有机肥，适当进行生长管理，并留用和种植种子。第三，农村社区应建立社区野生植物生产基地。这是在适宜的自然环境里，遵循生物生长规律，采用亲自然原则栽培野生蔬菜、药材、香料植物的措施，是解决野生植物供给短缺的有效策略。一是在适宜的自然环境里建立野生植物种植基地，驯化和种植野生植物品种，建立野生植物生产基地，并利用自然农业、有机农业经营模式进行规模化生产，提供更多的优质野生蔬菜、药材、香料。二是兴办野生生态产品加工企业，根据本地野生蔬菜、药材、香料生产基地的产量以及市场需要，建立野生生态产品加工厂，重点选择储量大、市场销路好的野生生态产品进行深加工，生产系列化、多样化的菜汁、罐头、干品、速冻菜、菜粉等加工食品，满足城乡居民对优质赖生类野生生态产品的需求。第四，农村社区应营造野生植物保护文化。这是提供丰富的优质野生蔬菜、药材、香料的软措施，但对于保障野生蔬菜、药材、香料供给也是非常必要的。一是制定社区野生植物资源保护制度、监督巡查制度、处罚制度。二是塑造社区野生植物资源保护道德观、价值观。三是培养当地群众自觉保护野生植物资源的习惯等，为人民群众提供丰富的优质赖生类野生生态产品营造良好的文化环境。第五，禁止在保护区周边投资办厂，避免给野生植物保护区造成空气、土壤、水体污染。要求野生植物保护区周边农户、农场、专业合作社转变化学农业经营方式，实施有机农业、自然农业经营方式。

五　讨论

赖生类生态产品指必须依赖社区自然生态环境才能生长的、被社区居民采用或种养的野生蔬菜、野生菌、野生水果、野生动物、野生药材、野生香料等天然生活资料。在当今原生态林区、野外植被区日益缩小的情形下，绝大多数农村社区供给赖生类生态产品主要依靠种植野生蔬菜、野生菌、野生水果、野生药材、野生香料等野生植物和养殖特种野生动物。虽然在少数远离城镇、乡村的深山老林还能采集到这些野生食物，但采集量非常小，根本无法满足社区居民对赖生类生态产品的消费需求。

种植野生蔬菜、野生菌、野生水果、野生药材、野生香料，养殖特种野生动物，都必须在适宜的自然生态环境里进行，因为这些野生植物和野生动物都有生长条件和环境要求。为此，农村社区应该保护和维持辖区自然生态环境状态，为种植野生植物和养殖特种野生动物奠定生态环境基础。

农村社区应该承担种植野生蔬菜、野生菌、野生水果、野生药材、野生香料和养殖特种野生动物的责任。鉴于赖生类生态产品具有较大经济价值和市场潜力，农村社区应该面向市场，发展野生食品产业、野生香料产业、野生药材产业，进行商品化、规模化种植和养殖。立足本地生态环境和资源禀赋，选择一个或两个品种进行"种植—加工—销售"一体化经营，讲究质量，做成品牌，抢占市场，办成富民产业。

必须采用有机农业经营模式发展野生食品、野生香料、野生药材产业。要保证种植的野生蔬菜、野生菌、野生水果、野生香料、野生药材达到野生品质和纯度。一定要按照有机农产品标准进行生产，一是选择从未使用过或者至少近三年没有使用过农药、化肥等生产资料的地方建立生产基地。二是收集本土野生植物种子并采用本土种子进行种植，绝对不要采用经基因工程技术改造过的种子进行种植。三是生产基地应建立长期的土地培肥、植物保护、作物轮作和畜禽养殖计划；生产基地无水土流失、风蚀及其他环境问题。四是防止作物在收获、清洁、干燥、储存和运输过程中受到任何污染，绝对不能使用保鲜剂、防腐剂进行保鲜。五是在生产和流通过程中，必须有完善的质量控制和跟踪审查体系，并有完整的生产和销售记录档案。六是进行有机产品认证，如果认证成功，可得到有机产品证书。要根据证书和《有机食品标志使用管理规则》，签订"有机食品标志使用许可合同"，并办理有机食品商标的使用手续，才可使用有机食品标志进行销售。有机产品认证程序异常复杂，申请认证非常耗时间，但对社区企业发展野生食品、野生香料、野生药材产业非常重要。

第八章　社区供给繁衍类生态产品

繁衍类生态产品指利用社区森林环境生产的林下种植品、林下养殖品和利用社区水域环境生产的水域养殖品、水域种植品。林下种植品主要有林下低秆粮食作物、时令蔬菜、优质牧草；林下养殖品主要有家畜、禽类、特种养殖；水域养殖品主要包括淡水鱼类、淡水甲壳类、淡水贝类、海水养殖；水域种植品主要包括挺水植物、浮叶植物、湿生植物、漂浮植物。这些动植物是人工驯化的品种，不同于野生植物和野生动物，不可能在森林里和水体中自生自长，都需要进行人工繁育，才能利用社区森林环境和水域环境进行大规模种植和养殖，其数量才会增多、个体重量才会增加。所以，我们称其为繁衍类生态产品。繁衍类生态产品也是人类的重要食物来源，尤其是在食物供给严重短缺的情形里，发展繁衍类生态产品生产是保障食物总量安全的可靠途径。繁衍类生态产品的生产依赖于自然生态环境。虽然凝结了人类的劳动和劳动者的智慧，打上了人类文化和技术的烙印，但这类生态产品仍然具有显著的自然属性。繁衍类生态产品与自生类和赖生类生态产品有所不同，属纯私人产品，且因凝结了劳动以及劳动者的智慧、技术，故有更大的交换价值和较高的经济价值。

一　社区繁衍类生态产品供给的特质

社区繁衍类生态产品供给指社区利用自然生态环境和生态资源从事林下绿色种养和水域绿色种养的劳动过程。具有如下特质。

（一）立足自然生态环境供给

林下种养和水域种养以生物为劳动对象。每种生物都是在特定的适应性的自然生态环境里生存和持续发展的。任何一种繁衍类生态产品生产，都只能在特定的自然生态环境里进行。不同自然生态环境里的地形、植被、动物、土壤、温度、日照、降水量、水资源等自然要素共同形成当地发展繁衍类生态产品的特殊的自然生态环境。一般来说，地域不同，其自然生态环境和繁衍类生态产品生产的条件就不同，决定着繁衍类生态产品的劳动对象、经营项目、经营方式、生产领域、资源利用方式、产业结构、生产水平不同，也决定着当地繁衍类生态产品供给为实现生态效益、经济效益、生活效益的统一所付出的代价也不一样。

社区农户、家庭农场、专业合作社等经营主体发展林下种养和水域种养，都要以社区的自然生态环境为基本经营条件。一是都以动植物为劳动对象，具有自然再生产与经济再生产交织统一的生产性。动植物的品种、品质以及它们周围的生态环境直接决定着林下种植和养殖、水域种植和养殖的产量和产值以及经营效率的高低。二是需要地理空间，林下种养需要一定的土地面积、森林空间、植被环境；水域种养需要一定的水域面积、光照空间。三是需要适宜的气候条件，尤其需要适宜的温度条件，因为不同种类的作物、家禽、家畜、水体植物、水体动物是需要适宜的气温条件，才能生长发育。如养殖娃娃鱼，流动的活水温度只能在 15~25℃，如果低于 15℃ 或高于 25℃ 都难以成活。四是需要相宜的水环境，尤其是水域养殖，对水质、水量、水温、水体流速、含氧量、酸碱值、盐度等有一定要求。如虹鳟鱼属于冷水性鱼类，养殖虹鳟鱼需要水质清澈无污染的沙砾底质河流或溪流，生长水温控制在 7~22℃，水体溶氧量为 6 毫克/升以上，水流速度控制在 12~18 米/分钟，水体酸碱值在 5.5~9.2 区间，水体盐度为 20%~30%。即便是林下养殖家禽家畜也需要饮水、林下种植需要水浇灌。所以，供给繁衍类生态产品，第一，要根据地形、地貌、生态环境，择林而营、择地而渔；根据自然生态条件，适地选种、适时播种、适时饲养，要遵循林下种养和水域种养的地域分异规律。第二，要保护好社区自然生态环境，不能打破社区自然生态要素的自我循环机制和平衡结构，恶化生态条件。

（二）人工强干预性

由于供给更多优质繁衍类生态产品是当今工业社会回应生态产品供给不足而实施的一种生活保障策略，是一种带有强烈社会责任的野生食物供给活动，人们希望繁衍类生态产品生产承担保护生态环境、增加劳动收入、提高百姓生活质量等方面的社会责任。所以，当今社区经营繁衍类生态产品的农户、家庭农场、专业合作社都对林下种养和水域种养倾注了更多的经营心血，使繁衍类生态产品供给具有人工强干预性特征。第一，希望林下种养和水域种养能产生供给优质食物、净化空气、恢复自然生态、建设自然景观、增强防减自然灾害的能力、增收致富等综合效果。故而，林下种养和水域种养与自生类生态产品和赖生类生态产品供给要顺应自然生态环境的不同，立足自然生态条件、利用自然生态环境、改造自然生态环境、建造必要的人工设施，进行林下和水域种养。第二，经营者根据自己的判断选择种养项目。每个社区的农户、家庭农场、专业合作社等经营主体都应根据当地的自然生态环境和自然资源、生态资源选择林下种养和水域种养项目。当前，因经营者的生产能力和技术水平提高了，林下种养和水域种养项目的选择余地增多了，那种在农业社会受制于自然条件的程度降低了，经营者在林下种养和水域种养的自控能力增强了。当今农户、家庭农场、专业合作社具有干预林下种养、水域种养的能力和条件，可以通过增加人工设施提高生产能力和经营水平，取得较好的经济效益、生态效益。第三，相对于传统的小农经营而言，当今的农户、家庭农场、专业合作社在林下种养、水域种养中增加更多的人工因素。首先，表现在采用先进的农业科学技术和信息技术进行生产。其次，表现在经营者拥有的智慧、知识、信息、技术已成为林下种养、水域种养经营的重要劳动要素。最后，表现在采用商品化、市场化模式进行林下种养和水域种养经营。

人工强干预性是林下种养、水域种养发展的保证，但社区农户、家庭农场、专业合作社必须在充分了解林下种养、水域种养的基本特点，认识生产环境、尊重生态规律、保护生态环境的基础上，干预生产过程，否则会使林下种养和水域种养变成破坏自然生态环境的推手。所以，社区农户、家庭农场、专业合作社在实施林下种养和水域种养过程中，必须在干预繁衍类生态产品生产与保护生态环境之间寻找均衡点，使林下种养、水域种养成为给社区居民创造美好生活的产业。

（三）需要智力投入

由于繁衍类生态产品生产不同于从原始森林里采猎野生食物，而是从传统小农经营转化而来的较高一级的、采用工业社会的社会化生产理念、生产技术、生产工具、营销手段进行生产的现代化生态产品生产类型，所以，该类产品生产对其经营主体的素质有较高要求。正如美国著名社会学家英克尔斯所说的那样，"如果在国民之中没有我们确认为现代的那种素质存在，无论是快速的经济成长还是有效的管理，都不可能发展；如果已经开始发展，也不会维持太久。在当代世界的情况下，个人现代性素质并不是一种奢侈，而是一种必需"。[①] 具体来说，从事林下种养、水域种养，需要经营者具有现代企业经营管理的理念和知识、掌握市场经济运行规律和法律，具有不断扩大经济活动空间的能力，具有积极接受新经验和社会变革的经营意识，具有较强的时间观和工作计划性等。现今的林下种养和水域种养还要投入大量的智力资本，要善于利用宝贵的、有限的土地资源、森林资源、水体资源，为社区居民和广大消费者提供更多优质繁衍类生态产品。不管是生产林下种植品、养殖品还是生产水域种植品、养殖品，只有在经营者投入足量的科学知识和技术，掌握市场信息，进行市

---

① 阿列克斯·英克尔斯、戴维·H. 史密斯：《从传统人到现代人》，顾昕译，中国人民大学出版社，1992，第67页。

预测，设计合理的工序，加强生产管理，做好产品销售之后，才能获得较大回报。所以，供给繁衍类生态产品，需要经营者投入时间、财力、精力学习新知识、新技术，掌握新信息、参加技能培训、购买专利技术和先进生产设备、请教行业专家、钻研生产中遇到的技术问题。案例 1 能说明智力投入对繁衍类生态产品生产的重要性。

案例 1：山区农民钻研娃娃鱼养殖技术

张家界桑植芙蓉桥乡一农民叫王国兴，他善于学习和钻研繁殖娃娃鱼技术，将娃娃鱼养殖场办成娃娃鱼驯养繁殖、娃娃鱼新产品开发为主业的上市公司——张家界金鲵生物科技有限公司。娃娃鱼在地球上生活了约 3.5 亿年，是与恐龙同时代的"地球纪念物"和极其珍贵的"活化石"，被列入《濒危野生动植物物种国际贸易公约》和中国二级保护水生野生动物名录。20 世纪 90 年代，王国兴在桑植县的一些阴暗潮湿的岩洞里发现了娃娃鱼产卵孵化的幼苗，并经常观察其生活习性和生长发育规律，发现野生娃娃鱼只能生活在干净水质和 15~25℃ 的阴暗潮湿的恒温环境里，而且喜静、怕光、畏声、好清水、畏浊水，喜深水藏匿，河水浑浊会爬至岸滩活动，无筑洞习性，一般栖居于石灰岩层的阴河、暗泉及有水流的山溪穴洞内。掌握娃娃鱼生活习性后，王国兴产生了开山挖洞养殖娃娃鱼的想法。2000 年，他成立公司，2001 年开凿出一条长 602 米、宽 5 米、高 3 米的山洞，引入山泉水，活水养殖娃娃鱼。一年四季洞内温度恒定在 15~20℃，很适合娃娃鱼的生长。经过不断探索，他养殖的娃娃鱼受精率和孵化率达 70%。2002 年，就繁育出上千条娃娃鱼，解决了人工养殖娃娃鱼受精繁殖率低的世界难题。自 2002 年以来，他的公司获得"大鲵人工繁殖方法""大鲵保健酒及制备方法""娃娃鱼人工繁殖恒温池道""娃娃鱼工艺品"四项国家专利，依托良好生态环境，经过科技攻关，娃娃鱼人工驯养繁殖技术和仿生态繁殖技术均获成功，目前已经成熟的仿生态养殖技术为保护娃娃鱼创造了良好的环境，使存活率在 98% 以上。现在该公司成为集保护、繁育、养殖、科研、观赏、深加工于一体的国内规模最大的娃娃鱼基地。2011 年，"张家界大鲵"成为中国第一个水生野生动物地理标志产品。

从以上案例可以看到，从事水域养殖是需要知识、技术、智慧的。如果娃娃鱼养殖者不学习、钻研、摸索养殖技术，是不可能取得成功，也不可能获得那么多的国家专利和较高的经济效益的。

（四）标准化生产

从我国林下种养和水域种养发展历程来看，繁衍类生态产品供给的发展方向是标准化生产。标准化生产是工业社会的基本要求，因为在工业社会，社会分工发达，各生产领域、各生产环节都被分解成若干部分，每件产品在机械化生产流水线上进行制造，如果不实行标准化生产，各个部件就无法组装，产品就无法成型。在工业化国家，社会各领域、各部门的商品生产都已标准化，标准化生产已成为企业家和劳动者的思想观念，成为消费者判断商品质量的一个重要依据。林下种养和水域种养在工业社会应该实施标准化生产。第一，标准化生产具有经济节省、提高生产效率、利于商品交换、便于落实生产计划、利于绩效评估等优点；第二，国际上已在各行各业的生产领域实行标准化生产，各国都采用 ISO 9000 国际标准对产品进行质量检验；第三，西方发达国家的林下种养和水域种养早已实行标准化生产，如欧美和日本等发达国家都是以高度标准化为基础进行林下种养的，从新品种选育的区域试验和特性试验，到播种、收获、加工整理、包装上市都有一套严格的标准。有媒体报道，在日本，所有农产品进入市场前都要按一定标准进行严格的筛选分级。鱼虾以"条"为计量单位，梨、苹果以"只"为计量单位，大白菜、包菜以"一棵""半棵"计价，在市场上见不到以重量单位计价销售的蔬菜水果，等级外的农产品不允许进入市场销售，而只能当作加工原料。种葱，日本农民从品种选育到不同生长期，都有一套严格规范的工艺，使每棵葱的长短、粗细如同"克隆"产品一般；栽种葡萄，每平方米只可结 4 串，每串重 400 克，每颗葡萄重 12 克。同样，种黄瓜，要求瓜直、长度一样，颜色相同。另外，日本相隔 5 年，根据农业生产和市场需求，修订一次农产品质量标准。我国的工业生产已实行标准化生产，但广大农户的农业生产一直处于自然经济生产状态，难以实行标准化生产。据了解，我国现行颁布的 2 万多项国家标准中，农业方面的标准只占 10%。以蔬菜为例，我国常用的 12 大类 89 种蔬菜中，从蔬菜商品标准化和蔬菜流通标准化来讲，凡是列入流通和市场的各种蔬菜都应纳入制标范围，但是目前制定出新鲜蔬菜商品质量标准的菜种尚不足 20 种。我国每年有 20 多万吨、1000 多种农药施用于农作物，有些甚至是违禁药物，严重影响农产品质量，也为食品安全标准的制定及与国际接轨带来极大困难，使我国农产品失去了国际竞争优势。[①] 所以，我们主张林下种养和水域种养应该实行标准化生产，因为所有林下种植品、林下养殖品、水域种植品、水域养殖品都属于农业生产范畴，即便国内没有相关生产标准，也可以按外国相关标准生产，便于林下种养产品和水域种养产品出口。

（五）追求生产效率

效率就是人们在实践活动中的产出与投入的比值，或者叫效益与成本的比值。效率用公式表达就是：效率＝产出（或效益）/投入（或成本）。从公式可看出，效率与产出或者效益的大小成正比，与成本或投入成反比。生产者要提高产品的生产效率，就要看缩小某项商品生产的成本或投入的可能性有多大，效益或产出增加的可能性有多大。

由于生产商品的投入或成本是多方面的，不仅有劳动力，还需要生产工具、原材料、生产组织管理、产品销售投入等。把这些构成商品生产的成本要素归纳起来是两类，即活劳动成本和生产资料成本。提高生产效率的办法有两个，一是提高活劳动效率；二是提高物化劳动效率（即生产

[①]　谷中原：《多功能农业理论分析与实证研究》，中南大学出版社，2008，第 23~24 页。

资料效率）。劳动效率是指劳动者生产某种商品的效率。① 用公式表达就是：劳动效率＝产出成果数量/活劳动投入数量。公式中的活劳动投入数量，可以分别以劳动者人数（生产人员或全部人员）、劳动时间为单位计算。公式中的产出成果数量可以用商品实物产量、标准实物产量、生产工作量和商品价值量（总产值、净产值等）等指标计算。劳动效率水平可以用单位时间内所生产的商品数量来表示，单位时间内生产的商品数量越多，劳动生产率就越高，反之，则越低。也可以用生产单位产品所耗费的劳动时间来表示，生产单位商品所需要的劳动时间越少，劳动生产率就越高，反之，则越低。劳动量的耗费可以按不同人员的范围计算，如按全部职工计算，就是全员劳动生产率；按生产工人计算，就是生产工人劳动生产率。在现代社会，劳动效率的提高离不开管理人员、销售人员、科研开发人员的努力，当然也离不开生产工人的努力，所以，笔者认为按全部职工计算劳动量的耗费是比较科学的。在工业生产中，人们比较重视用劳动效率来考核效益空间的扩展性，但笔者认为物化劳动效率也是不应该忽视的问题，因为一个生产单位如果在生产中节约了生产资料，也能生产出同样多的产品，说明生产单位的经济效率也是提高了的。对林下种养者或水域种养者来说，节约生产资料，提高生产资料的经济效率有不可忽视的经济价值。

把活劳动效率和物化劳动效率综合起来考虑，可从如下途径提高繁衍类生态产品生产效率：第一，不断提高林下种养和水域种养劳动者的生产熟练程度；第二，在生产中不断更新生产工艺和生产技术；第三，不断改

---

① 按经济学观点，劳动效率分个别劳动效率和社会劳动效率。个别劳动效率中，按个别劳动者的劳动效率算的劳动生产率是个人劳动生产率；按个别企业的劳动效率算的劳动生产率是企业劳动生产率。以全社会的平均劳动效率算的劳动生产率是社会劳动效率。社会劳动效率是衡量全社会范围内生产先进和落后的根本尺度。个别劳动效率高于社会劳动效率，生产商品的个别劳动量就低于社会必要劳动量；反之，则高于社会必要劳动量。劳动效率同单位时间内所生产的产品量成正比，即劳动效率越高，单位时间生产的产品量越多；同单位产品所包含的劳动量成反比，即劳动效率越低，单位产品包含的劳动量越大。

进生产过程的组织和管理；第四，不断扩大劳动工具有效使用的程度；第五，降低生产过程中的物流费用。经营林下种养业和水域种养业具有较大的生产效率提升空间。从宏观角度分析，主要是林下种养和水域种养处于工业社会和市场经济环境之中，具有较好的生产经营条件，可以从工业部门获得所需要的具有环境保护功能的生产工具、借用非农产业的管理方式，有较多渠道学习先进的科学技术和管理知识以及市场经济知识，在当今社会农村社区有良好的交通运输和信息交流条件。从微观角度分析，农户、家庭农场、专业合作社在市场经济机制的作用下，学习相关科学技术的动机日益强烈，同时随着公共教育的发达，经营者接受技能教育的机会大大增加。

二　社区供给繁衍类生态产品的缘由

繁衍类生态产品属于食物产品范畴，是针对赖生类生态产品供给不足或供不应求情况发展起来的生态保障项目。

（一）促进农业绿色发展

党的十九大报告明确提出"提供更多优质生态产品以满足人民日益增长的优美生态环境需要"的民生保障任务。这个任务落实到繁衍类生态产品生产上，就是要推动林下种养和水域种养绿色发展。繁衍类生态产品绿色生产是绿色发展理念在繁衍类生态产品生产中的落实和生态文明时代繁衍类生态产品供给实现转型升级、高质量发展的必然选择。绿色发展是以满足生态环境容量和资源承载的要求为基础、以清洁能源为动力、以资产绿化为保障、以兼顾人类福祉与生态福祉为目标的发展模式。[①] 繁衍类生态产品绿色生产是以森林和水域生态环境容量和资源承载能力为前

---

① 操建华、桑霏儿：《水产养殖业绿色发展理论、模式及评价方法思考》，《生态经济》2020年第8期。

提，以人类福祉和生态福祉的可持续发展为目标的生态产品绿色供给方式。过去很长一段时期，我国农业生产走了一条高投入、高能耗、高排放、高污染、低效率的"黑色"发展道路，导致农业经济发展与生态资源环境的矛盾冲突加剧，生态危机频发。繁衍类生态产品绿色生产一定要摒弃"黑色发展"方式，对林下种养和水域种养进行"绿色"改造，在生产过程中做到低排放、低污染、低能耗、低物耗以及高效优质地生产繁衍类生态产品。社区繁衍类生态产品绿色生产的目标就是使社区自然生态环境变好和社区居民生活水平提高。相对于自生类和赖生类生态产品生产而言，繁衍类生态产品生产挑战了顺应自然生态环境的要求，经营者一般会采用人工干预措施进行生产。所以，政府必须用绿色发展理念规范农村社区的林下种养产业和水域种养产业。

（二）创新农业经济发展新模式

传统的农业经济总以耕地资源为核心生产资料，忽略了林地资源和水域资源的生产价值和经济价值。我国人均耕地资源十分有限，单纯依靠耕地资源难以摆脱食物供给短缺困境。把我国比较丰富的林地资源和水域资源利用起来，发展林下种养产业和水域种养产业，丰富农产品供给，是发展农业经济的一种新模式。

就林下种养来说，这是充分利用林下土地资源和林荫优势，开展林下种植、养殖等复合生产经营，促进农林牧各业资源共享、优势互补、循环相生、协调发展的生态经济模式。现在我国许多农村社区利用现有林地资源，以"不砍树、能致富"为宗旨，以培育"一村一品"特色产业发展为抓手，选择林间种植和养殖模式，本着因地制宜、宜养则养、宜种则种、统筹兼顾的原则，实现林下种养业的生态效益、经济效益、生活效益的有机统一。[①] 林下种养是当前发展林下经济的主要模式，与耕地种养相

---

① 姜国清：《安徽省林下经济发展现状及对策——以青阳县为例》，《安徽农业科学》2012年第21期。

比，林下种养优于耕地种养模式，投入少，回报高，其生态效益、经济效益、生活效益更明显。就林下养殖的经济效益而论，经营者认为林下养殖使养殖动物能获得根据自身生活习性进食、游荡、交配的生活福利，能自然成长，增强饲养效果。就林下养鸡而论，蛋鸡的健康水平、产蛋率等都会得到显著提升，蛋鸡的葡萄糖含量、人血白蛋白、直肠指数、肝脏指数都会显著降低，与此同时，蛋鸡血清球蛋白、盲肠指数、肌胃指数、红细胞数量、血红蛋白含量、哈氏单位等都得到显著提高；肉鸡的养殖效果也很好，其营养含量都很高，酮体品质、肉质等都得到显著优化。就林下养羊而论，对于食用含有中草药成分的饲料的山羊来说，其体内寄生虫数量明显减少，并且寄生虫虫卵的转阴率也下降到 67% 左右，但山羊血清总蛋白数量得到显著提高，白蛋白数量明显增加，山羊体内的血清尿素氮及尿酸含量得到显著降低。就林下养肉猪而论，肉猪平均日采食量显著降低，血常规指标中白细胞组成发生显著变化，其中，嗜碱性粒细胞、巨噬细胞和淋巴细胞极显著升高，而中性粒细胞显著降低。以上事实均说明林下养殖的家禽家畜品质较高，经济价值较高。专家认为林下养殖的经济效益从大到小依次是：林下养鸡>林下养羊>林下养猪>林下养牛，[①] 这是来自实践的科学结论，对发展林下养殖而言很有价值。

就水域种养而言，这是充分利用水域资源，开展水域种植、养殖等复合生产经营，促进水上种植、水中养殖资源共享、优势互补、循环相生、协调发展的生态水产经济模式。就改善中国目前水环境而言，特别需要用新的养殖模式、新的养殖技术和方法减轻养殖水环境压力，改变我国水产养殖技术及管理出现的随意性，阻止疫病蔓延和产品质量下降，维系水产业的可持续发展。实施水域绿色种养，是比较有效的措施。水域绿色种养要求根据水域种养的生态复杂性和环境的不稳定性，以及特定水域种养对象的生物学特性，有效控制水域种养设施、种养品种、种养环

---

① 李俊、李玲：《高寒地区林下经济发展模式经济效益分析》，《农业与技术》2015 年第 3 期；黄景灿：《林下鸡的饲养管理》，《中国动物保健》2021 年第 9 期。

境；管理好水域系统内部动态变化及进出系统的物质能量流动；转化或消除水域种养过程伴随产生的负影响，进而可实现水域种养生态效益、经济效益、生活效益的有机统一。[1] 以水蕹菜和水芹菜为例，第一，可产生较好的经济效益。在河中，于 4～10 月栽培水蕹菜 24 平方米，于 11 月至次年 3 月栽培水芹菜 31 平方米，25 天左右就能收割。若以水蕹菜一年栽种 200 天计，通过定期收（25 天），每平方米水面可获水蕹菜 34.4 千克；若以一年栽种水芹菜 60 天计，每平方米水面可收获水芹菜 15.2 千克。如果在河中实行水蕹菜（5～10 月）和水芹菜（11～12 月）轮种，则每平方米栽种经济植物水面可收获经济植物约 50 千克，若按每千克价值 1 元计，每平方米水面产值 50 元，约为投入成本（种苗、人工载体、人工管理费等）的 2 倍左右。[2] 可见，发展水域种养业有可观的经济收入，完全可以实现经济上的持续发展。第二，可产生较好的生态效益。水上蔬菜种植具备良好的水体净化能力，能有效解决富营养化水域水体污染问题，产生显著的生态效益。第三，能产生较好的生活效益。水上蔬菜种植可以生产出有机产品，能为消费者提供高质量、高安全性的营养丰富的健康食品，种植水上蔬菜因不使用化肥农药，被称为"回归型农产品"的有机蔬菜，是大众喜爱的环保食品，在市场上供不应求，价格见涨。另外，水上蔬菜还是理想的渡淡品种，具有一年四季可栽种、不受气候影响、不怕干旱、可长年供应、根据市场需求调节上市日期、一年四季地满足老百姓消费需求的特点，[3] 可见水生蔬菜种植是传统土壤种植蔬菜的一种创新。

（三）开辟农民增收致富新途径

林下种养是利用森林资源生产生态产品，水域种养是利用水资源生产

---

[1] 严正凛：《水产健康养殖内涵的探讨》，《中国水产》2008 年第 12 期。

[2] 由文辉等：《水生经济植物净化受污染水体研究》，《华东师范大学学报》（自然科学版）2000 年第 1 期。

[3] 高朝芳等：《漂浮种植水上蔬菜生态修复富营养化水域的几点思考》，《云南农业》2014 年第 11 期。

生态产品，其成本低，利润高，是农民增收致富的新途径。如利用植物花卉养蜂，投入少，蜂蜜售价较高，能为蜂农带来较高的经济收入。又如林下养鸡，其林鸡的市场销售价格要比一般肉鸡高 1 倍以上，[①] 能为养殖者带来较高的经济回报。现在许多工业基础较差的地方都大力发展林下种养和水域种养产业，通过这两大新型产业模式推动地方经济发展、促进农民增收致富。如福建省的漳州市政府从 2014 年开始制定实施意见大力发展林下种养产业，现已建成 20 多个林下经济示范基地、扶持 20 多个辐射带动能力强的林下经济龙头企业、补贴农民经营林下种养产业，提高农民经济收入。[②] 又如云南西畴县莲花塘乡兴龙养殖专业合作社，经过几年的发展，年利润可达 100 万元，规模越做越大，生意越来越红火。国家林草局数据显示，截至 2019 年底，全国林下经济经营和利用面积已达 6 亿亩，林下经济总产值超过 9000 亿元，从业人数超过 3400 万。林下经济产值达 500 亿元以上的省份已有 9 个，过百亿元的省份达 15 个，江西、广西林下经济产值甚至超过千亿元。[③] 林下种养和水域种养是农业发展新领域、农民增收致富新途径。

（四）保障食物供给

我国人多地少，仅靠有限耕地难以保障国民粮食供给。我国每年需要进口大量的粮食，才能满足国内口粮、副食品加工、饲料加工的需求。据莱斯特·布朗预测，2030 年中国需要 6.4 亿吨粮食；周道玮预测 2030 年中国肉类需求量将达到 1.4 亿吨，预计有可能带动粮食总需求达 7.7 亿~8.8 亿吨。[④] 2014 年以来，我国粮食进口量一直保持在 1 亿吨以上，

---

① 李俊、李玲：《高寒地区林下经济发展模式经济效益分析》，《农业与技术》2015 年第 3 期。

② 黄春兰、陈志伟、刘碧云：《闽南山区林下经济发展路径探析——以漳州市为例》，《福建农业学报》2014 年第 12 期。

③ 黄俊毅：《林下经济让优势资源不再沉睡》，《绿色中国》2020 年第 23 期。

④ 韩立民、李大海：《"蓝色粮仓"：国家粮食安全的战略保障》，《农业经济问题》2015 年第 1 期。

2020 年达到 1.43 亿吨的新高，基本上实现粮食消费的供求平衡。[1] 为了保障食物供给，缓解粮食进口压力，我国必须开辟粮食生产新途径。林下种养和水域种养就是最佳选择。

一是发展林下种养和水域种养产业可增加国内粮食总量。因为我国有大量的林地、草地、水体，且不少被闲置，如果发展林下种养和水域种养产业，能有效缓解粮食供给短缺问题。就林下养殖而言，饲养的家禽家畜食用所在地的牧草及一些昆虫，减少饲料食用量，能适当缓解人畜粮食冲突、降低饲料消耗及投入成本。[2] 就水域种养而言，其操作技术简便，旱涝保收，不要灌溉，具有耕地农业无可比拟的优越性，利用淡水水域种植单季稻，亩产可超 600 公斤。我国江河、湖泊、山塘、水库可供选择利用的自然水域水面在 2 亿亩以上。以总面积为 80 万亩的新安江水库为例，如能开发 20 万亩，按两亩养活三个人计算，便可养活 30 万人。一些人多地少的地区可应用这项技术，解决粮食和其他作物争地的矛盾，克服耕地面积逐年减少带来的问题，以解决粮食危机。[3] 就整个水域种养来说，2020 年，我国水产养殖面积达 7036.11 千公顷，水产养殖产量达 5224.2 万吨。[4] 可见，水域种养产业具有强大的食物供给功效。

二是发展林下种养和水域种养产业能提高食物品质。就林下养殖来说，在林下生态养殖模式下，养殖的家禽家畜有足够的活动空间，能保持最佳的成长状态，[5] 而且一般不喂各种含添加剂的饲料，饲养的家禽家畜主要采食林中虫子、草类以及饲喂玉米等食物，充分激发了养殖动物的野性，其肉质好、鲜嫩、肉味鲜美。[6] 调查发现，林下生态养殖模式下养殖

---

① 韩昕儒：《我国仍是世界最大的粮食进口国》，《国际人才交流》2021 年第 5 期。
② 李宏荣：《林下规模化畜禽生态养殖模式的进展》，《中国畜禽种业》2019 年第 4 期。
③ 唐庆忠：《我国内陆水域实现水面无土种植》，《经济参考报》1993 年 10 月 7 日。
④ 参见中研普华产业研究院发布的《2022~2026 年中国水产养殖行业竞争格局及发展趋势预测报告》。
⑤ 李宏荣：《林下规模化畜禽生态养殖模式的进展》，《中国畜禽种业》2019 年第 4 期。
⑥ 李俊、李玲：《高寒地区林下经济发展模式经济效益分析》，《农业与技术》2015 年第 3 期。

的肉鸡无论是在脂肪酸特性、肌肉产量还是生长性能等方面，都远优于舍饲肉鸡。[①] 至于海产品，其品质更佳。因为海洋水产品含有丰富的蛋白质、脂肪和维生素等成分，其蛋白质含量平均为 15%～22%，且更易被人体消化吸收；脂肪含量占 1%～10%，主要为高度不饱和脂肪酸；脂溶性维生素 A 和维生素 D 含量极高，对人体健康非常有益。[②] 总的来讲，发展林下种养和水域种养，对于我国食物安全具有特殊作用。

（五）高效利用林水资源

只有充分利用大自然的林地资源和水域资源，才能使之产生有效的经济效益和生活效益，产生更显著的生态效益。林下种养和水域种养内含特殊的经济价值、生态价值和生活价值，我们通过科学研究手段去发现促使其产生综合价值和综合效益的运行机理，促使属地林地资源和水域资源效益最大化。如林下种养能有效缩短林业经营周期，增加林业附加值。又如采用水域浮床无土种植技术，即由水上种植浮床、固株物、水作物生长长效肥、水作物高产措施等要素构成的水体农业技术，可使内陆水域产生前所未有的经济价值、生态价值、生活价值。不给江河造成污染，甚至有利于净化水质，具有明显生态效益。而且，这种技术可使农村地区的湖泊、水库、内荡、外荡、山塘、鱼塘得到充分利用，并产生较大的经济效益。就种植水稻而言，这种水体农业技术可使大面积淡水水域达到单季稻亩产600 多公斤的产量。[③] 利用水体农业技术不仅可以实现在水面上种水稻，同样可以种花卉、种蔬菜、种水果，使我国内陆的江河、湖泊、山塘、水库充分利用起来。不仅内陆水域可以利用，近地海域也能开发利用。其实，海洋在食物生产能力增长、居民营养供给、节约资源要素以及缓解陆域生态环境压力等方面，也具有较大的优势。有学者指出，海洋水产品是

---

① 李宏荣：《林下规模化畜禽生态养殖模式的进展》，《中国畜禽种业》2019 年第 4 期。

② 韩立民、李大海：《"蓝色粮仓"：国家粮食安全的战略保障》，《农业经济问题》2015 年第 1 期。

③ 唐庆忠：《我国内陆水域实现水面无土种植》，《经济参考报》1993 年 10 月 7 日。

人类动物蛋白的一大来源，具有重要的食物替代价值，海洋一直是保障粮食和营养安全的重要领域。自古以来，以鱼虾贝藻类为主体的海洋水产品是我国居民特别是沿海地区居民的重要食物来源。目前，我国海洋水产品生产高居世界首位，海水养殖产量约占全球海水养殖总产量的 70%，远高于其他沿海国家。发展海域种养可以节约有限的土地和淡水资源，且能在一定程度上缓解食物生产对陆域生态环境的压力。[①]

（六）改善水土环境

受化学农业和工业生产影响，我国耕地和水域环境污染比较严重。据有关资料介绍，目前我国土壤受到污染的耕地超 3 亿亩，占全国耕地总面积的 14.8% 以上；全国 75% 的江河湖泊被污染；[②] 全国 90% 以上的大型湖泊富营养化极为严重。水体富营养化的污染物主要来源于农田渗漏水、畜禽养殖污水、塘河水产养殖污水、大气中的尘埃、城市生活污水、工业废水等进入水体中的氮、磷、钾和矿质盐类，以及水体自身的沉积物经厌氧分解释放进入水体中的氮、磷、钾等，且污染面广、分散、分布不均。要提供更多优质生态产品，就必须治理水土环境，扭转水土污染日益恶化的态势。发展林下生态种养业、水域生态种养业是改善我国水土环境的两条重要捷径。

就发展林下生态养殖来说，其能产生良好的生态保护效应。一是养殖动物在林地间自由散养，其日常进食都是使用牧草及其他自然资源，减少了饲料喂养，甚至不喂养任何饲料，这样使动物粪便中不含有太多杂质，在排泄后能较好地被土壤吸收，不仅有效避免排泄物对环境的污染，实现能量的循环利用和排泄物无公害处理，而且排泄物被土壤直接吸收进一步提升土壤的有用元素含量，优化土壤的结构，提升土壤的肥力。二是养殖动物食

---

① 韩立民、李大海：《"蓝色粮仓"：国家粮食安全的战略保障》，《农业经济问题》2015 年第 1 期。

② 韩立民、李大海：《"蓝色粮仓"：国家粮食安全的战略保障》，《农业经济问题》2015 年第 1 期。

用害虫，不仅减少了灭虫农药的使用量，还能降低害虫对植被的侵害，确保林木良性生长。如林下养鸡，鸡以小型昆虫及杂草为食物，鸡在树林中觅食可以给树除去杂草表层害虫，减轻植物发生病虫害概率，鸡粪便中氨和氮被树木吸收，促进树木生长，同时也解决了鸡粪便的污染问题，家禽的饲料残渣、粪便等排泄物又可作为有机肥料助树木生长。显然，林下养鸡能产生积极有效的土地保护价值。

就发展水域种植来说，其也可产生良好的净化水质的生态效益。水域种植是依据陆生植物的养分吸收特性，利用水上种植技术，在以氮、磷、钾和有机质污染物为主体的湖泊地带种植水上植物。采用生态浮床方式种植水上蔬菜，不施化肥农药，靠水上蔬菜发达的根系吸收水中的氮、磷、钾等富营养物质，使富集在水中的氮、磷、钾等元素得到降解和淡化；同时，在收获水上蔬菜时将其搬离水体，实现双重净化作用，从而达到变废为宝、净化水体、保护生态环境、生态修复富营养化水域的目的。[1]

研究表明，在水面种植水蕹菜、水芹菜、凤眼莲、紫背萍都可产生良好的净化水质的生态效益。就种植水蕹菜而言，水蕹菜对食用油厂、缫丝厂、酿酒厂等工厂废水以及对餐饮污水、生活污水等各类污染的高度富营养化水体的 TN（总氮量）去除率达 78.5%~96.4%、TP（总磷量）去除率达 71.34%~98.6%、COD（化学需氧量）去除率达 50.6%~85.3%、BOD（生化需氧量）去除率达 54.3%~73.8%。[2] 水芹菜（上年 11 月至次年 3 月）对河水都有较好的净化能力。当河水停留时间为 30 天时，水芹菜对污染物的去除为：TN82.77%，TP94.77%，DP（面源污染）89.83%。当河水停留时间为 30 天时，凤眼莲（4~10 月）对污染物的去除率为：TN82.24%，TP75.26%，DP87.29%。当河水停留时间为 30 天时，紫背萍（上年 11 月至次年 3 月）对污染物的去除率为：TN79.25%，TP89.41%，DP86.37%。根据污染物去除率负荷测算，每公斤水芹菜（鲜

---

① 高朝芳等：《漂浮种植水上蔬菜生态修复富营养化水域的几点思考》，《云南农业》2014 年第 11 期。

② 朱爱民等：《水库浮式围圈种植蕹菜初步试验》，《水利渔业》2007 年第 4 期。

重）每天可以去除污水中 TN24.73 毫克、TP2.71 毫克、DP1.30 毫克。在河中，于 4~10 月栽培水蕹菜 24 平方米，于上年 11 月至次年 3 月栽培水芹菜 31 平方米，每平方米水面可自河水中移除 TN182.25 克、TP22.15 克；若以一年栽种水芹菜 60 天计，每平方米水面可自河水中移除 TN22.55 克、TP2.47 克。如果在河中实行水蕹菜（5~10 月）和水芹菜（11~12 月）轮种，则每平方米的水蕹菜和水芹菜水面可去除 TN204.80 克、TP24.62 克。[①] 由此可见，利用水生经济植物净化河水，确实可收到显著的净化水质的生态效益，所以，在受到有机污染的水体中栽种经济植物净化水质具有广阔的发展前景。

三　社区繁衍类生态产品供给范型

繁衍类生态产品在生产理念、产品质量、生产方法、经营要求、发挥功能等方面，有别于自生类和赖生类生态产品。农村社区只能启用"利用模式"生产或提供繁衍类生态产品，主要是利用森林生态环境从事林下种养产业、利用水域生态环境从事水域种养产业。社区供给繁衍类生态产品必须遵循如下运行机理，践行如下实践规制。

（一）型构特殊的产业结构

繁衍类生态产品供给与自生类生态产品供给和赖生类生态产品供给一样，有两个共同的生产目标：保护与建设社区自然生态环境、提供优质生态产品。因此，凡是有损社区自然生态环境的林下种养和水域种养项目都要排除在繁衍类生态产品生产之外。具体来说，使用化学肥料、化学农药、生物激素、基因种子等生产资料进行林下生产的农业项目就不属于繁衍类生态产品生产；将森林砍光，开辟出大片土地，开办农场和养殖场，

---

① 由文辉等：《水生经济植物净化受污染水体研究》，《华东师范大学学报》（自然科学版）2000 年第 1 期。

进行大规模种植和养殖，也不属于繁衍类生态产品生产。凡是不能生产出食物产品的生态建设项目，也不属于繁衍类生态产品范畴，例如兴修河道、植树造林等活动不可能生产出水产品和林下食物产品，就不属于繁衍类生态产品供给范围。可以说，只有旨在生产优质、安全、营养食物的，能产生生态效益、经济效益、生活效益的林下生态种养和水域生态种养产业，才属于繁衍类生态产品供给范畴。社区供给繁衍类生态产品应该按照这两个基本要求建构繁衍类生态产品生产结构。

（1）林下生态种植类型。包括林下小麦、黄豆、花生、绿豆、红薯、土豆等低秆粮食作物绿色生产；食用菌、大蒜、圆葱、冬瓜、南瓜、丝瓜、苦瓜、白菜、萝卜、油菜等蔬菜绿色生产；紫花、苜蓿、黑草等优质牧草绿色生产；林下苗木、花卉、水果等园艺植物绿色生产等。

（2）林下生态养殖类型。包括林下肉牛、奶牛、家兔、家羊、驯鹿、肉猪、肉狗等家畜绿色饲养；林下鸡、鸭、鹅、雁等禽类绿色饲养；鸵鸟、孔雀、竹鼠、蛇、蜈蚣、蝎子、林蜂、林蛙等特种动物绿色饲养；林下水貂、狐、貉等毛皮动物绿色饲养等。

（3）水域生态养殖类型。包括鳊鱼、鲫鱼、鲤鱼、青鱼、鲟鱼、娃娃鱼、泥鳅、鳝鱼、鳗鱼、青鲈、加州鲈、罗非鱼、河豚、吴郭鱼、革胡子鲶、淡水白鲳等淡水鱼类绿色饲养；罗氏沼虾、澳大利亚龙虾、蟹、鳖、龟、珍珠等淡水甲壳类绿色饲养；牛蛙、青蛙、林蛙等蛙类绿色饲养；田螺、蜗牛、蚌等贝类动物绿色饲养；鲈鱼、大黄鱼、海螺、蛤蜊、扇贝、海瓜子、青蛤、文蛤、石斑鱼、鲍、海参、青蟹、毛蛤、梭子蟹、海蜇、南美白对虾、海带、紫菜等海水动植物绿色种养。

（4）水域生态种植类型。包括荷花、芦苇、香蒲、水葱、芦竹、菖蒲、慈姑、莲藕等挺水植物绿色种植；睡莲、萍蓬草、荇菜、菱角、芡实、王莲等浮叶植物绿色种植；梭鱼草、千屈菜、再力花、茭白、红蓼、水芹菜、紫芋等湿生植物绿色种植；水菜花、海菜花、海菖蒲、苦草、金鱼藻、水车前、黑藻等沉水植物绿色种植；紫背浮萍、凤眼莲、大藻等漂浮植物绿色种植。

于此，需要特别说明的是：用顺应自然生态环境生产标准纳入赖生类生态产品供给范畴的林下种植野生香料植物、野生药材植物、野生蔬菜植物以及野生香料动物、野生药材动物、野生肉食动物，不纳入林下或水域生态种养范畴。

（二）进行五素分析

社区供给繁衍类生态产品，实行的商品化、市场化、规模化生产模式，是社区农户、家庭农场、专业合作社投入成本并希望获得较高利润的商业投资行为、理性经济行为。从事林下绿色种养和水域绿色种养的农户、家庭农场、专业合作社都是十足的经济人角色，不希望投资失败。因此，在实施项目生产前，需要对即将投资的林下绿色种养项目或水域绿色种养项目进行"五素分析"，即抱着获利目的，从产业特质、发展前景、基础条件、发展措施、项目效益等五个维度，对选择的林下绿色种养项目或水域绿色种养项目进行投资研判，这是预防投资失败的必要措施。研判项目的产业特质，需要判断种植作物或养殖动物的生物学特征，对生态环境、生态资源的基本要求，市场行情与供给状况，消费群体的喜好等。研判项目的发展前景，需要判断种植作物或养殖动物的用途和功效，产品在国民经济中的地位和作用、竞争空间、市场机会等。研判项目的基础条件，需要判断种植作物或养殖动物的有利条件，包括种植作物或养殖动物生长的自然条件、经营的区位优势、当地政府的支持政策、自身的技术水平等，以及经营的不利因素。研判项目的发展措施，需要判断种植作物或养殖动物的生产理念、经营路径、一体化或产业化发展策略，以及项目的生命周期和发展阶段。研判项目的产业效益，需要判断种植作物或养殖动物的经济效益、生态效益、生活效益。

（三）总结成熟的经营模式

供给繁衍类生态产品要遵循保护自然生态环境的原则，不可破坏森林和水体生物的生长环境。开展林下绿色种养和水域绿色种养要发明或选择相宜技术，以不过量、不超载、保障生态环境的稳定性为原则。在保护自然生态环境的原则下，不断总结经营经验，形成可复制、可推广的林下绿色种养和水域绿色种养模式。

就林下绿色种养结构来说，可以形成如下林下绿色种养模式。①林菌模式。在茂密森林林地上，选林下土质疏松、肥厚、湿润的腐殖土地进行菌类种植。林下绿色种植的操作要领如下。一是选择林下环境荫蔽度在 0.6~0.9 区间，水源充足，地势平坦，湿度、温度、光照合适，有便利的交通和林业道路的地方，种植菌类植物；二是在选择菌菇类产品时要严格分析林下环境以及菌菇类产品本身的生长习性，选择适宜生长的品种，如在东北地区森林下，种植羊肚菌、金针菇、香菇、平菇、灵芝、木耳等；三是种植时，先清理林地后投放适量菌袋，进行露天或建棚培植，收获后留下的菌袋做有机肥，改良土壤，给树木提供营养；四是树木修剪后的枝条，能够为菌菇类产品提供天然的培育生长基础，实时除草、清理落叶等，解决林地杂草丛生问题，预防森林火灾；五是掌握大量的培育技术，积累丰富的培育经验，因为菌类的培育和生长条件苛刻，没有掌握种植技术就不可能有收获。②林畜模式。其操作要领如下。一是根据林下环境的实际情况来选择适宜的禽类动物，靠近水流、河滩的林地养殖鸭、鹅；在林下坡地或平地养鸡；在混交林下，靠近水源处，养殖体型较小的动物；在成年阔叶林里，选地势平缓、透光性好、靠近水源的开阔林地，投资开办养殖场，养殖土猪、林蛙、梅花鹿、林麝等动物。二是及时对畜类翅膀进行修剪，防止果树枝丫下垂拖地，减少禽类飞上树梢啄食林木果实的现象发生；利用林下生长的杂草和落果、坏果等喂食牛羊。三是有效清理禽类粪便，防止粪便污染周边水源，引发疾病；同时有效控制禽类动物养殖密度，疏松硬结土质。四是将猪、牛、羊产生的排泄物导入沼气池，沼气池产生的沼气作为照明及做饭、取暖能源，将发酵后产生的沼渣和沼液浇灌果树，增加土壤肥力，提高果树的挂果率和果实质量。③林草模式。在林地、草原插花地区，发展以牛、羊为主的畜牧产业。林下种植紫花苜蓿、黑麦草等优质牧草，加工储藏收获的优质牧草，为林下舍饲牲畜提供饲料。在生产过程中，要综合考量牧草的生长习性，制定科学的培育方法，密切观察牧草的生长状况，以防林下牧草出现生长不良甚至大面积死亡的现象。④林菜模式。在树林边缘和林中空地，林下种植树莓、蓝莓、莴笋、甘蓝、茄子、大蒜等光性不强的蔬菜。⑤林苗组合。在较高林木下套种油松、女贞、黄杨等低矮的经济林木，注重对林木进行稀疏种植，阻止低矮灌木产生庞大根系，以便上层空间林木吸收营养和生长。[①]

就水域绿色种养结构来说，操建华、桑霏儿[②]总结出我国水域绿色种养模式。①池塘立体生态养殖。通过池塘技术改造和不同营养层级的水产养殖品种搭配，实现生态高效的立体混养模式。如虾、蟹、鳜等的生态高效混养。②鱼菜共生。通过融合水产养殖与水耕栽培技术，实现鱼类养殖与水培蔬菜互利共生的新型循环养殖模式。主要有直接漂浮法、养殖水体与种植系统分离、养殖水体直接与基质培的灌溉系统连接、水生蔬菜系统等模式。③池塘工程化循环水养殖。俗称"跑道鱼"养殖，是指通过工程化改造，将已有的传统池塘分割成小水体养殖区和大水体净化区两部分。小水体区域借助增氧和推水设备模拟出常年流水环境，开展多品种高密度养殖。大水体区域放养滤食性鱼类和种植水生植物，净化水体及促进大小水体水循环。④集装箱养殖。这是一种新兴的集中连片、立体、集约的水产养殖模式。根据水处理方式的不同，可分为陆基推水集装箱式养殖和工业化循环水集装箱式养殖平台两种模式。前者是利用池塘和集装箱形成的循环水处理系统在集装箱养鱼。池塘里的鱼被集中养殖到集装箱中，养殖尾水经固液分离后释放到池塘中降解，池塘中的水经过臭氧杀菌后再进入集装箱中进行流水养殖。工业化循环水

---

① 颜少华：《林下经济的主要模式及优劣分析》，《中国高新区》2018 年第 11 期；刘岁芳、刘向阳：《林下经济推动宜昌生态优势转化模式探索》，《现代园艺》2021 年第 12 期；王伟：《林下经济主要发展模式及相关问题探讨》，《南方农业》2021 年第 17 期。

② 操建华、桑霏儿：《水产养殖业绿色发展理论、模式及评价方法思考》，《生态经济》2020 年第 8 期。

集装箱式养殖的特点是全程封闭水处理和智能化调控生产全程。⑤深水网箱养殖。要求在水深 15 米以上的沿海开放性水域设置大型网箱来养殖。

（四）掌握利用林下和水域绿色种养技术

绿色种养指根据种养对象正常活动、生长、繁殖所需的生理、生态要求，采用科学的种养模式和管理技术，使其在人为控制生态环境下健康快速生长。实施绿色种养的目的是实现安全高效生产，杜绝病害发生和减产，防止经济效益受损；基本要求是改造种养对象的生存环境，确保生物生长所需生态条件。实施林下绿色种养和水域绿色种养，具有多种好处。一能保证产品质量，种养过程中不使用药物，提高了种养产品的质量安全水平；二能提高种养经济效益，生产出来的产品质量好、价格高、成本低，经济效益显著；三能带动加工、贸易发展，同时促进社区集体经济发展。① 林下绿色种养和水域绿色种养需要可靠的实用技术才能获得成功，产生经济效益、生态效益、生活效益。因此，农户、家庭农场、专业合作社从事林下绿色种养或水域绿色种养，需发明或引进并利用好相关实用技术。

就林下绿色种养而言，选点、选种、播种栽培、免疫、日常管理、疾病防治、收获、分拣、包装、冷藏、运输等环节都有技术要领，需要严格按其技术要领进行操作，以保高产、高质和收益。如林下养鸡，地点选择上，应选择林地或果园坡度适中、远离污染和人居地、有干净水源的位置。选种上，孵育鸡苗，或从商品肉鸡群中选健康、品质高、体格强壮、体型匀称、无病害的鸡苗。日常管理上，育雏阶段注意调控饮食、保证饮水、保温；育成阶段注意加强饲料喂养、增加蛋白质与维生素等粗粮及鱼粉饲料、管控鸡群；育肥阶段，注意补充饲料投喂、管控放养密度、增大活动量，按 1∶20 的比例配比公鸡与母鸡。搭建鸡舍上，鸡舍坐北朝南，

---

① 严正凛：《水产健康养殖内涵的探讨》，《中国水产》2008 年第 12 期。

设置遮阴、防风、防寒、通风、除味设施，铺垫适量木屑，注意清洁、消毒。免疫与疾病防治上，做好疫苗接种，进行药物预防，淘汰病雏鸡、隔离病鸡、及时治疗。① 就林下绿色种植蔬菜而言，地点选择上，选择通风、有光照、温度合适、靠近水源、负氧离子较多、萜烯类物质丰富的林下地块。选种上，选择生长周期短、植株低矮、耐阴蔬菜品种。播种栽培上，先在疏松肥沃、排水良好的土地上育苗，移栽于施足基肥的肥力强的箱地，适时定植。日常管理上，浇水、施肥、除草、松土。病害防治上，及时发现虫害、病情，及时杀虫和喷洒生物农药等。

就水域绿色种养而言，从种养效益角度，考虑饲养技术的可行性、饲料供应的可能性、种苗来源的稳定性、饲养品种的多样性、销售渠道的广泛性。在操作技术上，一要筛选成熟的健壮无病、抗逆性强的亲本，培育健康苗种，投喂能满足其需求的饲料，确保养殖生物健康生长。二要选择适宜的养殖模式，以混养轮养等生态养殖方法，根据不同水生动物的不同习性，利用养殖生物不同的生理特征，合理利用水体的空间，保持良好的空间环境、水体环境和生态环境，进行生态防治，并按绿色标准要求生产，进行科学养殖。三要根据种养品种从池塘、水库、河流、湖汊、水田等水域选择适宜水体环境，并提前做好对养殖机械和电路整修、保养，及时收集气象、病害预报信息，做好防风、防雨、防高温的准备工作。四要调控水质，优化水体环境，保持水质肥、嫩、活、爽，透明度45厘米以内，实时监测水质变化，pH 值 7.5～8.5，氨氮不超过 0.5 毫克/升，亚硝酸盐不超过 0.2 毫克/升，溶解氧不低于 4.5 毫克/升。偏酸性池塘，可用生石灰匀浆泼洒；偏碱性池塘可在晴天施微生态制剂，如光合细菌、EM菌、芽孢杆菌等有益微生物来调节水质，每月施 2～3 次。五要合理安排种养密度，水生植物种植面积最大不超过其养殖水域的2/3，其中沉水植物1/3；水生动物养殖要保持合理的数量。六要选用实用技术进行生产。采用水域浮床无土种植技术，种植水上作物。用栽插法种植带茎水草作

---

① 黄景灿：《林下鸡的饲养管理》，《中国动物保健》2021 年第 9 期。

物，用抛入法种植浮叶植物，用移栽法种植挺水作物，用播种法种植苦草、依乐藻。采用大型网箱技术养鱼，更要根据本地自然生态环境发明实用技术养殖水生动物。使用稻渔综合种养技术进行稻田养鱼，使用池塘工程化循环水养殖技术、工厂化循环水养殖技术进行大规模淡水养殖，使用近海立体生态养殖技术进行海水养殖。掌握喂食规律，进行科学投饲，主要根据生长期、天气、水质、活动情况、吃食情况合理投喂饲料，切忌投饲过多，减少饲料损失和污染水质。七要防病防害，以防为主、防重于治，提早免疫，加强疫病预防，关注疫情预报，控制病害发生，发病后必须针对性地进行治疗，防止误诊误治。平时饲养管理务必做好池塘消毒、苗种消毒、运输工具消毒。高温季节，定期在饲料中添加免疫增强剂增加免疫力，防止外源性水源污染和养殖区域交叉感染，避免使用漂白粉、硫酸铜等刺激性消毒杀虫药物，杜绝杀藻类药物使用，维持稳定的池塘生态环境。[1]

（五）持续增强竞争能力

林下绿色种养和水域绿色种养，不是自然经济，而是市场经济。经营这两大产业的农户、家庭农场、专业合作社都要面向市场竞争。因而，经营者只能不断提高自身的竞争能力，才有发展空间和市场机会。为此，应解决好如下问题。

1.培育新型经营主体，促进经营主体组织化

分散经营难以应对市场竞争，只有将经营户、家庭农场、专业大户组合起来，才能增强社区林下绿色种养或水域绿色种养的竞争能力和抗风险能力，扩大产业发展空间。社区要组织引导更多林下经济从业者参加专业技能、营销、法律等方面的培训，培养一批懂经营、会技术的新型职业农民。然后建立专业公司，按照"自愿参加、自主管理、风险共担、利益

---

[1] 戴银根：《养蟹水域种植水草技术》，《江西水产科技》2003年第2期；严正凛：《水产健康养殖内涵的探讨》，《中国水产》2008年第12期；邓志松：《夏秋季水产养殖管理技术》，《渔业致富指南》2021年第21期。

共享"原则组建专业合作社，成立行业协会，培育龙头企业，打造林下绿色种养或绿色水产基地，形成"公司+基地+农户""公司+合作社+农户""龙头企业+专业合作组织+基地+农户"等集约经营模式，提高经营者适应市场的能力，促进产业抱团发展。[1]

2. 建立营销网络

经营农业赚不到钱，原因之一是单家独户经营难以建立高效实用的销售网络，产品卖不出去。因此，发展林下绿色种养、水域绿色种养，社区必须建立自己的营销网络。一是建立产品物流体系，建设社区林下产品仓储物流设施，建立林下产品收集、加工、运输、销售各环节的冷链物流体系。二是对接大城市农产品交易市场，并在交易市场内开设销售门面。三是建立产品销售网站，进行线上交易。四是架构农超对接的农产品直销模式，实施统一标准、统一检测、统一收购、统一商标、统一营销的品牌运作模式。五是发展订单农业（合同农业、契约农业、期货农业），使生产者根据市场需求进行生产，避免盲目生产，减少产品价格信息不对称所带来的价格剧烈波动。[2]

3. 建设标准化生产体系

一要严格林下种养和水域种养标准，围绕林下和水域种植、林下和水域养殖等模式，建立健全林下和水域经济标准体系，做到按标准生产。二要建立标准化生产基地，探索构建林下产品和水域产品质量可追溯管理系统，对种植、养殖、存储、加工、流通等环节进行全程记录。三要实施品牌战略。走"绿色无污染"的有机产品路线，因地制宜，经营特色农产品，形成品牌，延伸产业链，提高产品附加值。[3]

---

[1] 黄春兰、陈志伟、刘碧云：《闽南山区林下经济发展路径探析——以漳州市为例》，《福建农业学报》2014年第12期。
[2] 黄春兰、陈志伟、刘碧云：《闽南山区林下经济发展路径探析——以漳州市为例》，《福建农业学报》2014年第12期。
[3] 黄春兰、陈志伟、刘碧云：《闽南山区林下经济发展路径探析——以漳州市为例》，《福建农业学报》2014年第12期。

4. 完善基础设施建设

社区要大力完善林下和水域经济相关基础设施建设，按照林下经济和水域经济发展规划及项目计划，将水、电、路、网等基础设施建设项目纳入当地基础设施建设总体规划，优先解决林下经济示范基地的供水、供电、交通、信息等问题。[1]

四　社区供给繁衍类生态产品的不足与促进策略

林下种养和水域种养作为生态、高效、循环经济，属于新兴产业，处于初步发展阶段。目前，全国各地农村社区或相关企业在发展林下种养和水域种养方面，还面临诸多发展问题，需要采取有效措施加以克服。

（一）社区供给繁衍类生态产品的不足

1. 思想障碍

一是因没有经历林下种养实践，无法对比，许多农民武断地认为林下绿色种养并不比耕地种养有优势。二是有的农民思想不解放，怕吃亏、怕亏本，畏首畏尾，对发展林下绿色种养和水域绿色种养持怀疑观望态度。三是有的农民小农意识严重，满足自给自足，不愿意与他人合作，不乐意发展规模经营。这些思想意识阻碍着农村社区发展林下绿色种养和水域绿色种养产业的发展。

2. 基础设施落后

发展林下绿色种养产业和水域绿色种养产业需要必要的森林系统和水域空间，森林和水域一般都远离城市，而有森林和水域的农村社区缺乏水、电、路、网等基础设施。所以，经营林下绿色种养和水域绿色种养，

---

[1]　黄春兰、陈志伟、刘碧云：《闽南山区林下经济发展路径探析——以漳州市为例》，《福建农业学报》2014 年第 12 期。

缺少基础设施，这制约了林下种养和水域种养的规模化发展和集约化经营。贵州省林业局随机选取 127 户居住在林区的农户进行调研，调研结果显示，选择通水满足生产需要的有 51 户，占比为 40.2%；选择通网、通电、林道等满足生产需要的分别为 40 户（31.5%）、48 户（37.8%）、44户（34.6%），占比都不到 40%。[①] 说明农村社区缺乏发展林下种养和水域种养的基础设施确实存在。基础条件制约农村社区林下绿色种养产业、水域绿色种养产业的发展，是当今农村社区供给繁衍类生态产品的一种不足。

3.经营单一

由于农民经营林下绿色种养和水域绿色种养产业起步较晚，经营资本不足，绝大多数农村社区只经营一个或少数几个品种。目前，我国农村社区在生产繁衍类生态产品上存在经营上的问题。一是经营品种少，尚未形成多品种经营态势。二是品牌单一，林下绿色种养业、水域绿色种养业的产品品牌不多。如安徽省青阳县林下养殖皖南土鸡只有"九华"一个品牌，[②] 说明经营水平不高。三是经营模式单一，如贵州的林下绿色种养业，在林下种植上，绝大多数是大苗套种小苗；在林下养殖上，更多是林禽模式，主要是林下养鸡，存在单一模式多、复合模式少现象。[③]

4.经营能力低下

多数农村社区还在使用落后的经营方式从事林下种养和水域种养，林下绿色种养产业、水域绿色种养产业的规模化、组织化、品牌化程度较低。具体表现在以下几个方面。一是农户经营林下绿色种养产业，缺乏技术，管理手段落后。在种养过程中，大多数农户沿用传统方式，凭经验做事，靠自然生长和手工操作，适宜林间种养的新品种、新技术应用少，机

---

① 邱中慧、魏世农、王盛鑫：《贵州林下经济发展存在的问题与对策》，《理论与当代》2021 年第 5 期。

② 姜国清：《安徽省林下经济发展现状及对策——以青阳县为例》，《安徽农业科学》2012年第 21 期。

③ 邱中慧、魏世农、王盛鑫：《贵州林下经济发展存在的问题与对策》，《理论与当代》2021 年第 5 期。

械化、现代化程度不高，缺乏技术培训和服务指导。[①] 二是生产标准化程度低。以林菌模式为例，因没有菌棒生产企业，各农户均自行制作和扩繁，不仅菌棒成本高，而且质量无保证。三是市场组织化程度低，因缺乏行业协会组织，许多地区林下种养没有形成订单农业，各农户单兵作战、自产自销，市场竞争力不强。四是管理水平不高。由于技能培训与服务指导跟不上，农户在种养过程中缺乏科学种养技术和管理方法，造成病虫害发生率较高，致使种养成本过高，经济效益上不去。[②] 贵州省林业局对127 户林农就林下经济经营合作方式、销售模式、使用技术、政府政策和服务需求等展开过随机调研，调研结果显示，在经营合作方式方面，66.93%的林农是单户经营，仅有 16.54%的林农是林业合作社经营；在销售方式方面，有 20%的林农是政府提供销售途径，22%的林农是合作社组织销售，17%的林农是互联网销售，28%的林农等待上门收购；在政府政策和服务需求方面，58.27%的林农希望政府相关部门积极推广新技术，44.09%的林农希望政府相关部门建立相应的信息服务平台；从林农使用技术来看，对先进技术的使用率占比只有 46%，54%的林农还在使用传统技术。[③]

5. 生态环境保护不力

由于广大农户、家庭农场、专业合作社不懂先进的绿色种养技术，其仍然使用传统的经验方法进行林下种养和水域种养生产。如林下养鸡，基本上是林下放养，没有使用循环生产技术进行养殖，缺乏鸡粪利用处理技术和措施，造成鸡粪污染周边水环境。又如淡水养殖，一些养殖户没有掌握微生物生态技术、良种选育技术、无特定病原育苗技术、绿色饲料加工

---

① 姜国清：《安徽省林下经济发展现状及对策——以青阳县为例》，《安徽农业科学》2012 年第 21 期。

② 杨春霞、杨军：《林下经济发展存在的问题及对策》，《环球市场信息导报》2011 年 5 月 20 日。

③ 邱中慧、魏世农、王盛鑫：《贵州林下经济发展存在的问题及对策》，《理论与当代》2021 年第 5 期。

技术，只会使用传统淡水养殖方法进行生产，造成多方面的不良影响：一是水产品质量下降，养殖效益较差；二是养殖营养物的外排、化学药物的使用造成水体污染、环境恶化；三是养殖品种病情严重且呈爆发性流行传播。在海水养殖领域，养殖户都是使用传统方法进行海水养殖，造成滩涂和养殖海域的破坏，经常出现海洋赤潮，使沿岸生态环境恶化，水域生物多样性减少。[①]

6. 产品品质安全问题

经营者为了追求产量效益或赚更多钱，忽视产品质量，无论是在种植生产还是经营的过程中，违规使用禁用高毒农药，造成产品残余农药超标；在养殖中使用化学激素，催长、催熟，造成产品营养中蛋白质含量不足和微量营养素不足。更有甚者，有的经营者为了高产、抗逆、抗病虫，使用转基因生物新品种进行林下种养和水域种养。转基因品种是利用转基因技术获得的新品种，[②] 是将基因片段从一种生物体中分离出来，通过修饰后导入另一种生物体的基因组中，使生物性状或机能得到改变而形成的新品种。在中国，转基因技术亦称遗传工程、基因工程。经转基因技术修饰的生物体称为转基因生物体，以转基因生物体直接作为食品或以其为原料加工生产的食品就是转基因食品。自 20 世纪 80 年代转基因技术及转基因农作物问世以来，一些转基因新产品被用于大田生产，产生了食物品质安全问题。奥地利政府于当地时间 2008 年 11 月 11 日发布最新科学研究，首次证实转基因玉米会导致小白鼠繁殖能力下降。此项研究由奥地利健康部和农业与环境部共同发起并资助，维也纳大学兽医学教授 Juergen Zentek 主持完成。

---

① 严正凛：《水产健康养殖内涵的探讨》，《中国水产》2008 年第 12 期。

② 查阅相关资料得知，基因是具有遗传信息的 DNA 片段，是控制性状的基本遗传单位。基因通过复制把遗传信息传递给下一代，通过控制蛋白质表达，决定生物的特征特性，并在繁衍过程中代代相传。20 世纪 50 年代，华生和克里克发现 DNA 双螺旋结构；1970 年，DNA 重组技术出现；1973 年，第一个转基因细菌大肠杆菌诞生；1982 年，第一个转基因动物老鼠出世；1983 年，第一个转基因植物烟草问世；1994 年，随着卡尔基因公司"晚熟西红柿"的推出，转基因植物正式推向市场。转基因技术是将高产、抗逆、抗病虫、提高营养品质等已知功能性状的基因，通过现代科技手段转入目标生物体中，使受体生物在原有遗传特性基础上增加新的功能特性，获得新的品种。

研究结果显示，在长达 20 周以上的持续喂养评估实验中，被喂养饲料中含33%转基因玉米的小白鼠从第三代开始，后代的体重减轻、体长缩短，数量明显减少。这一研究结果明确证实转基因作物对健康有威胁。[①] 学者研究发现，转基因食品可能存在健康风险，一是存在潜在毒性问题，二是可能引起过敏反应，三是存在抗生素抗性风险因素。[②] 我们的意见是既然转基因食品对身体有害或对身体存在潜在威胁，就不要开发转基因食品和从事转基因作物种养，毕竟人命最宝贵，人口繁衍最重要。如果某些企业要追求商业利益而发展转基因作物产业，政府就让其开发观赏作物。我们建议中国的所有农村社区的林下种养和水域种养经营者，从食物品质安全考虑，不要种植和养殖转基因生物新品种。

（二）社区供给繁衍类生态产品的促进策略

发展繁衍类生态产品供给事业，主要依靠地方政府推动，因为农户以及农村社区的其他类型的经营者缺少资金、技术、信息、智谋等资源，只有在县乡两级政府引导、促进下，农村社区繁衍类生态产品生产才有健康发展、规模发展的期望。相关发展策略如下。

1. 落实国家水域与林下经济政策

为了加快推进水产养殖业绿色发展，落实新发展理念、保护水域生态环境、实施乡村振兴战略、保障国家粮食安全、建设美丽中国，2019 年 1月 11 日，农业农村部会同国务院九部门联合印发了《关于加快推进水产养殖业绿色发展的若干意见》，围绕加强科学布局、转变养殖方式、改善养殖环境、强化生产监管、拓宽发展空间、加强政策支持及落实保障措施等方面作出全面部署。为了落实重要农产品保障战略，全面推动产业高质量发展，稳步提高木本粮油和林下经济产量、质量，全面优化供给结构、产业链条，大幅提升市场竞争力、资源综合效益，进一步拓宽食物来源渠

---

① 《最新研究证实转基因玉米影响生育能力》，《中国家禽》2008 年第 24 期。
② 方思佳、卢丞文：《浅谈转基因食品安全性》，《现代食品》2020 年第 13 期。

道，增强国家粮食安全保障能力，国家发改委会同国务院九部门于 2020 年 11 月联合印发《关于科学利用林地资源促进木本粮油和林下经济高质量发展的意见》，围绕扩规模、丰品种、调结构、降成本、提质量、拓市场等进行全面部署。这两个文件是广大农村社区发展林下绿色种养和水域绿色种养产业的政策依据，农村社区应充分利用好国家政策，为百姓提供优质、安全、绿色、生态的水产品和林下产品。

2. 强化社会化服务

地方政府为林下绿色种养和水域绿色种养提供科技服务，引进推广林下种养和水域种养新技术、新品种、新模式，主动组织专业合作组织、龙头企业、种植养殖大户，进行绿色食品质量认证。定期组织专家和技术骨干深入现场指导，传授技术，推广普及绿色种殖技术知识。安排专业技术培训，提升科技服务能力和水平。组织社区生产基地外出学习先进经验，选派业务骨干开展"一对一"帮扶活动。同时，提供融资服务，建立健全政府扶助、信贷融资、农民自筹"三位一体"的资金投入模式。安排专项资金扶持林下种养产业、水域种养产业，同时建立绿色种养产业经济财政担保机制，对养殖大户优先安排贴息贷款和工程项目，开办林权、水权流转和抵押贷款，森林资源、水产资源资产评估等服务项目。积极探索金融机构扶持林下种养、水域种养龙头企业、经营大户发展的新举措，引导政策性银行增加对林下种养和水域种养项目的中长期贷款，进一步完善绿色种养投融资平台，盘活森林、水体资源资产，大力支持农业银行和农村合作银行对林下经济和水域经济专业合作社提供信贷支持，积极创新专业合作社或联户担保等担保方式，通过贷款利率优惠、增加授信额度等方式支持专业合作社发展。[①]

3. 实施林下与水域绿色种养发展战略

为了促进农村社区林下与水域绿色种养产业发展，县乡两级政府应实

---

① 姜国清：《安徽省林下经济发展现状及对策——以青阳县为例》，《安徽农业科学》2012 年第 21 期。

施如下发展战略。一是品牌化战略，打造社区绿色林下种养和水域种养品牌，注册地理标志，申报标准化生产基地，推进"一乡一特，一村一品"经营策略，将地方生产特色优势变成品牌优势。二是集约化经营战略，在林下和水域绿色种养中，在林下空间、水域空间，增加要素含量、调整要素组合，增进生产效率和经济效益。建设一定规模的特色绿色、有机产品生产基地，用"政府投资建设施，业主租用搞发展，农民入股增效益"的产业发展机制，[①] 培育壮大龙头企业，由龙头企业带动社区林下绿色种养和水域绿色种养基地和经营户扩大经营规模，统一环保质量、统一技术规范、统一监测管理、统一品牌认证，提高基地的集约化、专业化生产水平。[②] 三是产业化战略，把原料生产、加工和销售等诸多环节有机地联系在一起，实行管理、生产、加工和经营一体化。延伸产业链，促进养殖、加工、流通环节及营销网络的有机结合，推进社区林下绿色种养和水域绿色种养产业链建设。

4. 实施绿色生产战略，确保品质安全

食品安全，关乎国家命运，必须引起农村社区的高度重视。第一，实行绿色林下种养和水域种养。在生产过程中不使用任何有害化学合成物质，按特定的生产操作规程生产、加工，在绿色食品生产、加工过程中，防范农药残留、放射性物质、重金属、有害细菌等对食品生产各个环节的污染，以确保绿色产品的洁净。第二，优先使用当地资源，优化在同一土地上多种植物和动物对资源的利用。首选本地的种子和品种，本地品种有较高的抗病性，对当地气候有较高的适应性；优化林下种养和水域种养生产体系内部养分和能量的循环；维护森林和水域的自然性质，不使用化学投入物，营造适合动植物的生活环境，依靠自然控制的方法，保持生物多样性，避免害虫由于化学防治所产生的选择抗药性；采用作物轮作、生物共生、种植绿肥作物、使用有机肥和减少耕作等措施，加强作物自身的抗

---

① 黄恒：《林下经济发展存在的问题及对策》，《农业经济》2011 年第 10 期。

② 卢强、敖清根：《对江西新干县发展绿色、有机水产品养殖的几点思考》，《渔业致富指南》2021 年第 22 期。

病性和害虫天敌的作用；将养殖业和种植业结合起来，提高养分管理水平，保持水土。

五　讨论

　　繁衍类生态产品是利用社区森林环境生产的林下种植品、林下养殖品和利用社区水域环境生产的水域养殖品、水域种植品。正是赖生类生态产品供不应求，才给繁衍类生态产品生产留下了较大发展空间，创造了较多发展机会。可以说，生产繁衍类生态产品能有效弥补赖生类生态产品供给的不足。生产繁衍类生态产品，不仅能保护生态环境，产生生态效益，让经营者获得经济收入，产生经济效益，而且能生产出更多食物，满足国民的生活消费需求，产生人文效益。

　　经营林下种养产业，必需保护和建设森林环境，至少要具备遮阴、能释放大量氧气的条件和让家禽家畜自由活动的林下空间；经营水域种养产业，必需保护和改善水域环境，至少保证氮磷含量不能超标，水体不能富营养化。同时，必需修建种养设施，便于种养物发育、成长、成熟，增加产量。尤其需要采用治污技术，防止种养造成水土环境污染。林下种养和水域种养必须注重产品的品质，要求种养产品达到绿色产品要求，因为林下种养和水域种养拥有自然生态环境，具备绿色生产的生态条件。

　　主张采用生态农业经营模式从事林下种养和水域种养。根据社区的自然条件、生态条件、经济条件，选择具有适应性强的生态农业经营模式进行生产，通过工程与生物措施强化生物资源的再生能力，探索从生态环境到生物体，再从生物体到生态环境的物质循环，多层次利用物质和能量，减少营养物质外流。

　　精心发展高端优质、高效特色的林下种养和水域种养项目，使林下种养和水域种养增收增效走出土地资源、水资源约束困境，提升林下种养和水域种养生产一体化水平，提高市场竞争能力和可持续发展能力。

　　提高林下种养和水域种养产品的商品化率，实现规模化、专业化、特色化经营，要将种养资源开发成特有的名优产品，形成规模适度、特色突出、效益良好、产品具有较强市场竞争力的种养生产体系。为此，发展可持续的集约经营；对本土特色、优良、多熟品种经营技术进行研究，立足社区自然生态环境和采用生物的、物理的技术防治病虫害，巩固产品品质；扩大产品声誉，并申请地理标志产品；推行"1.5"次农产品提级增值经营模式；实现林下和水域种养特色产业数量、质量、效益、生态的一体化和竞争力的提升。

　　为了提高市场竞争能力，农村社区开展林下种养和水域种养，应实施差异化和集中化经营战略。实施差异化战略，要通过创造一种消费群体认为重要的有差别的或独特的产品来获得竞争优势；要以竞争对手做不到的方式满足消费群体，扩大赢利空间，获得更高收益。实施集中化战略，要先按地域或按顾客类型划分市场，再针对某一具体的或特定的细分市场的消费需求进行生产，在特定的细分市场上争夺消费群体。在实行差异化和集中化经营战略时，林下种养和水域种养经营者必须实现某种形式的专业化生产，才有可能产生提高市场竞争能力的效果。

　　繁衍类生态产品是人类的食物来源，从保障生命安全和身体健康考虑，应该拒绝转基因技术。目前，美国孟山都公司、德国拜耳公司、美国杜邦公司等转基因技术研发企业认为：①转基因技术可增加粮食产量、减少生产的投入，有助于解决世界范围的粮食问题；②转基因农作物具有抗病虫害、抗除草剂的特性，可减少杀虫剂、除草剂的使用，有利于环境保护；③转基因技术可以通过利用某些基因，增加食物品种，改善食物品质，使食物更加可口；④转基因技术可准确地生产人类想要的动植物品种，克服传统嫁接及杂交技术的不确定性。但是，世界上绝大多数国家、国际绿色和平环保组织以及一些学者认为：①转基因技术使不同物种的基因相互融合，而对其后果却无法控制，因而可能造成基因污染，引起生物安全上的问题；②转基因食品可能存在毒性问题，对人的负面影响可能有很长的潜伏期，而其对人体的长期影响尚难以确定；③某些人对转基因食品存在过敏反应；④转基因食品的营养对抗生素存在抵抗作用，对生态环境构成威胁等问题尚未得到有效证实或解决。⑤一些实验已经表明了转基因食品的负面影响。其实，国际社会是拒绝转基因食物的。欧盟、日本、韩国的消费者，考虑到食品安全，拒绝转基因食品。他们都不吃转基因食品，就连喂动物都不用转基因食物。美国的消费者也拒绝转基因主食食品。美国人只偶尔吃转基因西红柿或者土豆，不吃转基因的主食食品。美国种植的转基因大豆和玉米主要用于出口，剩下的大豆和玉米用于制作动物饲料和生物燃料。伊拉克、叙利亚等落后国家的老百姓，既不肯种植转基因粮食也不肯食用转基因粮食。中国在世博会和广州亚运会期间，禁止转基因食物流通。所以，我们农村社区及广大农民家庭应拒绝转基因食品，更不能在林下种养和水域种养过程中使用转基因生物新品种。

第九章 社区供给标识类生态产品

标识类生态产品指利用社区土地资源、生物资源、水资源生产的有机农业食品、园林产品、园艺产品、植物装饰产品等生态农产品；利用社区优质空气和水源生产的瓶装空气、瓶装饮用水等生态加工产品；利用社区生态资源、空间资源、景观资源提供的生态旅游、生态养生等生态服务商品。这些产品都是可以贴上商标进行销售的。每个社区标识类生态产品都属于生态产业范畴。有机农业食品、园艺产品是人类的重要食物来源，园林产品、植物装饰产品、瓶装空气、瓶装饮用水是人类的物质生活资料，生态旅游服务、生态养生服务是人类的精神生活资料。标识类生态产品同样具有维护消费者生命的特殊价值。这类生态产品的生产不仅依赖于自然生态环境和生态资源，更需要人类的劳动智慧和技能，但这类生态产品仍然具有显著的自然属性。标识类生态产品与繁衍类生态产品一样，属纯私人产品，且因凝结了劳动以及劳动者的智慧、技术，故具有更大的交换价值和经济价值。

一 社区标识类生态产品供给的特质

社区标识类生态产品供给指社区利用自然生态环境和生态资源生产生态农产品、生态加工产品和提供生态服务的劳动过程。由于标识类生态产品由生态农产品、生态加工产品、生态服务商品构成，因而，本节按这三类生态产品分析标识类生态产品供给特质。

（一）生态农产品供给特质

1.需要采用功能农业经营模式供给

生态农产品包括有机农业食品、园林产品、园艺产品、植物装饰产品等，社区应该采用功能农业经营模式生产有机农业食品、园林产品、园艺产品、植物装饰产品。因为这四类生态农产品都属于生态保障范畴，都要发挥保护社区自然生态环境的功效。功能农业经营模式是在农业生产中同时产生生态功能、经济功能、生活功能的农业经营模式。社区农户、家庭农场、专业合作社生产生态农产品，必须产生生态功能，要求有机农业食品、园林产品、园艺产品、植物装饰产品生产有利于大气碳氧平衡、保护自然生态环境、保护社区居民生活的地理空间、净化空气、防止水土流失；必须产生经济功能，要求有机农业食品、园林产品、园艺产品、植物装饰产品生产产生较高的经济价值和获得较丰富的经济收入，成为农户增收致富的可靠途径，成为美丽经济；必须产生生活功能，要求有机农业食品、园林产品、园艺产品、植物装饰产品生产为社区居民乃至所有消费者提供充足的优质食物，供给生命所需的营养，塑造优美的生活环境，利于建设美丽乡村。

2.遵循农业系统运行规律

有机农业食品、园林产品、园艺产品、植物装饰产品都属于农业生产范畴。农业是人类在一定时空范围内，利用农业生物与非生物环境之间，以及生物种群之间的相互作用建立起来的，并在人为和自然共同支配下进行农副产品生产的生态系统。农业生产是一个"自然—生物—人类社会"融为一体的生态系统。因为，一是农业生产的对象是生物，这些有生命的植物、动物、微生物相互依存相互制约；二是农业生产离不开水、土、气、光、热等自然环境条件，它的基本内容是生物与自然环境进行物质和能量的交换；三是农业生产者需要利用科技手段和制度设计改进生物和环境以及它们的关系，才能获得最好的经济效益。所以说农业是一个包含自然因素、社会因素、经济因素和人类活动的有目的的人工系统。① 因而，农村社区生产有机农业食品、园林产品、园艺产品、植物装饰产品，必然要遵循农业系统运行规律。

3. 创意化经营

所谓创意化经营就是农村社区经营者借用创意产业的经营思想和创意设计方法，在有机农业食品、园林产品、园艺产品、植物装饰产品的每个生产环节中进行创意设计，使之产生生态、经济、生活功能的生产过程。它是有机农业食品、园林产品、园艺产品、植物装饰产品经营者为了提高生产经营的市场竞争能力，抛弃传统的生产习惯，采用创意生产理念和方法，利用社区的生产、生活、生态资源，对有机农业食品、园林产品、园艺产品、植物装饰产品的生产环节进行创意设计的新型生态产品经营方式。我国最早从事创意经营的农民是土生土长的北京大兴区庞各庄的宋绍堂，2006 年，他对西瓜种植进行创意设计，成功种植出了双色西瓜、盆景西瓜、三白西瓜、清代喇嘛瓜、方形西瓜、能存放一年多的长寿西瓜。此后，全国各地陆续出现一些农业经营者尝试进行创意化农业生产。

4. 工厂化生产

这是在可控环境条件下，采用工业化装备、工业化技术和工业生产管理方法进行生态产品生产的经营方式。由于这种经营方式是生态产品生产者使用人工设施人为控制植物生长环境，能完全或部分地摆脱传统农业生产受自然气候和土壤等条件制约，使植物获得最适宜的生长条件，从而延长生产季节，使有机农业食品、园林产品、园艺产品、植物装饰产品生产实现工厂化连续作业，获得高产高效农产品，满足社区居民乃至所有消费者对优质农产品的需求，促使经营者增产增收。生态农产品工厂化生产有如下特征。首先，采用工业化的设施装备和生产手段，用固定的生产车间（温室）、加工车间和生产设施、工具装备组织生态农产品生产；按工业化作业流程组织生产，像工业生产那样按计划，采用生产工艺、技术标准组织生产；采用工业化的组织与管理方式管理生态农产品生产，在单个生

---

① 张淑涣：《中国农业生态经济与可持续发展》，社会科学文献出版社，2000，第64~68 页。

产企业内部建立产、供、销系统，实行独立的成本核算制度。其次，采用现代科学技术进行生产。以花卉生产为例，所需要的现代科学技术包括：设施工程技术（结构材料、覆盖新材料技术、生产环境自动化控制技术、传感监测技术、计算机管理技术等）、种子种苗工程技术（育种技术、组培快繁脱毒技术、种子加工及配套设施技术等）、种植栽培技术（栽培工艺、营养液配置技术、病虫害综合防治技术、节水灌溉及配套设施技术、施肥技术、小型加工生产技术等）、采后加工技术（采摘技术、质量检测技术、冷藏技术、加工包装及配套设施技术、运输技术等）。随着科技发展和生态农产品生产技术的不断提高，工厂化生态农产品生产的前景十分广阔。它代表了工厂化农业的发展方向。我国从 20 世纪 90 年代中期开始研究工厂化农业生产。主要标志是国家科委从 1996 年开始，在北京、上海、沈阳、杭州、广州、天津等大城市实施工厂化高效农业示范工程，取得了明显的经济、生态效益。

（二）生态加工产品供给特质

1. 应对性供给

供给瓶装饮用水、瓶装新鲜空气是应对水质和空气质量恶化的生活保障策略。就饮用水而言，水是生命的源泉，没有水就没有生命。20世纪 80 年代以来，随着我国乡镇工业化和化学农业的普及，我国许多农村地区水资源衰减，水质日益恶化，造成Ⅰ类和Ⅱ类水质资源越来越少，绝大多数水域被污染，城乡居民家庭只能饮用自来水公司送来的达到Ⅲ类水质的自来水。就呼吸空气而言，空气是人类生存不可或缺的前提条件。通常一个成年人每天呼吸约 2 万次，吸入空气达 1 万升，重量相当于 13.6 千克，空气进入体内表面积为 60~80 平方米的肺泡里，经物理扩散，进行气体交换与吸收。因此，空气是否清洁和有无有害成分对人体健康有很大的影响。在正常情况下大气是清洁的，然而，自城乡社区发展工业以来，工厂向大气排放的粉尘、二氧化硫、二氧化碳、一氧化碳、氟和氟化氢、碳化氢、硫化氢、氨和氯及许多有机化合物越来越多,[1] 据生态环境部公布的《2020 年中国生态环境统计年报》可知，2020 年，全国废气中二氧化硫排放量为 318.2 万吨、氮氧化物排放量为 1019.7 万吨、颗粒物排放量为 611.4 万吨。雾霾天气日益频繁，对人类生活乃至生命构成了威胁。世界卫生组织认为人要健康长寿，一要喝无污染、不含致病菌和重金属离子以及化学物质的、含有人体所需的天然矿物质和微量元素的、生命活性没有退化的弱碱性水；二要吸优良级富氧空气。一些具有强烈保健意识的和消费能力的家庭以及个体消费者迫切要求饮用天然的、清洁的优质矿泉水、纯净水，迫切要求呼吸负氧离子浓度高的新鲜空气。在这种背景下，瓶装饮用水、瓶装富氧空气生意发展起来。

瓶装饮用水就是密封于塑料瓶、玻璃瓶或其他容器中不含任何添加剂，可直接饮用的水，包括饮用天然矿泉水、饮用纯净水等。天然矿泉水是来自地下深处未受污染、无致病菌、含有对人体健康有益的矿物盐和微量元素，清洁卫生适于饮用的液体矿产资源。瓶装饮用水消暑解渴、饮用方便，在水质较差的地区，瓶装饮用水成为家庭厨房用水。20 世纪 80 年代以来，瓶装饮用水发展迅猛，特别是在 90 年代之后，每年以 40% 以上的速度猛增，到 1997 年全国矿泉水的产量已达 195 万吨。资料显示，我国经评定合格的矿泉水水源有 4000 多处，允许开采的资源量为 18 亿立方米/年，目前开发利用的矿泉水资源量约 5000 万立方米/年。我国瓶装水市场规模从 2014 年的 1237 亿元增长至 2021 年的 2000 多亿元。2021 年全国终端零售销量统计显示，饮用纯净水、天然水占比分别为 60.44%、18.44%，天然矿泉水仅占 7.49%。[2]

瓶装富氧空气指以压缩方式密封储存在气瓶中的、可直接吸入体内的负氧离子浓度较高的新鲜空气。2012 年，江苏黄埔再生资源利用有限公司董事长陈光标开始生产瓶装新鲜空气。他把新鲜空气压缩成一个大罐

---

①　曲建翘：《你会买瓶装空气吗?》，《抗癌之窗》2016 年第 8 期。
②　孟刚：《瓶装矿泉水 抢占新市场 价往低处"流"》，《中国消费者报》2022 年 8 月 2 日。

子，然后，到北京、上海等城市开设陈光标新鲜空气专卖店，500 人左右的社区开一个，以每小罐 4~5 元的价格卖给消费者。[①] 2012 年 9 月 19 日陈光标到北京通州卖掉了 1000 多罐新鲜空气，收入 5000 多元。[②] 2016 年陕西省宁东林业局投入二三十万元，建成了一条灌装空气生产线，到秦岭平河梁收集富氧空气，该气源地是以保护大熊猫为主的国家级自然保护区，森林覆盖率达 94%以上，空气中负氧离子含量高达 30000 个/立方米以上。以"秦岭森林富氧空气"为商标，一罐 7 升装的秦岭富氧空气，售价 18 元。2017 年 1 月 16 日到西安文艺路展销中心销售，吸引了许多顾客。[③] 与此同时，国外商家开始将瓶装新鲜空气销往中国。2016 年 5 月，加拿大活力空气公司将 12 万瓶"百分百纯净落基山空气"销到中国。2016 年 12 月起，澳大利亚的绿色与洁净公司以每月 4 万桶的数量向中国销售瓶装空气。[④] 当时的瓶装空气在中国市场的售价不一，从国产的 5 元 1 瓶，到进口的 219 元 1 瓶，被分为不同等级。来自加拿大的名为"维他"的瓶装空气标价为 108 元，7.2 升/瓶；标称"新西兰纯净手工灌装空气，零污染富氧"，7.7 升/瓶，可用 180 次左右，标价高达 699 元，折扣价为 219 元。[⑤] 我国大城市购买瓶装空气的大部分是家庭比较富裕的市民。

2.标准化生产

瓶装新鲜空气和瓶装饮用水属于食品加工产业，国家有严格的食品加工标准。国家从 20 世纪 80 年代开始制定瓶装饮用水生产标准，并每隔几年不断修正生产标准，对瓶装饮用水生产标准进行升级，并以此为据进行

① 聂丛笑、李海霞：《陈光标卖空气：每罐 4 到 5 块钱可解决几万人就业》，中国广播网，2012 年 8 月 13 日。
② 《陈光标北京开卖新鲜空气引争议》，《北京青年报》2012 年 9 月 20 日。
③ 谷妍、邓楠：《来自秦岭的瓶装空气 18 元 1 罐：有一种森林的味道》，人民网，2017 年 3 月 14 日。
④ 刘盛钱：《美媒称中印雾霾"带火"瓶装空气：已在华售出 12 万瓶》，参考消息网，2016 年 11 月 10 日。
⑤ 龚浩敏：《雾霾催生"卖空气"：国产 5 元一瓶，进口空气 219 元一瓶》，《北京青年报》2016 年 11 月 29 日。

监督检查。1989 年《软饮料的分类》国家标准（GB 10789－1989）将天然矿泉水定位为饮料；1996 年《软饮料的分类》国家标准（GB 10789－1996）界定了"瓶装饮用水"概念；2008 年《饮用天然矿泉水》（GB 8537－2008）对天然矿泉水进行了分类；2018 年《食品安全国家标准　饮用天然矿泉水》（GB 8537－2018）规定，矿泉水首先不应含有对人体有害的或有损身体健康的物质，其次必须含有一定量的对人体有益的特征性微量元素，如锂、锶、锌、溴、碘、偏硅酸、硒、溶解性总固体等界限指标，至少必须有一项达到国家矿泉水标准规定的量值。纯净水也是市场销售较旺的瓶装饮用水，是通过各种化学和物理的手段对水进行处理，达到除去水中有害物质的目的，同时也除去或大大降低水中其他矿物质的含量的饮用水。同样已被纳入质量安全市场准入制度管理，产品上应有 QS 标志，合格的产品标签应清晰标注其产品名称、净含量、制造者名称、地址、生产日期、保质期、产品标准号等内容。天然矿泉水还要特别标明矿泉水水源地名称及通过国家（省级）鉴定认可的批准号、特征界限、主要阳离子（K^+、Na^+、Ca^{2+}、Mg^{2+}）、阴离子（HCO_{3-}、CL_-）的含量范围。合格的饮用水一般无色、透明、清澈，无异臭或异味，无肉眼可见物。天然矿泉水允许有极少量的天然矿物盐沉淀，但不得有其他异物。[①]
瓶装饮用水生产中主要有 3 个监控环节。一是水源水。瓶装饮用水的水源水应严加保护，严禁污染，①水井周边 50 米内为三级保护区，30 米内为二级保护区，15 米内为一级保护区；②每年定期 3 次（枯水期、平水期、半水期）对水源进行水质分析检验并记录，及时掌握水中矿化度及铁、锰含量的变化，及时改善工艺；③定期做好水井清洗工作；④除锰装置要定期反复冲洗；⑤对管路应在每天开机之前清洗 20～30 分钟，长时间停产后恢复生产时，应冲洗 24 小时以上，必要时用酸洗。二是水处理。①曝气装置、管道、灌装机等设备，长时间停产后在使用前应用质量比为 25.0～500 毫克/千克的消毒剂清洗，后用臭氧水冲洗，旋盖机的盖头、下

---

① 李复兴：《四问瓶装饮用水》，《消费指南》2008 年第 7 期。

盖槽在每天开机使用之前都必须用酒精喷洒消毒；②滤芯在使用一段时间后必须及时更换，每星期应清洗一次，并用消毒水浸泡；③各生产场所的卫生环境应采取控制措施，并能保证其处于连续受控状态，尤其是灌装封盖车间内的空气应采用各种消毒设施以保持其洁净度符合要求；④包装瓶、桶和盖在进入灌装之前必须进行两道消毒工序，臭氧消毒 1～3 小时和 250 毫克/千克消毒剂喷射消毒 10 分钟。三是水中臭氧的浓度。由于微生物种类繁多、生命力强、繁殖快、易分布而瓶装饮用水又不能添加任何防腐剂，因而对微生物控制要求更严格。需要用臭氧杀死瓶装饮用水的微生物及芽孢、病毒。不过臭氧用于水消毒有一个临界浓度，生产中臭氧浓度也不宜过高，否则不仅不会提高杀菌效率，还会带来异味，易造成沉淀。只有加强每个环节的卫生监控，才能全面提高瓶装饮用水的卫生质量。[①]

目前，虽然国家尚未制定和颁布瓶装新鲜空气生产标准，但是颁布了空气质量标准——《环境空气质量指数（AQI）技术规定（试行）》（HJ 633—2012）。该标准规定：一级空气质量指数为 0～50，空气质量优；二级空气质量指数为 51～100，空气质量良好；三级空气质量指数为 101～150，空气质量轻度污染。瓶装新鲜空气的品质应达到优等。而且作为一种软饮料，瓶装空气同样要接受国家软饮料标准的监督检查。城乡社区生产瓶装空气和瓶装饮用水应有一流设备、一流管理经验、一流产品质检措施，才能保证生产的瓶装饮用水和瓶装空气达到国家标准。

3.产品质量受制于自然条件

虽然瓶装饮用水和瓶装空气属于工业范畴，但是与其他工业制造不同，其产品质量不完全取决于生产技术，而是取决于自然条件。由于瓶装饮用水来源于地下矿泉水，瓶装空气来自负氧离子浓度较高的森林，因而，瓶装饮用水和瓶装空气品质直接受制于地下水质和森林空气质量。

天然矿泉水是在特定的地质环境下形成的一种宝贵的矿产资源，是来

---

① 李华：《加强瓶装饮用水质量管理 提高产品质量》，《现代农业》2006 年第 11 期。

自地下的天然露头或经人工揭露的深部循环地下水，由于溶滤作用，水中含有对人体健康有益的矿物盐或微量元素等。① 矿泉水受地质构造条件、地球化学条件、地下水水动力条件等因素的影响，特别是取决于这些因素相互间的配置。矿泉水有三种成因类型。一是断裂深循环型矿泉水，它是地下水通过断裂导水构造作深循环，在深部运移过程中穿越不同的围岩化学环境，在温度效应、压力效应的影响下，经过长时间的水岩相互作用而形成。二是裂隙浅循环型矿泉水，它分布于山区沟谷两侧，山区大气降水渗入形成基岩裂隙水或岩溶裂隙水，在沿裂隙或岩溶向下径流过程中，淋溶流经地层中含量较高的特征元素不断富集，以泉水形式出露，形成矿泉水。三是层间缓慢径流型矿泉水，它是地下水受地层构造和地形地貌等环境因素的控制，径流滞缓，在长时间的渗流过程中赢得了对围岩充分作用的时间，使某些元素组分含量达到了矿泉水标准而形成。② 正是由于饮用天然矿泉水来自特定地质环境，故各地饮用天然矿泉水的微量元素含量有明显的差别。以甘肃为例，甘肃东部河谷地带的矿泉水，锂的含量较高，其成因与断裂破碎带裂隙孔隙水的补给有关；甘肃东部碎屑岩类孔隙裂隙含水岩组地带的矿泉水，碘的含量较高，其成因与不断溶解的碎屑岩类中的碘元素有关；甘肃陇东、陇西黄土高原及陇南山地的矿泉水，锌的含量较高，为第四系松散岩类河谷潜水。③ 我国矿泉水资源丰富，据国家地矿部门不完全统计，至 1997 年，已勘察评价的水源 2000 多处。按水质类型统计，含锶、偏硅酸型矿泉水占 90% 以上，还有锂、锌、硒、溴、碘、碳酸泉等。普查表明，我国矿泉水资源储量丰富、类型齐全，世界上现有的矿泉水类型我国几乎都有。④ 饮用天然矿泉水是地下水的一种特殊造化，是特定地质环境下的产物。开发饮用天然矿泉水，应加强对地下矿泉

① 林玮：《我国天然矿泉水行业的发展与管理》，《郑州轻工业学院学报》1998 年增 2 期。
② 牛俊强等：《湖北省饮用天然矿泉水成因类型及成矿模式分析》，《资源环境与工程》2019 年第 1 期。
③ 张家峰等：《甘肃省饮用天然矿泉水类型与分布特征》，《甘肃地质》2021 年第 2 期。
④ 林玮：《我国天然矿泉水行业的发展与管理》，《郑州轻工业学院学报》1998 年第 2 期。

水资源的保护。

国家颁布的《环境空气质量指数（AQI）技术规定（试行）》（HJ 633—2012）是依据细颗粒物（PM2.5）、可吸入颗粒物（PM10）、二氧化硫（SO₂）、二氧化氮（NO₂）、臭氧（O₃）、一氧化碳（CO）等六项污染物制定的。空气质量指数（AQI）范围及相应类别如表9-1所示。

表9-1 空气质量指数（AQI）范围及相应类别

空气质量指数	空气质量级别	空气质量指数类别及标识色		对健康影响状况	建议采取措施
0~50	一级	优	绿色	空气质量令人满意,基本无空气污染	各类人群可正常活动
51~100	二级	良	黄色	空气质量可接受,污染物对敏感人群健康有弱影响	极少数异常敏感人群应减少户外活动
101~150	三级	轻度污染	橙色	易感人群症状有轻度加剧,健康人群出现刺激症状	儿童、老人及心脏病、呼吸系统疾病患者减少长时间、高强度户外锻炼
151~200	四级	中度污染	红色	进一步加剧易感人群症状,可能对健康人群心脏呼吸系统有影响	儿童、老人及心脏病、呼吸系统疾病患者避免长时间、高强度户外锻炼,一般人群减少户外运动
201~300	五级	重度污染	紫色	心脏病和肺病患者症状显著加剧,运动耐受力降低,健康人群普遍出现症状	儿童、老年人及心脏病、肺病患者应停留在室内,停止户外运动,一般人群减少户外运动
300以上	六级	严重污染	褐红色	健康人群运动耐受力降低,有明显强烈症状,提前出现某些疾病	儿童、老人、病人应留在室内,避免体力消耗,一般人群避免户外活动

空气质量指数的数值越大说明空气污染状况越严重,对人体健康的危害也就越大。依据空气质量指数对环境空气质量进行区分,我国将自然保护区、风景名胜区和其他需要特殊保护的地区确定为一级空气质量地区,执行一级空气质量标准;将居住区、商业交通居民混合区、文化区、一般

工业区和农村地区确定为二级空气质量地区，执行二级空气质量标准；将特定工业区确定为三级空气质量地区，执行三级空气质量地区标准。瓶装新鲜空气的气源地区应该选择一类环境空气质量地区。所以陕西省宁东林业局生产的"秦岭森林富氧空气"，从森林覆盖率达 94% 的、空气中负氧离子含量高达 30000 个/立方厘米的国家级大熊猫自然保护区秦岭平河梁收集富氧空气。我国生产瓶装新鲜空气的厂家都是从空气中负氧离子浓度高的自然保护区或原始次森林地区收集新鲜空气。这类气源地区实际上是一类环境空气质量地区中的最优地区。只有收集压缩高品质富氧空气才能保证瓶装新鲜空气的品质，才能受到北京、上海等地区消费群体的青睐。

（三）生态服务商品供给特质

生态服务商品目前主要包括生态旅游服务、生态养生服务两种。

生态旅游概念源于加拿大学者克劳德·莫林 1980 年提出的"生态性旅游"（Ecological Tourism）理念。1983 年，国际自然保护联盟特别顾问墨西哥学者谢贝洛斯·拉斯喀瑞在此基础上提出"生态旅游"概念。1986 年，墨西哥国际环境会议正式确认并使用"生态旅游"概念。1993年，国际生态旅游协会（The Ecotourism Society）将"生态旅游"定义为具有保护自然环境和维护当地人民生活双重责任的旅游活动。"社区生态旅游"概念源于社区参与生态旅游理念。1998 年，Peter E. Murphy 将社区参与理念引入生态旅游研究，明确指出，"旅游业从其一产生，就有着巨大的经济效益和社会效益，如果能够将它从纯商业化的运作模式中脱离出来，从生态环境和当地居民的角度出发，将旅游考虑为一种社区的活动来进行管理，那么一定能够获得更佳的效果，这就是社区的方法"。① 社区参与理念引发更多学者对社区参与生态旅游展开深入研究，继而提出了"社区生态旅游"（Community-based Ecotourism）概念，并明确其核心内

---

① 威廉·麦克唐纳、迈克尔·布朗嘉特：《从摇篮到摇篮：循环经济设计之探索》，中国21 世纪议程管理中心、中美可持续发展中心译，同济大学出版社，2005，第 130 页。

涵就是社区拥有和管理的生态旅游。

社区生态旅游服务具有如下特征。

（1）以独特的社区自然生态景观资源为外来游客尤其为城市游客提供欣赏大自然的机会，因此，拥有能吸引外地游客的自然生态景观和野生动植物是社区发展生态旅游产业的物质条件。

（2）社区生态旅游还要依托社区独特的人文生态系统，采取生态友好方式，开展生态体验、生态教育、生态认知服务，因此，社区居民应具有接待外地游客的浓厚兴趣和开阔的胸怀，具备善于与外来游客沟通交流的基本素质，具有为外来游客提供生活服务的技能，以及和其他旅游业合作的能力。

（3）参与社区生态旅游的人都是具有控制健康和生命福利意识的消费者，使游客获得身心愉悦是社区生态旅游的基本服务目标。经营者要懂得游客心理，让游客寻回本真的自己，给游客留下久违的感动和欢笑，让游客安放潇洒的心灵、呼吸到最清新的空气，让其自由自在地活动，让其体验社区生活的机会。

（4）社区生态旅游是利用社区特殊的自然生态环境为消费者提供旅游服务，服务产品具有本土社区特色和差异性，不存在相同服务商品之间的竞争，因此，社区生态旅游服务的市场竞争压力较小。

"生态养生"概念是学术研究的新探索，但生态养生实践历史悠久。早在我国先秦时期在《道德经》里就提出"人法地、地法天、天法道、道法自然"的生态养生理念，认为一切生命活动都离不开风与水协调。这种生态养生观使古人建寨重视风水环境，村落及房屋一要北有靠山，以阻挡寒冷的偏北风，南面地形则以开阔为主，以获阳光；二要靠山临水，且临水之地一定要在河流的弯流之处。西方国家 18 世纪后期至 19 世纪末因工业革命严重污染生态环境，浪漫主义思潮兴起，培育了尊重自然、回归田园的情绪，表达对生态养生的向往与憧憬。生态养生是人们遵循和利用自然生态规律管理和调整人体变化、预防疾病发生、治疗疾病与康复身心、缓解疲惫的生理活动过程。社区提供生态养生服务，就是建造优美的自然生态环境和配套的人工设施，向需求者提供休闲度假、调理身心、治疗心脑疾病、恢复身体状态等康健服务。

社区生态养生服务具有如下特征。

（1）通过人与外部生态环境的和谐实现健康长寿。社区居民和外地游客是生存在社区自然生态环境中的，只有通过与外部生态环境的互动才能获得长寿。要实现生态养生就必须打破个体之间的小循环，在自然生态环境和人文生态环境中进行养生的活动，从而从促进人体内部在外部生态环境的大循环中达到身体的平衡状态。

（2）把社区自然生态环境当作主要养生手段。社区居民和外地游客都希望通过绿色护理和自然的生物元素干预促进身心健康，因此，社区经营者要给予居民和游客绿色关怀，应该利用社区各种生态资源和健康环境安排社区居民和外地游客参与养生活动，如在饮食上食用生态产品、呼吸负氧离子浓度高的新鲜空气、饮用具有矿物质的优质山泉水、参与各种有氧运动等方式，改善身体机能，恢复身体健康。

（3）尊重自然生态规律，循序渐进地调养身体。生态养生是一个长期的过程，它必须在尊重自然生态规律的基础上实现人的健康长寿。社区居民和外地游客获得健康需要经历一个较长过程，因此，在进行生态养生时要有耐心，并且持之以恒，光有意识还不够，必须贯彻到日常的生活之中。[①]

（4）社区生态养生服务是利用社区特殊的自然生态环境和立足社区自然生态环境建造起来的人工服务设施为居民和游客提供健康养生服务，服务资料、服务项目、服务品质都具有地域特色和差异性，市场竞争压力不大。

（5）生态养生是利用生态资源调养身心，从而获得传统医学难以达到的效果，尤其是利用负氧离子促进血液循环，对于心脑血管疾病患者具有较理想的疗效。

（6）生态养生服务的复游率较高，只要社区拥有优良的自然生态环

---

① 李后强等：《生态康养论》，四川人民出版社，2015，第20~21页。

境、完善的配套设施、优质的养生服务，并设计好强黏度的养生服务项目，就能产生良好的养生效果，使游客产生良好的养生印象，游客会重返该地，甚至会推介该地，带来更多的养生游客。

（7）经济效益较大。由于身心调养需要一个较长时期，因此生态养生是一个生命周期较长的服务产品。同时生态养生的产业链条较长，包括吸收负氧离子空气、消费有机农业食品、服用养生药物，以及参与养生运动、住宿、游玩等养生环节，因此生态养生又是一个养生要素较多的服务类型。生态养生服务容易产生较大的综合消费总额。

二　社区供给标识类生态产品的缘由

为了满足城市社区居民对高端优质的有机农业食品、新鲜空气、洁净饮水的消费需求；为了满足城市社区居民对健康养生和休闲旅游消费需求；为了改善城市生态环境状况，治理城市环境污染，城乡社区都必须大力发展标识类生态产品生产，为城乡居民提供更多优质生态产品。

（一）优质生态产品供不应求

城乡居民需要消费新鲜空气、洁净饮水、有机农业食品，才能维持生命存在。①空气是人类赖以生存的最重要的天然生活资料，根据科学预算，没有食物，人可以活3周，没有水，人可以活3天，但是如果没有空气，人只可以活3分钟。一个人平均每分钟呼吸10~15次，每次呼吸的空气量为0.5升，假设有90岁的预期寿命，一个人一生需要呼吸近35万立方米的空气，空气在进入人体后，会进入表面积为70平方米的肺泡中，然后，通过人体循环和物理扩散进入人体各个部位。第一，人类依靠新鲜空气促进血液循环，提高血液循环速度，消除血液循环阻碍，预防和治疗慢性病，使身体充满活力；第二，人类通过鼻黏膜结构将新鲜空气吸收到体内，并直接快速地输送到大脑，调节情绪和身体生理，镇定神经，促使心情愉悦；第三，新鲜空气能促进胃的蠕动，激发人们的食欲，更好地消化食物；第四，新鲜空气有催眠作用，利于人们深度睡眠，提高睡眠质量。②水是生命之源，是人体含量最大的物质，水占胎儿体重的 98%、占婴儿体重的 75%、占成人体重的 55%~65%。不仅如此，水分子会进入人体细胞和组织，并随脂肪的增加而减少，脂肪组织含水量为 10%~30%，肌肉组织含水量为 25%~80%。① 水是维持人体正常生理功能的物质：一是参与食物的消化和吸收；二是参与人体的新陈代谢和代谢产物的排泄；三是参与体温调节；四是润滑人体器官、关节、韧带。人类的健康与饮用水水质密切相关，根据世界卫生组织的调查，人类 80% 的疾病都与水有关，水质不良会引起多种疾病。② ③安全营养食品是维持人体机能的天然生活资料，每天进食适量的食物才能满足人体能量消耗需要，专家认为每人每天应该吃 250~400 克谷类食物、300~500 克蔬菜、200~400克水果、75~100 克鱼虾、50~75 克畜禽肉、25~50 克蛋类、300 克奶类及奶制品、30~50 克大豆及坚果。③ 食物也是维持人体正常生理功能的物质。第一，供给人体多种营养元素，增强人类体质；第二，安全营养食品是良好的滋补佳品，能调节人类生理机能，增强人类抵抗疾病的能力；第三，能保障人体生命安全，尤其是有机农业食品，具有较高卫生安全性，是保健食品，有效防止"病从口入"现象的发生。由于现在农村社区的自生类、赖生类、繁衍类生态产品供给不足，无法满足城市居民对优质天然生活资料消费需求，需要城郊的农村社区生产标识类生态产品，弥补农村社区天然生活资料供给的不足。城郊的农村社区生产标识类生态产品是应对自生类、赖生类、繁衍类生态产品供给不足的生活保障策略。

（二）治理城市社区生态环境之需

工业社会的城市不仅有发达的工业体系，也有发达的立体交通体系和

---

① 于中国：《水在人体是如何分布的?》，《中老年保健》2016 年第 8 期。

② 田部浩三等：《新固体酸和碱及其催化作用》，郑禄彬等译，化学工业出版社，1992。

③ 陈启众：《食物的每天摄入量多少合适》，https://www.bohe.cn/ask/view/103432653.html。

超过路网容量的机动车保有量。这些因素的确给城市社会带来了繁荣和发展，但也带来了严重的生态环境污染。城市生态环境污染主要表现在空气污染、水污染、粉尘污染、噪声污染等方面。城市空气污染的主要来源是工厂排放的有毒气体和机动车辆在运行中排放的尾气。就城市机动车辆排放的尾气来说，城市机动车辆直接产生一氧化碳、碳氢化合物等大量有毒气体，而且随着高架桥、立交桥建设的普及，城市交通形成立体化格局，使城市空气污染的高度和厚度增加。据德国环保学者研究，汽车在平地上行驶，尾气的排放高度一般在 1.5 米左右；而到了高架桥、立交桥上，污染的高度就上升到 45 米，扩散的范围更广，对市民身体健康的危害更大。就城市粉尘污染而言，20 世纪 90 年代后期，我国城市悬浮微粒浓度日均值约为 387 微克/立方米，许多城市大气中的飘尘值平均为每立方米 150 微克以上；每月每平方公里的降尘量一般都在 40~50 吨。近些年，我国实施蓝天保卫战，城市大气质量明显好转，大气中的总悬浮颗粒物（TSP）下降了，但是全国的城市大气总悬浮颗粒物浓度还是比较高。如河北省 2021 年全省 PM2.5 年均浓度为 38.8 微克/立方米，[①] 与大气可吸入颗粒物浓度 PM10 不超过 0.1 毫克/立方米的要求还有一定差距。2019年生态环境部发布的空气质量结果显示：全国 337 个地级及以上城市中，仅有 157 个城市环境空气质量达标，占比 46.6%，其余 180 个城市环境空气质量超标，达 53.4%；而在京津冀及周边地区城市空气质量的统计中，其 AQI 超过 100 的平均天数比例更是达到 46.9%，其中，轻度污染为32.1%、中度污染为 9.4%、重度污染为 4.9%、严重污染为 0.6%。此外，在 469 个监测降水的城市（区、县）中，酸雨频率平均为 10.2%，出现酸雨的城市比例更是达 33.3%，而酸雨区面积亦达到 47.4 万平方千米左右，达到国土面积的 5%。由此看来，治理空气污染刻不容缓。就城市噪声污染而言，其噪声源除交通外，还有施工、商业促销活动、生活娱乐活

---

① 贾楠：《深入打好蓝天保卫战——打造天蓝地绿水秀的美丽河北（上）》，《河北日报》2022 年 4 月 3 日。

动、工业活动等。我国目前城市人口有 2/3 暴露在较高的噪声环境下，有近 30% 的人在难以忍受的噪声环境下生活。噪声污染对人体危害也是比较严重的，据世界卫生组织研究，当室内的持续噪声污染超过 30 分贝时，人的正常睡眠就会受到干扰；持续噪声超过 70 分贝，人的听力及身体健康都会受到明显影响。所以，一些国家把噪声污染看作城市环境的一大公害，城市水污染现象也不容乐观。2006 年 9 月 12 日国际在线网报道，我国城市每年约有 200 亿吨的工业废水和生活污水未经处理直接排入水域，还有大量的未达标处理的废水被偷排、漏排，造成流经城市的河段 90% 左右受到污染，不少地方"有河皆干、有水皆污、湿地消失、地下水枯竭"，使市民生活受到严重影响。如何治理城市环境污染问题呢？各个城市都想了办法，基本上是通过立法途径约束工业企业、市民行为来减少环境污染；通过建设物质设施治理环境污染，如铺设消音马路减少交通噪声、建设污水处理厂治理污水，但都没能达到治理效果。我们认为可通过城市郊区的农村社区大力发展标识类生态产品生产，城市家庭大力发展楼宇园艺，城市街道、住宅小区、工作单位大力建设园林场所，在市区建设街心花园、在城市道路两旁种植森林带、在市区河岸修建生态走廊等碳汇措施来治理城市空气、粉尘、噪声污染。据计算，每公顷森林一年能吸收 5000～70000 千克尘埃，使噪声减少 26%，使 35% 的空气变得清新。此外，森林还可以涵养水源、保持水土、防风固沙、调节气候。可见，开发城市有机农业，将园林园艺生产嵌入城市空间结构，在城郊的农村社区开辟生态养生走廊，是改善城市生态环境状况的一条可靠途径。

（三）满足国民养生需求

随着风险社会的到来、工作压力的增加、生活节奏的加快，中国老百姓越来越重视养生。一是当前市民将缓解亚健康状况寄托在生态旅游、生态养生、园林园艺、植物装饰、有机农业食品等标识类生态产品上。尤其是工作快节奏、职场竞争激烈的职业群体，人际关系复杂，工作压力较大，容易造成员工亚健康问题。而城市社区里的卡拉 OK、音乐茶座、城市公园等休闲方式已不能缓解市民日益加重的亚健康问题，需要通过生态旅游、生态养生等标识类生态产品舒缓精神压力和身心疲倦。二是当前年轻人的健康价值观发生了转变，开始重视身体养生。《健康报》发布的《2019 国民健康洞察报告》显示，"90 后"的健康自评分最低，仅为 6.6 分，年轻人意识到养生的重要性。养生已不再是属于老年人的专有名词。《中国健康养生康养大数据报告》也显示，从性别来看，女性在健康养生上的重视程度远高于男性。女性占比为63.2%，男性为 36.8%，女性占比是男性的近 2 倍；从年龄来看，养生这件事引起了越来越多年轻人的关注，18~35 岁群体占据了八成，充分显示出健康养生不仅是年长者的爱好，越来越多的年轻人也在关注自身的健康问题，并付诸实际行动。[①] 因此，当今大学生的宿舍、职场青年的办公室、年轻人的家里都摆放着园艺盆景，越来越多的年轻人结伴而行，下乡参加生态旅游、生态养生活动。三是新冠肺炎疫情以来，市民的价值观、消费观发生了重大改变，追寻健康和绿色生活的意愿大大增强，以自然生态、绿色消费、健康养生为内容的消费需求不断增长，融入自然、进入森林、郊外度假已成为市民生活的新追求、新时尚。这些生活变化呼唤着城郊的农村社区大力发展标识类生态产品。

（四）地方政府治理生态环境存在失灵现象

地方政府作为生态环境问题治理的主要责任主体，在进行治理行动中，必须借助精确、完备、多层面的环境信息，才能做出科学、准确、有效的决策，而此时其层级交错的生态环境管理权配置，亦才能收到高效的治理效果。以治理空气污染问题来说，其治理需面对地方区域复杂的污染源头、大面积的污染、薄弱的环境监控设施、不对称的环境信息、分置的环境管理权力、部分政府公务员滞后的环境保护观念等一系列问题，导致地方政府空气治理对于不同社区间的作用非常有限

---

① 于鸿：《健康消费呈年轻化趋势》，《承德日报》2021 年 12 月 15 日。

乃至失灵。① 具体来说，政府在实施过程中往往会面临如下问题。

1. 环保信息不对称

地方政府要实现空气污染的科学治理，首先就必须找准其污染的来源以及深层次原因。而在传统的政府环境管理模式之下，完全信息假设是其环境治理工作开展的基本前提，即政府只有在完全掌握地方环境污染信息的前提之下，才能有效地开展环境管理。② 但在现实过程中，不同社区，由于气候、植被面积、地形等自然因素以及产业构成、工厂分布、汽车数量等人为因素存在显著差异，其空气污染现状以及诱因亦有明显差距，而政府由于在人力、资金、技术、设备等方面的限制，难以全面、有效、准确地去收集全国各个不同地区空气污染信息，此时便导致政府所掌握的空气污染信息与实际情况存在不对称的状态，地方政府亦就难以因地制宜实施空气污染治理措施，地方政府的治理作用呈现疲软状态。

2. 地方政府机构行政区域设置的局限以及职能交叉影响空气治理效果

空气污染具有面源性特点，一旦环境受到污染或者生态遭受破坏，其蔓延与扩张是不受行政区域限制的，而此时严格按行政区域设置的环境管理机构往往局限于本地区利益，无法从环境问题的系统性与整体性出发来进行环境治理。此外，由于各部门环境监管职能横向分散，上下级环保机构纵向分离，跨地区环保机构地区分割，各个管理部门自成体系、各自为政，不同管理部门之间亦常常出现职责重叠、脱节或矛盾，造成政令不畅，难以发挥整体监管效果，导致管理资源浪费、环境资源错置。③

3. "唯 GDP 论" 在作怪

社区居民是空气质量保障最为直接的受益者，但在我国城镇化建设的

---

① 韩从容：《新农村环境社区治理模式研究》，《重庆大学学报》（社会科学版）2009 年第 1 期。

② 韩从容：《新农村环境社区治理模式研究》，《重庆大学学报》（社会科学版）2009 年第 1 期。

③ 胡双发、王国平：《政府环境管理模式与农村环境保护的不兼容性的分析》，《贵州社会科学》2008 年第 5 期。

大背景之下，很多地方政府仍然以 GDP 的增长作为重要的政绩考核目标。在这样的观念之下，一些地方政府仍然坚持"先发展、后治理"的经济发展理念，干预正常的环境执法，一些工业污染较为严重的企业，原本应该停止经营或者整顿，却在地方政府的庇护之下继续违法排放工业废气，进而使地区空气环境受到污染，侵害了居民的环境权益，而这实际上体现的是地方政府的利益与社区居民环境权益的不兼容。①

（五）社区具有治理生态环境的优势

社区是拥有自然地理空间及生态资源的生活共同体，拥有政府、企业所无法比拟的自然禀赋、情感机制、人脉关系、信息便捷渠道等，具有开展生态环境治理的天然优越性。

1. 社区具有动员居民参与生态环境治理的优势

在传统政府管制的生态环境治理模式之下，社区生态环境治理的各项措施实际上体现的都是政府的意志，而且这种意志是单方面的，由于缺乏与社区居民的沟通与协商，因此很多生态环境保护措施并不能得到社区居民的认同和支持。但社区是居民自发组成的，其代表的是居民自身的意愿和利益，其运营模式是自发参与、平等协商，让社区参与生态环境的治理和保护，其本质上就是承认社区居民是生态环境保护的核心主体，有利于激发其主体性意识。且社区本身就是一个相对较小的群体组织，在这个群体组织里，居民之间更加容易信任与合作，强化了社区的生态环境保护责任，可以使社区居民更加关注所在社区生态环境，并积极参与到生态环境保护中来。

2. 社区治理生态环境的成本较低

社区相较于政府和企业而言，具有无法比拟的情感机制和人脉关系，在生态环境质量保障上具有低成本的动员能力和低成本的治理能力。具体而言，无论是汽车尾气、居民生活污染、企业排放废气还是地区粉尘等任

---

① 吴慧玲：《我国农村生态环境保护的社区参与机制构建》，《农业经济》2017 年第 9 期。

何单一污染源，单独由政府或者企业处理，不仅成本高昂且效率低下，然而以社区为单位集中治理，使社区居民从生态环境污染的破坏者和受害者变成促进生态环境治理的责任者和监督者，社区居民以主人公的角色自发性参与到生态环境治理中，不仅可以扩充生态环境治理的人力资本，减少人力、物力、资金的投入，而且可以准确快速发现生态环境污染源，改变以往事后治理模式，对可能造成生态环境污染的要素进行有效提前控制，可有效、大量地减少生态环境污染治理成本。

3. 社区拥有政府所不具备的生态环境污染信息收集优势

社区参与生态环境治理，可以化解社区生态环境污染信息不对称困境，弥补政府投入不足的缺陷。社区承担着服务社区居民的职责，是一个相对完善的组织机构，将社区作为生态环境保护的主体之一，可以发挥社区居民在生态环境污染信息搜集等方面的优势，社区居民可以及时将各种生态环境污染线索向社区反映，这有助于社区及时采取措施杜绝各种环境污染事件。[1]

（六）融入快速发展的康养行业

《大健康十大投资热点市场规模预测》显示，2015 年中国旅游市场总交易规模为 41300 亿元，康养旅游的交易规模约为 400 亿元。到 2016 年，我国大健康产业的规模将近 3 万亿元，居全球第一位。到 2020 年，大健康产业总规模超过 8 万亿元，康养旅游市场规模快速增长，国内养生旅游占旅游交易规模的 1% 左右。近些年，我国康养旅游的市场规模呈现快速增长态势，年复合增长率达 20%，2020 年市场规模达 1000 亿元左右。中国大健康领域市场空间巨大，为农村社区扩大标识类生态产品提供了广阔的发展空间。中国田园健康产业在未来五年将扩大 10 倍，现在市场还处于初级阶段，未来市场需求庞大。预计

---

[1] 陈丽华：《论村民自治组织在保护农村生态环境中的权力》，《湘潭大学学报》（哲学社会科学版）2007 年第 3 期。

中国生态养生康养市场每年蕴含高达 15000 亿元的市场份额，每位城市常住居民用于健康养生的年均花费将超过 2000 元。可见，标识类生态产品消费需求潜力巨大。

三　社区标识类生态产品供给范型

标识类生态产品结构比较复杂，生产标识类生态产品必定跨越农业、加工业、服务业等三大产业领域。需要城乡社区都参与标识类生态产品生产，而且城乡社区的经营者还需要建立合作关系。城乡社区提供标识类生态产品，需要进行技术化、标准化、市场化、优质化生产。必定遵循获取生态产品的"利用模式"和"建设模式"进行标识类生态产品生产。具体来说，城乡社区必须利用社区自然生态环境、生态资源进行生态农产品生产；购置生产设备进行生态加工产品生产；修建人工设施提供生态服务。城乡社区应按如下要求和法则提供优质生态农产品、生态加工产品、生态服务产品。

（一）城市远郊社区承担供给责任

因工业生产、城市扩建的影响，城市远郊的农村社区的自然生态环境遭受了比较严重的破坏，因而城市远郊农村社区不具有边远山区那样的优良自然生态环境，不可能从事自生类生态产品的生产；也不具有远离城市的农村社区那样的土地资源、森林资源、水利资源、空间资源，不适合发展赖生类生态产品和繁衍类生态产品生产。但是城市远郊的农村社区拥有独特的区位优势、劳动力资源、市场资源、技术资源和消费需求旺盛的城市消费群体，具有发展标识类生态产品生产的便利条件。标识类生态产品都是设施化、商业化、规模化、技术化、品质化生产，都是面向目标市场生产出来的企业商品，不是公益经济产品，不可能免费享用，只有一定消费能力的顾客才会购买，才能消费得起。如有机辣椒的销售价格是普通辣椒的几倍，对于消费约束趋紧的消费者来说，是舍不得的；又如生态旅游和生态养生服务也要花不少钱，对于还处于维持家庭生计状态的广大农民而言，不会产生此类消费欲望。就接近高端消费欲望的消费群体而言，只有城市远郊的农村社区才具有供给标识类生态产品的地缘优势。更充分的理由是我国尚未建立起便捷的农产品物流体系和免费的快速运输体系，农产品需要保鲜，没有冷藏运输设备和快速运输条件，不可能做到远距离销售。再者，我国的高速公路都是收费的，边远地区的农产品运送到大城市的农贸市场，需要节节收费，仅运输成本都是边远地区的农户、农场无力承担的。而城市远郊的农村社区供给标识类生态产品，免去了冷藏运输和高速运输成本，能获得较丰厚的经营利润。所以，由城市远郊的农村社区承担标识类生态产品供给责任是比较合适的优选方案。

（二）协调生产

标识类生态产品有三大领域，有的属于实物产品，有的属于服务产品；有的是满足物质生活消费需求的产品，有的是满足精神生活消费需求的产品。所以，相对于自生类、赖生类、繁衍类生态产品而言，标识类生态产品供给结构比较复杂。其结构如表9-2所示。

表9-2　标识类生态产品供给结构

标识产品	产品分类	产品细分	生产要求	产品等级
生态农产品	有机农业食品	粮食、蔬菜、水果、牛肉、羊肉、猪肉、水产品、鸡肉、鸭肉、鹅肉、蛋	亲自然生产	有机产品
	园艺产品	果树园艺、蔬菜园艺、观赏园艺	生产营销	绿色产品
	园林产品	庭园、宅园、游园、花园、城市公园、植物园、动物园、森林公园、场园、街道园林、风景名胜区、自然保护区	设计施工	绿色产品
	植物装饰产品	观叶装饰、观花装饰、观果装饰	设计布局	绿色产品
生态加工品	瓶装空气	瓶装吸用新鲜空气、瓶装氧气	工艺流程	有机产品
	瓶装饮用水	瓶装矿泉水、瓶装纯净水、瓶装天然水		

标识产品	产品分类	产品细分	生产要求	产品等级
生态 服务品	生态旅游	天然生态景观旅游、人文生态景观旅游	营销策划	优质服务
	生态养生	生态景观养生、富氧空气养生、生态饮食养生、生态水疗养生、生态谐和养生、生态运动养生		

    表 9-2 比较清晰地展示了标识类生态产品供给结构，从表中可以看出，标识类生态产品生产跨越了农业、加工业、服务业，为社区居民和广大消费群体供给生态农产品、生态加工品、生态服务品；每种标识类生态产品的构成、生产性质、生产要求都有差别。这增加了城市远郊农村社区生产标识类生态产品的难度。但是每种每类标识类生态产品都是广大消费群体尤其是城市社区居民生活所需要的，都有一定的消费市场，因此，城市远郊农村社区应该全面生产标识类生态产品，更好地回应城市居民的多样化生活消费需求，满足市民和其他消费群体对高品质物质生活消费、精神生活消费以及追求优美生活环境的诉求。全面供给标识类生态产品的最佳策略就是协调发展这三类生态产品，不能只经营某类或某种产品，并且用差异化原则谋划标识类生态产品生产策略。具体来说，城市远郊农村社区应立足本地的土地资源、劳动力资源、农业资源生产有机农业食品、园艺产品、园林产品、植物装饰产品、生态养生服务商品；借用边远山区生态资源、利用本地区位优势和市场能力生产瓶装新鲜空气、瓶装饮用水，开展生态旅游服务项目，以便更好地满足市民对标识类生态产品的消费需求。单独经营某一类标识产品，是难以满足市民对标识类生态产品消费需求的。因而，各地政府必须想方设法做好城市远郊农村社区标识类生态产品供给规划，形成协调发展格局。

    在具体生产上，应采用实用技术和要求生产，以便产品达到相应要求，就生产有机农业食品而言，需要采用亲自然原则，使用有机农业食品生产技术进行生产，因为国家颁布了有机农业食品生产技术标准，包括生产基地的建设环境要求、加工区环境要求、投入品选择施用管理标准、栽培技术标准、生产操作流程、田间管理要求、采收标准和规程、收后运输方式、收后处理技术、贮存技术规范与操作规程等，不掌握这些技术并按照技术要求进行生产，就不可能获得有机产品认证。并且只有采用有机农业、自然农业、生态农业等模式进行生产，才能保证生产出有机农业食品。就生产园艺产品来说，需要按照果树、蔬菜、花卉、食用菌等栽培、育种、良种繁育、商品化生产、病虫害防治、产品贮藏加工及应用性科技试验、农业技术开发与推广等方面的实用技术进行生产，而且还要善于营销，并且要保持水土，实行绿色生产。就生产园林产品而言，需要掌握使用园林植物遗传育种、苗木花卉栽培（植物栽培、植物养护、植物保护、苗木生产、花卉生产）、园林植物病虫害防治、园林绿地规划设计（庭院景观设计、道路景观设计、广场设计、滨水景观设计、居住区景观设计、附属绿地设计、屋顶花园设计、公园设计）、园林施工（土方工程施工、铺装工程施工、水景工程施工、山石工程施工、设备安装施工、种植工程施工、园林建筑工程施工、园林机械使用）、园林工程审计（园林工程计量、园林工程计价、园林工程审计）等实用技术，并综合运用这些技术实行绿色生产，保护生态环境。就生产植物装饰产品而言，需要掌握使用植物装饰识别（耐阴植物、半阴植物、喜光植物、垂吊植物）、植物装饰设计（风格、布局、色彩、质感、形态、氛围）、植物装饰选材、空间植物布置、植物装饰方法、植物装饰施工、植物装饰保养更换等实用技术，产生美观、环保效果。

（三）建设城市农业社区

城市农业社区是位于城市空间和周边近郊的，由居民、农业生产、生态、生活住区等主要要素互相交融共生的，具有供给农产品、天然生活资料、社会交往等功能的农耕生活共同体。1898 年英国学者霍华德提出"田园城市"理念，希望建设能将城市生活与乡村生活结合起来的城市社区。由此引发城市建设农业社区的思潮。20 世纪后半期，新加坡开始建设以垂直绿化为主的花园社区；美国出现校园农场。当今世界各地城市社区出现了楼宇农业、绿色植物楼群、农业小镇、都市农业。为了应对粮食供给不足、追求绿色安全营养食品、向往田园生活等民生变化趋势，当今我国城市尤其是特大城市和大城市应当建设农业社区，实现市民对农耕生活体验的愿望，改善城市生态环境，创造农业景观和田原风光，为市民供给多样化的优质农产品，提升居民生活品质，开辟农耕文化融入市民生活空间的途径。

城市建设农业社区要分两类区位空间。一类是市内街区空间，在市内街区空间建设农业社区，一是组建农业社区建设机构并制定相关行动规程，购置必要的农业生产工具；二是选择农业生产区域，先考察场地面积、生态环境、土壤状况、水域面积、植物种类、生物生长条件、环境污染状况，然后通过协商谈判选定作物种植场地；三是根据场地土壤结构、水利条件、光照条件、空气污染程度，确定作物品种和种植方案，设计作物景观空间；四是维护经营好作物景观，尤其需要建设保护设施，防止随意践踏、折扯作物，绿化种植周边场地，修建活动休憩和观赏位置；五是收割并分享种植的果实，让社区居民享受到建设农业社区的福利。

另一类是城市周边近郊区位空间，在城市周边近郊建设农业社区相对容易和便利，一是由街道办事处组建农业社区建设队伍并制定相关行动章程和发展方案；二是找到城市周边地区的空地，道路两旁、河流两岸等公共场地；三是购置必要的农业生产工具，建设必要的农业生产设施；四是大面积种植农作物并实施有效管理，保证农业收成；五是进行营销，将获得的经济收入上缴街道办事处，形成集体收入。城市周边近郊地区建设农业社区，英国有成熟的经验。具体描述见案例1。

案例1：英国陶德莫登小镇：可以吃的城市风景

在英国的陶德莫登小镇，被政府限制的空地上全都种上了蔬菜、水果和药草，包括铁道沿线、河流两岸，甚至警察局和公墓，城镇沿路都有可以吃的农作物，营造出了"可食用风景"。种植场地附近居住的大部分居民是因为土地被侵占，搬迁到这里的农民。他们自身就有一种对土地的依恋之情。房前的空地上种满了油菜花、蒜苗等农作物，临河的农田上面种有白菜、莴笋、辣椒等农作物。小镇居民自发将场地上的农田和空地进行统一规划，通过自己种植农作物的方式，重新拥有逝去的田园生活。另外，农田也可以作为学生的课外活动教育基地，通过增加与大自然的交流机会，促进小孩子身心的健康发展，开阔眼界。并且在采摘农作物的过程中，潜移默化地培养小孩子的团队协作能力。

资料来源：雷壁伊，《可食用景观在种植社区中的应用》，《现代园艺》2019 年第 23 期。

案例 1 说明，城市也有发展农业的空间和条件，只要城市主体树立供给生态产品的责任意识，总有克服困难的办法并进行成功的探索。可见，把农业搬到城市，让市民享受到田园风光和农业景观，不是不可以的，正如我国一些乡镇大力发展工业生产也不是不可行的。这可能就是城乡融合的新模式。

（四）社区支持农业模式（CSA）

社区支持农业模式（Community Supported Agriculture，CSA）源于 20 世纪 70 年代的瑞士，发展于日本，盛行于欧美，是城市社区消费者为寻找安全的优质食物，与那些希望生产有机农业食品并建立稳定客源的生产者达成供需协议，直接由农村社区的农场将有机农业食品送给城市社区客户消费的农业经营模式。这是一种在城市社区与所支持的农场之间建立风险共担、利益共享的农业合作经营模式。更准确地说，CSA 实际上是"有机农产品直销城市社区"的经营模式。不过，注重环保，要求一切农活进行手工操作，禁止使用化肥、化学农药以及除草剂、催熟剂等影响庄稼正常生长的化学药物，是社区支持农业模式的必要内涵和生产法则。

20 世纪 60 年代末，日本东京等大城市的主妇们出于对健康农产品的需求，自发组成消费团体，到农村社区去包地，通过订单、预付款等方式，鼓励农民生产不用化学肥料和农药的农产品，并与当地农民协会直接交易。这种经营模式对整个日本有机农业的发展起到巨大的推动作用，并在之后风靡欧美。现在欧洲、北美、大洋洲、亚洲都有社区支持农业模式。就美国而言，目前美国有 2000 多个农场以 CSA 模式进行生产，为超过 10 万个城市社区家庭提供有机食品。以美国最大的 CSA 农场之一的"农场新鲜直送"农场为例。该农场位于加利福尼亚州，1992 年建立 CSA 会员体系，是一家获得有机经营认证的农场，能生产多种有机蔬菜和水果。产品价格从 23 美元到 110 美元不等，采取送货上门方式为城市社区会员供给有机食品。会员可选择每 1~4 周收货一次，随时可以取消。另外，随产品还附送农场新闻和菜谱，农场还经常举行现场参观和采摘活动。CSA 模式对于农场经营者来说，使他们拥有稳定的销售市场，在蔬菜成熟甚至种植之前，进行预售，较早回收资金，节约中间环节的成本和时间，避免生产的盲目性。由于摆脱了销路的压力，农场经营者有更多时间用在土地上，可以在精耕细作、水土保持和减少农药使用等方面花更多精力，使产品质量更好，而且对生态环境有利。对消费者而言，加入 CSA 体系可以使他们得到新鲜、低价的有机蔬菜供应，还能参与农场的经营决策，根据自身需求对种植计划提出调整建议。CSA 在美国尚处于发展阶段，但美国学者认定其潜力巨大。

发展 CSA，对于社区供给标识类生态产品具有特殊意义。一是为城乡社区居民建立了沟通机制。疏离自然的城市社区居民很向往有机、简朴、充满人情与乡土的生活方式，可以像农民一样吃到不施化肥农药的菜。生产有机农产品的农民希望维护自身的尊严、得到公平交易机会、获得应有的劳动回报。通过 CSA，城市社区居民与农村社区的农民建立了直接的有机农产品的供求关系、生产与消费关系，搭建了沟通的桥梁，消除了现行的消费者与生产者的隔阂跟误解。二是形成了有机农产品生产的监督机制。通过签订有机农产品供需协议、将消费者变成有机农场股东、消费者定期深入生产现场、安装链接消费者家庭与有机农场视频监控设备等措施，CSA 不仅消除了城市社区消费者对有机农产品生产的顾虑，建立了双方互信关系，更重要的是让消费者监督有机农产品生产过程。三是形成了不要中间商来操纵当地农产品销售的食品经济，立足于本地区的 CSA 农场由于没有运输、储藏环节的压力，有了更多精力注重产品质量和口味，缩减了中间供销环节，降低了产品价格，减少了营养物质的流失，杜绝了中间商对农产品喷洒保鲜剂和随意清洗的环节，保证了农产品质量。四是保障了本地区内的农产品供应，促进城市和周边近郊地区以及远郊地区在有机农产品生产上建立紧密联系，为本地标识类生态产品供给带来多元化发展机会，还可以增进城市社区居民对有机农产品质量、生态环境保护、生态产品供给可持续发展等问题的认识。

社区支持农业的途径有三：第一，城市社区的消费者在年初预付购买乡村农场生产的有机蔬菜的费用；第二，农村社区的农场吸收城市社区消费者的股金，使之成为社区农场的股东，以便分摊生产成本、承担经营风险；第三，城市社区的消费者直接投入劳动力，用劳动报酬购买农场的有机产品。

CSA 是有机农业经营模式，生产出来的农产品是有机产品。由于化学农业提供的农产品危及人体健康，市民尤其是高收入群体愿舍近求远，联系农村社区的有机农场，亲自参与农产品的种养过程。CSA 的销售渠道有四种。第一，入户直销渠道。入户销售的市场目标是不乐意成为公司股东的城市社区消费者和需要有机蔬菜但没有劳动能力的年老消费者。其办法是，先与城市社区居民建立一种长期合作的关系，然后把每个社区的订单整合，按社区配送发货，再按照每张订单要求给居民送货上门，打造社区蔬菜快递模式。其特点是生产者和消费者直接交易。直投蔬菜新鲜又安全，同时减少了流通过程中的损耗，保证了蔬菜的品质。这种模式不需要店面，节省中间环节，公司在准确把握供求信息基础上，降低库存风险、销售成本，使公司产品在价格上有更大的竞争力。也可让利于民，稳定消费群体。第二，代理销售渠道。对于其他非直接目标市场，生产者选择经验丰富、资信良好的代理商来共同开发市场，借助代理商的力量迅速增加销售额，使其成为稳定的合作伙伴来承担销售、集成、服务等众多业务。第三，电子网络销售渠道。这种销售渠道一般是生产者在销售渠道趋于完善，并且已拥有稳定的市场占有率和具备充足的投资资金的基础上，发展网络营销，利用电子商务交易平台，实现有机蔬菜生产和有机蔬菜产品营销的网上订购。第四，店面销售渠道。这是农村社区的有机蔬菜在形成品牌、拥有较高知名度并具备充足的投资资金的基础上，生产者在城市社区开设有机蔬菜专销店，供市民选购。

正是这些经营途径和销售渠道把城市社区的消费者和当地农村社区的农场或者农户有机地结合在一起，使城乡社区居民建立了相互支持、平等友好的沟通联系，通过有机农产品的经销在城乡社区架起一座稳定的、持续的互动桥梁，有力地推动城乡文化的交流，也使农村社区的农业经济、生态环境和城乡社区居民之间的关系得到持续发展。目前，社区支持农业模式在北京、上海、广州、长沙等农村社区已得到不同程度的发展。案例2和案例3可见我国CSA运行过程。

案例2：上海崇明岛青蓝耕读合作社的开心农场

出生于崇明岛的倪先生，是一位小有成就的建筑设计师。这几年，出于对农产品新鲜度和安全性的忧心，他毅然回到家乡办起了一座"开心农场"，产出的生态农产品主要是自给自足，同时供应市区一帮好友。其实，这也是许多城市人的梦想。

如今，梦想不再那么遥远。2010年上半年，一个"青蓝耕读合作社"落户崇明生态岛，并向社会各界公开招募社员，号称是上海最大的"社区支持农业（CSA）"模式的试点。今后，城市居民寻求安全食物，可以直接与特定农场的农民签订供需协议，保证全过程生态种植，市民也可参与生产和管理，产品定期配送上门。在一定意义上，市民也将是农场的"股东"，轻松拥有自己的"开心农场"成为可能。

青蓝耕读合作社发起的"社区支持农业"试点位于崇明区向化镇南江村，到市中心不足一小时车程，但仍保持着原生态环境。青蓝耕读合作社将长期集约化使用农民土地，引进农技专家，保证全部进行生态种植，不使用转基因种子，不进行反季节栽培，并且提倡所有社员尽可能多地到田间学习和参与劳作，珍惜每一份田间劳动成果。

合作社公开招募的首批CSA社员分为三类，一是"新鲜派"，每人拥有30平方米土地，另外全年配送40次新鲜、无污染的时令蔬菜。二是"智耕农"，合作社将提供土地、种子和种植技术服务，由社员自己到田头，亲历种植及收获过程。三是"绿巨人"，面向公司或家庭，可作为野外拓展基地、福利基地和娱乐基地，合作社全程提供农技指导及相关农业劳作服务。

这样的"开心农场"，收获的将不只是"收菜""偷菜"之类的开心。在原来的大市场机制下，农民不知道自己的产品要在哪卖、卖给谁，同时消费者也不知道他们吃的是谁的产品，他们的友好关系减弱并最终瓦解。农民要挣更多的钱，就得生产更多的东西，激素、化肥、农药等被大量地使用。而通过CSA模式，生产的全过程将按照生态甚至有机的标准来操作，城市居民将获得真正放心的安全农产品，同时还将减轻对环境的污染，减少对土地的伤害，有益于生态系统的平衡。

一开始就注重文化内涵，也使新探索更具吸引力和凝聚力。据了解，区别于国外的CSA，青蓝耕读合作社期望形成一种中华传统耕读文化氛围，将定期组织社员之间的交流活动，不定期邀请专家、学者举行讲座，还会经常组织各种形式的艺术展览和交流。

除了农产品本身以外，教育、从事生态有机农耕的经历以及文化上的产出，也是该模式的产品。该模式还将自然有效地推动城乡合作交流。

资料来源：《社区支持农业：人人可拥有现实版"开心农场"》，《解放日报》2010年7月7日。

案例3：广州南岭会助推社区支持农业模式

广东乳源五指山镇，南岭脚下，一派田园风光，许叔正在收拾着刚割完稻谷的农田。对于51岁的许叔来说，种地已经30多年了，这却是他时隔20多年第一次又像年轻时候一样去种地：不施化肥，也没有农药，搞点猪尿猪屎作肥料，打点沙灰来防病，因为他种的是有机水稻。半年前，许叔第一次听说了"有机水稻"这个词，也第一次听说了CSA，到现在他也没有搞明白这个翻译为"社区支持农业"的概念究竟是什么。但这个概念正一步步改变着他的生产和生活。

改变要从半年前说起，五指山镇来了两个外地游客，她们似乎对农田特别感兴趣，关心当地有没有一些传统的农业品种。她们问许叔，愿不愿意按照传统的方式来种水稻，不施化肥，不用农药，用以前的谷种，而不是现在的杂交稻。在稻谷成熟之后，她们会组织广州的一些消费者用远高于市场价的米价来买下他种出的有机水稻。一开始许叔没有当回事，但在她们走后不久，一袋谷种从广州寄到了五指山，抱着姑且一试的心理，许叔从他的3亩地里挑出了4分地，种下了这些传统的水稻。

事实上在20年前许叔就是这样种地的，而这种精耕细作、生态环保的农耕文明在中国持续了几千年。"我二十来岁的时候，水稻有很多品种，年年家里都是自己留种，我记得种的是一种杆子很长的稻子，亩产量也就四五百斤，很低，那时候哪有化肥、农药、杀虫剂，村子里竞争最激烈的就是茅坑，每家每户都积着人畜肥。"许叔说，"20世纪80年代初开始推广杂交稻，亩产很快就上去了，一亩可以收七八百斤，为了产量高就要用化肥、农药"。

小饶就是来到许叔家的游客，南岭会这个小环保组织为数不多的全职工作人员。南岭会成立于2007年初，当时的理念，一是希望农业生产能保护生态的多样性，不要使用化学肥料和农药进行农业生产，希望南岭地区的广大农民从事有机生产。二是把生产粮食的农民与消费粮食的市民联系起来，解决食品安全问题。前不久，由南岭会组织的"乳源农家乐自驾游"开进许叔家，来自广州和香港的十几位市民在参与收割等活动的同时，以4元一斤的价格认购了许叔种出的有机米，这个价格是市场价的1倍。参加活动的市民把有机大米抢购一空，甚至连许叔家中的普通米都卖出了好价钱。初尝甜头的许叔打算再多追加两亩地种植有机农作物。

2007年初，韶关罗坑自然保护区年轻的农民"光头"是第一个接受他们说服的人。"当时村子里的其他人都等着看光头的笑话，因为大家的地都打农药，你不打那不是虫子全跑你家地里了。当时做了最坏的打算，没收成也罢。"小饶回忆说。结果那块 6 分地当年产出了 180 斤大米，由"南岭会"工作人员和几位朋友组成了第一批城市消费者，以高出市价 1 倍多的价格买下了那 180 斤米。种了一季之后，"光头"出去打工了，他把庭叔介绍给了南岭会。如今，在庭叔家的墙壁上贴着包田购米的协议书，他一口气种了两亩有机水稻。庭叔是从心底接受有机种植模式的。如今的庭叔乐此不疲地"发明"生态肥。"比如在尿液中加辣椒水施肥同时又驱虫，或者是用家禽或鱼的内脏来自制有机肥。"庭叔说非常有效果，而且庭叔已经把这些经验和技术都运用到家里的 10 亩地里。在庭叔的带动下，村里的两户人家也开始种植绿色水稻。到目前为止，罗坑以及周边村镇一共有 6 户农户加入包地合作项目，种植面积达到 4 亩，涉及有机水稻、有机黄豆等多种作物。

　　资料来源：邱敏，《"社区支持农业模式"中国初体验》，《广州日报》2009 年 9 月 29 日。

　　从这些案例可以看到，我国大城市兴起的 CSA，在具体操作上，有机农产品生产者与城市社区居民签订合作生产有机农产品协议，消费家庭出资，形成农业生产资金，这些消费家庭成为有机农场股东，待农产品收获后，消费家庭可以免费获得由多品种构成的配菜或粮食，或者把股金折算成菜价、粮价来配送相等量的有机农产品。这样农村社区有机农场有了流动资金，城市社区家庭有了安全的农产品供应，免去了中间商的理性操作和食品安全危机。这种运作模式让农场可以在法律上和精神上成为城市社区的农场，让生产者与消费者互相支持以及承担有机农产品生产风险和分享利益。这是一种城乡社区相互支持，发展本地标识类生态产品、本地消费式的小区域经济合作方式。在这种合作的基础上，一方面，本地生态环境、生态资源得到保护，看重社区中情感及文化的传递；另一方面，推行健康农作法、永续生活及整合包括身、心、灵在内的健康观念。

总之，以社区为本的 CSA 模式，为标识类生态产品供给在农村社区生产者和城市社区消费者之间建构了一个本地有机食物生产合作机制。双方均承担责任，分别有义务，亦同时享有权利。城市消费者承诺分担农场经费以至失收的风险，换取乡下农民承诺的新鲜有机农产品。重新拉近市民与农民之间，与有机食物、与土地的关系。通过支持本地有机农产品生产，城市社区居民更关注身体及环境健康，促进城乡沟通与合作。

（五）需要高超的营销策略

由于标识类生态产品生产是面向市场的商品化生产，每一种标识类生态产品生产都处于竞争状态，要在同类产品或替代性产品竞争中获得优势地位，就需要做好标识类生态产品营销策略。一要进行品牌营销。就是以品牌为核心，围绕它开展一系列的营销策划活动，包括品牌精神理念、品牌形象规划、品牌传播策略及品牌渠道策略。品牌营销是品牌价值的实现途径，品牌价值是品牌营销的体现。二要确立品牌精神理念。在当今社会中，品牌越来越注重与消费者的情感交流，关注消费者的需求，从而展示出品牌本身具有的情感、象征、信念等品牌内涵。如农夫山泉始终坚持"健康、天然"的品牌理论，坚持"水源地建厂、水源地灌装"，并以"农夫山泉有点甜"的广告语深入人心，同时，将"天然"作为核心价值观，环保、天然、健康作为经营宗旨。三要做好品牌形象规划。如农夫山泉以"农夫山泉有点甜"的品牌形象打开市场，走进消费者内心。四要实施品牌传播策略。一般从广告、体育赞助、公益活动等渠道进行品牌传播。五要建构销售网络。一般要建立产品的直接销售渠道、中间商渠道、商超渠道。[1]

（六）建构生态服务融合机制

社区生态旅游服务和生态养生服务属于生态服务范畴，是工业社会的

---

[1]　汪小琴、金秀玲：《农夫山泉品牌营销策略》，《现代商业》2016 年第 6 期。

人们发现生态环境和生态元素具有强健身体的生命价值之后,开创的一种生态保障产业。农村社区供给生态服务产品就应该做大做强社区生态旅游服务和生态养生服务,并将两者结合起来经营。

第一,做大做强社区生态旅游服务。

1985 年 Peter E. Murphy 在其著作 *Tourism:A Community Approach* 中提出,发展社区生态旅游,应该保护和利用社区自然生态环境、追求经济利益和经营效益、依靠风俗和民情等社区文化、建构高效的管理模式。[①]

社区发展生态旅游服务产业,需要生态景观资源,包括天然生态景观和人文生态景观两类。天然生态景观是原有自然地貌未发生明显变化的景观,是农村社区发展天然生态景观旅游的资源;人文生态景观是受人类直接影响和长期作用发生明显变化的地貌景观,是农村社区发展人文生态景观旅游的资源。天然生态景观主要有山岳形胜、地貌景观、大气景观、天文景观、水域景观、森林景观、草原景观、古树名木、奇花异草、珍禽异兽及栖息地等;人文生态景观主要有村落景观、建筑景观、梯田景观、民俗风情景观、园林景观、寺庙景观、古迹景观等。这两类景观资源是社区发展生态旅游服务的物质条件,是社区建立生态旅游服务体系的客观依据。

社区发展生态旅游可采用三种主体模式。

第一种是社区经营模式,这是由社区治理主体直接经营生态旅游产业的集体模式,所有的社区成员通过轮流机制参与到旅游服务中来,收益归社区集体所有。具体描述见案例 4。

案例 4:北京平谷区大华山镇西牛峪村生态旅游

平谷区大华山镇西牛峪村位于北京平谷北部山区,距北京市区 83 公里,距平谷城区 28 公里,与密云区一山之隔,地理位置优越。村子四面

---

① 威廉·麦克唐纳、迈克尔·布朗嘉特:《从摇篮到摇篮:循环经济设计之探索》,中国 21 世纪议程管理中心、中美可持续发展中心译,同济大学出版社,2005,第 109 页。

环山，东南面为整个村庄的出入口。村域面积6400亩，地势北高南低，海拔200~250米。可耕种土地已全部发展为果园，种植品种有梨、柿子、核桃、栗子和红果等果树。该村山场面积广阔，种有松柏等生态林，拥有近百种野生自然资源。包括草药、野菜、野果和野生动物。野生草药广泛分布于西牛峪村的野山山林、山谷中。该村有由独一泉流经湿地、三河湾、水帘洞和碧水湖组成的龙形水系。森林和水系形成了天然氧吧。

牛角峪村利用富氧空气资源发展生态养生产业，建造了怡神田园观光旅游景区。该景区占地面积2000余亩，中式古典客房约4000平方米，客房共30套，中式风格，典雅温馨，环境舒适，布置完善，设施齐备高档。餐厅可容纳60人就餐，大小会议室各一套，设备齐全。

怡神田园修建了竹、藤、石、水、花、草、树景观，还种植了多种果树，生产大量名、特、优、新果品，可供游客采摘。为了方便登山爱好者游玩观光，在多彩谷内修建六角亭及登山步道等，同时为了方便一日游顾客，特修建了可容纳100人就餐的阳光餐厅。怡神田园给人自然恬适之感，是都市中的安宁，是回归自然的最佳选择。

资料来源：《天然氧吧——西牛峪村》，https：//mp.weixin.qq.com/s/ASfhqwwzWHJVcSonbGnpLg。

第二种是家庭经营模式，这是由社区家庭独立经营社区生态旅游项目，不同家庭经营不同生态旅游服务项目，由此形成社区生态旅游服务体系。具体描述见案例5。

案例5：云南泸沽湖摩梭村寨家庭经营生态旅游服务

泸沽湖摩梭村寨生态旅游的核心价值不在于湖光山色，而是被各种媒体广为报道的"女儿国"及其"母系大家庭"与"走婚"等习俗。20世纪80年代末，泸沽湖旅游业开始萌芽，以1989年落水村第一间家庭旅馆的诞生为标志，但因村民观望气氛浓重，直到1993年才出现第二间家庭旅馆。之后10年间，民居家庭旅馆的示范效应使落水村和里格村的社区旅游开发暴露出过度透支"女儿国"文化品牌与泸沽湖自然生态的诸多问题。为了加大保护管理力度，提高旅游业发展的质量和效益，2006年，云南省政府提出"要抓好以竹地为重点的，包括摩梭风情展示、住宿餐饮、娱乐购物、文化体验、游客服务中心为一体的泸沽湖女儿国旅游小镇建设工作"，推动了泸沽湖女儿国旅游服务的发展。

资料来源：王维艳、沈琼、李强，《西部乡村民族社区景区化的内涵及表征——以云南典型乡村民族社区为例》，《云南地理环境研究》2011年第2期。

第三种是合作经营模式，这是社区或家庭与外来客商合作开发社区生态旅游产业，由此形成社区生态旅游合作经营模式。具体描述见案例6。

案例6：云南橄榄坝合作经营生态旅游服务

云南省西双版纳橄榄坝的曼将、曼春满、曼乍、曼嘎、曼听五寨，凭借其旖旎的亚热带田园风光、保存完好的千年古村落群、典型的干栏式竹楼、浓郁的傣家饮食习俗、神奇的佛教文化而被外界誉为"孔雀羽翎"。在西双版纳傣族历史上，曼听就已成为傣族统治者宣慰使召片领的宫廷花园寨。20世纪80年代末90年代初，游客慕名橄榄坝"孔雀尾巴"而来，少数村民自发响应的结果，催生了诸如"曼听景点"、"曼春满风景园"及"蝴蝶园"等零散景点。其实，早在10年前，傣族园公司就独具慧眼，加之"99昆明世博会"的机遇，终于在1999年正式介入并圆满开业。公司设计的"公司+农户"运作模式，即"村寨和村民提供资源，公司投资开发利用，互利互惠"的做法，强化"村寨的每个人，每棵树，每株草都是一道特别的风景"，使村民的日常生活成为傣族园景区最灵动、最精彩的"孔雀羽翎"。正是外来公司与农户家庭合作，为橄榄坝曼听五寨的生态旅游服务带来生机。

资料来源：王维艳、沈琼、李强，《西部乡村民族社区景区化的内涵

及表征——以云南典型乡村民族社区为例》,《云南地理环境研究》2011年第 2 期。

第二,做大做强社区生态养生服务。

社区发展生态养生产业,必须建设生态养生餐厅、会议中心、购物场所、培训基地、SPA 服务所、游乐场地、观光点、休闲场地、事象活动空间、养生公寓等生态养生服务设施。

在完善的服务设施基础上,开发多样化的生态养生方式。

一是利用生态景观资源开发生态景观养生方式,这是利用社区山、水、森林风光为客人提供美的视觉享受,净化客人心灵,产生融入大自然的感觉,进而沉淀浮躁与喧嚣,释放郁闷与压抑,调节机体的免疫系统,起到养生、保健、治疗效果。具体描述见案例 7、案例 8。

案例 7:德国巴登小镇森林养生

德国作为一个森林覆盖率较高的国家(其国土面积的 1/3 是茂密的森林,森林占地面积约 1100 万公顷),一直被认为是世界上最早的森林康养实践起点,其中以“黑森林疗养中心”最负盛名。

这一森林康养产业群分布在德国的黑森林区域,森林则根据树林分布稠密程度分为北部黑森林、中部黑森林和南部黑森林三部分。北部黑森林最为茂密,分布着大片由松树和杉树构成的原始森林,因树叶颜色深并且树林分布密,呈现浓重的墨绿色。

巴登位于德国西南部的黑森林西北部边缘的奥斯河谷中,距离莱茵河7.5 公里,交通便利,小镇山环水抱,景色秀丽。黑森林带有疗养功能,可以放松身心,释放压力。由于森林中空气清新、气温舒适、噪声少,人在森林中会感到放松,释放压力。森林中的自然声音,如蝉鸣、流水声等,还能给人以美的享受。在森林中散步或休息可以提高人体的免疫活性、降低血压、缓解压力,具有预防生活习惯病的作用,而在都市中散步没有以上功效。

在疗养方面，林木所释放的植物杀菌素如有机酸、醚、醛、酮等化学物质，有助于提高 NK 细胞（免疫细胞）活性，从而对高血压、抑郁症、糖尿病等病症具有显著的预防和减缓作用。森林覆盖率高的地方，人们得癌症的概率会降低，长寿的人也较多。在这里，黑森林能大量产生负氧离子。据国外研究，负氧离子浓度高的森林空气可以调节人体内血清素的浓度，有效缓解由血清素激发的综合征引起的弱视、关节痛、恶心呕吐、烦躁郁闷等，能改善神经功能，调整代谢过程，提高人的免疫力。

资料来源：程希平等，《森林养生理论与实践》，科学出版社，2019，第 80~109 页。

案例 8：日本上松町的森林养生

上松町是位于长野县西南部木曾郡的一町。町东端为中央阿尔卑斯山的最高峰木曾驹岳，木曾川流过町中央。上松町地处山区，面积 168 平方公里，人口仅 4612 人。上松町被称为"木曾桧木之乡"，这里有着新鲜的空气与清澈的泉水，以及让人心旷神怡的大片森林，是养生观光、洗涤身心的好去处。拥有赤泽自然休养林、寝觉之床、中山道等多个知名养生和度假胜地。

在上松町的多个度假胜地中，以赤泽自然休养林最为著名，被称为日本森林浴的发祥地。赤泽自然休养林是位于上松町西南部的广大针叶林。是上松町森林养生的代表景点。面积 728 公顷，标高从停车场附近的 1080 米到最高处的 1558 米。赤泽自然休养林内树龄超过 300 年的木曾桧木随处可见，是日本三大美林之一。

由于桧木生长于高冷深山中，屹立数十年，累积大量芬多精，可以长时间散发芳香气息，因此成为植物中带氧量最多的树种之一。赤泽自然休养林因盛产优质桧木而成为良好的森林浴场。医学调查还证实了森林的放松效果，确认了 NK 细胞能使免疫功能强化、提升，对身体健康具有很大的促进作用。当地的森林养生步道就是一种"养生产品"，森林空间能同时作用于人的视觉、听觉和嗅觉三种感官，从而收到极好的疗效，在医学方面也已经证实森林浴的效果可以使人舒适放松。林中的木曾柏被制成多种精致的木工制品，木曾柏的精油也被开发成各种具有原生态性的产品，包括洗面奶、香皂、护手霜等。

资料来源：杜玲莉，《日本森林康养基地应用案例分析》，《旅游纵览》2020 年第 15 期。

二是利用空气资源开发富氧空气养生方式，这是利用社区上空中的负氧离子进行养生的措施。现代科学证明，当负氧离子浓度达到 4000 个/m^3 时，可以满足人类疾病预防及治疗和健康长寿的要求。富含负氧离子的空气可以与其他活动一起，形成特色的养生产品。可将负氧离子与疗养保健机构、相关仪器等结合，实现负氧离子对相关疾病的针对性治疗。案例 9 是农村社区利用空气资源开发富氧空气养生的案例。

案例 9：巴马平安村巴盘屯的富氧空气养生

平安村巴盘屯位于北纬 24 度的中国广西西北部山区的巴马瑶族自治县，"世界第一长寿之乡"。全屯的 515 个人有 7 位是百岁老人，数量是"世界长寿之乡"标准的近 200 倍。

在这个地区中生活的百岁老人不仅人数比例高，且大部分都有良好的身体素质，甚至有的老人还能种田砍柴。这离不开该地区优良的生态环境和健康的饮食习惯。一是巴盘屯的空气具有高浓度的负氧离子含量。它的气候较为适宜，年均温度 20 摄氏度，空气中具有丰富的负氧离子成分，甚至最高每平方米达到 2 万个以上，是一般地区的几十倍。在如百鸟岩等较为著名的旅游景点，每立方厘米负氧离子的数量高达 2000~5000 个。高浓度的负氧离子有镇静、催眠、镇痛、镇咳、止痒、利尿、增食欲、降血压的效果。此外，负氧离子还可以治疗疾病，如改善肺功能，吸入负氧离子 30 分钟后，肺能增加氧气吸收量 20%，而多排出 14.5%二氧化碳；改善心肌功能，有明显降压作用，可使人精神振奋，提高工作效率；促进新陈代谢：负氧离子能激活人类肌体内的多种酶，促进新陈代谢，改善睡眠；增强肌体抗病能力：负氧离子可改善肌体的反应性，增强肌体抗病能力等。正是由于高含量的负氧离子，巴盘屯区的很多老人免疫能力比一般的老人要强。二是当地健康的饮食习惯。这里的许多老人终生都是食用绿色产品，这些产品的特点是低蛋白、低脂、低含盐度和低热量。主要的生态食物为各种杂粮、大米、玉米和绿色蔬菜等，基本上不含任何化学成分。且当地的生态产品以粥为主，再辅以青菜和豆类产品，具有较高的营养价值。市场上的味精调料等也都是较少使用的，实现了健康长寿。

资料来源：李后强等，《生态康养论》，四川人民出版社，2015，第204~205页。

三是利用社区农耕活动开发生态运动养生方式，这是体能锻炼养生方式。三国时的医学家华佗认为："动则谷气易消，血脉流利，病不能生。"唐代孙思邈在《千金方》中记述："养生之道，常欲小劳，但莫大疲及强所不能堪耳。且流水不腐，户枢不蠹，以其运动故也。"这是农村社区开发运动养生的理论依据。农耕事象可让城市客人体验到农耕文化，在农耕活动中享受另类生活，锻炼身体，舒经活络、消除疲劳。具体情况见案例10。

案例10：广西巴马长寿老人农耕养生

初夏的广西巴马县甲篆乡巴盘屯，108岁的黄卜新老人，早上6时起床，洗脸后立即去菜地里摘菜。从黄卜新家到菜地，路湿滑而泥泞，然而不管是过坎还是下坡，黄卜新老人都能走得异常稳健。摘完菜后，老人在回家的路上顺路拐到河边洗菜，走下3米多高的河堤，要经过29级阶梯，步履稳健而有力。从出门摘菜到回家，整个过程一共只用了45分钟。黄卜新老人每天早上都是如此。7点钟吃早餐后，老人开始了日复一日的体力活。有时去砍柴，有时去捡牛粪。如今黄卜新仍下地劳作，风里雨里，耙田犁地，依旧挑着家庭的重担。黄卜新老人说，农民生来就是要劳动，不能劳动会浑身不舒服。黄卜新老人自食其力，饭菜自己做，早上起来后，家里家外地忙个不停。巴马县长寿研究所长陈进超说："巴马的长寿老人都有着黄卜新老人类似的生活，那就是终生不停息地劳动。"110岁的寿星罗秀珍和黄卜新一样，是个典型的闲不住的老人。罗秀珍目前身体仍非常硬朗，不时上山打柴捡猪菜，有时为了防滑，她干脆把鞋子脱了，赤着脚在石缝中行走。在巴马，六七十岁的老人还算壮劳动力，八九十岁算半个劳动力，90岁以上的老人才逐步退出生产劳动。陈进超说，巴马老人把劳动当作生命的价值，认为活着就要劳动。因此只要身体允许，即使到了百岁高龄，不能到田间劳动，也要做些力所能及的家务活。劳动，无疑是巴马人长寿的良药。

广西巴马瑶族自治县位于广西西北部，总人口23万多，被国际自然医学会命名为世界第五个长寿之乡。与苏联的高加索、巴基斯坦的罕萨、厄瓜多尔的比尔班巴、中国新疆和田这四个长寿地区相比，巴马是百岁老人分布最高的地区。对长寿进行了多年研究的陈进超说，大多数巴马长寿老人的一生里没患过大病，对偶尔的伤风感冒等小病，他们也是不吃药或少吃药。"体力劳动对健康长寿有着良好的影响和促进作用。"陈进超说，"这里的百岁老人大多是无疾而终的"。巴马百岁老人大多耳聪目明，思维敏捷，精神状态很好。从巴马百岁老人的110例死亡原因回顾性调查资料表明，没有一位百岁老人死于高血压、糖尿病、脑血管意外或者癌症。

资料来源：笔者根据中新社记者蒋雪林于2005年6月的相关报道和广西卫视《百寿探秘》节目"走进广西巴马，探寻百岁老人长寿秘诀"（2020年5月5日）整理。

四是利用社区人文资源开发生态谐和养生方式，这是消除紧张的人际关系、改善客人心力交瘁状态的调心养生方式。如让客人入住民家，使客人体验乡土风情、串门习俗、节庆集合、亲族同心、待客如上宾的人文情怀，释放提防他人的紧张心理，增加和谐相处的感受，达到改善心理结构的目的。具体描述见案例 11。

案例 11：滇西北梅里雪山雨崩村谐和养生

雨崩村本是滇西北梅里雪山深处的一个极其贫困的半农半牧藏族村寨，20 世纪末开始有探险旅游者进入，近年来每年吸引上万人次的旅游者。究其原因，我们不妨信手拈来几个博文辞藻加以简单组合以飨读者。"雨崩，一个与世隔绝的旷世桃源：冰川、神山、藏式建筑、白塔、田园与淳朴的民风和热情的笑脸交相辉映，让一切现代化的东西显得多余；至今仍保留了古老而独特的一妻多夫文化和生活习俗，村中许多人都墨守着兄弟共老婆的传统婚姻方式；还保留着原始的共产分配方式，或开客栈、牵马载客，保证了全村村民共同富裕……每个到过雨崩村的人都坚信这里就是真正的香格里拉。"目前，前往雨崩的游客大部分为年轻的自助旅游者，旅游接待也多为村民主导的牵马托运、向导和提供简易的食宿设施，政府与外来开发商尚未跟进。

资料来源：王维艳、沈琼、李强，《西部乡村民族社区景区化的内涵及表征——以云南典型乡村民族社区为例》，《云南地理环境研究》2011年第 2 期。

五是利用社区饮食资源开发生态饮食养生方式，这是食疗养生措施。《黄帝内经》《素问·平人气象论》《太平圣惠方》中的很多篇章都论证了食疗的科学性。这种养生方式分时令养生和有机养生两种措施。时令养生就是根据季节，注重"春生、夏长、秋收、冬藏"的不同养生之法，用"不时不食"的理念调整身体机能；有机养生就是根据食药同源理念，用社区的有机农产品针对客人身体状况制作具有疗效功能的有机食品，让客人食用功能食品，调理身体，产生治疗疾病的效果。具体描述见案例 12。

案例 12：广西百色地区乐业县同乐镇火卖村饮食养生

同乐镇火卖村离乐业县城 8 公里，坐落在百色至乐业新公路边的一座大山上，村海拔 1300 多米。火卖村自然风光优美、农家风情浓郁、生态环境保存完好，适宜发展农家乐生态养生旅游。

2002 年 12 月 31 日，火卖村全体村民集资 12 万元，铺成入村柏油路，带头人无偿拿出 10 万元，修建硬化村道，全面整治卫生环境。2003 年，火卖村农家乐生态养生服务营业。

火卖村农家乐开发农家菜，用本村自家养殖的猪肉，自制腊肉、腊肠、腊猪脚，用自家养的土鸡，自家种植的青菜，以及地道的大石围凉拌蕨菜等农家菜招待客人，加上恬静的田园风光，吸引了区内外的游客纷至沓来，有广东、海南、云南、福建、贵州、四川等省和港、澳、台地区的，还有来自欧美及东南亚国家的客人。客人一般在火卖村住上一周至一个月。为了提高饮食养生旅游服务质量，村里请来专家培训客房布置、服务礼仪、农家菜的制作工艺、进餐时主人须知、切菜配菜放调料、上菜服务、饮酒习俗等业务，提高农家乐经营户及服务员的服务技能。

生态养生旅游拉动消费，消费带动种养。火卖村农家乐接待客人吃饭每年需杀 200 多头猪，另外制作腊肉、腊肠卖给客人也要用 200 多头猪，土鸡需要 1 万多只，另还需要一大批鸡蛋、黄豆和青菜等，年采购最低估算也要 25 万元以上，本村及相邻村屯农民种的、养的不出村都变成了商品。

2003 年刚开始搞农家乐生态养生旅游时，火卖村仅有两家农户开办农家乐，2019 年发展到 18 户，年接待游客 20 多万人次，旅游收入 60 多万元。随着农家乐户数的不断增加，火卖村还对经营等方面进行了统一管理和规范，采取"吃饭 15 元、住宿 15 元、探洞 10 元"的实惠价格接待旅客。每逢节假日，要到火卖村还得提前预订，火卖村依靠农家风情和饮食文化改变了自己。

资料来源：案例来自笔者的调查。

　　六是利用社区水资源开发生态水疗养生方式。我国不少山地丘陵地区有良好的温泉，这是进行水疗的物质条件。温泉水疗是用各种不同温度、压力、成分的水，以不同形式和方法（浸、冲、擦、淋洗）作用于人体全身或局部进行预防和治疗疾病的养生方法。这是一种自然疗法，大部分的化学物质会沉淀在皮肤上，改变皮肤酸碱度，故具有吸收、沉淀及清除的作用，其化学物质可刺激自律神经、内分泌及免疫系统。农村社区开发水疗养生具体情况见案例 13、案例 14、案例 15。

案例 13：清水县温泉小镇的水疗养生

　　甘肃清水县水资源蕴藏总量约 3.3 亿立方米，地表水资源尤为丰富，为 2.3 亿立方米。地下水主要是裂隙水，总储量约 1 亿立方米，年可开采量 1722.9 万立方米，目前开采量仅占 4.3%，有很大的利用空间。清水县地热资源以水热型为主，主要是水温低于 60℃的温热水地热资源。清水温泉又称"轩辕汤浴温泉"，北以汤峪河右岸山前体训中心——王家庄一线为界，南抵汤峪河左岸山前断裂，东到王家庄东侧断裂，温泉区区长 1890 米，平均宽 200 米，面积约 0.38 平方公里，温泉水质优良，水温 54℃，日涌水量 3240 立方米，富含人体必需的多种微量元素，尤其是被誉为"生命之花"的锌含量居全国名泉之冠，有很高的医疗保健和矿泉水开发价值。

　　清水县的温泉小镇，充分联动周围的景区度假区、森林公园、乡村旅游等外围资源，融温泉、度假、酒店、娱乐、商业、餐饮、运动等多种业态于一体，满足消费市场对于"保健疗养、运动游乐、商务会议、休闲度假"等全方位、多层次、综合性的养生服务需求。注重温泉小镇整体面貌的改进升级，改造老旧温泉、升级高档场所、增设医疗设施。更加重视温泉品质、历史文化、生态环境等优势资源，开发温泉疗养资源，提高温泉疗养的医疗作用，建立需要医疗和疗养资质、以医生和技师为运营主导的、糅合西方温泉医疗和东方自然医学方法的温泉养生服务模式。在产品项目上，在发展以娱乐为主的基础温泉旅游产品的同时，注重发展集休闲娱乐、放松解压为特征的温泉旅游产品，以及以保养为特征，结合健康管理和中医养生、道家养生等中国养生文化元素的温泉养生产品。

资料来源：案例来自笔者的调查。

案例 14：遂昌县大田村的生态养生

位于浙江省丽水市遂昌县的大田村，环境优美，且依山傍水，有较为完好的森林公园。大田村也正是依托当地的温泉和古树林资源，吸引了很多民间的资本进行开发，并开发出了亚洲第一家乡村森林温泉——汤沐园。汤沐园温泉共设有 49 个天然的温泉体验池，其中还设有免费的鱼疗池、中药池以及水疗池。这里的温泉水清澈，兼有氟、钾、钠、镁离子等 20 多种有利于人体的矿物质和微量元素。它们具有美容美颜、放松身心、消炎止疼的功效。并且从生药养生的角度看，对心血管系统、关节炎症以及神经和消化系统疾病都有明显的疗效。

在汤沐园和名茶观光园地区，当地民众和企业家共同发展起了农家乐，给农家乐旅游发展注入了新的活力。农家乐有原生态的青菜、油辣椒和新鲜的豆角。蔬菜多出自水源清澈、空气清新和土地安全的自然生态环境。有机茶甚至卖到了每斤 1880 元，在市场上供不应求。同时，村里还有全市首家农村俱乐部和首家农村民俗博物馆——汤溪民俗博物馆，在促进当地经济发展的同时也保护了文化遗产。

资料来源：张俊雄，《生态产品价值实现机制研究》，《知识经济》2019 年第 18 期。

案例 15：日本静冈社区温泉养生

日本静冈县面积约为 7780km²，人口 379.2 万，位于富士山脚下，良好的自然环境和生活方式让这里的居民世代长寿，素有"长寿第一县"之称，成为癌症发病率最低的地区，同时也是日本屈指可数的健康医疗相关产业以及研究功能集成区。

　　静冈县依托自身条件，于 2001 年启动富士医药谷计划，建立起集健康、医疗、生物试验、保养、度假于一体的新型健康社区基地。静冈医药谷会为患者构建健康的"休养生活方式"，每一位患者都会被制定专属的"休养套餐"。套餐上会详细列出日常的活动清单、一日三餐的营养搭配建议和菜单，以及具体的医疗体检项目，其康复保健中心既开发了包括物质水疗、自然疗法、顺势疗法等在内的多种体系疗法，又利用了静冈当地丰富的温泉资源，创造性地研发出"羊水保健"的康复保养新方式。

　　静冈社区还有味道纯正的静冈绿茶，静冈绿茶富含天然抗氧化物质，是人体内"恶魔氧分子"自由基的天然清除剂，长期饮用能有效防治癌症复发。静冈所处的富士山有独有的山地气候，这种气候既不会对人类造成缺氧性损伤，又能对人体机能的康复起到积极的作用。

　　资料来源：笔者根据郡司勇的《去日本泡温泉》（北京联合出版公司，2018），张凯的《日本温泉最受中国游客关注》（环球资讯，2020 年 1 月 9 日），亦数文化的《静冈县——泡着温泉，喝着咖啡，看着远方富士山的美景》（亦数文化，2019 年 12 月 16 日），徐小淑、孟红淼的《日本温泉文化的特征》[《中北大学学报》（社会科学版）2015 年第 6 期] 整理。

　　这些案例说明，如果农村社区拥有特殊的生态资源，就应该充分利用本地的生态资源开发生态养生服务项目。这既能为本区居民和外地客人提供生态服务，又能获得较丰厚的经济收入，是农村社区发展经济的难得的天赋条件。

　　第三，探索生态旅游与生态养生的结合机制。

　　生态旅游跟生态养生都属于生态服务范畴，两者具有共性。对于拥有生态旅游资源和生态养生资源的农村社区来说，完全可以将两者结合起来经营。其结合机制就是发展生态养生旅游产业。

　　生态养生旅游是以养生为主要需求动机的空间移动活动所引起的各种关系和现象的总和，是一种融合了传统养生观和现代休闲观的生态旅游活动，具有对生态环境要求高、生态效益明显、旅游消费能级高、健康性、体验性等特点。① 生态养生旅游的发展动力是中老年人追求延年益寿、强身健体、修身养性、康复治疗、逃离城市环境、体验天人合一生活方式。生态养生旅游是一种新兴的旅游形式，是依托社区的生态景观，同时利用养生手段和养生设施，为游客提供的一种集观光、休闲、养生于一体的综合旅游方式。可选择的养生旅游项目有森林浴养生法、雾浴养生法、生态温汤浴法、生态阳光浴法、森林跑步浴法、民俗养生方法、食疗养生等。

生态养生旅游营销策略主要有四种。一是分时度假养生游。农村社区按时段分解掌握的客房使用权，用锁定并且优惠的价格按份销售给固定的消费者，消费者在约定的年限内每年拥有一周或几天到该场所住宿、度假。这种经营方式比较适合中老年消费者，因为中老年人想到环境优美、生态良好的乡野修身养性，近距离地体验大自然，但不可能到农村社区购买房产，分时度假旅游恰好满足他们的这种需求。二是养生科普教育游。农村社区聘请专业的养生保健老师教授游客生态养生知识，利用社区自然生态环境内的中草药、野生动植物等资源，开展游客参与性体验活动，让游客在观光休闲的同时学习到养生科普知识。三是养生果蔬采摘游。农村社区对社区的蔬菜田、宜林地进行整治，修建生态农业大棚，采取室内温度调控系统和自动灌溉系统等高新科技，聘请专业人士进行科学指导，实施科学的管理，实现传统农耕生活与现代农业科技元素的融合，让游客在欣赏田园风貌的同时，体验收获采摘的快乐。四是养生主题节庆游。农村社区借鉴其他专项旅游区的成功经验，开展各种主题节庆活动，开展与养生有关的知识竞赛活动，每年组织生态养生文化展，利用广播、电视、大型广告片来宣传生态养生旅游的必要性，使人们树立生态养生旅游观念。

第四，促使社区景区化。

这是农村社区生态旅游服务产业和生态养生服务产业发展的必然趋势。社区景区化为农村社区持续发展开辟了一个致富渠道，能将社区自然生态资源、人力资源转化为旅游资源和经济财富。社区景区化的本质是发展全

---

① 胥兴安等：《养生旅游理论探析》，《旅游研究》2011 年第 1 期。

域旅游,将生态服务作为社区支柱产业。农村社区景区化建设有利于保护和建设农村社区自然生态环境、有利于农村社区供给繁衍类生态产品。促进农村社区景区化,一要将社区环境景区化。统筹规划乡村社区的生活、生产、生态空间,使农村社区成为旅游景区的一部分,不仅适住,而且宜游。使生活空间的建筑和构筑物具有乡土传统,体现传统文化;使生产空间的田园风光、劳作场面更加赏心悦目,创造劳作机会让游客参与,避免垃圾成堆、污水溢流等现象;使生态空间保持原生环境,精心设计生态小道和小体量游憩设施,避免大兴土木,造成生态环境破坏。二要将社区基础设施景区化。按照旅游景区标准规划、建设农村社区基础设施和旅游服务设施,使社区道路、给排水、供电等基本建设与景区一体化,让游憩设施、解说系统等公共服务体系既为社区居民所用,也为游客提供服务。通过设施与景区一体,将社区的三个空间,特别是生活、生产空间纳入游览线路,丰富景区旅游产品体系。三要将社区人力转化为景区服务员工。将社区农户及居民变成旅游景区利益相关者,让他们共享社区生态养生旅游收益,用切实的利益把社区和景区捆绑在一起,提高社区参与景区管理的意识和效率。①

第五,开发生态养生旅游产品。

为了准确地开发出社区生态养生旅游产品,一定要从资源(resource)、市场(market)和产品(product)三个方面对社区的生态养生旅游资源进行程式性分析,提出生态养生旅游产品开发的思路和对策。根据专家研究,农村社区可以开发如下生态养生旅游产品:一是参与式养生旅游产品,这类产品包括森林观光养生旅游、药浴养生旅游、阳光养生旅游等;二是体验式养生旅游产品,这类产品包括农耕体验养生旅游、寺院文化养生旅游等;三是加入式养生旅游产品,这类产品包括生态民宿养生旅游、生态养老旅游、运动养生旅游等。②

---

① 刘嘉纬:《景乡一体化:内涵、原则及实践——以昆明市西山风景区为例》,《云南师范大学学报》(哲学社会科学版)2010 年第 6 期。

② 刘静静、陆军:《广西巴社山景区生态养生旅游产品开发研究》,《南宁职业技术学院学报》2017 年第 2 期。

四 社区供给标识类生态产品的不足与促进策略

生产标识类生态产品对设备、技术、产品标准要求都比较高，而且必须面向市场进行商品化、专业化、规模化生产。目前，我国城乡社区在标识类生态产品生产上存在明显不足，需要采取相关策略加以改进。

（一）社区供给标识类生态产品的不足

1.优质产品供给总量不足

相对于国民需求而言，我国的一些标识类生态产品供给严重不足，尤其是高端优质标识类生态产品供给总量严重不足。

就有机农产品而言，从20世纪90年代开始，我国有机农业经历了起步阶段（1989~2005年）、发展阶段（2006~2011年）、规范发展阶段（2012年至今）。至2007年，我国有机农产品已有50大类四五十个品种，包括蔬菜、豆类、杂粮、水产品、野生采集产品。中绿华夏有机食品认证中心认证的有机农产品企业750家，产品实物总量195.5万吨，认证面积246.9万公顷。其中种植面积12.6万公顷，放牧面积60万公顷，水域面积24.9万公顷，野生采集面积149.4万公顷。[1] 到2011年底，全国有机农产品年销售额达到800亿元，认证面积有360万公顷，生产企业8000多家。[2] 2021年，我国有大约4000家有机农业企业，种植面积达380万公顷左右，占农业用地总面积的0.4%左右，[3] 有机农产品不足全国农产品市场的1%。有机农产品生产增长比较慢，近10年的种植面积增长率只有5%，生产企业减少了50%。

---

① 郭红东、郑伟强：《我国有机农业发展的现状、问题及对策》，《农村经济》2011年第11期。
② 张可等：《我国有机农业发展的趋势分析》，《中国农业信息》2013年第7期。
③ 彭东海：《有机农业发展现状及其对农业可持续发展的促进作用》，《农产品加工》2021年第7期。

以瓶装饮用水来说，市场规模从 2014 年的 1237 亿元增长至 2019 年的 1999 亿元，年均复合增长率达到 10.07%。在产品类型方面，目前我国瓶装水市场中，纯净水、天然水、矿泉水等中低档产品占据主导地位，占比达到 80% 以上。其中纯净水市场份额达到 35.2%，占比最高；其次是天然水，市场份额占比 28%；然后是矿泉水，占比为 18.5%；饮用水、苏打水市场份额分别占比 11.6%、5.9%。从品牌定位来看，目前我国瓶装水行业整体可以分为四个梯队，其中第一梯队售价基本在 5 元/500ml 以上，是高端天然矿泉水，主要品牌有依云、巴黎水、西藏 5100、昆仑山等；位于第二梯队的产品多定位于 3~5 元，代表为景田百岁山等大众天然矿泉水品牌；然后是价格在 1~3 元的纯净水和天然水与价格在 1 元以下的矿物质水，位于第三、四梯队，主要代表品牌有怡宝、农夫山泉以及康师傅、娃哈哈等。虽然我国瓶装水市场规模近年来持续提升，人均瓶装水消费量也有所提升，达到 34 升，接近日本的 36.9 升，但相对于其他发达国家仍然较低。2019 年美国瓶装水人均消费量达到 133.6 升，英国瓶装水人均消费量达到 49.9 升。[1]

从有机农业食品、瓶装饮用水等高端优质标识类生态产品供给来看，优质标识类生态产品供给总量不足、产品结构不太合理，是社区标识类生态产品供给问题的一种表现。

2. 产品质量不合格现象一直存在

除有机农产品之外，其他标识类生态产品生产都存在不同程度的质量问题。就拿生态加工产品而言，瓶装饮用水存在微生物指标不符合标准、矿物结晶或胶质沉淀以及霉菌、藻类霉菌污染等问题。甚至一些小企业或用自来水假冒，或在简陋的生产环境用简陋的设备生产矿泉水、纯净水。北京市有关部门曾对市内桶装水市场进行质量抽检，其不合格率达 52.4%；武汉市有关部门曾对全市瓶（桶）装饮用水生产企业调查发现，约 60% 的生产企业采用手工灌装，被检测的产品微生物指标合格率不超

---

[1]《中国瓶装水市场规模稳步攀升》，观研报告网，2021 年 6 月 11 日。

过 61%。① 其致因是多方面的，一是水源污染。这是引起水产品污染物超标的首要原因。水源污染来源可能是人畜排泄物、腐烂的动物肢体、腐蚀坏死的植物及其他真菌类植物的代谢物。这些含氮成分高的有机体分解物一旦污染水源，会引起水产品亚硝酸盐类化合物、氰化物、挥发性酚类化合物等污染物指标超标。二是瓶体瓶盖消毒灭菌不彻底。有的企业仅凭紫外线杀菌，达不到杀菌效果；有的企业同时采用药物和紫外线两种方法杀菌，但因选择药水不慎造成饮用水微生物指标和污染物指标超标。三是生产工艺不过关。具体表现在自动化设备不齐全、污染环节多，难以控制微生物生长环境，也存在对设备的操作及后处理知识和经验不足、处理不当引起饮用水酚类化合物指标超标及饮用水 pH 值不稳等问题。② 四是质量管理不严。一些省份对瓶装饮用水质量法规建设不太重视，开发引导和生产条件考核管理力度不够，对饮用水开发、营销、生产技术考核不够重视，厂家自己对产品出厂检验把关不严。③ 五是生产企业不成熟。我国矿泉水企业约 50% 属于中小型，年产 100～500 吨矿泉水的小型企业，资金缺乏、技术力量薄弱、硬件落后、管理不善；年产在 5000～10000 吨规模的中型企业，也存在资金不足、技术力量不强、管理经验欠缺现象。④

3. 治理能力建设滞后

生态产品供给是新理念，是新事物，处于实践探索和积累经验阶段。生态产品生产与供给基本上走市场经济发展之路，政府对生态产品生产与供给的调控、干预、监管比较少。在对生态产品生产与供给上，存在治理能力建设滞后现象。一是对社区生产与供给标识类生态产品的法律法规建设滞后。现在尚未出台瓶装空气质量、社区生态旅游、社区生态养生、社区植物装饰等领域的质量标准与监管法规。二是监管队伍建设滞后。一方

---

① 赵亚利：《健康发展中的中国瓶装饮用水市场》，《中国食品学报》2002 年第 2 期。

② 杨文菊、于红：《浅析我区瓶装饮用水生产中存在的问题》，《新疆技术监督》1998 年第 3 期。

③ 林玮：《我国天然矿泉水行业的发展与管理》，《郑州轻工业学院学报》1998 年第 2 期。

④ 林玮：《我国天然矿泉水行业的发展与管理》，《郑州轻工业学院学报》1998 年第 2 期。

面，生产标识类生态产品的农村社区并未形成专门组织机构，导致无相关人员进行检测；另一方面，即使设立了相关组织机构，但人员不足，且所配备的监管人员业务能力不强，缺乏专业技术能力，容易导致社区组织机构的设立流于形式，不能产生监管效果。三是监管执法不力。既有相关法律法规可操作性不强，执法不严、执法不力现象比较突出，难以有效应对现实中所出现的问题。四是缺少数字化、信息化监管技术，限制了标识类生态产品质量的精细管理和网格化预警系统的建立，大大降低了标识类生态产品生产监管效率。

4. 居民参与的主动性和自觉性不高

农村社区是提供瓶装饮用水、瓶装新鲜空气、生态旅游、生态养生服务的场区，其居民尤其是劳动力是生产这些标识类生态产品的主体；城市社区、城郊社区是提供生态农产品的场区，其居民尤其是劳动力是生产生态农产品的主体。他们喜爱有机农产品，甚至生产一些有机农产品供自己家庭消费，但是对大规模商品化生产标识类生态产品主动性和自觉性不强，因为他们习惯小农经济模式并受小富即安和求稳心理制约，不乐意干一些不确定的行当，缺乏发展商品经济、追求大财富的冲动和愿望。另外，缺乏大规模生产标识类生态产品的资金、技术，也担心没有可靠的销售渠道和较高的运输成本。他们有农业生产的经验，但缺乏商业营销意识和进行市场预测分析的能力。因此，对于发展标识类生态产品生产，他们表现出消极等待、瞻前顾后、犹豫不决的观望态度。这在一定程度上制约着标识类生态产品生产与供给的发展。

5. 缺乏生态产品规模生产的基础条件

这些年来，国家在农村社区进行了村村通公路建设，给农产品运输带来了较大便利。但是对促进规模农业和生态产业的发展来说，这远远不够，还需要普遍完善农田水利、农产品分拣冷藏、农产品冷链物流、农机道路与修理等基础设施，才能为农村社区发展标识类生态产品生产奠定基本的物质基础。此外，大规模地发展生态产品生产，第一，还需要建立家庭农场、专业合作社、经营公司等新型经营主体，更主要的是培育社区集体经济实体，才能将标识类生态产品生产办成具有一定市场竞争能力的规模性产业、社区股份合作企业。现在看来我国绝大多数农村社区在新型经营主体方面还处于零起步阶段。第二，还需要建立强有力的市场营销网络和营销体系，这对将社区生态产业做大做强且持续壮大起来而言，远比兴办一个农场、一个企业、一个公司来说更重要，因为没有营销网络，生产出来的产品也卖不掉、赚不了钱。这恰恰是当今多数农村社区所缺乏的内质。第三，农村社区缺乏带领大家发展标识类生态产品生产的经济能人。如果说将所有农村社区的劳动者都培育成善于经营生态产业的业主，这是不现实的，但是培育出 1~2 个社区经济能人还是有可能的。然后依靠社区经济能人带领大家在经营生态产业上增收致富、建设小康生活，甚至振兴乡村，这是可以期待的。第四，经营生态产业、从事标识类生态产品生产的价格升涨弹性和利润空间尚未形成，这与农产品价格低且无上涨空间是一样的，农民做农业赚不了钱、富不起来，只好弃农务工。如果不能建构生态产业升值和获利机制，标识类生态产品生产在农村社区也是发展不起来的。总之，目前，农村社区发展标识类生态产品生产缺乏生产基础设施、销售网络、经济能人、产品升值机制。

（二）社区供给标识类生态产品的促进策略

1.提高优质标识类生态产品供给能力

一是规范高度优质标识类生态产品市场和完善生产标准，以应对中国经济稳健发展和富民政策带来的国民优质生态产品消费能力的提升。二是加大对优质标识类生态产品生产政策扶持力度。面对竞争激烈、产能过剩矛盾突出、要素成本上升的压力，各级政府要千方百计地支持优质标识类生态产品企业加快调整优化结构，提高科技创新对经济增长的贡献。政府通过降低税收，增加政府补贴，激发优质标识类生态产品企业生产活力。三是优质标识类生态产品企业要进行生产技术创新、提高抗病虫害能力，提高自身的竞争力，形成生产和市场的合作模式，建立生产和消费之间的联系。

2.改善生态产品规模生产的基础条件

一要完善农田水利、农产品分拣冷藏、农产品冷链物流、农机道路与修理等基础设施；二要大力培育家庭农场、专业合作社、经营公司、集体经济实体等农村社区生态产品新型经营主体，建立专门的生态产品生产管理和服务组织机构；三要建立强有力的市场营销网络和营销体系，改变有机生态产品市场单一现状，扩大生态产品的流通渠道；四要大力培养农村社区标识类生态产品生产的经济能人；五要加大对经营生态产业、从事标识类生态产品生产者进行财政补贴、减免税收力度，以省为区界免收生态产品运输的高速公路通行费，扩大标识类生态产品生产利润空间，适度降低优质生态产品价格，扩大其消费群体和消费市场。

3.用功能农业方式发展生态农产品

功能农业就是使农业生产同时产生经济功能、生态功能、人文功能、生计功能、生活保障功能的经营模式。能够产生多种功能的农业经营模式主要有自然农业、有机农业、生态农业、创意农业等。自然农业是以尊重植物和动物的基本权利为生产理念，遵循自然格局和自然过程地、最大限度地利用天然资源和自然能力，从事农业生产的农业多功能经营模式。自然农业生产模式能简化和序化田间作业过程、减少劳动用工、提高农田保水培肥能力；能使农田环境处于自然相对平衡状态。虽然能产生多元功能，但从技术构成来看，自然农业属于传统农业经营模式，至少在中国园艺社会农业史中能找到许多同类经营方式。自然农业模式主要用于食物生产。如果从产业类型角度看，应该称为自然食物农业。有机农业是根据季节和生态自然规律，采用一系列可持续发展的农业技术，进行计划性耕种和饲养的农业多功能经营类型。有机农业，在生产中使用有机化生产技术，包括适时农作技术、多样化轮作技术、固氮技术、绿肥技术、病虫害生物和物质防治技术、有机农产品检测技术等；拒绝使用任何基因技术、核辐照技术和人工合成的农药、化肥、激素、饲料添加剂等任何危及人体健康的生产手段，目的在于建立健全持续的、稳定的、安全的、生态的农业生产体系。从其技术构成来看，有机农业也属于传统农业经营模式，至少在中国农业社会时期的农业史中能找到大量同类经营方法。有机农业模式也主要用于食物生产。如果从产业类型角度看，应该称为有机食物农业。生态农业是在现代化学农业面临严重挑战时，在总结和吸收人类社会所经历的多种农业生产实践成功经验的基础上，根据生态学原理，应用现代生态科学技术和方法所建立起来的一种多层次、多结构、多功能的集约经营管理的农业多功能经营模式。从其技术构成来看，生态农业既有传统农业经营技术也引进了现代农业经营技术。生态农业模式也用于食物生产。这种经营模式与自然农业和有机农业一样生产出来的农产品都是有机食品。如果从产业类型角度看，应该称为生态食物农业。创意农业是农业经营者为了提高农业生产经营的市场竞争能力，抛弃传统的循规生产习惯，采用创意生产理念和方法，利用农村社区的生产、生活、生态资源，对标识类生态产品生产和生产环节以及所有农业部门进行创意设计的农业多功能经营模式。农业的创意经营包括对种植、养殖、园林、园艺、植物装饰等生态农产品以及生态旅游、生态养生的各生产环节进行创意设计，所以，创意农业生产出来的产品既有实物产品也有服务产品。

要保证农业经营模式对生态农产品、生态服务产品生产中产生多种功能，农村社区的经营者应该，第一，考虑必要的生产条件。必要的地理条件、主体条件、交通条件才能保证生态农产品、生态服务产品生产发挥多元功能。第二，掌握必要的生产技术。应用多功能生产技术才能使生态农产品、生态服务产品生产产生多元功能。利用自然种养技术、有机种养技术和本土知识与科学知识相结合的方法保障有机农产品生产产生综合效能；利用生态工程技术、生物技术以及工业设备保障园林园艺生产产生综合效能；利用创意技术、生物技术、景观营造技术等保障植物装饰、生态旅游、生态养生产生综合效能。

4.推行"一村一品"经营模式

针对我国农村社区农业商品化生产较落后以及生产能力、劳动力素质、资金短缺、缺乏技术等情况，我们主张农村社区发展标识类生态产品生产实行"一村一品"经营模式。所谓"一村一品"经营模式①是以一个农村社区为单位，根据自身的条件和优势，开发一种或少数几种有特色的、在一定的销售半径内名列前茅的拳头产品的社区经济经营模式。"一村一品"不限于生态农产品生产，也包括生态服务产品、生态加工产品生产。此模式的好处是在不改变国家农村土地制度和中国农民单家独户生产习惯的前提下，实行标识类生态产品的商品化生产，通过标准化地生产一种或少数几种特色社区标识类生态产品，将分散的农户经营统一起来形成社区经济的规模化的商品生产，有效地增加农户收入。

"一村一品"经营模式要领：第一，抓产地和基地建设。每个地方政府要围绕农村社区培育优特标识类生态产品，以自然村或行政村为基本单位，因地制宜地建立产业基地。第二，培育品牌。一个农村社区只生产一种或少数几种标识类生态产品，而且生产目的是挣钱，这就需要把产品销售出去，这需着力打造品牌，提高市场占有率。要树立品牌化经营观念；充分挖掘和利用社区特色的生态资源来开发农产品品牌；以标准化统率标识类生态产品生产；进行商标注册，将按标准生产出的标识类生态产品到工商行政管理部门登记注册，获得商标；实施质量监督，严防不合质量标准的产品入市，树立和保护品牌形象。第三，开发特色产品市场，促进产品流通。每个农村社区围绕特色品牌产品，组建销售公司，开展购买业务和销售业务，通过组织经营者开展联合销售和购买，形成批量买卖，从而在产品销售市场、产品生产资料市场争取有利价格，阻止中间商盘剥。

5.加强标识类生态产品的生产管理

一要先明确社区标识类生态产品生产管理主体，需要有一个专门化的组织机构来从事管理工作。这类组织机构一般具备专业化的管理队伍、完善的规章制度和管理操作程序等条件，有着委员会、联席会等称谓，如组建"社区标识类生态产品生产管理联席会"是一种有效措施。社区标识

---

① "一村一品"经营模式源自日本大分县前知事平松守彦于1979年提出的"一村一品"运动。

类生态产品生产管理联席会是社区管理工作的轴心，可以由乡政府的有关部门、社区企业、民间组织、社区精英、社区家庭代表等组成，负责社区标识类生态产品生产管理措施的实施。二要建立健全现代社区标识类生态产品生产管理的监督机制。健全的监督机制需要主体参与机制，需要社区居民、基层政府、社区企业、社区社会组织等主体的积极参与，以便实现多方协同监督。三要加强标识类生态产品生产的法规制度建设。健全的规章是农村社区发展标识类生态产品生产的制度保障，必须构筑一个相对完善和独立的社区标识类生态产品生产规制。制定标识类生态产品生产规制，必须遵循生态利益优先、共同发展、负担与收益相一致的原则，规范各个利益相关方的责任和义务。

五　讨论

标识类生态产品指利用社区土地资源、生物资源、水资源生产出来的有机农业食品、园林产品、园艺产品、植物装饰产品等生态农产品，利用社区优质空气和水源生产出来的瓶装空气、瓶装饮用水等生态加工产品，利用社区生态资源、空间资源、景观资源提供的生态旅游、生态养生等生态服务产品。这些产品都可以贴商标销售，故称其为标识类生态产品。生产标识类生态产品，必需启动生态保障利用模式，充分利用社区自然生态环境、生态资源，为社区居民提供有机农产品、园林产品、园艺产品、植物装饰产品；必需启动生态保障建设模式，建设好社区自然生态环境、购置设备，收集新鲜空气和开发矿质水，兴办工厂，生产瓶装新鲜空气和瓶装优质饮用水；建设农村社区生态旅游和生态养生服务设施，为城乡居民提供生态服务；利用园林资源和技术建设城市社区人工生态环境，改善城市空气质量，美化城市街区。

标识类生态产品结构远比繁衍类、赖生类、自生类生态产品结构复杂，从产品属性看，包括食物类产品、景观类产品、装饰类产品、加工类产品、服务类产品；从产业属性看，包括农业生产、加工生产、服务生产。对于城乡社区来说，经营者和管理者都需要全面掌握这些产业及产品生产技术和生产工艺，购置先进设备，建立多种产业生产基地或工厂，收集和分析这些行业及产品的市场信息，制定相应的生产和营销策略，建立完善的销售网络。还需要投资人力资源建设，为各产业培养一批产品研发、生产、销售的专业人才，增强竞争实力。

城乡社区提供标识类生态产品必定要实行企业化生产，要么组建社区企业，要么引进企业，专门从事有机农业、园林园艺、植物装饰、瓶装空气、瓶装饮用水、生态旅游、生态养生等产业生产。每个产业都不是自产自销的产品经济，而是面向市场生产的商品经济。要想在同类产业及产品竞争中取胜，根本策略是价廉物美。因此，城乡社区生产标识类生态产品必须加强产品质量管理，要用科学方法，对产品质量进行直接的或间接的测定或事先加以控制，保证为消费群体提供优质产品。这是标识类生态产品生产企业获利的重要保证、企业竞争取胜的关键、扩大产品销路和产品扬名的重要途径。在竞争异常激烈的今天，标识类生态产品生产企业应该强化全面质量管理，企业全体人员都要树立质量观念，企业要运用现代化科学和管理技术，预先把整个生产过程中影响产品质量的各种因素加以控制，从而保证和提高产品质量，让消费者得到优质的标识类生态产品。要按照国际标准化组织（ISO）发布的 ISO 9000-9004 质量标准进行生产管理，克服短期利益行为，培育和巩固消费者对企业及其产品的信赖，扩大市场份额。

发展标识类生态产品生产，要求城乡社区在生态保障上进行分工合作，建构标识类生态产品供给的互动互补机制。这利于城乡居民的交流与沟通、互帮互助、共生发展。这种社会功能是自生类、赖生类、繁衍类生态产品生产所不具有的。

第十章 社区生态保障体系的建设

　　社区生态保障是由社区自生类生态产品、社区赖生类生态产品、社区繁衍类生态产品、社区标识类生态产品等四类生态产品构成的供给结构。这些生态产品类型有不同的细分元素和特殊的生活保障功能，共同发挥着为社区居民乃至整个国民提供天然生活资料和保障国家生态安全的特殊作用。加强社区生态保障体系的建设，有利于增强社区生态产品供给结构的稳定性和生活保障功能，促进社区居民乃至整个国民天然生活资料消费水平的提高。建设社区生态保障体系的主要任务是建设社区生态保障问题的防治体系，确立必要的社区生态保障体系的建设要求和建设原则并严格执行、设计和实施社区供给生态产品的基本策略等。

一　社区生态保障问题的防治

　　生态保障问题表现在三个层面。①微观层面。这个层面的生态保障问题指社区自然生态环境失去为社区居民乃至周边居民提供天然生活资料的能力，解决生态保障微观层面的问题就是解决社区生态保障问题。②中观层面。这个层面的生态保障问题是区域自然生态环境难以支撑区域社会健康运行，解决生态保障中观层面的问题就是解决区域社会生态保障问题。③宏观层面。这个层面的生态保障问题是国家自然生态环境难以支撑国家和社会健康运行。具体来说，就是一个国家的自然生态环境不能支撑国民健康安乐、保障国民生存权利和天然生活资料供给、稳定国家生态资源存量、维持社会秩序、促进国家经济发展，解决生态保障宏观层面的问题就是解决国家和整个社会健康运行问题、就是保障国家生态安全。其中微观层面的生态保障问题和解决社区生态保障问题是关键、是基础、是根本，因为，第一，地域和国家的生态环境是由所有社区生态环境组成的；第二，社区是一定地域的生活共同体，所有国民都居住在不同社区里，都是以社区为单元进行日常生活的；第三，消费新鲜空气、洁净饮水、野生食物、生态养生旅游是国民最基本的生活消费，只有满足国民对天然生活资料的消费需求，才能维持社区、地区、国家社会运行所要的人力资源；第四，若干社区生态保障构成一个地区生态保障，所有社区生态保障和地区生态保障构成国家宏观生态保障。保障国家生态安全，要防微杜渐、要固根强基，因此，治理社区生态保障问题是治理国家安全问题的落脚点。治理社区生态保障问题时，应积极营建社区生态保障问题的防治机制。

（一）制定并实施社区生态保障发展规划

社区生态保障发展规划是社区对生态保障发展所做的总方向、大目标、主要步骤和重大措施的设想，是社区发展理念、发展规划的重要领域，是社区生态体系建设的指路灯。社区生态保障发展规划具有统筹社区生态保障发展工作的全局，有了科学合理的社区生态保障发展规划就能约束和引导社区主体按照生态保障总体发展方向和符合规划目标开展工作，能预防社区生态体系建设出现主观随意行为，克服生态保障体系建设短期行为，使社区对生活保障体系运行有了外在的调控依据。我国许多社区没有专门的生态保障发展规划，致使社区生态建设没有明确的发展方向、生态保障运行难以形成良好发展态势甚至出现生态保障问题。改变这种局面的有效办法就是制定并按照社区生态保障发展规划建设社区生态保障体系。

社区生态保障发展规划的基本内容包括：①社区生态保障发展目标，

由社区生态保障发展的总目标和分目标构成；②社区生态保障发展指标，由能够精确科学地监测社区生态保障发展水平和发展过程的科学范畴、概念、数值构成；③社区生态保障发展内容，包括自生类生态产品供给、赖生类生态产品供给、繁衍类生态产品供给、标识类生态产品供给等；④社区生态保障发展的步骤、措施和方法，社区生态保障发展规划是社区根据过去和现在生活保障运行状况所提出的一种未来的生态保障发展目标，因而社区生态保障发展规划的制定是一个主观正确反映客观、主观与客观有机结合的过程，所以先搞好社区生态环境状况调查，把握社区生态环境、生态资源状况，进行科学决策，广泛听取各方面意见是十分必要的。只有生态保障发展规划制定得科学、合理，才能保证它在社区生态保障运行产生良好的引导作用，才能起到防治社区生态保障问题、生态环境问题、生态安全问题出现，促进社区生态保障健康发展的作用。

社区生态保障发展规划应该：第一，具有战略性，是对社区生态保障发展从总体上、客观地做出科学的战略性部署；第二，具有综合性，社区生态保障是由自生类生态产品、赖生类生态产品、繁衍类生态产品、标识类生态产品等领域构成的生态产品供给机构，制定的社区生态保障发展规划要包含这四大领域；第三，具有人文性，要以提高社区居民的生态产品质量、提高天然生活资料消费水平、改善天然生活资料消费状况以及为社区居民创造优美的生态环境为目标；第四，具有可操作性，在社区生态保障发展中既要克服"无指标"建设的"无头苍蝇"状态，更要避免"高指标"建设的空中楼阁状态，指标制定要做到定性与定量统一，长期、中长期、近期指标融通，各项发展指标要协调。最关键的问题就是一定要按照制定出来的科学发展规划开展生态保障工作，否则无法防治社区不出现新的生态保障问题。

（二）建立并实施社区生态问题预警机制

社区生态保障问题以及与之紧密联系的生态环境问题、生态安全问题预警是对可能影响社区生态保障正常运行和社区生活机能正常发挥的破坏性因素实行提前预报和动态监测，做到未雨绸缪，科学地前瞻性地将这些破坏因素及时化解的一种有效防治机制。社区是一个组织化程度比较低的底层社会，所以，在生态保障中不可能不出现偏离正轨的现象和具有破坏性的因素，因而建立社区生态问题预警机制是很必要的。社区生态保障预警是社区生态保障问题的曲突徙薪的治理措施，它通过事先辨识社区生态保障中各种不稳定因素，化被动为主动，在破坏性因素产生作用前解决生态保障问题。建立并启用社区生态保障问题、生态环境问题、生态安全问题预警机制是防治生计问题出现、保证生态产品供给系统良性运行的有效措施。一些西方国家在社会许多方面和许多领域建立了自己的运行预警机制，并适时地用它来监控各领域的运行，减少了社会系统不良现象的发生。如英美的预警研究机构对该国社会不稳定因素如恶意消费、暴力犯罪、种族冲突、恐怖主义等，进行动态监测，为他们的战略决策、经济运行、社会发展、危机应对等方面提供了有效服务。党的十六届四中全会提出要建立健全社会预警体系，所以，社区应该建立生态保障预警体系。

　　社区生态保障预警体系，第一，应具有可操作性，社区生态保障预警体系的最终目的是预防生态保障系统出现破坏性因素，维护社区生态产品供给系统的健康发展，因此，可操作性是检验社区生态产品供给预警体系的实用性的重要指标之一。为了保证社区生态保障预警体系的可操作性必须为其准备相应的财力、人力、物力等物质条件。第二，应具有全面性，要使社区生态保障预警体系发挥应有效能，这个系统要全面掌握相关环节和因素，协调各社区主体、各生态保障领域、各生态产品供给活动，形成综合的预防、控制体系。第三，应具有公开性和民主性，社区生态保障预警方法要求其决策必须是公开的、民主的，社区居民可以参与讨论各种可能的潜在影响。

　　设计社区生态保障预警体系，首先选择一组反映社区生态保障发展状况的敏感指标，运用有关的数据处理方法，将多个指标合并为一个综合性指标，然后通过一组类似于交通信号红、黄、绿灯的标识，利用这组指标和综合指标对当前的社区生态保障运行状况发出不同的报警信号，以此来判断社区生态保障发展运行的趋势。一般选择红色表示社区生态保障发展和运行状态混乱；用黄色表示社区生态保障发展和运行状态呈现轻微的动荡；用绿色表示社区生态保障发展和运行状态的稳定；用浅蓝色表示社区生态保障发展和运行状态短期内有转稳或动荡的可能；用蓝色表示社区生态保障发展和运行状态处于明显地向稳定或动荡转折的可能。设计反映社区生态保障发展和运行状况的指标是十分重要的。社区生态保障预警体系的指标应该来自长期追踪社区居民的生态产品消费态度变化的调查，因为居民的生态产品消费态度反映了个体的生活现实，又主导个体的生活行为。通过对社区居民的生态产品消费态度调查，可以预测社区居民在某种生活情境下可能采取的行为。基于对社区居民的生态产品消费态度的预测比考察宏观统计数据更直接、更灵敏、更及时地预警社区生态保障不稳定因素。社区居民生态产品消费态度调查要采取科学的问卷、抽样和统计方法进行，这样才能在很短时间内发现生态保障的共性问题。一般而言，预警界限包括四个数值（序列），以此确定预警的红灯、黄灯、绿灯、浅蓝灯、蓝灯五种信号。当监测的数值超过某一检查值时，就分别亮出相应的信号。对不同信号给予不同的分数：红灯 5 分，黄灯 4 分，绿灯 3 分，浅蓝灯 2 分，蓝灯 1 分。生态保障预警界限的设定，一般以总指标数的百分比加以衡量，总分的 80% 为红灯与黄灯区的分界线；总分的 70% 和 50% 作为黄灯和绿灯、绿灯和浅蓝灯的分界线，总分 40% 作为浅蓝灯与蓝灯的分界线，然后通过综合分数值的大小来综合判断当前及未来信号的报警情况。①

关键是有社区生态保障预警体系就要真正应用起来，这就要在社区成立相应机构，配备相应的工作人员，形成工作机制，专门开展社区生态保障问题监测和预报工作。这样才能产生防治社区生态保障问题出现的功效，保证社区生态保障良性运行和持续健康发展。

---

① 鲍宗豪、李振：《社会预警与社会稳定关系的深化——对国内外社会预警理论的讨论》，《浙江社会科学》2001 年第 1 期。

（三）持续开展社区生态产品供给问题防治教育

如果社区居民、社区家庭、驻区企业、驻区单位、社区社会组织、基层政府等各种相关主体关心和支持社区生态产品供给事业，可以肯定地说，不会因主体行为失误而造成社区生态产品供给问题出现。那么，如何保证社区生态产品供给相关主体积极参与和支持生态产品供给事业呢？根本办法就是在社区持续开展社区生态产品供给问题防治教育。

教育是革新居民生态产品消费观念的最好方法，是预防社区生态产品供给问题发生的最可靠途径。社区生态产品供给问题防治教育包括生态环保教育、生态产品供给观念教育、生态产品消费理念教育、生态安全意识教育、生态风险意识教育、习近平"两山理念"教育等。社区生态产品供给防治教育，城乡社区由社区党支部和居委会（村委会）组织实施，主要利用社区学院或其他教育平台定期举办培训，介绍生态风险、生态安全情况，树立社区居民生态风险意识；宣讲建设生态产品供给的意义、措施、规则、要求；介绍生态产品供给途径、方式方法；分解家庭与社区集体生态产品供给责任等。另外，利用社区宣传栏、板报、宣传册等社区宣传工具宣传"既要金山银山又要绿水青山，有了绿水青山才有金山银山""人类靠生态环境生存，生态环境靠人类保护"思想，树立社区居民的"善待自然千秋业，平衡生态万代功"生态价值观；介绍生态产品供给、生态环境保护的优秀人物、优秀事迹，介绍社区劳动者通过发展生态产品生产增收致富、经济能人发展生态产业和生态产品生产的成功经验，形成倾力保护生态环境、积极参与生态产品供给的良好生态风尚。

二　社区生态保障体系建设的基本要求与基本原则

根据国内外城乡社区提供优质生态产品的经验、社区生态保障图式演化过程、社区生态产品供给结构成型逻辑，社区应按照如下要求和基本原则建设生态保障体系。

（一）社区生态保障体系建设的基本要求

社区生态保障建设是一种积极向上的由社区开展实施的推动生态产品供给发展的促进形式，是通过社区有计划地施以各种措施增强社区自然生态环境自我调节能力并支撑社区生态产品供给能力的建设过程。社区生态保障建设的内涵包括：第一，是社区实施的旨在推动生态产品供给的发展计划，为社区家庭和居民乃至周边居民提高生活水平奠定必要的物质基础。第二，社区生态保障建设的核心是为社区家庭和居民供给丰富的优质生态产品，包括供给新鲜空气、洁净饮水、宜居空间、和煦光照等自生类生态产品；供给野生蔬菜、野生香料、野生药材等赖生类生态产品；供给林下种植产品、林下养殖产品、水域种植产品、水域养殖产品等繁衍类生态产品；供给生态农产品、生态加工品、生态服务品等标识类生态产品。第三，社区生态保障建设的目的是提高社区家庭和居民的生态产品消费水平或天然生活资料的消费水平，即通过建设和保护社区自然生态环境，或者利用社区自然生态环境，生产社区家庭和居民生活所需的更多优质生态产品。

社区是特定地域内的生活共同体，建设社区生态保障体系应该以满足社区居民的天然生活资料消费需要为根本目的，应按如下基本要求进行。

1. 以人为本地进行生态保障建设

第一，增加社区居民的生活快乐，至少要消除社区居民对消费生态产品的不确定性和对生态安全的恐慌情绪，为社区居民供给充足的优质生态产品，提高社区居民天然生活资料消费的幸福指数[①]、获得感、安全感。第二，重视社区居民的人生价值。承认人与人之间存在生活和发展上的价值关系，既要求社区给居民提供优质生态产品，也要求居民为社区生态环境保护与建设做贡献，更提倡在发展生态产业、生态产品生产中实现自我价值。第三，尊重居民的首创精神。听取社区居民对建设自然生态环境、

---

① 幸福指数是衡量民众对生活满意程度的主观指标，是衡量民众幸福感的标准。幸福指数概念最早由不丹国王于 20 世纪 70 年代提出，现在成为世界发达国家衡量善治水平的一个评价指标。

兴办生态产业、保障生态安全的建议和主张，激励居民创新生态产品供给模式，充分肯定社区居民在发展生态产品生产过程中取得的成就。第四，重视居民的生活权利、生态福利诉求。建立公正、平等的社区生态保障制度，为居民提供自由而全面发展的生活环境和生态福利，保障居民生态利益和生活利益。第五，把居民满意作为衡量社区生态保障建设成果的标准。以社区居民最关心、最直接、最现实的生态利益、生活利益问题为重点，着力解决群众需要解决的生态产品消费问题。

2. 生态产品的差异化供给策略

从分类角度看，生态产品可分为自生类生态产品、赖生类生态产品、繁衍类生态产品、标识类生态产品等四大类型，每一类生态产品供给结构的构成要素、获取方式、产品标准、供给特质、人力作用、存在环境、生产区域等，都有一定差别。具体情况见表 10-1。

表 10-1　生态产品供给图式

类型	构成要素	获取方式	标准	供给特质	人力作用	存在环境	生产区域
自生类生态产品	新鲜空气、洁净饮水、和煦光照、宜居空间	自然获得	有机	维护自然生态环境	间接作用	原始生态环境	原始生态环境
赖生类生态产品	野生蔬菜、野生药材、野生香料	自然获得、人工栽培	有机、绿色	顺应自然生态环境	间接作用、直接作用	次生生态环境	原始生态环境模拟生态环境
繁衍类生态产品	林下种植、养殖;水域养殖、种植	人工生产	有机、绿色	利用自然生态环境	直接作用	改造生态环境	原生林地水域、人工林地水域
标识类生态产品	生态农产品、生态加工品、生态服务品	人工生产	有机、绿色、优质	改造自然生态环境	直接作用	再造生态环境	耕地、工厂、人工场所

表 10-1 显示，四大生态产品供给类型在某些要素上相同，在另一些要素上不同，由此说明不宜用统一方法、统一标准、统一措施供给不同类

型的生态产品，应该根据每类生态产品的特质进行差异化供给，以便增强生态产品供给的效果。

3.因地制宜地进行生态产品生产

由于城乡存在差别，而且城市地区的每个社区、农村地区的每个社区，分布在特定的具体的地理空间，其生态环境、经济条件、社会条件、生活条件、文化传统、人口结构等都不一样。所以，要因地制宜地进行生态产品生产。要根据社区实际情况，综合考虑，确定社区的自然生态环境，建构社区的生态产品供给模式，不能"一刀切"、不能统一要求，力求反映社区特色。

4.按照社区生态保障发展规划进行生态产品供给

社区生态产品生产和供给是由许多具体项目构成的一个系统工程，所以，生产和供给生态产品不能盲目，需要根据社区生态保障发展规划来制定生产与供给计划，才能保证社区生态保障建设与时俱进，才能适应社区现代化建设发展潮流。为此，每个社区在生产和供给生态产品之前，必须制定出社区生态保障发展规划，然后按照此规划发展生态产业、建设生态环境、生产生态产品、供给生态产品。以便减少其盲目性，保持供给的持续性。

（二）社区生态保障体系建设的基本原则

根据科学发展观的要求，社区生态保障应坚持持续、低代价、扬长避短、循序渐进等建设原则。

1.社区生态保障的持续建设原则

持续建设原则是社区生态保障建设的首选原则，社区生态保障只有坚持这个原则才能避免半途而废的结局，才能达到生态保障的改善居民生活状态、提高居民生态产品消费水平的目标。

持续建设是人类在实施社会发展过程中从失误和教训里走出来的理性选择。社区生态保障可持续建设具有如下特征。第一，共同性。一是把社区生态环境看成是所有居民共同的生存家园，坚持所有居民、所有家庭、所有主体共同发展、相互支持意识。二是共同承诺、共同承担生态产品供给责任。三是共同参加生态环境保护与建设、生态产业与生态产品生产行动。所有社区主体一起实现社区生态产品供给持续发展的目标；共同治理社区生态环境问题、生态安全问题、天然生活资料消费问题。第二，整体性。从主体角度来看，社区生态保障持续建设以社区为整体，以社区居民消费生态产品为出发点和归宿。从客体角度来看，社区生态保障持续发展，应该把社区自生类生态产品、赖生类生态产品、繁衍类生态产品、标识类生态产品看成生态产品供给系统，也应将社区各个群体、各个家庭、每位居民的生态利益、生活利益诉求整合起来，通盘考虑，一体建设，综合平衡。第三，持续性。社区生态保障持续建设要求把社区居民的当前生活利益与长远生态利益统一起来，把当代人的生态利益和后代人的生活利益结合起来、统一起来，把建设的社区生态保障的微观目标和宏观目标结合起来、统一起来，把社区生态产品供给与生态环境和生态资源的永续利用结合起来。第四，协调性。社区生态保障持续建设，要求在人口、资源、环境、发展等要素之间寻找最佳的平衡，社区生态保障各领域、各利益主体相互依存、相互促进、协调发展。第五，公平性。社区生态保障持续建设，对于社区的各个主体、每一代人的生态利益、生活利益是公平对待的；对于建设中出现的问题，各个主体、每一个社区人都应该公平地共同承担建设责任；社区生态保障持续建设所带来的生态利益、生活利益为全体社区居民共同享受。

按照社区生态保障持续建设原则，首先要坚持发展观念。发展是硬道理，发展是社区生态保障持续发展的前提。开展生态保障事业，不能停滞不前，甚至出现倒退趋势。我国属于中低收入的国家，多数老百姓的生活水平还比较低，西方国家所讲的低增长或零增长都不适合中国社区生态保障的实际情况，也不利于后代人的发展。所以，我国社区生态保障事业必须保持较快的发展速度，只有这样才能让老百姓过上无忧无虑的生活。其次，要转变生态保障增长方式，这是社区生态保障实现持续发展目标的根本措施，转变社区生态保障增长方式主要是实现增长指数和效益指数统

一、近期效益与远期效益统一、经济效益与生态效益统一、生活利益与生态利益统一，要探索和创新生态保障建设方法，建构具有持续发展效能的新机制。

2. 社区生态保障的低代价建设原则

低代价建设是根据世界发达国家和一些发展中国家在进行现代化过程出现的高成本低收效的建设教训提出的一个社区生态保障建设原则。这个建设原则是实现社区生态保障高质量发展的基本要求，可以保证社区生态保障获得更快更好的发展。

"代价"作为一个科学概念最早出现于经济学中。经济学的一个基本原则是：人们在经济活动中以最小的代价谋取最大的利益。哲学将"代价"解释为人类在实现社会进步的实践过程中所付出的努力和牺牲特别是所造成的一系列消极后果。[①] 从发生根源分，代价可分为必然性代价和人为性代价。必然性代价是完成某种活动必定要付出的代价，它可分为积极的必然性代价和消极的必然性代价。前者是社会活动能带来回报的应然成本，后者是行为主体不希望发生但必然发生的损失。人为性代价是行为主体自身造成的代价，它可分为中性人为性代价和恶性人为性代价。必然性代价是合理的代价，对社区生态保障建设有积极的促进作用，而人为性代价是一种不合理代价，对社区生态保障建设具有破坏作用。

社区生态保障低代价建设就是在社区生态保障建设过程中，能杜绝人为性代价发生，尽量降低消极的必然性代价，只付出积极的必然性代价的建设机制。社区生态保障建设是要付出代价的，没有成本的社区生态保障建设是不可能的。一般是有高投入才有高回报，我们习惯将与之相反的做法嘲笑为"想马儿跑得好，不想马儿吃草"。我们认为只要取得对等回报的代价就是值得付出的。我们讲社区生态保障要实现低代价发展，就是指愿意支付取得对等回报的发展代价，避免出现没有回报的甚至产生消极作用的发展代价。

---

① 邱耕田：《低代价发展论》，人民出版社，2006，第 84 页。

　　按照社区生态保障低代价建设原则，第一，社区要做到以人为本地进行生态保障建设。实现生态保障高质量发展，保证社区居民的生态利益、生活利益是社区生态保障低代价发展的最高追求，是社区生态保障发展的最终目的。社区居民在社区里生活，不断实现自我创造、自我发展，只有做到利于社区居民自我创造、自我发展的，满足居民生活需求的社区生态保障建设方式才是低代价的发展。损害社区居民的社区生态保障建设行为必然要付出沉重的人为性代价。第二，社区要做到效率与公平统一地进行社区生态保障建设。效率与公平是一对矛盾，在社区生态保障建设中，单纯追求其中某一方面最终都会付出高额代价。因为单纯追求生态保障效率意味着只能照顾代表效率的一部分社区居民的生态利益、生活利益；单纯追求生态保障公平意味着失去积累财富的机会。只有在重视社区生态保障效率的同时，关注社区生态保障建设进程中的公平问题，才能实现社区生态保障资源的最优配置，才能获得最高回报。第三，社区要做到四类生态产品供给的协同建设。由于社区生态保障是由自生类生态产品、赖生类生态产品、繁衍类生态产品、标识类生态产品等四大类型构成的供给结构，其中任何一类，每个社区主体都要有发展机会，都应拥有社区生态保障发展资源，这样才能使整个社区生态保障发展得更快、更好。一些没有相应生态资源的社区选择供给特别渴望的生态产品是严重缺乏生态资源情况下的权宜之策，造成的消极影响其实是很大的。如果社区生态资源有保障，生态保障资源充足，应该协同供给四类生态产品，满足不同家庭和居民对生态产品消费需求。

　　为什么社区生态保障必须坚持低代价建设原则呢？一是因为在工业社会和化学农业时代，许多社区的自然资源、生态资源存量不足，无法承受过度消耗生态资源之重。在工业化和整个国民经济的发展过程中，各种社区社会主体追求货币财富，最大化地将自己控制的自然资源、生态资源转化为货币收入。甚至社区之外的强势主体和特殊利益集团也千方百计地争夺社区自然资源和生态资源，造成社区的自然资源、生态资源存量日益减少。因而，社区开展生态保障事业只能选择低代价发展道路。二是因为社区是一种弱质主体，是一个需要保护的社会单元。首先，社区抵抗生态风险和生活风险能力较弱。其次，社区参与社会竞争的能力较弱。社区在国家体系中属于草根单元，在科层制社会，处于国家底层。任何一个高一层的社会主体都比社区在争夺自然资源、生态资源方面有优势。社区是生活共同体，主要职责是为其居民提供生活福利，创造良好的生活环境。社区的构成要素在生活功能上比较突出，但在参与社会竞争方面，功能很弱。更主要的是一些社区居民的素质较低，尤其是农村社区的居民大多没有接受中等以上的教育，缺乏科技素质。小农经济模式和以家庭为轴心的交往模式，使农民的交往活动具有封闭性，生产、生态、生活具有自给自足性，凡事以自我、以家庭角度思考问题、处理事情，没有养成换位思考、角色借用的思考与工作习惯，缺乏与外界打交道的经验和控制社交局面的能力。因而，农村社区的人力禀赋质量较差，参与社会竞争和获取社会资源的能力较弱。所以，社区在发展生态保障过程中，只能处处小心，自始至终采取低代价建设与发展策略。

社区发展生态保障事业，要坚持低代价建设原则。一要树立低代价发展观。把社区生态环境建设和生态产品生产能力的增长与人的全面发展结合起来，把生态保障发展速度与质量、效益统一起来。二要优先开发社区人力资源。人力开发的投入，虽然周期长，却是一项高产出、高效益的投入，也是一种投入低、回报高的投入。所以，社区要改变不愿在开发人力资源上花钱的做法。只有将社区人口资源转化为人力资源、将人力资源转化为人力资本，才能更好地建设社区生态环境、发展好生态产业、供给丰富的优质生态产品。三要把社区自然生态环境建设放在社区工作的优先地位。习近平总书记曾指出，"良好的生态环境是最为公平的公共产品，是最普惠的民生福祉。对人的生存来说，金山银山固然重要，但绿水青山是人民幸福生活的重要内容，是金钱不能代替的。你挣到了钱，但是空气、饮用水都不合格，哪有什么幸福可言"。[①] 所以，供给优质生态产品，社

---

① 习近平：《习近平关于社会主义生态文明建设论述摘编》，中央文献出版社，2016，第4页。

区就应该自觉践行习近平总书记的"环境就是民生，青山就是美丽，蓝天也是幸福"① 的教导，用最小的生态代价获取最大的生活福利。

3.社区生态保障的扬长避短建设原则

社区尤其是农村社区供给生态产品需要乡镇政府、社区机构、驻区企业、社区居民等各种主体协同合作。这是因为，一是一些生态产品属于公共产品，可以为不同社区主体所分享，大家享受生态福利，就应该有所付出；二是任何一类主体都难以承担生态产品供给责任，需要相关主体群策群力；三是各类相关主体都有供给优势但也存在不足，需要用扬长避短策略，建构生态产品多元主体协同合作供给机制，才能实现供给更多优质生态产品的目标。笔者根据所掌握的文献资料收集了基层政府、社区机构、驻区企业、社区居民等四方主体参与生态产品供给所表现出的优势与不足情况，统计如表 10-2 所示。

表 10-2　四方主体供给生态产品之优劣比较

主体	供给生态产品的优势	供给生态产品的缺陷
基层政府	决策、筹资、控制国土、空间布局、营造机制、监管	难以管控居民生态行为、市场反应慢、市场干预失灵、效率较低、滋生寻租现象
社区机构	动员劳动力、土地资源、空间资源、生态资源、政策响应、制度执行	缺乏资金、缺先进工具、缺生产技术、缺管理经验、市场应对不足
驻区企业	筹资、拥有生产资料、动员劳动力、管理生产、市场反应能力	缺乏生产动机、回避公益经济模式、回避民生需求、过度利用生态资源、逐私利
社区居民	劳动力优势、土地山林水域承包权与经营权、地缘优势	生产随意性、求私利、生产能力弱、搭便车心理

表 10-2 显示，在生产与供给生态产品上，乡镇政府、社区机构、驻区企业、社区居民四方主体各有其所长，也有其不足。可是，生产或供给

---

① 习近平：《习近平关于社会主义生态文明建设论述摘编》，中央文献出版社，2016，第4页。

生态产品是依赖自然生态环境和利用自然生态资源提供各类生态产品的复合行动结构，仅凭一方主体不可能完成生态产品供给任务。一是生态产品尤其是新鲜空气、洁净饮水、野生食物、自然景观、生态空间等自生类生态产品是由自然生态环境产生的，只有把自然生态环境保护好了，自然生态环境才会释放负氧离子、涵养水土、维持自然环境、维护山水原生状态，才会有这些自生类生态产品出现。二是建设自然生态环境需要资金、技术、劳动力、空间、生物资源、自然条件等复杂的生产要素，而这些要素的聚集需要四方主体等配合。三是自然生态环境需要兼施建设与保护措施，如果一边在建设，一边在破坏，是不可能生产出优质生态产品的。所以，生产生态产品需要生产者与消费者配合。如果政府和社区生产生态产品，就需要企业和居民配合保护生态环境。因此，只有四方主体协同合作生产，才能真正实现党中央和国家提出的为国民提供更多优质生态产品。因此，四方主体应该扬长避短，协同合作承担社区生态产品供给责任。这需要参与主体承担不同角色，并明确其责、权、利；需要将参与主体置于协同合作体系最恰当的位置来执行；需要建立合作制度，约束参与主体行为，使参与主体步调一致，实现高效的分工协作。这才符合"公共产品、全体负责"和"生态保护，人人有责"的实践逻辑。

4. 社区生态保障的循序递进建设原则

生态保障，或者生态产品生产与供给，甚或生态环境建设，在本质上没有差别，都是社区生态根基范畴。任何社区甚或整个社会，都需要生态环境的支撑。生态根基也需要不断建设，才能与时俱进，不失支撑作用。生态保障的发展谱系可分为三个阶段，初始阶段为根基阶段，最高阶段是厚生阶段，过渡阶段是设置阶段。这三个阶段表现出生态保障要素的发展层序。建设社区生态保障体系，不仅要扬长避短地横向建设自生类、赖生类、繁衍类、标识类生态元素，而且还要循序渐进地按层序纵向地建设每个阶段的自生类、赖生类、繁衍类、标识类生态元素。首先，培植好生态系统的根基，只有固根强基、根深干粗，才能保证生态环境的健康发展，枝繁叶茂。待社区的生态根基稳固肥硕之后，发展到设置阶段，就可以考虑更高要求地、开拓性地建设生态环境。在生态环境发展的设置阶段，主要建设生态环境发展所需的各种物质设施以及保证所建物质设施发挥应有功能的各种规章制度，为生态环境的持续发展添砖加瓦、培土增肥，待生态环境发展到具有稳定的自我调节能力和抵抗力足够强大，能够为社区居民持续供给丰富的优质生态产品时，就表明社区生态环境已经进入厚生阶段了。厚生阶段的建设任务主要是维持和巩固生态环境供给充足优质生态产品的态势。总的来说，社区供给生态产品，开展生态保障事业，要循序渐进地、持续地开展生态环境的根基建设、设置建设、厚生建设，以便保证社区自然生态环境内源地、持续地、健康地发展。

三　社区生态保障体系建设的基本策略

根据生态产品的基本特征和我国城乡社区尤其是农村社区的自然生态环境状况，以及城乡社区生产生态产品存在的缺陷，我们认为建设社区生态保障体系应该实施如下基本策略。

（一）遵循生态产品供给规律

全球气候变暖，空气质量恶化；陆地水体被污染，饮水品质下降；化肥与化学农药的普及、抗生素与激素的滥用、重金属的深度污染、转基因种子的推广种植，等等，不仅表明当今的生态产品生产出现了严重问题，更说明我国生态产品责任主体不熟悉生态产品的特性及生产规律。要提高生态产品责任主体的履责能力，就应使其掌握生态产品的特征及生产规律。我们认为生态产品具有自然性、公共性、正外部性、动态性、脆弱性、持续性、根基性以及特殊的使用价值。其自然性决定着责任主体要尊重自然、顺应自然、保护自然地进行生产；其公共性决定着责任主体应按照公益经济模式进行生产；其正外部性决定着政府应承担生态产品的生产责任，建立生态补偿机制，并吸引市场主体参与生态产品的生产；其动态性决定国家要区别对待流动性生态产品和区域性生态产品的生产与管理问题；其脆弱性说明国家应同等重视生态产品的保护与生态产品的生产问题；其持续性决定国家要为后代存储足量的生态产品、建构生态资源与人口数量和谐的承载关系、促进生态要素的平衡发展；其根基性决定着国家应将生态产业作为国家的基业来对待，要遵循绿色 GDP 的发展逻辑；生态产品的价值决定国家必须建立生态产品市场化生产机制；生态产品的特殊使用价值决定着国家应允许生产者将生态效益转化为经济效益。只有基层政府、社区机构、驻区企业和社区居民等责任主体掌握了生态产品的这些特性及生产规律，才能成为合格的生态产品责任主体，才有可能提高生态产品的履责能力。因为生态产品的特性是生态产品的生产规格，生态产品的生产规律是保证生态产品品质的约束机制。按照生态产品的特性及生产规律进行生产，才能杜绝出现生态次品，才能保证生态产品的质量，才能保证生态产品具备特有的使用价值和发挥应有的生态效益，才能保证生产出来的生态产品成为老百姓喜爱的天然生活资料。因此，国家应在提高生态产品责任主体认知生态产品特性的水平和掌握生态产品生产规律的技巧方面，多做一些宣传教育和培训工作。

（二）克服生态产品供给缺陷

生态产品责任主体的履责缺陷是导致其履责能力软化的一个不能忽视的因素。要提高生态产品责任主体的履责能力，就应弥补责任主体的履责缺陷。就提高基层政府履责能力而言，国家应建构生态环保监控网络，以便提高基层政府对生态产品生产的监控能力；建立全国智慧生态保护信息系统，以便提升基层政府全面准确掌握生态产品生产信息的能力；建立高效、快捷的生态产品市场反应机制和决策机制、生态保护项目建设评估验收制度以及营造公平竞争的生态产品市场化生产环境，以便提高基层政府在生态产品生产领域的决策效率、工作效率、投资效率、资源配置效率。就提升驻区企业履责能力而言，国家通过建立生态产品价值补偿制度、实施生产优惠政策、采取利益激励措施，吸引企业在生态领域投资兴业；推行生态产品的公益价值与经济价值协调互补的商业运行模式，帮助企业实现"生态—经济—民生"的横向平衡；给予企业参与水权、林权、碳排放权、排污权市场交易的机会，为企业将生态产品生产的外部性内化创造经营条件，提高企业的生态产品生产能力；营造生态资源产业化经营机制，引导企业参与生态旅游、瓶装富氧空气、瓶装饮用水、有机农业、生态农业等生产，扩大企业实现生态产品价值的经营空间。就提升社区机构的履责能力而言，国家助推社区尤其是生态资源丰富的农村社区选择商品化模式开展生态产品的生产；允许社区利用众筹、股份合作、接受投资等途径，筹措生态产品生产资金，建立稳定的、持续的社区生态产品生产融资渠道，建立生态产品生产的经济基础；制定特殊政策，鼓励农村社区盘活集体土地资源、劳动力资源、生态资源，发展生态产业，引导农户组建生态产业专业合作社和建立生态产品家庭农场；帮助社区培养生态建设人才，提供生态产品生产技术，为社区提供生态产品生产的技术条件；持续地开展低碳社区建设，采用碳汇治理与碳源治理相结合的措施，将社区建设成节能、减排、降耗、零污的绿色家园。就提升社区居民的履责能力而言，第一，国家要采取措施将社区居民培养成有经营素质、实力和潜力的商民，然后，引导商民参与生态资源产业化经营，将生态的公益价值转化为经济价值；第二，动员社区居民积极参加低碳社区建设，自觉践行低碳生活方式，为改善空气质量尽一份责任；第三，用奖励措施引导市民发展楼宇农业，利用阳台、庭院、房顶、室内、街区空间，种植盆景灌木、花卉和蔬菜；参加社区立体绿化、森林建筑、森林小区、森林社区的建设；吸引农民发展家庭生态农场，转变化学农业经营方式，发展生态农业、有机农业、能源农业、旅游农业等功能农业，为消除农业面源污染、保护农村生态环境、改善农村土壤和水质创造产业基础；第四，针对"靠山吃山、靠水吃水"的生活习惯和过度使用生态资源的不良动机，制定保护生态环境的村规民约，推行河长制、山长制、草场负责制等生态保护责任制，通过建立生态产品生产的正式制度和非正式制度，督促农民提高生态产品生产的履责能力。

（三）组建生态产品供给共同体

鉴于社会组合产生新的社会力量，国家可采用建立生态产品生产共同体的策略，进一步挖掘履责主体的生产潜力，提升生态产品责任主体的履责能力。由于城市街道办事处和乡镇是基层政府、驻区企业、社区机构、社区居民等四类生态产品责任主体的共驻区域，应将生态产品生产共同体建在乡镇政府或城市街道，以便生态产品生产共同体低成本、有效地协商运作生态产品生产。具体做法如下。第一，明确责任主体在生产共同体中的角色分工。国家可明确基层政府承担生态产品生产发展规划和生产政策的制定角色、生态产品生产的供资角色、生态环境建设的立项角色、生态产品生产与生态项目建设的监察角色、生态项目与生态产品的验收角色、不法生态行为的处罚角色；要求驻区企业承担生态环境建设角色、生态产业投资角色、生态产品市场化生产角色、生态资源产业化经营角色、生态公益经济的发展角色；明确社区机构承担本土生态环境的建设角色、低碳社区的建设角色、生态产品生产的参与角色、楼宇农业的推广角色、社区立体绿化的实施角色、社区生态经济的发展角色；明确社区居民承担生态产品生产的参与角色、低碳生活方式的践行角色、转变化学农业生产方式的行动角色、消除农业面源污染的实施角色、社区生态环境的保护角色、家庭生态农场的经营角色。第二，强化角色在生态产品生产共同体中的责任担当。促使责任主体加强对担当角色的体会，强化生态产品生产的角色意识，了解生态产品生产的角色期待，遵循生态产品生产的角色规范，克服生态产品生产的角色履责缺陷，在克服市场失灵和政府失灵方面发挥特殊作用。第三，赋予生态产品生产共同体应有的事权。国家应赋予生态产品生产共同体以生态产品生产发展规划的制定权、社区生态环境的评价权、生态环境建设项目的确定权、社区生态资源的开发利用权；要求生态产品生产共同体实时开展社区生态产品生产与供给水平分析事宜、社区生态建设项目筹资事宜、社区生态环境保护事宜等；要求生态产品生产共同体组建社区生态保护和生态产品生产巡查队伍与巡查制度，对各责任主体履责情况、辖区生态产品生产情况、破坏社区生态环境行为、违反生态保护制度情况等进行全域的、无死角的日常检查，并进行定期通报，促进生态产品生产的健康运行，杜绝破坏生态行为；要求生态产品生产共同体建立社区生态产品生产和生态建设的沟通机制、协商机制、运行机制，将社区生态产品生产工作常规化、务实化。第四，为生态产品生产共同体开发生态产品信息系统提供支持，帮助其搭建社区生态产品信息共享平台，为其开展业务以及提高基层政府、驻区企业、社区机构、社区居民的履责能力提供智慧支撑。

（四）创造生态产品供给条件

与工业、商业生产相比，生态产品生产刚刚起步，缺乏生产条件和支撑体系，使基层政府、驻区企业、社区机构、社区居民成为难为生态产品生产的"无米巧妇"，难以发挥履责能力。如果国家加大生态产品生产的物质条件供给力度、加快生态产品生产发展机制的营建速度，为生态产品责任主体提供必要的物质条件和发展机制，其履责能力会得到进一步提高。

就通过提供物质条件提高责任主体履责能力而言，第一，国家应为生态产品责任主体建设必要的生态设施和提供实用的生态设备。前者包括建立大批的植被种苗基地，以便为生态产品责任主体及共同体提供生产生态产品的植被种苗；建立大批山林保护区、水源涵养区、功能农业区、生态廊道、生物多样性保护区，以便为生态产品责任主体及共同体提供从事生态旅游服务业、瓶装富氧空气生产、瓶装饮用水生产、生态农业生产、有机农业生产所需要的生态资源；修建生态系统和地理要素保护设施、废物垃圾处理设施，以便为城乡居民塑造生态景观、绿化人文活动空间、建设绿色家园、开展生态保护和碳源治理提供必要的物质设施。后者包括制造余热余压利用、高效燃烧与换热等节能设备，细微粉尘控制、挥发性有机物治理、高浓度有机废水治理、污泥处理处置、垃圾处理等环保设备，各种废物旧物回收利用设备等，以便为生态产品责任主体及共同体开展生态保护业务和从事生态产品生产提供必要的生产工具。第二，国家应为生态产品责任主体建立融资渠道。包括加快建立生态环保财政，把生态环保财政纳入公共财政范围，将生态建设专项资金列入中央和省级财政预算，地方财政相应加大对生态补偿和生态保护的支持力度，以便加快国家生态保护工程、生态治理工程、重金属污染治理工程、大气雾霾综合防治工程、重点流域工业点源治理工程、秸秆综合利用项目、节能技术和环保技术以及资源循环利用技术设备制造项目等的建设速度，为生态产品生产奠定物质基础。也包括国家为生态产品生产共同体成立非公募的生态产品生产基金会提供资金和优惠政策，为其开展保护和改善乡村（街道）生态环境公益活动提供可靠的、稳定的资金来源。第三，国家为政府培养从事生态保护事业的管理人才、为企业和社区培养从事生态产业以及生态产品生产的技术人才、为城乡居民举办生态环保和生态产品生产方面的科普讲座，提高生态产品责任主体的履责能力。通过为生态产品责任主体提供生产所需的物质条件，可节约生态产品的生产成本，提高生产的盈利水平，还能提高生态产品责任主体的履责能力。

就通过提供发展机制提高责任主体履责能力而言，第一，国家为生态产品责任主体营造优良的、有效的生态产品生产市场化机制。从国际成功经验和中国生态行业发展趋势看，这是适势的明智的选择。在民间生态意识和生态产品生产能力有所增强的情况下，国家可将生态产品生产的国家投资模式转变为政府购买模式，可基于生态产品的价值和使用价值，采用激励措施，引导企业、社区、农户、商人等民间主体参与生态产品的生产，然后，安排各级政府购买民间生产的生态产品。这种模式，实际上，是国家利用了利益驱动机制将公民、企业、社区，甚至其他社会主体变成了生态产品的供给主体；又将政府变成生态产品的购买者，把老百姓变成了生态产品的消费者。能为生态产品责任主体及生产共同体建立稳定的持续的融资渠道、能培育生态产品市场、能将生态资源转化为经济资源、能将生态效益转化为经济效益。第二，国家为生态产品责任主体塑造优良的、有效的生态价值补偿机制。这是国家用经济手段调节生态利益关系，提高生态产品生产积极性的一种制度设计。主要包括对生态保护或恢复的成本进行补偿、对生态系统的效益外部性进行补偿、对个人或区域保护生态环境的投入进行补偿、对因保护生态系统而放弃发展机会造成的经济损失进行补偿、对具有重大生态价值的区域进行保护性投入。生态价值补偿机制主要依靠政府通过公共财政转移支付途径来运行。加大对欠发达地区、重要生态功能区、水系源头地区、自然保护区、"退耕还林"和"休樵还植"地区的生态价值补偿力度，能产生促进生态产品生产持续发展的效果。第三，国家为生态产品责任主体实施融资的 PPP 模式。PPP 模式是 Public-Private-Partnership 的简称，指政府与社会主体（企业、社区、公民）平等协商，就生态项目建设或生态产品生产建立起来的共担经营风险、共享经营利益的长期的资本合作关系。采用 PPP 模式，一是可减轻政府财政压力，又能给企业、社区、个人资本提供增殖的机会；二是可减轻生态建设项目和生态产品生产的成本，实现生态产品生产资源配置效率的最大化；三是所有生态产品责任主体都能参与生态项目的筹建过程和全程跟进，进行全面合作，可降低生态建设项目的生产风险；四是能提高基层政府对生产资源的管理效率和管理水平，能提升驻区企业、社区机构、社区居民的社会影响力以及市场竞争力。对于生态产品生产共同体而言，PPP 模式是通过市场机制解决生态建设和生态产品生产资金短缺的有效方式。在 PPP 模式运作中，一般地，基层政府负责确定生态建设项目或生态产品的价格，同时负责用竞标方式选择具有运营和投资能力的企业资本、社区资本中标。然后，平等协商地签订合作协议，明确双方的权利与义务，并对合作的生态建设项目或生态产品生产进行全程质量监管。而企业、社区、商人会承担生态项目的设计、建设或生产、运营、维护等业务，并在生态项目完工、运营阶段向消费者收取相应的费用，或者接收政府的付费，获得经营回报。常见的 PPP 运作模式主要有建设—运营—移交、建设—拥有—运营、移交—运营—移交、改建—运营—移交、购买—建设—运营及其他组合。具体的生态建设项目或生态产品的生产，可以根据自身的特点选择适合的运作模式。通过塑造生态产品生产的发展机制，可消除不必要的生产代价，提高生态产品责任主体参与生态产品生产的积极性，也可提高生态产品责任主体的履责能力。

四 讨论

从本质上讲，生态保障就是党的十九大报告提出的"提供更多优质生态产品以满足人们日益增长的优美生态环境需要"的生活保障。社区生态保障是国家生活保障体系，尤其是国家生态保障体系的基层部分。国家建构生态保障体系，根本目的在于应对被污染、被破坏的自然生态环境难以满足国民天然生活资料消费需求的生活保障局面，为国民提供更多优质生态产品。要达到这个根本目的，就要建设社区生态保障体系。因为它是国家生态保障的基础，如果基础不牢，就会地动山摇，危及国家的生态保障体系。

其实，建设社区生态保障体系并非没有国家和政府的责任，社区生态保障是基层政府、社区机构、驻区企业、社区居民等多方主体协同合作的结晶，也是在国家环境治理框架下开展的民生事业。习近平总书记指出，"生态环境特别是大气、水、土壤污染严重，已成为全面建成小康社会的突出短板。扭转环境恶化，提高环境质量是广大人民群众的热切期盼，是'十三五'时期必须高度重视并切实推进的一项重要工作"。① 发展社区生态保障事业就是将习近平总书记的生态文明思想落实到社区和百姓生活实践中的一种生活制度设计。

回顾自然生态环境被污染、被破坏和人类获取天然生活资料或生态产品的历史，我们可以看到社区生态保障呈现生态保障顺应图式、生态保障利用图式、生态保障建设图式等三种社区居民向自然生态环境获取天然生活资料或生态产品的样态；形塑了由自生类生态产品、赖生类生态产品、

---

① 习近平:《习近平关于社会主义生态文明建设论述摘编》，中央文献出版社，2016，第9页。

繁衍类生态产品、标识类生态产品等四类生态产品构成的社区生产生态产品的供给结构。

今天,社区建设生态保障体系,就是要建设好社区生态保障的三种生态产品获取图式和四类生态产品供给结构。首先,社区要制定并实施生态保障发展规划、生态问题预警机制、生态产品供给问题防治教育,以便防治辖区出现生态保障问题。其次,社区要按照以人为本、差异化供给、因地制宜生产、规划供给要求和持续、低代价、扬长避短、循序渐进原则,建设生态保障体系。最后,社区实施遵循生态产品供给规律、克服生态产品供给缺陷、组建生态产品供给共同体、创造生态产品供给条件等生态产品供给策略。

参考文献

著　作

埃莉诺·奥斯特罗姆：《公共事物的治理之道：集体行动制度的演进》，余逊达、陈旭东译，上海三联书店，2000。

莱斯特·R. 布朗：《生态经济：有利于地球的经济构想》，林自新等译，东方出版社，2002。

A. 迈里克·弗里曼：《环境与资源价值评估——理论与方法》，曾贤刚译，中国人民大学出版社，2002。

威廉·麦克唐纳、迈克尔·布朗嘉特：《从摇篮到摇篮：循环经济设计之探索》，中国 21 世纪议程管理中心、中美可持续发展中心译，同济大学出版社，2005。

蕾切尔·卡森：《寂静的春天》，吕瑞兰、李长生译，上海译文出版社，2007。

谷中原：《多功能农业理论分析与实证研究》，中南大学出版社，2008。

威廉·恩道尔：《粮食危机：运用粮食武器获取世界霸权》，赵刚等译，知识产权出版社，2008。

李本辉等：《生态营销》，中国经济出版社，2009。

欧内斯特·卡伦巴赫：《生态乌托邦》，杜澍译，北京大学出版社，2010。

程伟礼、马庆等：《中国一号问题：当代中国生态文明问题研究》，学林出版社，2012。

克莱夫·庞廷：《绿色世界史——环境与伟大文明的衰落》，王毅译，中国政法大学出版社，2015。

李后强：《生态康养论》，四川人民出版社，2015。

李忠：《践行"两山"理论 建设美丽健康中国》，中国市场出版社，2021。

论　文

尹伟伦：《提高生态产品供给能力》，《瞭望》2007年第11期。

陈学明：《资本逻辑与生态危机》，《中国社会科学》2012年第11期。

邓扶平、焦念念：《"生态福利"的法学蕴涵及其学理证成》，《重庆大学学报》（社会科学版）2014年第1期。

曾贤刚、虞慧怡、谢芳：《生态产品的概念、分类及其市场化供给机制》，《中国人口·资源与环境》2014年第7期。

谷中原：《论社区实现基本生活保障目标的双轨流程》，《甘肃社会科学》2015年第3期。

林黎：《我国生态产品供给主体的博弈研究——基于多中心治理结构》，《生态经济》2016年第7期。

李繁荣、戎爱萍：《生态产品供给的PPP模式研究》，《经济问题》2016年第12期。

吴慧玲：《我国农村生态环境保护的社区参与机制构建》，《农业经济》2017年第9期。

刘茜、赵琪：《生态福利权及其救济制度的构建》，《广西社会科学》

2017 年第 11 期。

杨惠林、陆汉兵：《世界文化遗产哈尼梯田生态文化的传播路径研究》，《农业考古》2019 年第 3 期。

陈清、张文明：《生态产品价值实现路径与对策研究》，《宏观经济研究》2020 年第 12 期。

廖茂林、潘家华、孙博文：《生态产品的内涵辨析及价值实现路径》，《经济体制改革》2020 年第 12 期。

项波、孟春阳：《生态利益分配的法治考量》，《财经理论与实践》2021 年第 2 期。

金铂皓等：《生态产品供给的内生动力机制释析——基于完整价值回报与代际价值回报的双重视角》，《中国土地科学》2021 年第 7 期。

张颖、杨桂红：《生态价值评价和生态产品价值实现的经济理论、方法探析》，《生态经济》2021 年第 12 期。

张丽佳、周妍：《建立健全生态产品价值实现机制的路径探索》，《生态学报》2021 年第 19 期。

张林波等：《生态产品概念再定义及其内涵辨析》，《环境科学研究》2021 年第 3 期。

Joshua Farley, Robert Costanza, "Payments For Ecosystem Services: From Local To Global", *Ecological Economics* (11), 2010: 2060-2068.

Boris T. Zanten, Peter H. Verburg et. al., "European Agricultural Landscapes, Common Agricultural Policy and Ecosystem Services: A Review", *Agronomy for Sustainable Development* (2), 2014: 309-325.

Sarah Schomers, Bettina Matzdorf et al., "How Local Intermediaries Improve the Effectiveness of Public Payment for Ecosystem Services Programs: The Role of Networks and Agri-Environmental Assistance", *Sustainability* (10), 2015: 13856-13886.

Gerardo Moreno, Guillermo Gonzalez-Bornay et al., "Exploring the Causes of High Biodiversity of Iberian Dehesas: the Importance of Wood Pastures and

Marginal Habitats", *Agroforestry Systems* (1), 2016: 87-105.

Antonio López-Pintor et al. , "Assessment of Agri-Environmental Externalities in Spanish Socio-Ecological Landscapes of Olive Groves", *Sustainability* (8), 2018: 2640-2640.

Eduardo Morales-Jerrett et al. , "The Contribution of Traditional Meat Goat Farming Systems to Human Wellbeing and Its Importance for the Sustainability of this Livestock Subsector", *Sustainability* (3), 2020: 1181-1181.

Carlos R. Aguilar-Gómez et al. , "Differentiated Payments for Environmental Services Schemes: A Methodology proposal", *Journal of Mountain Science* (8), 2018: 1693-1710.

Genowefa Blundo-Canto et al. , "The Different Dimensions of Livelihood Impacts of Payments for Environmental Services (PES) Schemes: A Systematic Review", *Ecological Economics* (9), 2018: 160-183.

Rodrigo Arriagada et al. , "Analysing the Impacts of PES Programmes Beyond Economic Rationale: Perceptions of Ecosystem Services Provision Associated to the Mexican Case", *Ecosystem Services* (29), 2018: 116-127.

Teo Dang Do, Anchana NaRanong, "Livelihood and Environmental Impacts of Payments for Forest Environmental Services: A Case Study in Vietnam", *Sustainability* (15), 2019: 4165-4165.

后　记

习近平总书记指出，"在三十多年持续快速发展中，我国农产品、工业品、服务产品的生产能力迅速扩大，但提供优质生态产品的能力却在减弱，一些地方生态环境还在恶化"，"生态环境特别是大气、水、土壤污染严重，已成为全面建成小康社会的突出短板"，"现在温饱问题稳定解决了，保护生态环境就应该而且必须成为发展的题中应有之义"，因为"环境就是民生，青山就是美丽，蓝天也是幸福"。"我们尽力补上生态文明建设这块短板"，"像保护眼睛一样保护生态环境，像对待生命一样对待生态环境"。①

建设生态文明成为中国共产党的最大政治，提供优质生态产品成为执政者的最大政绩。广大的城乡社区必须按照党中央的要求和习近平总书记的指示，积极推进"生态惠民、生态利民、生态为民"工作，遵循"生态—生产—生活"和谐一体规律，发展好生态保障事业。

为了践行习近平生态文明思想，保护生态环境，补上生态文明建设短板，提供优质生态产品；向城乡社区各类社会主体阐释建设生态环境和提供优质生态产品的生活价值及提供优质生态产品的实践范型，我们确立了纵向捋顺优质生态产品供给图式、横向细分优质生态产品供给类型的社区生态保障研究框架，以习近平生态文明思想为指导，以邓勒普新生态范式

---

① 习近平：《习近平关于社会主义生态文明建设论述摘编》，中央文献出版社，2016，第9~14页。

为理论依据，利用历时比较研究方法和案例分析方法，对社区生态保障问题展开了经验研究。

《社区生态保障》是中南大学社区民生保障研究书系的一种，主要分析社区生态保障的特质，总结人类社会的社区生态保障的顺应图式、利用图式、建设图式，型构社区供给自生类生态产品、赖生类生态产品、繁衍类生态产品、标识类生态产品的实践范型，阐述社区生态保障体系建设要求、基本原则、基本策略，以便推动社区生态文明建设、社区提供优质生态产品，实现生态惠民、生态利民、生态为民的生态保障目标。社区工作应该从居民最关心、最直接、最现实的天然生活资料消费需求出发，以提高居民天然生活资料消费水平和消费质量为宗旨，以居民是否满意为生态保障工作的唯一评价标准，解决好居民对新鲜空气、洁净饮水、野生食物、生态服务等生态产品的消费问题，让辖区每个家庭、每个居民过上幸福生活。本书构筑了较完整的社区生态保障体系，突出地强调了逻辑性与系统性的统一、理论性与实践性的结合、传承性与创新性的贯通。适合生态环保部门、自然资源与规划部门、农业农村部门工作者，民政部门社区建设工作者以及从事生态产品供给的研究者了解社区生态保障的实践图式和实践范型。

感谢中南大学公共管理学科的大力支持，感谢社会科学文献出版社张超同志及其同仁为编辑此书付出的劳动。

欢迎读者提出批评意见，以便不断修订和完善。

谷中原

2021 年 12 月 30 日于中南大学通泰·梅岭苑

图书在版编目（CIP）数据

社区生态保障 / 谷中原著. --北京：社会科学文
献出版社，2022.12
　　（中南大学社区民生保障研究书系）
　　ISBN 978-7-5228-0492-7

　　Ⅰ.①社…　Ⅱ.①谷…　Ⅲ.①社区-社会保障-研究
-中国　Ⅳ.①D669.2

　　中国版本图书馆 CIP 数据核字（2022）第 137664 号

·中南大学社区民生保障研究书系·

社区生态保障

著　　者／谷中原

出 版 人／王利民
责任编辑／张　超
责任印制／王京美

出　　版／社会科学文献出版社·皮书出版分社（010）59367127
　　　　　　地址：北京市北三环中路甲 29 号院华龙大厦　邮编：100029
　　　　　　网址：www.ssap.com.cn
发　　行／社会科学文献出版社（010）59367028
印　　装／三河市龙林印务有限公司

规　　格／开　本：787mm×1092mm　1/16
　　　　　　印　张：25　字　数：368 千字
版　　次／2022 年 12 月第 1 版　2022 年 12 月第 1 次印刷
书　　号／ISBN 978-7-5228-0492-7
定　　价／128.00 元

读者服务电话：4008918866